ISBN 978-1-334-05469-3
PIBN 10726911

1 MONTH OF
FREE
READING

at

www.ForgottenBooks.com

By purchasing this book you are eligible for one month membership to ForgottenBooks.com, giving you unlimited access to our entire collection of over 700,000 titles via our web site and mobile apps.

To claim your free month visit: www.forgottenbooks.com/free726911

English
Français
Deutsche
Italiano
Español
Português

www.forgottenbooks.com

Mythology Photography **Fiction**
Fishing Christianity **Art** Cooking
Essays Buddhism Freemasonry
Medicine **Biology** Music **Ancient**
Egypt Evolution Carpentry Physics
Dance Geology **Mathematics** Fitness
Shakespeare **Folklore** Yoga Marketing
Confidence Immortality Biographies
Poetry **Psychology** Witchcraft
Electronics Chemistry History **Law**
Accounting **Philosophy** Anthropology
Alchemy Drama Quantum Mechanics
Atheism Sexual Health **Ancient History**
Entrepreneurship Languages Sport
Paleontology Needlework Islam
Metaphysics Investment Archaeology
Parenting Statistics Criminology
Motivational

THE BOOK OF THE
OLD EDINBURGH CLUB

SEVENTH VOLUME

EDINBURGH

PRINTED BY T. AND A. CONSTABLE
FOR THE MEMBERS OF THE CLUB

1914

THE

HOLYROOD ORDINALE

A SCOTTISH VERSION OF A DIRECTORY
OF ENGLISH AUGUSTINIAN CANONS, WITH
MANUAL AND OTHER LITURGICAL FORMS

Transcribed and Edited by

FRANCIS C. EELES

F.S.A.SCOT., F.R.HIST.S.

RHIND LECTURER IN ARCHÆOLOGY, 1913.14

DEDICATED

BY SPECIAL PERMISSION TO
THEIR MOST GRACIOUS MAJESTIES

KING GEORGE V

AND

QUEEN MARY

BY THE MEMBERS OF THE

OLD EDINBURGH

CLUB

CONTENTS

b

CONTENTS

FACSIMILES

PREFACE

THROUGH the kindness of its owner, Mr. W. Moir Bryce, I have been enabled to transcribe and edit the important Scottish liturgical manuscript, the greater part of which is printed in the following pages.

Mr. Moir Bryce, who has already done so much for monastic studies by publishing his monumental work on the Scottish Grey Friars, has now conferred a lasting benefit upon the liturgical student, not only in Scotland, but also in England, through his generosity. For the most significant part of this book, although written for the Scottish Abbey of Holyrood, is a copy of the Ordinale or Directory of some English houses of the Augustinian Order. It contains just the matter that is lacking in the Observances of Barnwell Priory, near Cambridge, edited by the late Mr. Willis Clark,[1] with the learned and comprehensive introduction which helps to make that book indispensable alike for the study of the Black or Austin Canons in England and for that of English monastic life in general. The present volume therefore supplements, and in a sense completes, that work as an account of a house of the order in this country, in addition to providing the student with an Augustinian Manual and other liturgical forms.

In the introduction the book itself is described and the method of editing; something has been said to enable the

---

[1] *The Observances in use at the Augustinian Priory of St. Giles and St. Andrew at Barnwell, Cambridgeshire.* Edited with a translation and glossary by John Willis Clark, M.A., F.S.A. Cambridge, 1897. See also the companion volume containing the other matter in the same MS., *Liber Memorandorum Ecclesie de Bernwelle*, edited by the same writer, Cambridge, 1907.

general reader to understand the reason and use of the various
sections it includes, and to stimulate and help him to a further
study of the subject.   No attempt has been made to tell,
much less to rewrite, the story of Holyrood Abbey, and as
the book throws no immediate light on the construction of
the church or other buildings there, it would likewise be out
of place to enter on a detailed discussion of them.   At the
same time it may be allowable to indicate here that there is
room for more work to be done on both these subjects.

For the right placing of the contents in their relation to
other Augustinian liturgical forms, it has been necessary to
summarise such evidence as exists regarding the service books
of the order in England, a subject that, except in the case
of the Barnwell Observances, seems to have hitherto escaped
attention.   Lack of space has made it impossible to deal
fully with numerous technical points raised in the ordinale
itself,[1] but all matters of local interest, such as the inventory,
have been treated at length.

Lastly, while it is hoped that the liturgical student will
find the contents of this manuscript sufficiently described in
the following introduction, there is much that still remains
to be investigated before its real nature and significance are
fully understood, in particular its exact relation to other books
of the kind.   Long and careful investigation, and collation
with other similar manuscripts would almost certainly throw
a great deal of fresh light upon it, and would no doubt lead
to many of its affinities and perhaps the sources of some
parts being traced.

Mr. Moir Bryce has freely placed the manuscript at my

[1] An opportunity for doing this might be taken when the Oseney Ordinale is
printed, as it certainly ought to be. The other surviving Augustinian liturgical books
are also worthy of much fuller treatment than it has been possible to give them here.

disposal for the long periods of time necessary for making the transcript and correcting the proofs with the original, and has always been ready with advice and help. With his wonted kindness the Rev. E. S. Dewick has read the proofs and has made many very helpful suggestions, all of which I have adopted. I am also indebted to Mr. E. G. Cuthbert F. Atchley, Mr. William Cowan, the Rev. Dr. W. H. Frere, Mr. J. P. Gilson of the British Museum, and the Rev. G. H. Palmer. Mr. A. Gray, Master of Jesus College, Cambridge, has kindly given me access to manuscripts in the library of that college. I have also to thank Mr. R. Livingstone and Mr. R. Mayall, respectively librarians of Corpus Christi College, Oxford, and Sidney Sussex College, Cambridge. To Dr. W. K. Dickson, Keeper of the Advocates' Library, Edinburgh, I am obliged for unfailing helpfulness and courtesy during the time that the manuscript was deposited there while the first part was being transcribed. And I must also express my appreciation of the trouble taken by the printers in carrying out an exceptionally difficult piece of work.

FRANCIS C. EELES.

202 GRANGE LOAN,
EDINBURGH, *March* 1916.

INTRODUCTION

1. METHOD OF EDITING

THE manuscript, which for want of a more accurate and comprehensive title has here been called the Holyrood Ordinale, from the most noteworthy and characteristic section of its contents, was written for use in the chapter house of the Augustinian abbey of Holyrood.

Its principal contents are kalendar, martyrology, gospels and homilies for reading in chapter, the history of the foundation of the abbey, the rule of St. Augustine, an ordinale for services throughout the year, and the manuale or service book of occasional rites, which includes the visitation of the sick, burial of the dead, and various blessings. To these have been prefixed a form of bidding prayer for benefactors, among them several of the Scottish kings, forms of excommunication and absolution, with *preces* for the day hours. A litany, and an inventory of the goods and ornaments of the church have been added at the end, the latter in 1493.

In the present volume the whole contents are printed, with the exception of the martyrology, the rule of St. Augustine, and parts of some of the gospels. The martyrology is a not very accurate version of the type known as that of Usuard, which is easily accessible in better texts. There is practically nothing in it of Scottish interest, and it is clearly a transcript of a text written for use in England. In the absence of any specially Scottish features, it could hardly be claimed that the present is a suitable occasion for attempting to exhibit the small variations in the different English versions of Usuard's text.

The rule of St. Augustine is also easily accessible, so that it has only been thought necessary to indicate the beginnings and endings of the sections marked for reading upon different occasions. It is printed in full, with a translation, in the *Barnwell Observances*, pp. 1-23.

To print the longer gospels at length was likewise considered unnecessary, so only the beginnings and endings of the Scripture text have been given. In the cases where the gospels are very short no abridgment has been made.

In reproducing the kalendar, where space is important, the days of the month in arabic numerals have been added for the convenience of the student, while the golden numbers have been omitted, as they can be found in almost any kalendar of the period.

With these exceptions the whole contents of the manuscript have been printed from beginning to end *verbatim et literatim*.

Contractions have been extended, except in the kalendar, where space did not allow of it. In all cases of doubt, or where the indications of contraction were not clear, letters and words supplied have been placed within square brackets. Unusual readings or apparent mistakes in the original manuscript have been marked by the sign (†) except in the homilies after the gospels, where the text is very corrupt and bristles with doubtful readings. But common mediaeval Latin spellings such as *inquid* have been left unmarked.

Two stops are used in the original. The first is the period, used (*a*) at the end of a sentence, (*b*) in place of the modern comma, when the stop is placed mid-way between two words, and (*c*) after certain contracted words. The second is something like an inverted semicolon (⁏), and it is used in place of the modern colon or semicolon. These stops have been reproduced as closely as possible, a supply of the second having been specially prepared for this book. The use of capitals in the original manuscript has also been closely adhered to, even at the cost of making the text less easy to read than it would otherwise have been.

The paragraph mark ☾ has been retained, and wherever it is used in the original, the text has here been broken into a fresh paragraph. This has also been done in a few other cases for the convenience of the reader. For the same reason all liturgical quotations in the ordinale have been printed in italics. In all other cases, the use of italics represents what is written in red in the original.

Explanatory headings of the more important sections of the book have been added in square brackets.

In the reproduction of liturgical forms certain cues and abbreviations have been extended in square brackets, so as to make the meaning of the original clearer. Thus, where only the first word or two of a versicle is given in the manuscript, the whole has been completed here, the portion supplied being included in square brackets. Similarly in the numerous cases where only the versicle, or the cue of it, is found in the original, the corresponding response has been added in square brackets.

In a word, the system of reproducing the minutiæ of the original text with the greatest possible accuracy, coupled with the necessary regard for the needs of the student, that has been followed in the publications of the Henry Bradshaw Society, has been observed in this book as closely as possible.

The present owner, Mr. Moir Bryce, purchased the manuscript at the sale of the late Mr. Pringle some years ago in Edinburgh. It had been in his family since before 1836, when the editors of the *Bannatyne Miscellany*, in which the historical matter and the inventory were printed, wrote (vol. ii. p. 11) that it was then in the library of Alexander Pringle of Whytbank, and that it had been 'probably for the last two centuries preserved in the family library at Caprinton in Ayrshire.' In the appendix to the preface to the *Liber Cartarum Sancte Crucis* (1840), the manuscript was briefly but not very accurately described, with a few short extracts and three facsimiles. The agreement with the canons of Carlisle was printed by the Surtees Society in their edition of the Durham *Liber Vitae* in 1841, and the late bishop of Brechin, Dr. A. P. Forbes, referred to the book in his preface to *Kalendars of Scottish Saints*, in 1872. With these exceptions hardly any attention has been drawn to the contents until now.

2. Description of the Manuscript

The manuscript contains 130 leaves of thick vellum, each 14¾ inches high and 11 inches wide; in addition there are 2 leaves of waste at the beginning and ending, with traces of 2 more leaves at the beginning and ending long since cut out, and part of a leaf, also cut out long ago, after folio 72. The leaves are arranged in the following gatherings :—

Waste .	One gathering of	2 leaves	
Fragments of leaves	,, ,,	2	..
Kalendar, etc.	,, ,,	10 [1]	
Martyrology, etc.	Seven gatherings of 8		each
Rule . . .	One gathering of 8	,,	
Ordinale, etc. .	Four gatherings of 8	,, each	
	Two ,, 10	,, ,,	
	One gathering of 6	,,	
Fragments of leaves	,, ,,	2	
Waste .	,, ,,	2	,,

The writing is in two columns, except in the kalendar, and occupies a space of 9¾ inches by 7½ inches on each page.

The book is bound in oak boards covered with stamped calf, and is 15¼ inches high, 11½ inches wide, and about 2 inches thick.

There has been one clasp in the centre, and the back is sewn on to eight bands.

The back is plain ; each side is ornamented with bands of

[1] Actually only nine leaves, the first having been cut away.

a conventional floral design arranged in a central group of five vertical bands with a surrounding band, forming a central panel 8¼ inches by 5 inches; outside a plain band, a border is formed by two more bands carried round side by side. The whole binding has never been either rich or elaborate, and the tooling does not appear to have been very deep. It is now much worn. There is no reason to doubt that it is local work, and contemporary with the manuscript.

In describing the writing, we are faced with the difficulty that so few Scottish liturgical manuscripts have survived the Reformation that it is scarcely possible to reach standards of comparison which can be used to determine Scottish work at different periods. From the scanty material that exists, we can only say that latterly Scottish church hands were somewhat coarse and large, and sometimes seem to imitate English work, sometimes French, sometimes that of the Low Countries. Most Scottish manuscripts appear to contain characteristics drawn from all these sources.

Two different kinds of writing are used in this manuscript, apart altogether from those in which some of the less important additions are written. The martyrology, gospels, rule, and manuale, with the groundwork of the kalendar, are in a large and somewhat coarse church hand of a rather square and upright form, not unlike large and heavy black letter print. The ordinale is in a smaller hand, more pointed and less heavy, and not quite so upright; it is, moreover, much more heavily contracted than the rest of the book. Careful examination shows that it was written at the same time ; the coloured initial letters in it are exactly like all the rest in the book, and undoubtedly came from the same writer. The different hand of the ordinale and the greater number of contractions are probably to be accounted for by a desire to save space : not being required for reading aloud, the ordinale is the part of the book where such a saving could be more easily effected.

d

There is very little ornament in the book. The red and blue initial letters are plain Lombardics, except in three cases, namely at the beginnings of the martyrology, the prologue to the history of the foundation,[1] and the ordinale. In these instances there is a filling in of fine red and blue filigree work of a very common type. An effective but rather crude border of a somewhat unusual kind runs round the first page of the martyrology.

Several additions have been made to the kalendar at different times. Many of these are by the same hand, who carefully imitated the earlier work. Others are by different later hands, indicated in the footnotes as a, b, and c. Others again are added in cursive hands.

The *preces* for the day hours at the beginning of the book and the litany at the end are in a narrow upright hand, in ink that is considerably faded.

3. Date of Writing

The question of the date of writing is not easy to determine very closely, as there is not much to decide it. The inventory at the end, clearly written as an afterthought, and unquestionably subsequent to the rest, is dated 1493. The bidding prayer at the beginning, in the same hand as the bulk of the book, asks prayers for a single King James among the departed. This indicates that the book is subsequent to the reign of James I, who was assassinated at Perth in 1437, but not later than the reign of James II, who was killed at the siege of Roxburgh in 1460. As far as can be gathered from the character of the writing, the date is not very early. There is a certain amount of liturgical evidence in the ordinale which, taken by itself, would indicate an early date, but this is fully accounted for by supposing that it is a copy of a considerably earlier docu-

---

[1] Together with several other initial letters, this was cut out before Mr. Moir Bryce acquired the book, but there is a fairly good facsimile of the part of the page containing it in *Liber Cartarum Sancte Crucis*, Bannatyne Club, Edinburgh, 1840.

ment. For example, the ordinale omits all mention of Corpus Christi, a feast instituted in 1264, and ordered to be kept by English Augustinian Canons at a General Chapter in 1325.[1] Again, the ordinale takes no account of the feast of the Visitation of the Blessed Virgin Mary (2 July), although it is in the kalendar in the original hand. Now this is a feast that came into general observance in England towards the middle of the fifteenth century. In writing the kalendar it was included; but in the ordinale, which was evidently copied with as little adaptation as possible from an older book, nothing is said about it. The same lack of adaptation of the ordinale to local circumstances is manifest in the litanies on Easter Eve (pp. 115-118), where there are no Scottish saints, although there are one or two in the kalendar in the original hand. Yet it must be noted that the bulk of the Scottish entries in the kalendar are subsequent to the rest; some of them may well be as late as the sixteenth century, and due to the stimulus that seems to have been given to the observance of local feasts through the publication of the Aberdeen breviary by the great William Elphinstone, bishop of that see, in 1509-10. The same disparity between kalendar and sanctorale is evident in the Arbuthnott missal, and in the breviary, written for Fowlis Easter in the fifteenth century, and printed by the late Marquess of Bute under the title of Breviarium Bothanum. In both cases the body of the book is probably a copy of an English book of much earlier date, and the internal evidence is no indication of the date of the copy. In the case of the Arbuthnott missal, the date of which is approximately known, this becomes very clear if we compare the contents with those of English Sarum missals of the same and of earlier periods.

On the whole it seems reasonable to conclude that the manuscript was written about 1450, or a few years later.

[1] *sub dupplici festo vel maiori*, Brit. Mus., MS. Vesp. D. i, fo. 42 v.

4. The Purpose of the Book

Having described the manuscript, the method of editing, and having discussed its date, it may be as well to say something for the general reader on the purpose it served, and the significance of its contents for the study of Scottish and also English liturgical usage, especially in regard to the Augustinian Canons Regular.

In considering the nature and use of any liturgical book, it is necessary to bear in mind that, speaking generally, all Christian worship has centred round the celebration of the eucharist, which has been the chief service of all Sundays and festivals from the earliest times, except among the more extreme of the reformed communions during the last three and a half centuries. In Latin christendom the eucharist came to be celebrated not only daily, but several times a day. The other sacraments, such as baptism, marriage, or orders, have been occasional from their very nature, as has also been the case with such rites as those of crowning a sovereign, consecrating a church, and the like. Beside all these services, there has also existed everywhere (again with the exception of the more extreme of the reformed communions) the series of daily services, consisting chiefly of the orderly and continuous recitation of the psalter and the orderly and continuous reading of holy scripture, with anthems and a few prayers.

Liturgical services have some elements that are fixed, others that change with the season. Thus, while the outline and the essential parts of the eucharist are fixed and invariable, the scripture lessons, the choir parts, and certain prayers change with the season, saint's day, or special occasion. In the ordinary daily services, known as choir services, or technically as the divine service (*divinum servicium* or *divinum officium*), the variable parts are very considerable indeed, while in the occasional rites such as baptism or marriage, season or saint's day makes little difference.

In ancient times, as in the East to-day, a number of books were required to carry out the service. Thus for the Latin mass the celebrant had the sacramentary, which contained the prayers, the deacon the gospel book, the sub-deacon the epistle book, while the choir had the graduale or grail. The lessons at divine service were in the lectionary, the psalms in the psalter, the prayers in the collectar, and the choir parts in the antiphonar or anthem book. While most of these books continued in use in great churches with many clergy, there was a tendency to combine their contents in volumes containing the whole text of each service for every occasion. Thus the contents of the different books required for mass were combined to form the missal, and those needed for the choir services were gathered into the breviary. The occasional services were put together in the manual, and the rites peculiar to the bishop in the pontifical.

In great churches with many clergy a service grew up in connection with their chapter, or daily meeting for business in the chapter-house, at which a brief record was read of saints connected with the following day, and founders and benefactors remembered. The book containing the martyrology which was used for this purpose came to include a lot of miscellaneous matter, especially such as would be needed in the chapter-house, including rules of various kinds for carrying out all the services. Such is the present volume, and the most important of its contents is the long and elaborate ordinale for the arrangement of the services, with the necessary variations for every day in the year. This explained very largely what parts were to be taken from each book, and what alterations required to be made in accordance with the changes of season, especially in cases where there might be a doubt as to choice. For example, if a saint's day falls on a Sunday, is the service to be of the festival or of the Sunday, or is the festival to be transferred, or kept on the next vacant day ? The ordinale supplied the answer.

Books of directions for carrying out services varied considerably in their contents. Sometimes they enter into greater detail as to what is said or sung, and almost ignore ceremonial. Other books deal chiefly with ceremonial. The present ordinale includes a great deal of both, but is by no means exhaustive as regards the text of the services. On the other hand, it does not include the ceremonial of the normal and ordinary services, but only the adaptations necessary for special days. It presupposes the existence of another book called the custom book, or consuetudinary,[1] containing the matter we find in the Barnwell Observances edited by the late Mr. Willis Clark, which are more like a supplement to the Rule of the order, and explain the duties of each official of the monastery, and include such work as that of the fraterer, kitchener, or cellarer, as well as of the members responsible for the services in the church. Such books were not always equally distinct as to their contents, and they did not always go by the same name; but on the whole, judging by the analogy of others, the present series of rules is perhaps best called an ordinale. At Barnwell the companion book, which might be correctly described as a customary, is entitled *Observancie Regulares*; it scarcely mentions the text of the services, and says nothing of the special variations of different days, but covers the whole life of the convent. In the case of the Windesheim congregation of Augustinian canons, one book,[2] called *ordinarius*, includes the liturgical matter corresponding to what is contained in the Sarum consuetudinary, as well as the adaptation of services for the year. In the visitations of English Premonstratensian or White Canons' houses by Richard Redman, bishop of Exeter, at the end of the fifteenth century, the ordinale is cited as the authority for ritual and ceremonial alike,[3]

---

[1] It refers to the *consuetudines* on p. 109.

[2] *Ordinarius divini officii pro ordine canonicorum regularium congregationis Windeshemensis*, Daventriae, 1521 (Brit. Mus. 3365, b. 20).

[3] *Collectanea Anglo-Premonstratensia*, ed. F. A. Gasquet, Royal Historical Society, ii. p. 228.

while a fifteenth-century Premonstratensian ordinale, written probably for St. Agatha's, Easby, near Richmond in Yorkshire,[1] is closely confined to the text of services, and its contents are codified under the Sunday letters like the Sarum pie.[2] On the whole, the term 'ordinale' may be used to indicate most books of this class, regardless of minor variations in their contents.

5. RELATION TO OTHER SERVICE BOOKS IN GENERAL

The Holyrood ordinale adds considerably to our knowledge of mediaeval monastic usages. Although the Austin Canons were very numerous and had more houses in England than any other monastic order, not many of their books have survived. This manuscript, written for a representative and important house of the order, perhaps describes what Augustinians generally did in Scotland ; copied, as it certainly was, from English books of the same kind, we may safely regard it as a guide to the usages of some, at any rate, of the Austin Canons in England.

In this book, then, the student has an important contribution to the study of mediaeval Latin rites and their numerous variations. The general reader will perhaps require some explanation of the exact significance of this. The use of liturgical forms is traceable to an earlier period than has often been thought likely or possible, but it is not until after the peace of the Church early in the fourth century that Christian usage began to crystallise into distinct liturgies. Thenceforward, we find with increasing definition a development of different liturgies in different districts, and somewhat

---

[1] Jesus College, Cambridge, MS. Q. G. 7. Strictly this book is a pie or directory; it is entitled *Regula . . . tractata de ordinali premonstratensis ordinis.*

[2] The pie or directory, dealing wholly with the text of services, was a codified version of the ordinale. The Chapel Royal at Stirling had an *ordinarium* of Sarum use in 1505; St. Salvator's College, St. Andrews, a book called an *ordinain* (? ordinair), and at Aberdeen Cathedral, under Bishop Stewart in 1540, we find the order *reformetur ordinale et novo scribatur in pergameno.*

later we can speak of the East Syrian group, the West Syrian,
the Egyptian, the Roman, the Gallican.   With Eastern rites
we are not now concerned, but with the last two.   In early
days in the West, the Roman rite seems to have stood very
much by itself, and non-Roman or Gallican forms of service,
more like the Eastern rites, were very widely spread.   They
varied much locally.   Charles the Great conceived the idea
of unifying the liturgy used under his rule.   He sent for a
copy of the Roman sacramentary of the day, combined it
with Gallican elements, and ordered its use in place of the
old unmixed Gallican rite throughout his kingdom.   Rome
itself accepted this book as revised in Gaul, and received
certain Gallican elements with it.   The Gallican Churches, on
the other hand, lost the essential parts of their ancient rites
and substituted the Roman, with certain local admixtures.
The local elements, though subsidiary alike to the main
principle of arrangement and to the most important part of the
service—the *canon missae*, or prayer of consecration—came
to have a very definite place and significance.   Moreover,
the ceremonial used in transalpine countries was largely local
and of Gallican character, and it continued to develop along
its own lines.   So that when we reach the eleventh, twelfth,
and thirteenth centuries, while we find the Roman rite spread
over Western Europe, it is really in the form of numerous
'derived rites' or 'uses' with certain local arrangements,
non-Roman survivals and additions, and also with local and
more or less Gallican ceremonial.   Thus in England in
mediaeval times, although the liturgy was Roman in the
broad sense as compared with the old Celtic rites, the service
books and ceremonies were not those of the local and
strict Roman rite, but followed the use and custom of the
churches of Sarum, York, or Hereford.[1]   Among the religious

---

[1] The more immediate origin of the English—or any other of the mediaeval 'uses'
or varying forms of the Roman liturgy resulting from the Gallican infusion—is a very
difficult question.   The Sarum books belong to a group which contains elements not

orders the Austin and Grey Friars were almost alone in using the Roman books ; the White and the Black Friars possessed their own liturgical uses. In the Benedictine order, where each house was largely autonomous, the service books were much influenced by those of the surrounding secular churches. But centralised orders, like the Cluniac or Cistercian reforms of the Benedictine order, whose houses were all subject to one mother house, usually followed their own use everywhere. The Augustinian or Black Canons, not being centralised, had considerable variation in liturgical matters, except in the case of certain centralised groups or reforms, which corresponded to the centralised offspring of the Benedictine order.

6. RELATION TO OTHER SCOTTISH SERVICE BOOKS

It is needless to remark that we do not expect to find any traces of the Celtic rite after the eleventh century in Scotland. The Celtic church fell on evil days, and although there was a recovery after the ravages of the Norsemen, it was not sufficient to save it from drastic reform under Queen St. Margaret and her successors. That reform was needed, but, like other such movements, it was probably carried too far. However this may be, from St. Margaret's time onwards until the English wars in the fourteenth century, the Scottish church

found in the other uses, and apparently unconnected with the rites used in England before the Norman conquest. Although the Sarum capitular constitution, certain ceremonial details and parts of the breviary services are traceable to Normandy, the missals of the province of Rouen are allied to the Saxon and non-Sarum English missals, and do not appear to contain the peculiarly Sarum elements. The problem has not yet been solved; the best contribution to it is Dr. Wickham Legg's discussion of the question in the third volume of the Henry Bradshaw Society's edition of the Westminster Missal, in which he gives a useful collation of English and other missals that is indispensable to the student of the different forms of the mediaeval rites. The use of York probably represents a type less Gallican and more akin to the Saxon and earlier Benedictine books than that of Sarum; Hereford came first under Rouen influence and then under Sarum, and in course of time Sarum displaced the old use of London, and tended to become supreme all over Great Britain, affecting the rites of some religious houses but not those of others.

became in a general sense more Roman and less Gallican, and in a special sense more and more English in everything, whether law, architecture, or liturgy. And later on, even when the breach with England and closer continental connection had changed the current of art and architecture, the English liturgical connection remained. The earliest post-Celtic liturgical books and fragments we possess in Scotland are of English use. Most Scottish secular cathedral chapters were constituted on the model of that of Sarum. Scottish councils and synods adopted English canons with but little change. The architecture of Scottish Norman and First Pointed churches is, with few exceptions, the same as that of these styles in England. With the end of the thirteenth and the beginning of the fourteenth centuries comes the period of the English wars. Scottish architecture becomes more local in character, and after the wars is more and more under foreign influence, which continued to be very strong down to the Reformation. All this time there was no corresponding change in the liturgy. The English use continued. If the influence were not so strong and direct as before, it was still there. Scottish fifteenth-century books, like the Arbuthnott missal, psalter, and hours, the Fowlis Easter breviary, or the Perth psalter, are really Sarum books with some provision for Scottish saints' days. In the sixteenth century printed books of the English use of Sarum continued to pour into the country in spite of the Privy Council prohibition by which Bishop Elphinstone's Aberdeen breviary was assisted. That book, the first sign of an attempt to make a definitely Scottish use, was still essentially English, although it provided proper forms for most of the Scottish saints' days. And even when the Reformation came, the first liturgical act of the earlier group of reformers was to turn to England and import from thence the Prayer Book of 1552.

Scottish liturgical books and fragments are of great rarity, though more are now known to exist than was formerly believed.[1] Nearly all are of $_{s}e_{c}u_{l}a_{r}$ use, and very few are from religious houses. Of the latter, a psalter from Culross, a kalendar from Coupar Angus, and a scrap of an ordinale from Deer, are just enough to show that Scottish Cistercian houses, as might be expected, followed the general custom of the order. An obit kalendar of the Grey Friars from Aberdeen, a service for the cattle plague with a copy of the greater excommunication on a fly-leaf of a book that belonged to the Stirling Grey Friars, a manuale of the canons of St. Anthony at Leith, a bible with the lessons marked that belonged to the Arbroath Benedictines, and a fragment of an antiphonar apparently written for the Augustinian Priory of Inchcolm, almost complete the list. There is also a book that belonged to the Dominican sisters in the Sciennes convent close to Edinburgh, corresponding in some respects with the present book, inasmuch as it contains Gospels for reading in chapter and a short customary. But none of these documents can compare in size or significance with this Holyrood book, which is therefore the most noteworthy liturgical relic known to exist of a mediaeval Scottish religious house

Like the surviving books and fragments of secular use in Scotland, it bears abundant traces of English origin, and, as has already been pointed out, it seems to be copied from similar books drawn up for the same order somewhere in England, with only the very slightest adaptation for local needs; and therefore, as no English Augustinian ordinale or manuale has been printed, the present volume may be regarded as a contribution as much to English as to Scottish liturgiology, and forms a supplement to the Barnwell custom book published in 1897, to which reference has been made before.

Most probably the Holyrood manuscript is a copy of three older books. The first of these was very likely written in

---

[1] The present writer hopes to treat the whole of this subject with great fulness when publishing the Rhind Lectures for 1913-14 on *The Liturgy and Ceremonial of the Mediaeval Church of Scotland.*

England and contained kalendar and martyrology, with gospels and homilies and the monastic rule for reading in chapter. As in the case of other books of the kind, local memoranda were afterwards added at the end in the shape of the history of the foundation and the list of abbots. To the beginning were prefixed the prayer for founders and benefactors and other short forms ; the kalendar would seem to have been scarcely touched unless by the addition of a later grading of feasts, but indications of gospels for Scottish saints' days were perhaps added in the margin. The second book was probably an English ordinale of the thirteenth century ; the third a manuale. Somewhere about 1450 the contents of all three books were copied exactly as they stood, so as to make the present volume as we have it. This would explain the curious position of the historical matter in the middle of the book, and that of the bidding prayer and other forms at the beginning before the kalendar, while all were written at the same time. Later on this new book in its turn received additions. In 1493 the inventory was added, and about that time or a little later, the Scottish names were entered in the kalendar, and the *preces* and litany written on blank leaves near the beginning and end.

7. Relation to English Augustinian Uses

We must now examine the contents of the book to see what light they throw on the liturgical uses of Augustinian Canons in general and those of Holyrood in particular.

The Black Canons had more houses than any other religious order, whether in Scotland, Ireland, or England. Yet not very many of their books have survived, even in England. Of the order itself, as distinct from special congregations and reforms, such as the Victorines and Arroasians, besides the White Canons or Premonstratensians, almost the only surviving English service books seem to be the following : [1]—

[1] I have been unable to trace a thirteenth-century missal of Lesnes, Kent, formerly belonging to Mr. Yates Thomson.

Missal, largely of the 12th century, but partly of the 14th, known as the Hanley Castle missal, from subsequent ownership by that parish. Cambridge University Library, MS. Kk. 2. 6.

Kalendar of the 12th century, from Old Llanthony, in a miscellaneous collection. British Museum, MS. Reg. 8 D. viii., fo. 11.

Kalendar, martyrology, with gospels and homilies for reading in chapter, of the 12th century, from St. Osyth, Essex. Bodleian Library, Oxford, MS. Laud Misc. 240.

Psalter of the 12th century from the province of York, with litany, imperfect. Bodleian Library, Oxford, MS. E Musaeo 127.

Abridged breviary of the end of the 12th century or the beginning of the 13th, with kalendar, probably written for a house in or near the diocese of Hereford,[1] perhaps Haughmond, Shropshire. Bodleian Library, Oxford, MS. Bodl. 547.

Kalendar of the 13th century from St. Mary Overie, Southwark, in a miscellaneous collection. Brit. Mus., MS. Faustina A. viii.

A 13th century manuscript from Guisborough, containing (a) temporale of antiphonar with hymns and collects, (b) abridged missal, (c) kalendar, (d) psalter, (e) manual, (f) sanctorale and common of antiphonar, (g) lectionary, (h) part of a later collectar, (i) a later tonal, (k) processional. Brit. Mus., MS. Add. 35,285.

Psalter of the 13th century from Guisborough, with kalendar, hymnal, and litany. Bodleian Library, Oxford, MS. Laud Lat. 5.

Psalter of the 13th century, with kalendar and litany. Brit. Mus., MS. Harl. 2905.

Breviary of the 13th century, imperfect, written for Austin Canons, probably in the south-west midlands. Brit. Mus., MS. Harl. 5284A.

Antiphonar of Sarum use, 1220-1252, for Austin Canons, probably of Barnwell, reproduced in facsimile by the Plainsong and Mediaeval Music Society. Cambridge University Library, MS. Mm. 2. 9.

Ordinale, with kalendar, obits, and manual, of 1288, with tonal (later), and processional from Oseney, near Oxford. Oxford, Bodleian Library, MS. Rawl. C. 939.

---

[1] Has obits of vicars of Racheford (*i.e.* Rochford, near Tenbury) added in a very late hand. The kalendar agrees fairly well with those of Old and New Llanthony, and there is the full service, with octave, of St. Augustine.

Observancie in *Liber Memorandorum* with kalendar, of 1295-6, from Barnwell, Cambridgeshire, ed. J. Willis Clark, 1897 (see p. ix, note).
                                        Brit. Mus., MS. Harl. 3601.

Psalter and hymnal of the 13th century, with litany afterwards adapted to Sarum use.   Jesus College, Cambridge, MS. Q. B. 4.

Diurnal of the 13th century (late), perhaps written for Kirkham, Yorkshire.   Sidney Sussex College, Cambridge, MS. 62.

Psalter, kalendar, litanies, private prayers, certain breviary services, etc., 13th and 14th centuries, from Kirkham.
                                        Sidney Sussex College, MS. 37.

Collectar of the 14th century from New Llanthony, by Gloucester.
                                Corpus Christi College, Oxford, MS. 192.

Breviary, with kalendar, late 14th century, written for Cottingham, Yorkshire, belonging to the Rev. E. S. Dewick.

Psalter of the 14th and 15th centuries from a northern Augustinian house, possibly Jedburgh, with hymnal and litany.
                                Bodleian Library, Oxford, MS. Misc. Lit. 198.

Diurnal of the 14th century, probably from a house in or near London.[1] The kalendar and psalter of the 13th century prefixed, appear to have been originally unconnected.
                                        Brit. Mus., MS. Harl. 2856.

Psalter of the 15th century, with kalendar and litany, probably from the abbey of Austin canonesses at Laycock, Wiltshire.
                                Bodleian Library, Oxford, MS. Laud Lat. 114.

Antiphonar of the 15th century, probably written for Westacre, Norfolk.   St. John's College, Cambridge, MS. D. 21.

Processional of St. Osyth, very imperfect, of the 15th century.
                                Bodleian Library, Oxford, MS. Laud Misc. 329.

Manual of the 15th century, imperfect, probably written for Bodmin, Cornwall.   Bodleian Library, Oxford, MS. Douce 22.

Kalendar, late 15th or early 16th century, from Kirkham, Yorkshire.
                                Bodleian Library, Oxford, MS. Rawl. D. 938.

---

[1] Has SS. Mellitus, Mildred, Botulph, Osyth, Paulinus, and both feasts of SS. Radegund and Erkenwald.

Special breviary services of certain saints, 15th century, from New Llanthony, printed by W. H. Hart under the title of *Lectionarium S. Mariae*, etc., London, 1869.   Brit. Mus., MS. Lansdowne 387.

Of the Arroasians, there are two books that belonged to Christ Church, Dublin :—

Martyrology with gospels and homilies, kalendar and obits of the 15th century, printed by the Irish Archæological Society under the title of *The Book of Obits and Martyrology of the Cathedral Church of the Holy Trinity, commonly called Christ Church, Dublin*, and edited by the Rev. J. C. Crosthwaite and Dr. J. H. Todd, 1844.
University Library, Dublin, MS. E. 4. 3.

Psalter of the 14th century, with kalendar and litany.
Bodleian Library, Oxford, MS. Rawl. G. 185.

A fifteenth-century missal of the Victorine Canons of Bristol is preserved in the city library there, and has been collated with the printed Victorine missal of 1529, and fully described by Mr. Cuthbert Atchley in the *Transactions of the St. Paul's Ecclesiological Society*, vol. iv. p. 277.

An abridged missal of the fourteenth century of the Victorine Canons of St. Thomas, Dublin, is in the British Museum, MS. Add. 24,198, and the summer part of a breviary from Trim, Co. Meath, is in Trinity College, Dublin, MS. B. 3. 12 (84), where is also a book of miscellanea (MS. 97) from St. Thomas, Dublin.

The evidence of all these books is that Augustinian practice varied considerably. Among the centralised congregations or groups there seems to have been greater uniformity, just as in the case of the Cluniacs and Cistercians, orders which were reforms of the Benedictine, in which greater rigidity of discipline was attempted. Thus the Victorine congregation of the Augustinians seems to have followed a fairly uniform rite. Their manuscript Bristol missal is very much the same as the printed missal of the order, and both agree very generally with the early fourteenth-century manuscript missal of St.

Thomas, Dublin. One of the most powerful of continental groups of Augustinian monasteries, those in the Congregation of Windesheim, founded in 1387, followed the Dutch use of Utrecht.[1] The great reformed branch of the canons regular, the Premonstratensians or White Canons, were centralised, and seem to have had a uniform liturgical use.

But the general body of Augustinian canons appear to have availed themselves of much the same freedom as the great houses of the older Benedictines, who in parts of England seem to have been very strongly influenced by the secular use of Sarum, for example at Westminster, St. Albans, Abingdon, and Tewkesbury.[2] Hence we find churches like Barnwell and Holyrood having their own books of directions, which also show a certain amount in common with the secular practice of the country, besides evidence, to be detailed presently, proving that some Austin Canons adopted the use of Sarum.

An examination of the surviving Augustinian books already referred to shows that the Guisborough missal has great affinities with the manuscript missal of Durham ; unfortunately it is an abridged book, which has scarcely any week-day masses in the temporale and practically no rubrics, besides having lost the ordinary and canon. In the Hanley Castle missal the kalendar, canon, and sequences are of much later date than the rest, and it is not certain how far they represent Augustinian practice; the sequences are simply those of Sarum. This missal is attributed to Augustinian Canons by Mr. H. M. Bannister in his list of Sarum manuscript missals printed by Dr. J. Wickham Legg in his *Tracts on the Mass*.[3]

---

[1] Vniformitas in officio Divino, vbique seruanda est, secundum Ordinarium Ecclesiae Vltraiectensis exceptis quibusdam historijs.—*Canonicorum Regularium Ordinis S. Augustini Origines ac Progressus, per Italiam, Hispanium, Galliam, Germaniam, Belgium, aliasque orbis Christiani provincias.* Aubertus Miraeus [Le Mire] Bruxellensis, Col. Agrip. 1614, p. 57. But the following was not strict.

[2] Other Benedictine houses, such as Worcester and Peterborough, do not seem to have been at all affected by Sarum influence.

[3] Henry Bradshaw Society, 1904, p. xiv.

Collation with other English rites discloses no special similarity to the group of missals to which one might say that
of Durham belongs, and with it that of Guisborough, but
rather a distinct leaning to the rites of Rouen and Hereford,
especially in the Alleluia verses of the Sundays after the
octave of Pentecost. Mr. Edmund Bishop [1] has shown how
Rouen influenced Hereford in the twelfth century, and he
also points out that the Llanthony canons knew of the
Rouen ceremonial through the tractate of John of Avranches,
of part of which there is a copy in the miscellaneous MS.
which contains their kalendar. It seems reasonable to regard
the Hanley Castle missal as representing fairly early Hereford practice before the use of that diocese became fixed,
and more assimilated to that of Sarum.

Comparison of the Guisborough missal with that of the
Victorine canons reveals a certain similarity, and it may
be that both have a common origin, and that while
the former came under the influence of Durham, the latter
was affected by the secular use of Paris. In the Alleluia
verses on the Sundays after Trinity for example, there
is a distinct and remarkable correspondence between the
Victorine and Parisian rites. The similarity can also be
traced elsewhere.

Liturgical research has not as yet produced any collation
of the breviaries of different mediaeval rites on the same scale
as that of the different English missals added to the third
volume of the Henry Bradshaw Society's edition of the
Westminster missal. [2] In comparing the Guisborough and
Westacre antiphonars and the diurnal Harl. 2856, it is not
possible to speak with such a degree of certainty as in the

[1] *Holy Week Rites of Sarum, Hereford, and Rouen compared*, Edmund Bishop, *Transactions of Soc. of St. Osmund*, vol. i. pt. iv.

[2] In the third volume of the *Hereford Breviary*, Henry Bradshaw Society, 1913, Dr. W. H. Frere has compared the three English breviary uses of Sarum, York, and Hereford, giving a collation of some of their principal parts, and an index of all parts, which is of very great value.

case of the missals. But so far as it has been possible to test them, the diurnal agrees with Westacre, and both differ from Guisborough, none follow either Sarum or York use. As in the case of the missal, there seems to be Durham influence at Guisborough, and a certain amount in common with York. The Rev. G. H. Palmer tells the writer that the music of Guisborough shows some similarity with that of the Benedictine uses of Worcester and Peterborough.

The St. Osyth processional is imperfect and stands alone ; it contains much local matter, and little that serves for the purposes of comparison.

The groundwork of the kalendars is very constant, and does not differ greatly from that of Holyrood. The St. Osyth kalendar of the twelfth century is almost identical with that of Holyrood, and the same is the case in a slightly lesser degree with the kalendar of Old Llanthony. The Guisborough, Cottingham and Kirkham kalendars show considerable north of England influence, as might be expected.

The grading of feasts in the kalendars which exhibit it has some amount of variation. Oseney merely indicates three and nine lessons. Llanthony has also commemorations. Guisborough has double and common feasts, feasts of nine and three lessons and memorials. A later hand has added to the twelfth-century St. Osyth kalendar a grading of feasts which is very like what we find at Holyrood.

That Victorine customs influenced other Augustinians is shown by the late Mr. Willis Clark in his introduction to the Barnwell Observances, where he explains with the use of parallel columns that parts of the Barnwell custom book are identical with corresponding parts of the customary of the monastery of St. Victor at Paris printed by Martene. This, however, is not in the liturgical portions of the book, which seem rather to have been influenced by Salisbury.

There is evidence that in some places, at any rate, the Augustinian Canons in England followed Sarum use. A

Sarum antiphonar used by them exists at Cambridge, probably written for Barnwell; the only adaptation to the needs of the order being in the prominence given to St. Augustine.[1] This is quite compatible with a different use for the mass; the nuns of Barking followed the use of St. Benedict for the hours, but the use of St. Paul's, London, for the mass.

In 1323 Archbishop Melton of York ordered the Augustinian Canons in his diocese to follow the use of the church of York.[2] The Rev. E. S. Dewick's late fourteenth-century Cottingham breviary, which follows neither York nor Sarum, shows that this order was at any rate not wholly effective.

That the local variation all over England was, and long continued to be, considerable, is proved by the Statutes for Canons Regular set forth by Cardinal Wolsey, and dated 22nd March 1519, wherein, after ordering the Victorines, Arroasians, and all other Austin Canons throughout England to unite in one general chapter,[3] he says :—

> Item statuimus quod omnes et singuli canonici regulares iuxta morem singulorum locorum psalmorum et alia ad divinum cultum pertinencia . . . cantent.[4]

The questions now arise, What is the source of the contents of the Holyrood book ? Where did the English books come from that were copied when it was compiled ? What are the affinities of its contents with those of other Augustinian books ?

The kalendar, apart from later additions, seems to have been copied from an English kalendar in which the characteristic York names, like those of SS. Hilda and Wilfrid that

---

[1] There was an oratory of the Holy Trinity at Barton in the Isle of Wight, served by Austin Canons who followed Sarum use (*Archaeologia*, lii. 297, 301).

[2] *The Priory of Hexham*, Surtees Soc., 1864, i., Append. p. lxix, No. xlix.

[3] Statuimus quod canonici regulares vocati Arusienses et Victorini quos audiuimus a ceteris segregatos et omnes canonici regulares ordinis sancti augustini quocunque nomine appellentur per totum regnum Anglie in eodem capitulo generali . . . vniantur.—Brit. Mus., MS. Vesp. F. ix. fo. 24. These statutes have been printed by Wilkins, *Concilia Mag. Brit. et Hib.*, iii. 683 *sq.* [4] *Ib.*, fo. 27.

appear in the martyrology, were absent. St. Paulinus is there, and SS. Kentigern and Modan are in the original hand. If they represent the original contents of the kalendar from which this copy was made, and not subsequent additions, it might perhaps be suggested that the kalendar came from Carlisle, where St. Kentigern was well known as the patron saint of several neighbouring churches, and St. Modan might have been introduced through the old Glasgow connection. The indication of the new feasts of Holy Cross as *prime dignitatis* in the original hand, presupposes a certain amount of adaptation to the local needs of Holyrood, though it is strange that the feast of dedication (13 Oct.) should be a subsequent addition.   As has already been indicated, the kalendar is very like those of St. Osyth and Old Llanthony.

Practically the same *preces* for the day hours are found in the fourteenth-century collectar at Corpus Christi College, Oxford, which was written for New Llanthony, near Gloucester.

The martyrology shows traces of general English influence, but has no adaptation to Holyrood, such as we find in the gospels and homilies, where provision for Scottish saints is included.   The homilies, as will be shown more fully later, are much the same as those of St. Osyth and Dublin.

The manuale appears to be of a Benedictine type ; it is very like those of Westminster, Evesham, and Bury St. Edmunds, and not akin to those of the Austin Canons of Oseney and Guisborough.   But that it came more immediately from some English Augustinian source is nearly certain, as the remaining portion of the burial service in the imperfect manual of the Black Canons of Bodmin is exactly the same as the corresponding part of the Holyrood form.

The ordinale is certainly taken from an English source, with only very slight adaptation. But it shows no affinity with the ordinale of Oseney, which describes different ceremonial and a different rite.   For example, the eucharist was not borne in the Palm Sunday procession at Oseney, and the *apparatus processionis* was carried in a different order.

It must have been originally drawn up with a view to a group of churches, for we find such things as *si altare de eo in ecclesia habetur* (p. 76) referring to St. Stephen, and *si habeatur* in reference to the altar of St. John (p. 77). *Commemoraciones de sancto loci* (the last three words erased) occurs on p. 80. On Good Friday we find *si non est populus qui adorare debeat* (p. 111), and on Easter Day *si parochi[an]orum cura habetur* (p. 121). After the list of feasts to be enjoined on the people is added—*et ille festiuitatis quas singuli episcopi in suis episcopatibus cum populo collauderunt celebrandas* (p. 157). These indications are sufficient to prove that one group of Augustinian houses followed the same rites and ceremonies. The question is, which were they ? Oseney was not one of them, and if the use of this type of manual can be held as accompanying this form of ordinal, neither was Guisborough. The ordinal does not provide specially for the minor saints' days, so that we get no indication of place in that way ; indeed, the only definite local indication is the probable adaptation of the Invention of Holy Cross for the needs of Holyrood, with the consequent insertion of an explanatory remark later on.

Here and there significant cues of the parts of masses are given ; for example, on the Vigils of Easter and Whitsunday, and on the Ember days following Whitsunday. An examination of these shows a certain correspondence with the missals of Guisborough and of the Victorine canons, but no special similarity with that of Hanley Castle or with Sarum.

But portions of the same ordinale exist in an imperfect noted breviary at the British Museum (Harl. 5284a), written for an English Augustinian house in the third quarter of the thirteenth century. This manuscript contains most of the sanctorale and common. It follows Sarum use to an extent in the parts derived from the antiphonar, but not so much in the collects and hymns, nor in the lessons, which

differ widely.   Provision is made for the feasts of SS.
Guthlac (11 Apr.), Petroc (4 Jn.), Filibert (20 Aug.), Egwin
(10 Sept.), and the Translation of St. Frideswide (19 Oct.).[1]
Otherwise the sanctorale is not very full.   As far as it goes,
the evidence points to the book having been written for
the south-west midlands ; St. Egwin was the founder of
Evesham, St. Petroc's shrine was in the Augustinian priory of
Bodmin in Cornwall, St. Guthlac is connected with Lincolnshire, though also in the Hereford books, but saints of the
north and of the south-east are absent.

The ordinale is scattered through this book in sections
in the form of rubrics.   The principal variations from the
Holyrood text are exhibited in Appendix I.   Mere verbal
differences and insignificant omissions have not been noted.
An examination of them shows secular influence here and there.
In particular this is noticeable in the case of Candlemas,
which the Holyrood ordinale requires to be transferred
to the morrow if it fall on Septuagesima or Sexagesima
Sundays.   Here it is not to be transferred, and this is stated
twice, the writer apparently altering the extract from the
Augustinian ordinale, and at the same time leaving the statement in another rubric which seems to be drawn from Sarum.
In another place the word *decanus* seems to have crept in
from the same source.   Sometimes the rubrics clearly come
from another source, as in the case of those for St. Gregory,
St. Cuthbert, and St. Ambrose ; in the latter instance the
meaning differs.   The phraseology is different; '*in serie unius
confessoris*' or the like is not used in references to the common
in the ordinale.   The allusion to *sermones in magno omeliario
albo*, evidently a book of sermons in a white binding, shows
careful adaptation to the needs of some particular house.
In the case of the Exaltation of the Holy Cross the copyist
at Holyrood left a blank space, most likely with the intention

---

[1] On fo. 22 a later reference to the Translations of SS. Wulstan and Edmund is
added in the margin.

of filling it in with local matter ; here we probably have the lines he omitted—merely a direction to use the service of the Invention *mutatis mutandis*. The church [1] for which this breviary was written kept its feast of Dedication on 24th October, for the octave fell on the vigil of All Saints, the rubric for which has had in consequence to be rewritten.

Thus we have abundant proof that the original of the Holyrood ordinale was known and used by English Augustinian Canons soon after the middle of the thirteenth century, and by those whose rite was influenced by Sarum. We have seen that part at any rate of the same manual was used at Bodmin, while we have also seen that this was not the case at Oseney or Guisborough, and that the Sarum books were not used by the canons at either of these places or at Westacre in Norfolk, or at the house near London to which the diurnal at the British Museum belonged. Nor were they followed at Kirkham or Cottingham, or at the west midland house in which MS. Bodl. 547 was used. It is possible that Carlisle may be the immediate source of the Holyrood book ; yet Carlisle was a cathedral priory, and no trace has survived of the adaptation that such a constitution would require. At the same time the word *prelatus* is almost exclusively used instead of *abbas,* and there is the evidence already referred to on p. xxxvi of St. Kentigern being in the original hand in the kalendar. Although both Carlisle and Holyrood were colonised from Nostell, near Pontefract, that abbey is not likely to have been the source of this ordinal, seeing that St. Oswald, the patron of Nostell, has no special prominence, and there is scarcely any certain trace of York influence.[2] It really

[1] Up to the present the writer has been unable to identify it; Old and New Llanthony and Cirencester are excluded by their dedication dates, which were 10th September and 17th October.

[2] Although SS. Paulinus, Cuthbert, and Oswald are in the Easter Eve litanies, SS. Edmund, Dunstan, Swithin, Etheldreda, Mildrid, and Osyth are there too; St. Paulinus was kept at Rochester as well as at York, and he occurs in most Augustinian kalendars, and SS. Cuthbert and Oswald are in the Sarum books.

seems impossible to find any remnants of specially local
colouring, and it is most probable that we have an adaptation
of a common form for an English group of houses. With
the exception of the fragmentary breviary in which portions
of the same ordinale occur, careful search has failed up to
the present to produce any English document that is so
similar as to suggest immediate connection with this ordinale,
but a remoter connection may very well be claimed for
the Constitutions which Lanfranc issued for Canterbury
and other Benedictine houses in the third quarter of the
eleventh century.[1] This document is really a customary
with very little of the ordinale properly so-called. But it
includes directions for the more important ceremonies of the
year, such as the Palm Sunday procession, and also general
instructions for different classes of festivals. The last
certainly have a good deal in common with the corresponding portions of the Holyrood ordinale. Here and there
certain phrases are the same, and there is little doubt that the
Constitutions of Lanfranc influenced those who compiled
the original of the Holyrood ordinale. But the latter is
longer and fuller, and most of its contents are drawn
from altogether different sources. The evidence, taken with
that of the manuale, certainly points to strong Benedictine
influence among some of the English Augustinians before or
during the thirteenth century.

On the whole it seems probable that while great local
variation existed, some groups of Austin Canons' houses were
united in their rite, and that the Holyrood ordinale originally
belonged to some such group. So far as it goes—and it is
so imperfect that no satisfactory conclusion can be drawn
from it—the evidence points to the Holyrood ordinal and
manual having come from the south rather than from the
north of England, and through Carlisle rather than through
Yorkshire or Northumbria.

[1] 'Decreta pro ordine S. Benedicti,' in Wilkins' Concilia Mag. Brit. et Hib.,
i. 328-361; Migne, Patrologia Lat., 150, 443 sq.

8. The preliminary Matter and the Kalendar

The first item in the manuscript [1] is a form of request for prayer for founders and benefactors, which for convenience has been entitled a Form of Bidding Prayer, on p. 2, although it is much shorter than that usually used before sermons. The following is a translation :

'Let us pray unto God the Father almighty by the merits and intercessions of the unspotted Virgin Mary and of all his saints, that he may grant us to render him such service as may be pleasing unto him and for the health of our souls.

' *Let the convent answer.* Amen.

May almighty God preserve the Bishops of St. Andrews, Glasgow and Galloway, our Abbot, and brethren, and all our benefactors, wheresoever they be, from all dangers and adversities. Amen.

' May the almighty Lord keep our lord the King, the Queen, their children, and all the nobles of the realm, and may he grant that their government of the kingdom may be for the honour of God and the safety of the people. Amen.

' May the most gracious God be merciful unto the souls of the kings David, Malcolm, Alexander, Robert, David, Robert and James, and of the Earls Henry and David ; and to the souls of the bishops, abbots, brethren, fathers, mothers, brothers, and sisters of our congregations, our parents and friends departed, and to the souls of Fergus, Uchtred, Rolland and Alan, and to the souls of all the departed ; and may he grant them eternal life for his mercy's sake. Amen.'

The entering of this form in a book of this kind suggests that it was for use in chapter, in connection probably with the commemoration of founders and benefactors that followed the reading of the martyrology.

Unfortunately the complete order of the service which began the meeting of the chapter is not given in this book, but in its main features it can be reconstructed from other

---

[1] Strictly speaking this is true, though some verses explaining the Roman numerals have been scribbled on one of the preliminary leaves of waste. On another, a very careless copy of the Bidding Prayer has been made.

sources, assisted by the few indications given in the ordinale. Everywhere it began with the reading of the martyrology, and the earlier part varies but little in the different forms. In the latter part we have the authority of the ordinale itself (p. 123) for placing the reading of the tabula before the commemoration of departed benefactors, and for the use of the psalm *Laudate* on festivals (pp. 74, 123, 151).

The book, the greater part of the contents of which form the present volume, was placed on the desk in the chapter-house. The reader announced the Latin date of the following day, with the phase of the moon, and proceeded to read the entry for the corresponding day in the martyrology, concluding with the words *Et aliorum plurimorum sanctorum martyrum confessorum atque virginum.* He then added the obits for the morrow, if there were any, saying, to quote the Sarum form—e.g. *Eodem die obiit N. de W. qui fuit . . . qui legavit C. libras ad emendacionem operis sancte marie et C. marcas ad usum canonicorum* or the like. The prelate or principal person present answered, *Anima eius et anime omnium fidelium defunctorum requiescant in pace.* R̥. *Amen.* He then said the verse *Preciosa est in conspectu domini,* and the convent replied *Mors sanctorum eius.* This was said everywhere, and from ıt the service itself was sometimes called *Preciosa.*

Then he said :

Ipsi et omnes sancti intercedant pro nobis ad dominum ut mereamur ab eo adiuvari et saluari ꞉ qui uiuit et regnat deus per omnia secula seculorum. Amen.

So Llanthony,[1] Cottingham, and Christ Church, Dublin, with verbal differences. At Sarum a longer form was used, but of similar character.

Then the officiant intoned *Deus in adjutorium meum intende,* to which the convent answered *Domine ad adju-*

[1] Corpus Christi College, Oxford, MS. 192.

vandum me festina. This versicle and response were repeated thrice and followed by *Gloria patri* and *Sicut erat,* with *Kyrieleison,* the Lord's Prayer, and a few versicles and responses such as ℣. *Et respice in servos tuos et in opera tua.* R︡. *Et dirige filios eorum,* and ℣. *Et sit splendor domini super nos.* R︡. *Et opera manuum tuarum dirige super nos et opus manuum nostrarum dirige.* Then came the collect following :—

Dirigere et sanctificare [et regere] [1] dignare domine deus [quesumus] hodie corda et corpora nostra in lege tua et in operibus mandatorum tuorum ꞉ ut hic et in eternum te auxiliante [sani et] salvi esse mereamur. Per dominum nostrum ihesum christum filium tuum, qui tecum, etc. R︡. Amen.

At Sarum on festivals another collect, beginning *Omnipotens sempiterne deus dirige actus nostros,* was substituted.

The versicles and responses, *Dominus vobiscum—Et cum spiritu tuo, Benedicamus domino—Deo gracias,* concluded what may be regarded as the first part of the service.

The reader then asked a blessing from the prelate, saying, *Jube domine benedicere ;* at Llanthony and Cottingham the blessing was *Sapienciam suam doceat nos omnipotens et misericors dominus Amen.* He then read a chapter of the rule, or, on festivals, the appointed gospel with its homily, which was followed by the versicle *Tu autem domine miserere nostri* and the respond *Deo gracias.*

Next the *tabula* was read, in which different parts of the services for the current week were allocated to those who were chosen for the purpose, and who were thereby reminded of their duties.

Then came the commemoration of founders and benefactors, other than those already mentioned among the obits for the morrow. This probably included or consisted of the Bidding Prayer for the Scottish kings at the beginning of

[1] The words in square brackets are in the Sarum form.

the book. Most likely the prelate answered *Requiescant in pace* and the convent *Amen*.

The chapter then proceeded to the business of the day, which generally included the assignment of work to different persons, the hearing of complaints, and the administration of discipline. The *Barnwell Observances*,[1] referring to the prelate's duties as to the chapter, say :

'It is in the Chapter-House, not in hall or in his own chamber, that he ought to appoint his officers over all matters relating to the church, and, when necessary, to change or release them ; to receive and clothe novices ; to receive friends into brotherhood, and a share in spiritual advantages ; to grant corrodies ; to sign deeds or other writings to which, by common consent of the brethren, the common seal is to be affixed ; to annul, change, or alter general or special letters of procuration, in accordance with the convenience of the church ; to cancel, in the presence of the brethren, bonds for monies repaid to the church ; to read letters from prelates or princes addressed to the Prior and convent.'

On certain festivals, after chapter, the psalm *Laudate dominum omnes gentes* was sung, followed at Llanthony by the versicles and responses *Ostende nobis domine misericordiam tuam—Et salutare tuum da nobis, Domine exaudi*, etc., with the collect *Actiones nostras quesumus domine et aspirando preveni*, etc. The Llanthony collectar directs that on other days the chapter is to be concluded by the psalms *Verba mea, Domine ne in furore, Dilexi, Credidi, De profundis*, and *Voce mea*, with the versicle *Requiem eternam*, the Lord's Prayer, more versicles and responses, and the collects beginning *Deus qui caritatis dona, Fidelium deus*, and *Absolve quesumus domine animas famulorum*.

The closeness of the *preces* at the Llanthony little hours to those of Holyrood, suggests that the chapter formulæ were similar, though it must be remembered that the Holyrood *preces* are a later addition in the manuscript.

[1] Pages 144-5.

On the whole question of such forms as the Bidding Prayer, Dr. F. E. Brightman writes : ' All ancient rites have, or have had at some time in their history, a body of inter-cessions, generally in some kind of litany-form, concluding the Mass of the Catechumens or opening the Mass of the Faithful, in either case following the Sermon, or the Gospel if there is no Sermon.' [1] As early as the middle of the second century St. Justin Martyr relates (*Apol.* i. 65) that after the Sermon followed κοιναὶ εὐχαί ' for ourselves and for the newly bap-tised, and for all men,' and these prayers are described under the same title by St. John Chrysostom (*Ep.* lv. 24). Origen calls them *oratio communis* (in Matt. xxvi. 36). As early as the eighth century, however, these particular prayers had become confined in the Roman liturgy to Good Friday, as they still are, under the name of the *orationes solennes.* Before the end of the ninth century a closely cognate custom had arisen on this side of the Alps. The people were admonished after the sermon to pray for the several classes of the living and the dead, and prayers were then said. This ' bidding of bedes ' (*i.e.* praying of prayers), as it was popularly called, latterly came to be understood of the enjoining to pray ; *bid* from the Middle English *bidden,* ' to pray,' being mistaken for *bid* from the Middle English *beden,* ' to command.' Hence the term ' bidding of prayer,' shortened still later into ' the bidding prayer ' by an adjectival use of the word ' bid-ding,' so as to indicate this particular prayer preceded by the long detailed request. In course of time the form both of the biddings and of the prayers themselves, originally sub-ject only to the discretion of the minister, tended to crystallise into different local varieties, conditioned on the one hand by a necessary similarity of character, and on the other by a certain liberty of variation. These forms never attained such fixity as other liturgical forms. Sometimes each group of persons bidden for were separately prayed for, sometimes the

[1] *The English Rite,* ii. 1020. London, 1915.

prayers were all gathered at the end. In some cases the
prayers developed into a miniature service with a psalm, *preces*,
and collects, while in others only the Lord's Prayer was said.
While in earlier days the bidding of the bedes followed the
sermon, in England and France it afterwards preceded it, and
according to Sarum use (except in parish churches) was recited
from beneath the rood during the procession.[1]

The bidding prayer is followed by a Form for receiving
Brethren. This must be carefully distinguished from forms
for professing religious. Its purpose seems to be the
admission of members of a third order, living in the world
but associated with the community. In the thirteenth-
century martyrology and obit book of the Benedictine
monastery of Christ Church, Canterbury,[2] the same prayer,
Suscipiat te, is in the original hand. A later hand has
prefixed the rubric *Pro fratribus recipiendis* with practically
the same earlier part of the service as here, except that
there only the one psalm, *Miserere*, is indicated. At the
end of the Dublin troper with a Sarum consuetudinary in
Cambridge University Library,[3] a later hand has added an
*Ordo ad faciendum fratres et sorores secundum ordinem sancti
Augustini* which is very similar; it has one psalm, *Magnus
dominus*, and adds two other collects, *Adesto domine suppli-*

[1] In England the 'Bidding Prayer' enjoined by the Canons of 1604, in which a
model form, subject to variation, is prescribed, has always maintained its ground in
cathedral and collegiate churches, and is being increasingly used in parish churches.
During the Middle Ages all sorts of vernacular, devotional, and instructive matter
became added to the Bidding Prayer in the form of the Creed, the Decalogue, a
general confession and absolution, notices of feasts and fasts, banns of marriage,
notices of excommunication and the like, the whole being called the 'Prone.' From
the sixteenth century onward more or less extensive forms of the Prone occur in
nearly all French and German diocesan *ritualia*. These or similar vernacular
elements, connected as they were with the sermon, became perpetuated in the
Reformed morning service of Strassburg, Geneva, and Zurich, and, as Dr. Brightman
points out, the Prone is therefore 'the original of the morning service in all the
communions, in France, the Low Countries, Scotland, and elsewhere, in which the
influence of the Swiss Reformation prevailed' (*op. cit.*, ii. 1039).

[2] Brit. Mus., MS. Arundel 68, ff. 166 and 166 *v*.   [3] MS. E. Add. 710.

cacionibus nostris and *Deus humilium visitator.* The Austin
Canons at Guisborough [1] had a shorter form *Quando aliquis
in fraternitatem suscipitur in capitulo,* with one psalm, *Ecce
quam bonum,* preces, and a different collect, *Omnipotens
sempiterne deus miserere famulo tuo et dirige.* Here the rubric
shows that the admission took place in the chapter-house
and not in the church.

Next comes a Form of Absolution from Excommunication. Then come two series of verses written in a late
cursive hand, the first for memorising the order in which
the books of holy scripture are read in divine service
during the course of the year, and the second the order
in which the books occur in the bible. They are in rude
rhyming hexameters, in which some of the proper names are
strangely mutilated to suit the metre.

The kalendar appears to be a copy of an English Augustinian kalendar, and of one not at all under York influence,
for the groundwork largely agrees with that of Sarum. The
characteristic York entries, except that of St. Paulinus (10 Oct.),
are conspicuously absent. The special needs of the order are
apparent in the keeping of St. Augustine (28 Aug.) with an
octave (4 Sept.), in the feast of his Translation (11 Oct.),
and in St. Osyth (*Sancte Osgide,* 7 Oct.). The influence of
Holyrood is shown by the raising of the two feasts of Holy
Cross (Invention, 3 May, and Exaltation, 14 Sept.) to the rank
of feasts *prime dignitatis.* The grading of the feasts belongs
to the Augustinian order, and is non-Sarum. The Scottish
names form another element in the kalendar, and most of
them are later additions, as are the feasts of the Dedication of
the Church (*i.e.* of Holyrood) on 13th October and of Relics
on 21st October. Besides the purely Scottish names, there
are a few other late additions, favourites in Scotland shortly
before the Reformation, such as SS. Bonaventure and Longinus
(14 and 15 Mar.).

[1] Brit. Mus., MS. Add. 35,285.

On 16th July is *Sancti ethoti confessoris,* in the original hand. Diligent search has up to the present failed to identify him, and he remains the most puzzling feature of the kalendar, if not of the whole book.

The Scottish entries in the kalendar include some very important days, *e.g.* SS. Baldred (6 Mar.), Columba (9 June), Serf (1 July), Ninian (16 Sept.). Moreover, no less than six Scottish days are added in March, with several other days not usually found in English kalendars, while in most other months the absence of equally important Scottish festivals suggests great laxity regarding them.

The tables which follow the kalendar provide rules for beginning what were called the ' histories ' in divine service, in accordance with the possible variations of days upon which Sundays could fall, from August to December inclusive. Another table for the same purpose, though unfinished, is on the verso of the last leaf but one of vellum waste at the end of the book. It is in a different form, though containing the same matter, and consists of a wheel-like diagram in which the Sunday letters and dates occupy concentric circles, each series filling a segment of the whole diagram, with the ' cue ' of the ' history ' at the circumference of the circle.

Next comes a form of Excommunication for thefts within the monastery enclosure, drawn up in the name of the prior. Then follows a form of absolution for those excommunicated for attacking a privileged place by striking any one, by burning or threatening, or by effusion of blood, or otherwise. After this is a shorter form of absolution from excommunication incurred through violence to particular persons.

After these forms, in the same late hand which wrote the inventory of 1493 at the end of the book, is an Agreement with the Canons of Carlisle about services for deceased brethren, of which the following is a translation :

' This is an agreement between the canons of Carlisle and the canons of Holyrood at Edinburgh : that for a deceased brother there should be full service in the convent. Every priest shall say three masses ; other clerks one psalter. And it [*i.e.* the commemoration] shall be added to the yearly office.'

Unfortunately all the books and records of the sister house of Carlisle have disappeared,[1] so we cannot trace any corresponding notice of this agreement there. Such agreements between monastic houses were very usual. A considerable number are entered in the service book of Guisborough [2] immediately after the kalendar, and several examples from Durham have been printed in the *Liber Vitae Ecclesiae Dunelmensis*.[3] A long series of them is summarised at the beginning of the New Llanthony collectar, under the heading *Debita Canonicorum quibus obligamur in obitu eorum*, and there is another set in a Reading cartulary [4]

Folio 9 is occupied with a series of *preces* to be added to the day hours, namely the services of prime, compline, terce, sext, none, and evensong. In the case of the last three services only a single versicle and response are given, but in that of the first three a considerable number of them, with collects and indications of collects. These are all added in the same later and much faded hand that added the litany on fo. 127. The *preces* are almost identical with those in the New Llanthony collectar, and were no doubt copied from some English book, or from a book which was itself a copy of one.

9. THE MARTYROLOGY

As already pointed out, the martyrology, which occupies a considerable portion of the manuscript, viz. from folio 10

---

[1] For the early history of the monastery of Carlisle see a paper by the Rev. Dr. Wilson, vicar of Dalston, in *Transactions of the Scottish Ecclesiological Society*, vol. iii. pt. iii. p. 261.

[2] Brit. Mus. MS. Add. 35,285. See Appendix II. for three agreements concerning Scottish houses.

[3] Surtees Society, 1841, p. 135.   [4] Brit. Mus., MS. Vesp. E. v.

to folio 50 inclusive, calls for little remark. It follows the
type of martyrology known as that of Usuard, an early com-
piler, and exceedingly widespread in Western Europe in the
middle ages. The text is not particularly good ; there are abundant signs of careless copying, and no certain trace of adaptation
for Holyrood or even for Scotland, though there is abundant
evidence that the scribe had before him a text that had been
adapted for England.[1] Such interest therefore as it possesses
is English, and it was not thought worth while to occupy
space with a well-known and easily accessible document,
the few characteristic features of which have no connection
with Scotland, but are textual variations which ought more
properly to be dealt with when a critical edition is made of
the Latin martyrologies as used in England.

10. The Gospels and Homilies for reading in Chapter

The next section of the book consists of a series of gospels
and homilies for reading in Chapter. The gospel is here
reduced to the first sentence or two of the liturgical gospel
read in the mass of the day, followed by the words *Et reliqua.*
The subsequent homily is also reduced to a very few lines,
containing little more than a single thought suggested by
the gospel. Originally, even if the whole of the liturgical
gospel were not read, the homily was longer. The reading

---

[1] Such English names as those of SS. Chad, Edward K.M., Guthlac, Ethelwold,
Erkenwald, Aldhelm, William of York, Edburga, Richard, Etheldreda, Sexburga, and
Hilda are added; it is true there is Servanus on 1st July, but in the absence of even
St. Kentigern, who is in the original hand in the kalendar, it is difficult to say with
certainty that this is more than a chance, as very out-of-the-way names frequently
found their way into martyrologies, as for example in a thirteenth-century copy of
the martyrology of Bede at Jesus College, Cambridge (MS. Q. B. 14), which afterwards
passed into Augustinian hands, in which occasional Scottish and Irish saints have been
added by an English fifteenth-century writer. The same thing is to be seen in a
fifteenth-century Sarum martyrology at Oxford, which belonged to St. Mary's, Bury
St. Edmunds (Bodleian, MS. Rawl. lit. e. 42), and includes SS. Ebba and Queran.

of the gospel and homily was confined to Sundays and certain holy days. The series provides in the Temporale for every Sunday in the year, the Advent Ember days, Christmas, Epiphany, and Ascension, with their vigils and octave days, the five saints' days following Christmas, Ash Wednesday, the week-days following Easter and Whit Sunday, Corpus Christi and its octave day. The sanctorale includes all feasts of nine lessons and upwards in order of dignity, as given in the kalendar, except a few octave days, and except St. Francis, St. Barbara, and certain days in March. The last are later additions in the kalendar. Of local saints and of saints not usually found in secular English kalendars provision is made for St. Kentigern (13 Jan.), St. Anthony (17 Jan.), St. Modan (4 Feb.), St. Duthac (8 Mar.), St. Constantine (10 Mar.), Translation of St. Andrew (9 May), St. Columba (9 June), St. Ethotus, Confessor (16 July), St. Ninian (16 Sept.), St. Osgida [1] (7 Oct.), Translation of St. Augustine (11 Oct.), Feast of Relics [2] (21 Oct.). St. Osyth and the Translation of St. Augustine are days specially kept by the Augustinian canons and not peculiar to Scotland. The Common contains nothing remarkable ; there is no provision for matrons. The Dedication gospel and homily follow, and those for the Vigil of the Assumption of the B.V.M. are added at the end.

Similar sets of gospels and homilies for reading in chapter exist in other books of this kind. The obit book and martyrology of Christ Church, Dublin, contains a set which is largely the same as that used at Holyrood. The homilies in the Dublin temporale are the same, except on the 5th Sunday after the Epiphany, the 2nd in Lent, Maundy Thursday, Whitsun Ember Friday and Saturday, the 4th, 6th, 7th, 8th, 9th, 11th, 12th, and 23rd Sundays after Trinity, and upon

[1] St. Osyth, patroness of the great Augustinian monastery of Chich in Essex.
[2] A festival commemorating the saints whose relics each particular church possessed. In this case it is only the date which differs from secular use.

Trinity Sunday, when the gospel itself is different.[1] In the sanctorale the gospels differ on the feasts of SS. Mathias, Alban, Mary Magdalene, Beheading of St. John Baptist, besides the many cases where there is only a reference to the common, and in which there is great variation. In some eight other cases the homily is different. The Dublin common is shorter.

The twelfth-century martyrology of the Augustinian monastery of St. Osyth in Essex has another very similar series of gospels and homilies. The homilies at Dublin are longer than those at Holyrood, but in the St. Osyth book they retain much more of their original length, being twice or thrice as long. Throughout the temporale, except on Tuesday, Wednesday, and Friday in Whitsun week, and on and after Trinity Sunday, they are from the same source, and usually have the same beginnings. But while the St. Osyth series differs altogether from Holyrood and Dublin during the Trinity season, it generally agrees with Holyrood in the Sanctorale and not with Dublin.

These gospels and homilies are the same as those of mattins of the corresponding days in the breviary. In the introduction to the third volume of the Hereford Breviary,[2] Dr. Frere has shown that the *homiliarius* which Paul Warnefrid, the deacon of the great Benedictine monastery at Monte Cassino, made at the request of Charles the Great, is the source of nearly all the homilies in English breviaries. That not only the series itself originally came, but also its use in chapter, from a Benedictine source is suggested by its existence, and probably the instance is far from being singular—in an eleventh-century martyrology at the British Museum,[3] which seems to have

[1] In most Augustinian books these Sundays are reckoned after the Octave of Pentecost, and not after Trinity as at Sarum.

[2] Henry Bradshaw Society, 1915, p. xii.

[3] MS. Add. 16,918. The gospel for St. Giles is headed *Sancti patris nostri egidij*, the dedication of the church of St. Giles is added to the martyrology on 10th Oct., and on the 9th that of the neighbouring abbey of St. Peter *in Nemausensi territorio*,

been written for the great abbey of S. Gilles in the diocese of Nismes, not far to the west of Arles. Here, as in so many other cases, the martyrology is followed by gospels and homilies for reading in chapter (*Incipiunt lecciones evangeliorum que in capitulo leguntur*). All through the temporale the homilies are with few exceptions the same as those at Holyrood, although in the sanctprale only a few are the same

Gospels without homilies are found in Dominican books. The obit book of the Black Friars at Guildford [1] has such a series, followed by the Rule of St. Augustine, various statutes and other matter. Practically the same series is prefixed to the Constitutions of the Dominican nuns of the Sciennes convent, Edinburgh, now in the University Library there.[2]

11. The Rule and the Augustinian Order

The rule of St. Augustine follows, divided into sections, for reading each day of the week, together with the usual long addition, in the margin of which fifteen different sections are noted. As this rule is a well-known document, easily accessible, it has not been printed at length, but the beginnings of the different sections have been indicated. The rule will be found, both in the original Latin and also translated into English, in the *Barnwell Observances*, pp. 1-23.

The earliest form in which what is called vocation to the religious life found its fulfilment was that of the solitary hermit of the desert, not that of the monk living a common life with other monks. But the germ of the coenobitic as distinct from the anchoritic life is found as early as the beginning of the fourth century, when St. Anthony inaugurated it in northern

and at the end there is a note of certain statutes of Bertramnus who was abbot there, c. 1050-1070.

[1] Cambridge University Library, MS. Ll. 2. 9.

[2] Not very accurately edited by J. Maidment, with an unworthy introduction, as *Liber Conventus S. Katerine Senensis*, Abbotsford Club, 1841.

Egypt, in a form in which the anchorites lived in separate cells
but joined in common services on Saturdays and Sundays.
Half a century later St. Basil introduced the common life
under one roof, and to this day practically all the religious of
the East follow his rule.   The monastic life, with a good deal
of variation in arrangement and with many features derived
from the practice of the solitaries of Eastern deserts, reached
Celtic christendom through Lerins and Gaul as early as the
time of St. Patrick, and in course of time Celtic developments
reacted on the Continent, besides spreading over the north
of Britain.   Meanwhile early in the sixth century a new
development began in Italy that was destined to exercise an
unending influence on Western monasticism.   St. Benedict
gathered followers around him at Subiaco, and several monasteries arose under his direction.   The rule he composed for his
own house of Monte Cassino forms the base of the whole idea
of monastic life in the West.   This rule, ' difficult, but possible
to follow,' compiled with a wise statesmanship that allowed
for individual weakness while setting up firm authority with
considerable power of discretion, was based on the ideal of a
life of work and study as well as of prayer and fasting, and
was hard and ascetic without giving room for such excesses
of austerity as would defeat its main objects.

In course of time the Benedictine rule displaced other
forms of monasticism in the West.   In the tenth century a
decline from its early ideals gave occasion for a reform of
the rule which spread from Cluny, and had great influence
in England in later Saxon times.   Whereas the original
Benedictine system made each monastery self-governing
under its own abbot, the Cluniac houses were priories directly
responsible to the head house of Cluny and exempt from the
visitation of the diocesan bishop to which other Benedictine
houses were subject.

The end of the tenth century saw in the foundation of the
Carthusian order by St. Bruno in 1086, a return to a modified

anchoritic system, for each Carthusian monk had his own cell.
The same period saw another and more important revolt
against what some felt to be increasing Benedictine laxity,
when Robert, the Benedictine abbot of Molesme, founded in
1098 the abbey of Citeaux in Burgundy for the strict observance of the rule of St. Benedict, only with greater austerity.
His followers, Stephen Harding and St. Bernard, early in the
following century caused this new Cistercian order to spread
with such rapidity that in the thirteenth century there were
no less than six hundred houses. Like the Cluniac reform
of the Benedictines, the Cistercian order was centralised, each
monastery owning obedience to the abbot of Citeaux. It is
unnecessary here to do more than glance at the Cistercian
characteristics of secluded valley sites, agricultural work,
extreme simplicity of architecture (at first), the large number
of lay brethren or *conversi*, and the consequent peculiarity
of plan of buildings.

The same period that saw the second series of reforms of
the Benedictine order, of which the chief was the Cistercian,
saw also the beginnings of the order of Augustinian Canons
Regular. The monastic movement was not originally clerical,
and in early days the great majority of monks were laymen.
But from the time at least of Chrodegand, bishop of Metz,
towards the end of the eighth century, the clergy attached to
cathedral churches observed some kind of rule, particularly in
regard to divine service and common meals, though more
usually they came to live in separate houses near their common
church. They were collegiate bodies, and as they followed a
rule as compared with the rest of the secular (*i.e.* not monastic)
clergy, they were known as canons. In course of time some
of these bodies of clergy developed in a monastic direction
and followed a rule modelled on an adaptation of a letter of
St. Augustine of Hippo to a congregation of religious women.
Such canons became known as Augustinian or Austin Canons,
or Canons Regular, to distinguish them from the secular canons

who, although bound together as members of a collegiate body, did not live like monks. The order did not receive papal recognition till 1139, but it had been widely spread for some time previously. It seems to have appeared in England about 1106, when the priory of St. Botolph, Colchester, was founded. 'The number of English Augustinian houses at its highest point reached 218, and of these 138 were founded before 1175. At the suppression of the monasteries there were about 170 Augustinian houses, while of Benedictine houses there were from 130 to 140. Augustinian houses varied greatly in size and wealth, and at no time did their wealthier abbeys approach the immense revenues of the greater Benedictine houses ; while their average income was very moderate. Each house was governed by a "prelate," generally known as the prior, but in some twenty-four cases as the abbot. Most of their abbeys were in the midland districts : in Yorkshire, Nottinghamshire, and Norfolk, where their houses were numerous, the title of prior was universal. In 1133 one of their convents, Carlisle, was raised to the dignity of a cathedral priory. Their growth was analogous to that of the Benedictines ; each house with its cells was an independent community ; their visitor was the diocesan bishop, and very few of their houses became permanently exempt from visitation. The order also held its general Chapters, at which two visitors were appointed yearly for each of the provinces into which its houses were divided.' [1]

12. Local Historical Matter

The Rule is followed by the History of the miraculous foundation of the monastery, the story of a miracle during the building, the history of the foundation of the daughter house of St. Mary's Isle, and a list of abbots, unfortunately nearly

[1] *English Monasteries*, A. Hamilton Thompson, M.A., Cambridge, 1913, p. 21. See also Dr. Frere's paper on the origin of Canons Regular, in *Fasciculus J. W. Clark dicatus*, Cambridge, 1909.

all cut away. Historical memoranda such as these are not
infrequently found in books of this kind, and may be looked
upon as connected with the particulars of founders and benefactors which were added to their names in the lists of obits
read out in chapter.

The History of the foundation is well known ; it has been
printed in the second volume of the *Bannatyne Miscellany*,
and Bellenden's translation is reprinted in the introduction
to the *Liber Cartarum Sanctae Crucis*. The rubric at the
head of it may be translated :

' The following is the history of the miraculous foundation of the
monastery of Holyrood near Edinburgh by David the most mighty,
most just and most devout king of Scots, son of Malcolm Canmoyr
king of Scots and of St. Margaret the queen, his wife, the daughter
of Edgar, son of Edmund Irnside king of the English.'

After a rather pietistic prologue, the writer goes on to tell
the familiar story of how it happened that in 1128 King David
was on a visit to his castle near Edinburgh (*castrum puellarum
prope Edinburgh*), and that after mass on the feast of the
Exaltation of the Holy Cross (14 Sept.) the court wished
to go hunting in the great forest called Drumselch, which then
adjoined the south side of the town. The king's secretary
and confessor Alwin, a wise and religious Austin canon
from Merton in Surrey (*monasterii de meritonne prope londonias*), who had served the king when he was Earl of
Huntingdon and Northumberland and Lord of Cumbria,
warned him not to hunt on so solemn a feast day. The king,
however, was persuaded by his court, and after taking some
food, mounted his horse and rode eastwards through the valley
called Abergare, which is now the Canongate, between two
small hills (*versus orientem per vallem vocatam abergare . que
nunc est via canonicorum inter duos monticulos*). He waited
for the huntsmen and hounds to drive out a stag, near the
north side of Salisbury Crag (*non procul a pede rupis dicte*

salisbere versus boream). Suddenly a very. beautiful stag
rushed towards him from near a spring ; his frightened horse
bolted northwards, and the stag attacked and overturned
both king and horse where the church of Holyrood stands
now, wounding the king in the thigh. The king, wishing to
grasp the stag's horn in self-defence, seized a cross which
there was between the stag's horns, and the cross came away
in his hand. The stag disappeared towards the spring whence
it came, and so the spring was afterwards called the spring of
the crucifix (*fons crucifixi in posterum appellatus est*). The
king lay wounded, holding the cross ; his confessor Alwin
comforted and also reproved him. He was carried back to
the castle, and Alwin ordered the cross to be carried before
him. That night the king in his sleep heard a voice calling
him ' David ' three times, and adding ' Make a house of
canons devoted to the cross ' (*Fac devotorum crucis edem
canonicorum*). In the morning he told Alwin, and after he
recovered he informed his council that, impelled by the vision,
he had decided to found a house in honour of the Holy Cross.
Because there were few workmen in Scotland competent for
such an undertaking, he sent to France, whence his ambassadors
returned with twenty skilled men, and in 1128, with consent
of his son Henry and also of his council, he began to build the
monastery in the place where the cross was brought him by
the stag, giving it the name of the House of Holy Cross, in
Scots Halyrudhous, making his confessor Alwin the first
abbot, and giving the cross for a dowry, besides churches,
lands, and other possessions.

The story of the miracle during the building relates how
one of the chief joiners fell to the ground while working on the
roof and was apparently dead. Alwin the abbot ordered the
body to be laid before the high altar. King David visited
the abbey the following morning, and on being told what had
happened, knelt and prayed beside the joiner, and after a
time commanded the mass of the holy cross to be celebrated.

After the mass the king uncovered the joiner's face, and seeing signs of life, ordered him to be removed to a quiet resting-place, where he recovered.

Next comes the account of the foundation of the Priory of St. Mary's Isle, near Kirkcudbright, preceded by the following rubric :

'This is the history of the foundation of the Priory of the Isle of Traile, and how Fergus the great Lord of Galloway, its founder, obtained the peace of King David and gave the island and other possessions to the monastery of Holyrood, and after becoming a religious, was buried there.'

During the building of Holyrood, the story goes, Fergus through some trifling fault seriously offended the king, who was minded to punish him severely. He asked advice of Alwin, who was afraid to intercede for him. Between them they agreed that Fergus should put on the habit of a canon regular, and ask the king's peace and forgiveness among the rest of the brethren. One day when the king came to see the progress of the building, Alwin, in the name of the convent, begged the king to be present in chapter and pardon their transgressions. He consented, and sat in the middle, while the brethren lay prostrate around him. The abbot then asked the king's pardon for any offences committed against him, for his blessing, and that he would give each one the kiss of peace. The king answered that he forgave all their offences, and commending himself to their prayers, rose from his seat and kissed the abbot's hand, saying, ' Peace to thee, brother, with the divine blessing.' Here the story ends at the foot of the first column on the verso of folio 72, and the next column begins with the list of abbots. But it is clear that a half leaf was at one time fixed to the page by its inner edge being pasted on between the columns. This leaf would include the space of two columns, ample for the continuation of the story. The next leaf has been cut out, so that the latter part of the list of abbots is gone.

There is no reason to think that the story of the foundation of the abbey is altogether devoid of truth, notwithstanding the allowances that must be made for the miraculous element. It is not at all improbable that King David went hunting against Alwin's advice on some holy day, and that he was attacked by an infuriated stag and thrown from his horse near the site of the abbey. It is even possible that when thrown he may have found a crucifix on the ground. From such an incident it would not be a long step to the story of the crucifix having been found between the horns of the stag, on the analogy of the legend of St. Hubert. Thankfulness for such an escape might well have led the king to found the abbey, especially when acting under the advice of the Augustinian Alwin, who would naturally have the interests of his own order at heart.

Recent excavations conducted on the site of the choir of the abbey church by Mr. W. T. Oldrieve, acting for H.M. Office of Works, revealed the fact that an earlier church of much smaller dimensions had existed on the same site before King David's foundation of 1128. This tends to discount the 'miraculous' story of the foundation, but it also makes it difficult to understand the foundation charter, which does not mention any such church as already existing. It may have been in ruins or deserted. It may have been ignored as a Celtic survival with 'nescio quo ritu barbaro,' to quote St. Margaret's biographer's contemptuous reference to the older rite. In any case, it would seem as if every effort must have been made to give David all the credit of a new foundation, both by the foundation charter and also by the 'miraculous' story, whether or not there was any truth in the hunting incident.

The valley leading eastwards from the Nor' Loch to Holyrood is described in the 'miraculous' story as Abergare, apparently by false assimilation from the word *herbergare*, to erect or establish, used in the phrase *herbergare quoddam burgum inter eandem ecclesiam et meum burgum,* near the end of the foundation charter. The misreading of this word was intimately connected with long disputes over the burgh of Canongate in later times, the documents concerned with which are printed in *Liber Cartarum Sancte Crucis.*

This is not the place to do more than allude to the buildings of the monastery.[1] The church was of large size for Scotland, and was almost the only great church in the land with a stone vault over the nave. There was a central tower 30 ft. 6 in. square, the nave being 128 ft. 10 in. long inside, and the choir 108 feet long, making a total internal length of 267 ft. 4 in. The choir had an additional north aisle, and a square east end, the east ends of the aisles being in line with the east end of the Lady chapel, which was behind the high altar. The east end of the earlier church was beneath the south-western portion of the choir. The western towers, once surmounted by short, thick, lead-covered spires, projected from the west front in a very unusual way, leaving the west end of the nave recessed for a distance equal to the sides of the towers. The architectural details of the nave show foreign influence, rare in Scotland in the twelfth and thirteenth centuries, when English forms overspread the land, and thus bear out the statement in the foundation story that masons were brought from France.

The conventual buildings were on the south side of the church, and the eastern part of the north cloister walk still remains, with the eastern processional doorway, which is among the earliest work existing. While nothing more than the nave remains above ground, the foundations of the choir are left exposed as far as possible, and there are also

---

[1] See MacGibbon and Ross, *The Ecclesiastical Architecture of Scotland,* 1896-97, vol. ii. pp. 53-73; and for a plan and description of the recent excavations, a paper by Mr. Oldrieve in *Trans. of the Scottish Ecclesiological Society,* vol. iii. pt. iii. p. 326.

sufficient of the foundations of the chapter-house to show that it was either octagonal or apsidal.

It is not in the least likely that the conventual buildings, now destroyed, were on any but the usual plan, arranged on the sides of the cloister court in the normal way.   The nave of the church was on the north side of the cloisters ; the cellars, stores (and guest accommodation at first) occupied the west side ; the frater or refectory was on the south side ; the east side, adjoining the south transept of the church, contained the 'parlour,' entrance to chapter-house, which projected in the middle eastwards, and warming-house, all on the ground floor, with the dorter or dormitory above ; while the infirmary was no doubt an offshoot from the south-east corner.   The kitchen was probably outside the south-west corner of the buildings, conveniently near the west end of the refectory.   The whole arrangement can be seen best in Scotland at Dryburgh, which was a house of Premonstraten-sians, or reformed Augustinians.[1] There, although much of the church is gone, the rest of the buildings remain to a very large extent.   Latterly the guest-house may have been separate, and the abbot almost certainly had a separate house.

Like all monastic churches, that of Holyrood must have been divided at the crossing, or west of it, by two closed screens, each supporting a gallery or loft.   The eastmost, known as the *pulpitum*, had a central doorway and enclosed the canons' choir on the west, the upper stalls being 'returned,' as it is called, against the east side of it, as they remain to this day at Carlisle.[2] This screen may have stood beneath the eastern arch of the central tower, or a bay or so farther west.   A short distance to the west of it, under the western arch of the crossing (or farther west, according to the position

---

[1] See Sixth Report of the Royal Commission on Ancient Monuments, Scotland, *Inventory of Monuments . . . in the County of Berwick*, 1915, No. 258, pp. 132-148.

[2] And indeed in all other churches that retain the mediaeval fittings of an enclosed choir; *e.g.* King's College Chapel, Aberdeen.

of the eastern screen), the nave of the church was crossed by
another screen, called the rood-screen, because it supported
the loft beneath the rood, or great crucifix with St. Mary
and St. John on either side, which occupied a conspicuous
position in every mediaeval church. This screen bounded the
parochial part of the nave on the east; an altar, probably
the parish altar of St. Mary, stood against the middle of it,
and it was pierced by a doorway on either side, leading
from the parish church into the small space between the two
screens. Farther west still, the parish choir was no doubt
enclosed by an open-work screen, something like the open
rood-screen of an ordinary parish church. In a church of
secular canons, like the majority of the cathedrals, there was
only one of these great closed screens, the rood being above
the pulpitum, which was therefore also the rood-screen.

Of the exact positions of the screens at Holyrood we
know nothing, except the fact that they must have existed.
But judging from the general plan of the church and the
analogy of other cases, the probability is that the canons'
choir was within the eastern limb of the church, as at
Carlisle, Hexham, and Kirkham, and that the parish altar
and rood-screen were beneath the western arch of the crossing,
in the position of the present east end. The high altar, we
know, had the Lady chapel behind it, and must therefore
have stood against another screen, pierced no doubt by
doors on either side, like the rood-screen. The aisles must
have been divided into chapels by screens, the lesser altars
(except those at the ends of the aisles) standing against
them, so as to secure orientation.

The procession before high mass on Sundays started from
the high altar, turned into the north choir aisle, passed
through the Lady chapel behind, thence through the chapels
in the south aisle and out into the east walk of the cloister
through the doorway which still exists; it visited the various
parts of the monastery and returned to the church by the

doorway opposite the west walk of the cloister. Passing up the nave, a station was made before the rood—at Holyrood this would also be before the parish altar; then the procession divided so as to pass through the doorways on either side of the altar, and rejoining in the space behind, proceeded through the pulpitum into the choir, making the final station before the high altar. The convent took their places in choir; the sacred ministers returned to the vestry, and re-entered for high mass during the singing of the introit a little later.

13. The Ordinale

The historical memoranda are followed by the ordinale, which occupies a larger space than any other part of the book, and contains considerably more matter. It is the most characteristic and interesting portion of the contents, and, as has already been pointed out, is of first-rate liturgical importance. To describe or discuss it in detail is out of the question in a general introduction like the present.

All that is proposed is to indicate certain matters of special importance and to make a few explanations for the general reader. To rightly understand a liturgical document of this kind, some knowledge is necessary both of the services and ceremonial, and of the life of a monastery. The former have been very briefly glanced at already in considering this book as a whole (pp. xx-xxv). The daily life occupies a subordinate position in the ordinale. It is described in detail in the *Barnwell Observances*.[1] Here it is only possible to give the barest outline. Like all the older religious orders, the canons regular rose at or soon after midnight for the long choir service of mattins, which consisted of a varying number of psalms and anthems, lessons and responds,[2] and was immediately

---

[1] Pp. lxxii-xcvi.

[2] A very good outline of the monastic services, in greater detail than there is space for here, will be found in *Barnwell Observances*, pp. xcvii-c.

followed by the shorter service of lauds, composed chiefly of a few psalms with anthems, a hymn, the *Benedictus,* and one or more collects.   On festivals this long service was dignified by a more elaborate use of bells, by the anthems being sung and the lessons read by seniors, the wearing of copes by officiants, by the use of incense, and so forth.   Between one and two the brethren went to bed again, and after a much longer sleep rose at daybreak and went into church for the short service of prime, which was followed by morning mass and private masses,[1] after which all went to the chapter-house for the business arrangements of the day, which were preceded by the short service described above (pp. xlii-xliv), for which this book was required.   After chapter the brethren began their work.   Somewhat later the short choir service of terce was sung, after which the *mixtum,* that is bread soaked in wine, was distributed to novices and the infirm.   Afterwards came high mass of the day, preceded on Sundays and solemn days by the procession described on p. lxiii.   High mass was followed by the short choir service of sext, during which the servants and the reader at table dined.   Then, about midday, came dinner (*prandium*) in the frater, during which the brethren were read to by the reader, who had already dined himself, and who occupied a pulpit in the wall, such as still exists at Carlisle or Dunfermline.   This was near the east end of the frater where the high table was, at which the president and his guests sat.   In winter the canons returned to the cloister [2] and worked until the next short choir service of none ; in summer they went to the dorter for a midday rest.   This made up for the shorter night, for in summer the whole day

---

[1] Private masses were said by single priests, each of course with a clerk to serve, in the side chapels which were formed in the aisles and transepts of the church.   Many of them went on simultaneously.   They were a somewhat late development in Latin christendom, and are unknown in the East, where, generally speaking, there is still but one altar and one solemn celebration of the liturgy, and that not every day.

[2] It should be remembered that the cloister was covered, and had glazed windows, and that in it was done all the work that was possible, especially study and instruction.

k

was longer, as they went to bed later and rose earlier, so as to make full use of the daylight. Indeed the whole scheme of the monastic day was regulated by the principle of longer intervals in summer than in winter, and not by that of fixed hours. From none to evensong the convent worked, although in some places, *e.g.* S. Denis, Paris, they were allowed to walk in the meadows before evensong. Evensong consisted of psalms with anthems, a hymn, *Magnificat*, and one or more collects; like mattins and lauds, and unlike the lesser services, it was an occasion for ceremonial which varied with the importance of the day. The brethren then went to the chapter-house and listened to a reading from some monastic author; this was called collation, because the Collations of Cassian were very often read; the word also came to be used to include a drink of beer, which followed in the refectory in some places. The day concluded with the service of compline, and the brethren retired to the dormitory for the first part of the night.

This is only a very rough sketch of the canons' day. In Lent and on fast days there were variations. High mass was sung later; *prandium* was consequently later, and was the only meal. In other religious orders there were different arrangements; the Cistercians, for example, stayed out working on the land, and said sext and sometimes none privately. In all religious houses there were some whose special work did not allow them to take part in all the services, and there were also *conversi* or lay brethren, who only attended very few services.

Scattered through the ordinale will be found various references to the different alterations which the season required in the arrangement of the canons' day, as well as to liturgical changes in the ritual and ceremonial.

The general reader must be cautioned against drawing false conclusions from the general appearance of a highly technical document like this ordinale. For example, the

services it deals with are in no sense specially elaborate, nor
are they described with any excessive amount of detail. A
great deal is left to general knowledge and tradition. But
given the Christian year, with its fixed Christmas and its
variable Easter, and services arranged in series for the seasons
and saints' days, besides special services, it follows that there
must be some rules for carrying out the system and making
the necessary adaptations for the different varieties of years.
To do this in the briefest manner requires a good deal of space,
and provision has to be made for contingencies which only
very rarely occur. It must also be remembered that by the
time this document was drawn up, a whole series of secondary
services had come to be added to the principal ones, through
the greater part of the year.[1]

The ordinale combines the temporale and the sanctorale in
sections ; thus, not only are the directions for the saints' days
at Christmastide included in their place among the instructions for the season, but the saints' days from SS. Fabian and
Sebastian to the Annunciation are inserted between Epiphany
and Septuagesima (pp. 84-87), and St. Mark and the other
days in April and May are included after Easter. There is
an unfortunate *lacuna* in Advent ; the whole of fol. 73*v* is
left blank. Apparently the book from which the writer was
copying had leaves about half the size, and one of these
leaves was lost. So a page was left vacant with a view
to being filled at some future time, and the filling never
took place.

The ordinale contains some allusions to other uses. For
example, on p. 71 the writer refers to the fact that some
leave off kneeling at Evensong for the Christmas festival
season when the anthems known as the Great O's are begun
on 16th December, *sed nos solitum cursum tenemus*. The other

---

[1] For example, the fifteen gradual psalms were prefixed to mattins, and the hours of
the Blessed Virgin Mary—like an abridgment of the service for one of her festivals—
were added to the other hours through the day.

custom referred to here was that of Sarum among other uses, followed by the seculars.   A reference to other customs occurs on p. 77 in connection with what is done *in nonnullis magne auctoritatis ecclesiis* if Innocents' day falls on a Sunday.   In the matter of the service for the Sunday after Christmas (p. 79), we are told *de hoc officio diversi diversa senciunt*; on the Vigil of the Epiphany *alii jejunant alii non* (p. 81); and on p. 83 there is a reference to the practice of the Cluniacs.

On Candlemas Day the candles are blessed by the prelate before the high altar with but little ceremony.   The procession makes a station before the refectory and then the usual one in the nave of the church.   The candles are offered at the offertory and extinguished, except that of the celebrant, which burns on a candlestick beside the altar until the end of the service.

On Ash Wednesday the ashes are blessed and distributed in the usual way, and those in the procession wear their ordinary black copes and not ecclesiastical vestments (p. 90).   The litany is begun when the procession enters the church.   At Guisborough the brethren appear to have received the ashes in the cloister.

From Ash Wednesday to Maundy Thursday the three ministers of high mass washed the feet of three poor men after mass, and gave them bread.

On the First Sunday [1] in Lent after compline, the sacrist hung up the great Lent veil between the choir and the sanctuary, and then, or on Monday before prime, covered the crosses, reliquaries, crowns,[2] and images.   The veil was drawn back during any feast day from after high mass on the vigil, but let down for the ferial mass on the day itself.   It was raised during the gospel of ferial masses and for the Wednesday and Friday processions.   This was all very usual, and the

[1] It was done on the Saturday at Sarum.
[2] This is suggestive of fairly early date.   These crowns were ornaments which were frequently hung in front of and over altars before the thirteenth century.

ordinale also gives full details for most of the other ritual and ceremonial alterations which marked the Lent season.

The Palm Sunday procession is described with some fulness. As in so many other mediaeval rites, it contains certain elements of religious drama. In common with that described in Lanfranc's Constitutions, and with other English and Norman uses, the reserved eucharist was carried in it. But there was nothing like the elaboration of Sarum, Hereford, or Rouen. In the early morning two canons in albes removed the eucharist to a tent that was set up *ubi provisum fuerit,* presumably outside the monastery buildings. During terce the sacrist spread a carpet before the high altar and placed upon it the palms, flowers,[1] and leaves, which were blessed by the prelate, apparently in choir habit, assisted by deacon and subdeacon, but without ceremony. The prelate removed the stole he had worn for the blessing and returned to the choir ; after the distribution of palms, the procession began, first those carrying the banners, then the holy water bearer, then the cross bearer, taperers and thurifer, in albes, the subdeacon in a tunicle with the *textus,* the deacon with the book from which the gospel was to be read,[2] then the cantors and the convent, the prelate last. The first station was at a table covered with a cloth, a little distance from the tent, from which the two brethren emerged with the eucharist as the procession drew near, other two brethren spreading two cloths on the ground before them, one after the other. They then placed the *feretrum* containing the eucharist on the table, round which the ministers and the bearers of the *apparatus processionis* grouped themselves, the deacon, thurifer, and one taperer on one side, the subdeacon, holy water bearer, and the other taperer on the other side, the cross bearer behind, facing

---

[1] Especially willow catkins, long traditionally associated with Palm Sunday in this country, and called palms in some parts of England.

[2] The *textus* was originally the gospel book, but in course of time it was often so richly and heavily bound that in actual use it became customary to read the gospel from another book.

the convent, and the banners in the background. The *textus* was placed on the table beside the *feretrum*. Then the anthem *Ave rex noster* was sung. The ordinale provides for what is to be done *si conventus sit in capitulo ad processionem*; the meaning is a little obscure, but it seems to be a provision for making this station in the chapter-house in bad weather. After censing the eucharist, the deacon proceeded with lights and incense to read the gospel *Cum appropinquasset*, which describes the entry of our Lord into Jerusalem. Then there might be a sermon to the people, presumably to drive home the scripture lesson taught by this dramatic ceremonial. The procession started again, and went to the door of the church, where the *feretrum* with the eucharist was set on a table prepared with a cloth,[1] at which a similar station was made. A place above the doorway [2] was hung with curtains, in which four of the brethren, or four boys, sang the hymn 'Glory, laud, and honour,' alternately with the convent. At the end of it, the procession re-formed, and entered the church, singing the respond *Ingrediente domino*, going as far as the *ostium monasterii*, that is to say the doors through the rood-screen on each side of the parish altar in the eastern part of the nave. There they made a station and the rood was unveiled. On entering the choir, a final station was made before the high altar, the convent took their places, the bells were rung with a clash, and the office, *i.e.* the introit, of the mass was begun. Meanwhile the sacred ministers re-entered carrying palms, the deacon and subdeacon being now in chasubles.[3]

[1] So also Lanfranc.

[2] Perhaps a temporary erection outside, perhaps the west window-sill passage within. At Glasgow Cathedral there is a place over the south door of the nave which might have been used for this purpose, and in many East Anglian churches the mediaeval west galleries that still remain may have been so employed. Arbroath Abbey has a passage in the wall over the west doorway which was no doubt used in this way.

[3] The use of chasubles by the deacon and subdeacon at certain seasons, chiefly penitential, as well as by the celebrant, has survived in the Roman rite to the present day.

There is the usual provision (p. 101) for gradually extinguishing a number of candles during mattins of the last three days of holy week, a curious survival of the gradual putting out of artificial lights as daylight strengthened during the protracted mattins of earlier days. This had been long forgotten when the ordinale was written, and we find the usual mystical meanings attached to the custom by mediaeval writers. The number of candles varied in different rites; here, as at Sarum, it was twenty-four.

On Thursday before Easter there are elaborate rules for the great maundy, when the convent washed the feet of as many poor men as the number of brethren in the monastery at the time, with two for the prelate and as many others as he should choose for the *familiares*, and one for each of the brethren who had died during the year. The washing took place in the cloister, the prelate's poor men sitting in the north-west corner, the rest arranged along the north and west sides. During the ceremony the first section of the psalm *Beati immaculati* was sung, with the anthem *Dominus ihesus* between each verse. Afterwards each poor man received four coins, called *nummi* in one place and *denarii* in another, and after being taken where a good fire had been prepared, were given a share of food (*prebenda*), which they might either eat there or take away.

After none the ministers vested for mass, the seven penetential psalms were said before the altar, and all the bells were rung more slowly than usual. Their ropes were then tied up until Easter Even. All the convent received communion, and the hosts to be reserved were wrapped in the corporal on

It is a relic of the early Roman use of this vestment by nearly all the assistants, before the dalmatic and tunicle were used by them. In mediaeval times in England the dalmatic and tunicle seem to have gradually dispossessed the chasuble for the assistants, except perhaps in cathedral and monastic churches, until, in the middle of the sixteenth century, we find the first English Prayer Book ordering tunicles for the assistant ministers without qualification as to season. In parish churches this seems to have been the practice for a long time before 1549, to judge from the evidence of inventories.

which they had been consecrated, placed in a chalice, and taken in procession by the deacon to a place prepared for the purpose, in which the prelate deposited them. Then the washing of the altars was carried out.

Between supper and compline the maundy of the brethren took place in the chapter-house, when the prelate washed the feet of the rest. Then the deacon read the gospel *Ante diem festum pasche* at the lectern in the chapter-house, with incense and the same ceremonies as at high mass. At the words *Surgite eamus hinc* all went in procession to the refectory, or frater, where they partook of the *potum caritatis*.

On Good Friday there is not much that calls for special notice. The ceremonial of the veneration of the cross is very like that of Sarum, and the cross is uncovered by the priests that bring it and not by the celebrant. But the deacons who sing *Agyos* wear chasubles here.[1] There seems to have been no Easter Sepulchre, as the ordinale is silent as to any placing of the eucharist or the cross in it.[2]

On Easter Eve the ceremonial is very close to that of Sarum ; indeed several passages in the Sarum Consuetudinary for that day (and apparently for that day only) are verbally almost the same as the corresponding parts of this ordinale.[3]

[1] See note 3 on p. lxx.

[2] In the Sarum rite, for example, there was a mystic burial or placing of the reserved eucharist and a cross in a structure called the Sepulchre, there to remain till Easter morning. This was one of the dramatic ceremonies of holy week. The sepulchre was sometimes a wooden erection set up for the occasion, furnished with curtains, etc. ; sometimes a stone base was provided for it like an altar tomb (this was very common in the west of England), while in some places a permanent aumbry in the wall enriched with carving was provided. These structures, very like Scottish Sacrament Houses, are to be found in Lincolnshire, Nottinghamshire, and Norfolk.

[3] These are §§ lxix and lxx, pp. 144 to 153 of *The Use of Sarum*, vol. i., *The Sarum Customs as set forth in the Consuetudinary and Customary*, ed. W. Howard Frere, Cambridge, 1898. Most but not all of these passages belong to the later recension of the Consuetudinary. Examination of the Sarum text shows that there is a great deal more on Easter Eve that comes from the same source as Holyrood, although Holyrood has not included it. The phraseology is the same, and there is the same recurrence of mystical explanations, common at Holyrood, but strange to the rest of the Sarum

The compilers of the Sarum book seem to have drawn for this occasion upon the same source as that from which this Augustinian book was taken. Careful examination shows that neither document is copied from the other, and the passages in the Sarum book have the appearance of being abridged from a book that was closely akin to the Black Canons' ordinale.

After the blessing of the new fire, which probably took place in the nave, the procession returned to the choir singing the hymn *Inventor rutili* alternately with two cantors, who were in silk copes, not as at Sarum in surplices only. At the blessing of the paschal candle the five grains of incense had been fixed in it before the service, as in Lanfranc's Constitutions, instead of after the words *incensi hujus sacrificium* and the censing, as at Sarum.[1]

The lessons, tracts, and collects follow a very common order, and are the same as at Sarum, except that the fourth lesson is *Haec est hereditas* instead of *Scripsit Moyses* as at Sarum, and an additional collect is added at the end. In returning from the blessing of the font a third litany is sung, instead of the Sarum *Rex sanctorum*.[2]

document. At the same time it is easy to trace the adaptations to Sarum, such as references to *clerici de superiore gradu* and the like.

The passages in the Holyrood book which are common to the Sarum Consuetudinary on this day are:

p. 113, ll. 17 to 26	=Sarum, *op. cit.* p. 145.	
p. 114, ll. 15 to 21	= ,, ,, p. 146.	
p. 114, ll. 24 to 30	= ,, ,, p. 147.	
p. 114, l. 35 to p. 115, l. 9= ,, ,, p. 148.		
p. 117, ll. 33 to 36	= ,, ,, p. 151.	
p. 119, ll. 17 to 37	= ,, ,, p. 151.	

Some of these are somewhat altered, and elsewhere there are less definite indications of the use of a common source

[1] This ceremony is the result of a misunderstanding of the words *incensi huius sacrificium*, which refer to the paschal candle and not to incense. Some early mediaeval ceremonialists thought incense was intended, and they invented a ceremony to fit the words. See *A History of the Use of Incense*, E. G. Cuthbert F. Atchley, Alcuin Club, *Collection* xiii, London, 1909, pp. 136-8.

[2] Sarum seems to be the only English rite that has this, though it is common in German uses, see *Missale Westmonasteriense*, iii. col. 1433.

There were no special ceremonies as at Sarum and elsewhere on the morning of Easter day. It is provided that if
the canons have care of parishioners, a mass is to be said for
them in the morning and a sermon preached after the singing
of the offertory (p. 121). Evil-livers of various kinds are to
be warned lest they presume to receive communion to their
condemnation and not to their souls' health. It was apparently expected that those present would make some promise
of amendment of life after the sermon. Communion is to be
given after mass, not in the ancient place in the course of the
action, and the priest is to remove his chasuble for convenience
in administering. The communicants are to be presented to
him by one assistant, and another assistant is to administer
wine mixed with water *ut communicati . . . hoc poculo con-
firmentur*.[1] It is added that, according to the canons,[2] he
who does not communicate at least thrice a year is not to be
accounted a Catholic.[3] Those who ought not, or are unable,
to communicate are to be given blessed bread, *eulogias id est
oblatas*—the same as the French *pain benit*, the Greek ἀντίδωρον,
and a form for blessing it follows.

The procession to the font is provided for after evensong with
a second station before the rood, which is to take place *si ad*

---

[1] The withdrawal of the chalice from all but the celebrant in Latin christendom,
except on rare occasions, took place very gradually. At the time when this ordinale
was compiled, the rest of the brethren certainly appear to have received communion
in both kinds (*v.* p. 163), and this may also have been the case with the parishioners.
But by the time this copy was written in the fifteenth century, the chalice was probably
withdrawn from all but the celebrant, and perhaps the deacon and subdeacon. The
administering of a common cup of wine and water long survived the withdrawal of
the chalice.

[2] *i.e.* Concil. Agath, A.D. 506, c. 18 in *Gratiani Decret.*, lib. iii. dist. 2, c. xix.

[3] This points to the original document having been compiled before the 4th Lateran
Council of 1215, which ordered once a year as a minimum. We may also note that a
promise of amendment of life is apparently to be made by the communicants after the
sermon and just before communion. This suggests, though it does not prove, a possible
laxity of discipline regarding private confession and absolution which would not have
been allowed after the promulgation of the canon *Omnis utriusque sexus* of 1215.

fontes eundum non est, in which case the *altare crucifixi,* that is the altar in the nave in front of the rood-screen, is to be censed.

The processions of the greater litany on St. Mark's day (p. 131) and those of the three Rogation days (p. 135) are described, though with no special fulness. The *usus Romane curie* is referred to as the authority for having the litany on St. Mark's day, but there is no following of Roman use in details ; *e.g.* the order of procession is, *famuli* with banners, holy water, cross, taperers, subdeacon with *textus,* deacon, priest with relics, convent. The procession goes normally to some other church for the mass.

On Ascension day the procession is to go *foras circa curiam monasterii,* that is to say round outside the wall which enclosed all the outer buildings connected with the monastery.[1]

On the vigil of Pentecost the paschal candle is to be lighted before the prophecies, and burns till after compline on Whitsunday.[2] Lights and incense are to be used at the gospel. On the day itself during the hymn *Veni creator spiritus* at terce, all the bells are to be rung, and the altars censed with two censers.[3]

After prime on the feast of St. Eustace, the morrow of All Saints' day, there was a solemn procession to the cemetery in commemoration of the faithful departed, with the three ministers vested for high mass and preceded by cross, lights, and incense. The service for this is in the manual, p. 200. The psalm *Beati immaculati* was sung, and the procession went from the common cemetery to that of the brethren, where a station was made and certain prayers said. They said the seven penitential psalms on the way back to the

---

[1] A great portion of this outer wall, which bounded the *curia,* can still be seen at Sweetheart, Kirkcudbrightshire.

[2] At Sarum it had been removed before high mass on Friday after Ascension day. According to Roman use it is put out after the gospel at high mass on Ascension day; at Windesheim the Augustinians removed it after that mass.

[3] See Atchley, *History of the Use of Incense,* pp. 300-305.

church, and high mass for the dead followed, with deacon and subdeacon in chasubles.[1]

The ordinale concludes with a sort of 'common,' giving directions for the variations in ceremonial on the different classes of festivals. This part of the document is very largely based on Lanfranc's Constitutions for the Benedictines, which are sometimes abridged, sometimes expanded, sometimes adopted verbally for a phrase or two.

On the highest feasts all the altars were prepared,[2] the seats in the frater and chapter-house covered with cloths, the floor strewn with rushes or straw, or hay in winter. At evensong all the lights of the church were lighted, and a light placed before each altar. The high altar was censed at *Magnificat* with two censers, and the other altars were also censed.

At mattins the singers and readers were vested in copes. Two priests censed the altar at the third respond of each nocturn and at the *Benedictus* at lauds. Three lights burned before the altar at the little hours. At the procession before high mass all wore copes, and the order was as follows: holy water, cross, taperers, thurifer, subdeacon in tunicle with *textus*, deacon in dalmatic, cantors of choir, boys of choir, the convent in order, lastly the prelate, occupying the place of the bishop in a procession according to Sarum use.[3] At the end of the mass, as well as before it, all the bells were rung *in classicum*.

On feasts of second dignity the ceremonial was only slightly less. On all feasts of first dignity the brethren were to communicate and *generaliter* on those of the second. Apparently when the ordinale was first drawn up they received in both kinds.

---

[1] At Sarum, as generally on All Souls' day, they wore dalmatic and tunicle.

[2] *i.e.* vested in frontals, with perhaps some of the ornaments. Of old, ornaments were not left upon altars out of service time, although the high altar generally had its frontal and curtains.

[3] This order is practically the same as at Sarum and as that prescribed by Lanfranc.

A good deal of the ceremonial is taken for granted, *e.g.* the times of ministration for incense during mass on feasts *prime et secunde dignitatis.* During octaves we are told that at mass incense is used at the gospel, presumably not at other times therefore.[1] So with the lights round the altar. During octaves they had two ; on feasts of third dignity at evensong and mattins four *ante altarg*, and the rest round about were lighted.[2] One censer was used. All in choir at mass wore copes.

On common feasts only the altars in the presbytery were *parata.* Only the high and morning altars were censed at *Magnificat* and *Benedictus,* unless there were one in the church dedicated in the name of the saint of the day. Three lights were lighted before the high altar.

As in the case of the highest feasts, so in the case of the lowest, those of three lessons *in modum octavarum* and private feasts of three lessons, much of the ceremonial is taken for granted, because it was that of ordinary days, and was more familiar to those concerned than were the modifications required for the intermediate grades. Besides, it was probably contained in the *consuetudines,* or whatever at Holyrood corresponded to the Observances at Barnwell.

Here and there the compilers of the ordinale inserted extracts from the canon law. The section relating to the observance of the principal feasts by the people [3] is lifted

[1] At Sarum incense was used at the introit, gospel, and offertory; at Wells also at the *Gloria in excelsis* ; in many places it was not used at the introit ; sometimes it was only used then on high days. At the introit and gospel it is very ancient, at the offertory later. Its use at the consecration is very late, and in mediaeval times very local, and rare in England. Following as it did upon the elevation of the host, it is of course unknown in the East. Incense of old was not an invariable adjunct of high mass as it is now in the Roman rite, nor was the method of censing altars the same. There was great variety of use in different rites.

[2] In great churches in the Middle Ages the rules for lights varied greatly. They were placed in all sorts of positions, though as a general rule there were seldom more than two upon or immediately behind the altar. See below, p. xcv.

[3] p. 157, ll. 1-29, *Grat. Decr.* lib. iii, *De consecratione*, dist. 3, cap. i. The rubric of the Decretum, here copied into the text, erroneously attributes this list of days to a council

bodily out of the Decretum of Gratian, which is also the
source of the rule about communion thrice a year as the minimum for lay folk,[1] and of the quotation from St. Cyprian's
letter to Euricacius on actors,[2] as well as of the references to
St. Victor[3] and to Gregory VII[4] on the keeping of Easter. This
use of the Decretum shows that the ordinale, in the form in
which it was copied at Holyrood, was not earlier than the
middle of the twelfth century, while the absence of any reference to the feast of Corpus Christi suggests that it was probably
not much later than the middle of the thirteenth century.

14. The Manuale

The Manuale—to use the name generally given in this
country[5] to the book containing the occasional services—
includes the orders for the visitation, anointing, and communion of the sick, the commendation of a departing soul,
and the burial of the dead. To these are added short forms
for the reception of one brought for burial from outside, for
the procession to the cemetery in commemoration of souls
departed, with blessings of meat and eggs, butter and cheese,
a general blessing, and one for food and drink. There follow
the forms said in chapter commending those departing on a
journey and giving thanks for a safe return, with that used
on Saturdays at the weekly maundy. In manuals written
for religious orders who had care of souls in a parish, the

---

of Lyons. Richter, in his great critical edition of the *Corpus Juris Canonici*, Leipsic,
1879, traces it to a capitulary of Ahyto of Basel (†822), and refers to Hartzheim, *Concil.
Germ.*, ii. 18.

[1] p. 122, ll. 23-5, *Grat. Decr.* lib. iii, *De cons.*, dist. 2, c. xix.

[2] p. 122, ll. 28-36, *Cypr.* lib. i. ep. 10, *Grat. Decr.* lib. iii, *De cons.*, dist. 2, c. xcv.

[3] p. 121, ll. 1, 2, *De cons.*, dist. 3, c. xxii.

[4] p. 121, ll. 6-9, *De cons.*, dist. 5, c. xv.

[5] On the Continent in more recent times *rituale* is the name generally given to the
corresponding book, which in German and Scandinavian dioceses was often called an
agenda or *obsequiale*. Some of its services were frequently included in other books,
such as missals and pontificals.

services for baptism and marriage are usually found, as at Guisborough, Westminster, Evesham, and elsewhere, but this is unfortunately not so in the book before us, which was evidently written wholly for use in the chapter-house and the monastic buildings, and not for use in the church.

As has already been indicated, the services follow a type which is characteristic of English Benedictine houses, and is found in the manuals of Canterbury,[1] Westminster,[2] Bury St. Edmunds,[3] and Evesham.[4] Exactly the same burial service, even to the wording of the rubrics, so far as it goes, is to be found in a manual that seems to have belonged to the Augustinian Canons of Bodmin ; unfortunately this book is imperfect, and does not contain the visitation of the sick and the end of the burial service, or it would probably be found to be identical throughout. The litany also is practically identical, as will be seen later. The Bodmin book has a baptismal service with the gospel *Confiteor tibi pater* [5] before *Nec te latet*, as at Westminster and Canterbury, which is also the case in the Guisborough manual.[6] Collation with the rites of Canterbury, Westminster, Bury St. Edmunds, and Evesham shows substantially the same service, without verbal identity in rubrics, thus suggesting a common origin. The Oseney manual [7] has very considerable variation, and that of Guisborough much more, but neither follow the secular rites of Sarum or York,[8] although perhaps somewhat influenced by

---

[1] Bodleian Library, Oxford, MS. Barlow 32.
[2] Printed in *Missale Westmonasteriense*, Henry Bradshaw Society, vol. iii. col. 1266 *sq.*
[3] Brit. Mus., MS. Harl. 5334.
[4] Printed in *Officium ecclesiasticum abbatum secundum usum Eveshamensis monasterii*, Henry Bradshaw Society, 1893. Cf. also the service in the *Magdalen Pontifical*, Henry Bradshaw Society, 1910.
[5] St. Matt. xi. 25. The Sarum and York gospel is *Oblati sunt ihesu parvuli*, St. Matt. xix. 13-15.
[6] Brit. Mus., MS. Add. 35,285.
[7] Bodleian Library, Oxford, MS. Rawl. C. 939.
[8] *Manuale . . . ecclesiae Eboracensis*, ed. W. G. Henderson, Surtees Society, no. 63, 1875.

them. The burial service of the Victorine canons of St. Thomas, Dublin,[1] has a certain amount in common with that of Oseney, but hardly enough to suggest Victorine influence in the case of the latter. The burial service at Guisborough seems to show secular influence, especially in the last part.

The service for the visitation, anointing, and communion of the sick at Holyrood is practically identical with those of Canterbury, Westminster, and Bury St. Edmunds, except in the prayers said at the communion, and at Evesham the chief difference is that communion is given a little earlier in the service.[2] Following the communion comes a long series of benedictions at Holyrood and Evesham, which the other three rites do not give, and then the Litany with the prayer *Proficiscere anima christiana.* The Commendation of the departing, or departed, soul follows, and is the same in all. Then we find evidence of divergent usage due to local arrangements concerning the preparation of the body for burial. At Evesham the choir service of the dead is ordered, apparently in some connection with this, and at Westminster certain psalms. At Bury the corresponding forms are said after the body has been taken to the church, which is most likely to have been the case at Holyrood. The burial service is practically common to all.[3]

[1] Brit. Mus., MS. Add. 24,198, an abridged missal; see above, p. xxxi.

[2] Evesham prefixes another litany to the beginning of the service, adds three collects before the confession, and gives communion after *Deus humane generis*, with three collects not in Holyrood, but of which two are at Westminster, two at Canterbury, and one at Bury.

[3] There is a slight variation at Bury near the beginning, and the position of the absolution differs. Bury has it after *Deus vite dator*; Evesham agrees with Holyrood. Canterbury has it much earlier, after *Obsecramus misericordiam tuam.* At Holyrood the psalms *Domine probasti, Domine exaudi, Laudate dominum,* with their anthems and the *Benedictus* are grouped together between *Absolvimus* and *Te domine sancte.* Westminster and Evesham alternate the second two psalms with the next two prayers, and place *Benedictus* after *Tu nobis domine* and then transpose *Temeritatis* and *Domine sancte pater qui unicum.* So Evesham and Canterbury, but Canterbury has the psalm *Domine exaudi* after *Te domine,* omits *Laudate,* and does not transpose *Temeritatis* and *Domine sancte.* All except Holyrood add *Exequiis rite celebratis.*

It must be remembered that by the time these services reached the form in which we find them in the mediaeval books, the rite of anointing that in earlier times was used as a part of the spiritual healing of the sick and to assist recovery, had come to be associated with the dying, and held to convey the special grace of removal of what mediaeval theologians defined as *reliquiæ peccatorum*.[1] There was also a tendency to say certain commendatory forms after death, which had of old been used for the dying. The most important and perhaps the oldest part of the burial service, the celebration of the eucharist, is not very apparent to the casual reader of a book like the present, which merely refers to it with the words *cantata vero missa*. The form for the reception of one brought for burial from outside is presumably intended for the parishioners.

The short forms for blessings call for little remark and are of a type commonly used for their respective objects. Those for beginning and ending a journey are also common, and are practically the same as at Guisborough. At Llanthony the same forms were repeated several times during the day, and are entitled *Benediccio ad fratres iter acturos . ad matutinas et ad . j . et iij . et vj . et ix datur benediccio . ad vesperas et ad completorium non datur .* and *benediccio ad fratres de uia reuersos. Ad iij vj . et ix . et ad vesperas et completorium intrabunt ad benediccionem recipiendum*.[2]

15. The Litany

The litany is added in a later hand, the same that wrote the *preces* for the day hours near the beginning of the book. It does not contain many names of saints and hardly any of definite local significance. St. Augustine is doubled, as might

---

[1] See *The Anointing of the Sick in Scripture and Tradition*, F. W. Puller, *Church Historical Soc.*, no. lxxvii. London, 1904.

[2] Corpus Christi Coll., Oxford, MS. 192, pp. 132-3.

be expected, and if SS. Oswald, Paulinus, and Cuthbert might be held to suggest a north of England origin, SS. Edmund, Dunstan, and Swithin belong to the south. The latter part of the litany omits several of the usual petitions. A nearly identical litany is to be found in a fourteenth-century Augustinian psalter at Oxford,[1] which may just possibly have been written for Jedburgh. It transposes one or two saints and adds St. Ebba, but it is the same even in the group of collects at the end. The litany in the Bodmin manual is also the same ; it adds SS. Petroc and Germanus, doubling the latter, and has many more collects at the end, but it is otherwise almost identical. All that can be said is that this Holyrood litany is a copy of one written for English Augustinians.

16. The Inventory of Church Goods of 1493

This is the last document in the book, although it is quite possibly not as late as the litany which precedes it. The writing is careful and regular, and is the same in which the agreement with the canons of Carlisle on fo. 8*v* is written. The following is a translation :—

This inventory was written on the 12th day of October in the year of our Lord 1493, of all the jewels, vestments, and ornaments of the high altar and vestry of the monastery of Holyrood in existence and remaining at the time of this writing.

---

[1] This manuscript was written for Augustinian canons and afterwards altered for nuns. The presence of St. Ebba in the litany in the original hand—the only really distinctive feature of the book—suggests some relation to Coldingham. But Coldingham was a Benedictine house, a cell of Durham, and there was no convent of Black canons anywhere in the district. St. Andrews is not far across the firth, but a St. Andrews book would not include St. Ebba and omit St. Regulus or indeed other Scottish saints. Failing some definite clue to an Augustinian church which had relics of St. Ebba, the nearest house of the order to Coldingham is the border convent of Jedburgh, which is in a district singularly devoid of local saints.

1. Item in the first place, a new change [1] [of vestments] of cloth of gold, namely chasuble, two tunicles,[2] three albes, a stole, a maniple with three amices.[3]
2. Item a change of satin, of blue colour overgilt,[4] namely, a chasuble, two tunicles, two albes, an amice.
3. Item a change called Douglass,[5] of gold colour, namely, a chasuble, two tunicles, two albes and two amices.
4. Item a change called Earl Marschel,[5] of cloth of gold, namely, a chasuble, two tunicles, two albes, and an amice.
5. Item a change of cloth of gold, of blue colour, namely a chasuble, two tunicles, an albe.
6. Item a change of cramasey cloth of gold, of red colour, namely, a chasuble, two tunicles, three albes, three amices, a stole and a maniple.
7. Item a change of cloth of gold, of white colour, namely a chasuble, two tunicles, three albes, an amice.
8. Item a change of valuce,[6] of blue colour, namely a chasuble, two tunicles, three albes, three amices, two stoles, and two maniples.
9. Item, a change of best cramasey, of red colour, namely, a chasuble, two tunicles, three albes, three amices, a stole, and a maniple.
   Item, from of old,[7] a stole and maniple of satin.

[1] *mutatorium*, change, used here for a set of vestments, a very rare word used for this purpose. It generally signifies rich and valuable secular garments, though Du Cange quotes an ordinary of the Canons Regular of St. Laud at Rouen at the end of the 1679 edition of John of Avranches, p. 312, in which it is used for a change of bed-clothes.

[2] *tunica*, used here, as frequently, for the deacon's dalmatic as well as the subdeacon's tunicle. Latterly, both vestments came to be made almost if not quite identical.

[3] *examitum*, an uncommon word, is here used for amice, or rather, for the apparel of the amice. There is apparently some confusion here with *exametum* or *examitum*, which Du Cange defines as *pannus holosericus*, the same word as *samitum* or *sametum*, the common form, e.g. *dalmaticam de optimo exameto rubeo.—Gesta Innocentii*, iii. p. 138.

[4] *superauratum*, probably meaning very heavily embroidered with gold.

[5] So called, no doubt, after the donor.

[6] Probably = velvet, the same as ' vellous.'

[7] *de antiquo*. Apparently used with the rest in this section.

10. Item, a change of damask, of glaucous [1] colour, namely, a chasuble, two tunicles, three albes, three amices, a stole and a maniple.

11. Item, a change of valuce, of black colour for the dead, namely, a chasuble, two tunicles, three albes, three amices.

12. Item, a change of satin, of black colour, from of old, for the dead, namely, a chasuble, two tunicles.

13. Item, a change of damask, of green colour, namely, a chasuble, two tunicles, two albes, two amices, and a third of blue colour.

14. Item, for ferial days, a chasuble of valuce, of red colour, and two tunicles.

Item, for the season of Lent, a chasuble of damask, of white colour, a stole and a maniple.

Item, an albe of pure silk, [2] called the albe of St. Thomas the Martyr.

Item, for the high altar, three veils or offertories, with three frontals, [3] and a veil for the step above the altar for feast days.

Item, a carpet [4] of cloth of gold, of red colour, for the high altar.

Item, a carpet of damask, of red colour, beneath the altar and another above the altar.

Item, a carpet of valuce, of black colour, for the dead, and another of damask, covered with the royal arms.

Item, two carpets of chamlet, of white colour, for feasts of the Blessed Virgin Mary.

Item, three cushions [5] of cloth of gold for the high altar, and one of damask.

---

[1] Sea-green, sometimes *thalassicus*, or *venetus*, as opposed to ordinary green, as in no. 12.

[2] The albe was a linen vestment, although it had silk apparels, or movable patches attached to skirt and sleeves. But occasionally abnormal examples such as this are to be found. In Eastern christendom, the στοιχάριον, Russian *stichar*, the same in origin as the albe, is regularly of silk.

[3] *frontalibus*, here used for the frontlets, not the frontals, for which the context shows that *stragulum* is used.

[4] *stragulum*, cf. canon 82 of the English code of 1603-4.

[5] For the book; desks were occasionally used latterly, but cushions were more usual in mediaeval times. In England, Spain, and Austria they have been in continuous use for this purpose, in the more conservative churches.

Item, in the first place, a new cross of pure gold with precious stones, namely, thirty, with the wood of our Lord's cross, with a leather case.[1]

Item, an old silver cross with the wood of our Lord's cross.

Item, a great silver cross with a foot, weighing a hundred and eighty ounces, with a wooden case.

Item, a silver cross for the sacrament, with a silver chain.

Item, a cross of crystal.[2]

Item, three silver gilt texts.

Item, a text of glass.[3]

Item, an ivory text.[4]

Item, a tabernacle of ivory for the altar of St. Katharine.

Item, a silver arm of St. Augustine, with his bone, and two rings weighing eighty-four ounces.

Item, a silver reliquary for the altar of St. Katharine, with her bone, which Sir John Crunzanne, formerly vicar of Ure,[5] made, weighing [6]

Item, there are ten chalices in all, namely—

1. A chalice of pure gold with a paten, weighing, forty-six ounces with a leather case.
2. Item the chalice of King Robert.
3. Item the chalice of King David.
4. Item the chalice of the altar of St. Mary the Virgin.
. Item the chalice of the altar of St. Andrew.
6. Item the chalice of the altar of St. Katharine the Virgin.
7. Item the chalice of the altar of the Holy Cross.
8. Item the chalice of Sir John Marschell.
9. Item the chalice of Sir John Weddaill.
10. Item another chalice, which is common, beside the chalices outside the chancel doors, namely (11) the chalice of the parish altar, and (12) the chalice of the infirmary,[7] of silver but not gilt, and so there are twelve.

[1] No doubt a case of stamped leather of the kind known as *cuir bouilli*.
[2] *i.e.*, a considerable amount of rock crystal, set in a metal frame, probably.
[3] Covered with glass, rock crystal, or some kind of enamel.
Covered with ivory.
[5] Ure = Urr, a parish in the Stewartry of Kirkcudbright and diocese of Glasgow.
[6] The weight has never been filled in.
[7] The infirmary was probably at the south-east corner of the monastery.

Item, two old silver candlesticks.

Item, four new silver candlesticks, weighing a stone and four pounds.

Item, two silver candlesticks in the abbot's chapel of little weight.

Item, two brass candlesticks, and two of iron for ferial days.

For the Pontificals of the Abbot

Item, in the first place, a mitre with precious gems.

Item, another mitre of white coloured damask.

Item, two precious amices.

Item, a pastoral staff.

Item, three rings.

Item, an ivory comb, with a bodkin.

Item, a girdle of silk.

Item, three palls of silk to carry the cross or the sacrament.

Item, a great eucharistial of silver, weighing a hundred and sixty ounces, and it is gilt, except two bells,[1] with precious stones.

Item, a great cup of silver for the sacrament.

Item, a silver gilt vessel for holy water, with a hyssop.[2]

Item, two silver censers with a silver box [3] for incense.

Item, two silver gilt cruets for the high altar.

Note, that there are two silver cruets for the altar of Holy Cross. And two silver cruets for the altar of St. Katharine. And two silver cruets with one silver text, and an image of the Blessed Virgin, of ivory, with a silver foot ; and a glass cruet with the oil of Blessed Andrew,[4] for the altar of St. Andrew.

---

[1] Miniature bells attached to the monstrance, to ring as the monstrance moved, perhaps taking the place of a bell to ring separately in the procession.

[2] Hyssop = sprinkler ; this word is evidently suggested by the anthem usually sung at the sprinkling of holy water on Sundays—*Asperges me domine ysopo et mundabor.*

[3] *acerra*, the classical word; the usual word was 'ship' in the vernacular.

[4] Probably as in other similar cases, a scented oil believed to have been distilled from his remains ; this or a similar phenomenon was very widely believed to have taken place in the case of certain great saints. Compare the very widespread belief that in many instances the bodies of saints have been immune from corruption.

Here follows the inventory of copes :—

In the first place a new cope of cloth of gold of blue colour.

Item, two copes of cloth of gold, of red colour, with two silver gilt morses, and one of them with precious stones, the other without stones.

Item, a cope of cramasey, embroidered with golden branches, with a beryl on the breast.[1]

Item, a cope of cramasey of cloth of gold having a stag with the holy cross on the hood.[2]

Item, a cope of cramasey interwoven with golden roses.

Item, a cope of valuce, of blue colour.

Item, three copes of cramasey valuce.

Item, three copes of damask, of white colour.

Item, three copes of valuce, of blue colour.

Item, two copes of purple colour.

Item, a cope of chamlet with another cope of the same colour.

Item, two copes of cloth of gold called Douglass.

Item, three copes with golden birds.

Item, three copes of black valuce for the dead.

Item, four copes of damask of green colour.

Item, a cope of valuce of green colour with orphreys of cloth of gold.

Item, a cope of purple colour with orphreys of valuce of black colour for Hamer.

Note that Robert, abbot of the monastery of Holyrood [departed from] the kingdom of Scotland on the second day of September in the year of our Lord 1494 to the land of Flanders, and thence to Rome. And this abbot brought for the replenishment of the monastery of Holy Rood, very cheaply, in the market-place of Bruges in [the Nether ?]land, these jewels and vestments which follow in this writing, namely :

First, namely, for the honour of the Blessed Virgin Mary, a great vestment, namely a ' stande,' namely, a cope with chasuble and two tunicles, with three albes, three amices and their apparels of precious cloth of gold, of white colour. And twenty copes of damask, also of

[1] Most likely on the morse or clasp.

[2] Evidently a representation of the stag as said to have been seen by King David in the story of the foundation of the monastery.

white colour, with orphreys of cloth of gold of blue colour, and some
orphreys of valuce of black colour, and this vestment, in English a
' stande,' he gave to the vestry of the said monastery to remain in per-
petuity among the jewels and vestments of the said monastery.

Also at the same time the same abbot gave for the adornment of
the high altar, four curtains of double tartara of blue colour, made and
finished with their hangings [1] and other necessaries.

The most striking feature of the inventory, taken as a
whole, is the meagreness of its contents for a monastery of
such wealth and importance.   It is true that some of the vestments and ornaments must have been very splendid, and that
in actual practice there were plenty of beautiful things with
which to carry out a stately service.   But if we compare the
contents of the vestry at Holyrood with those of an important English monastery, the difference is very marked.   We
need not go so far.   St. Salvator's College, St. Andrews, was
richer ; if King's College, Aberdeen, had not more vestments,
it was as rich in other respects.   And in spite of its royal
connection and its situation close to Edinburgh, and much
farther south, Holyrood could not compare with Aberdeen
Cathedral in the wealth and number of its church goods and
ornaments.

Fourteen full sets of vestments are enumerated, all with
two tunicles specified, and nearly all with one to three albes and
amices.   In only four cases are stoles and maniples mentioned ;
this is probably due to carelessness.   It is difficult to know
whether the albes and amices are the linen vestments in
question, or their apparels, or both.   It may be noted that no
other linen is mentioned, no surplices, rochets,[2] corporals or

[1] Probably cords to attach them to the rods at the ends of the altar.
[2] The rochet, worn by Augustinian canons in choir instead of the surplice used
by seculars, is a form of surplice with tight sleeves instead of long open ones. Being
part of the monastic habit, it was naturally not included in a list of church ornaments, any more than the black choir cope (*cappa nigra*, or in this ordinale merely
cappa as opposed to *cappa serica*, the rich cope of silk or other coloured material).
The choir cope was a cloak of black stuff with a hood, and, like the rochet, was part

altar cloths. Only one 'single' set of vestments—*i.e.* a set
for a single priest, without deacon or subdeacon—is mentioned, and that is one of white damask for Lent.

Of these fourteen full sets, three are described as gold,
though other coloured sets are cloth of gold, one is white,
three are blue, three red, two green (including one 'glaucous'),
and two black, specified as 'for the dead.' Of the red sets, one
is 'for ferial days.' As in so many cases where sets of vestments are specified in inventories as being for ferial days,
the reason is probably their being old and worn, apart from
any question of suitability of colour. The idea of a colour
sequence only developed gradually; before the thirteenth
century, and indeed long afterwards in most places there was
little if any more notion of a colour sequence in the West
than there is in the East at the present day. Only little by
little did the use of colours become defined by the practice
of great churches, and it is chiefly after the Reformation on
the Continent that the fixed diocesan colour sequence is found.
The usual mediaeval practice was to use the best vestments on
the highest feasts independently of their colour, and old and
shabby vestments on ferial, *i.e.* ordinary, week-days, and in
Lent. At Rome, as early as the thirteenth century, violet
was used for Advent, and from Septuagesima through the
whole of Lent to Easter, green was used on ordinary days, and
white soon came to be used for most feasts of our Lord and
for all saints who were not martyrs. This remains the Roman

of the monastic habit of a canon regular. It was worn over the rochet in choir
except from Easter to Michaelmas, when the canons appeared in their white linen
rochets only (see p. 113 l. 27, p. 154 l. 9). The practice of secular canons was often
the same, except that they wore the surplice instead of the rochet and also used the
fur almuce, not only when the *cappa nigra* was not worn, but sometimes underneath
it. Some canons regular used the surplice and almuce, *e.g.* at Christ Church, Oxford,
the brass of James Courthope, 1557, shows him dressed in these, like a secular canon.
Underneath the rochet the canons wore a cassock, which in England in the sixteenth
century seems to have been dark blue.

The rest of the clothing of the Black canons is described in the *Barnwell
Observances*, pp. lxxiii-lxxxii.

practice down to the present day. But outside Rome, colour
uses developed on other lines, with almost infinite local variation, and for a long time with much less rigidity; though side
by side with very great freedom, such obvious uses as white for
virgins, red for martyrs, and black for the dead became usual
everywhere: and on this side of the Alps plain white linen was
used to represent sackcloth for the first four weeks of Lent
and red for the last fortnight in Lent, including Good Friday.
Soon we find special rules for great churches specifying a good
deal more, for example at Westminster and Wells, and to some
extent at Sarum and elsewhere. But there is abundant
evidence that widespread as was the Sarum missal, the average
parish church made no attempt to follow the few rules for
colours that are given in it. It will be noticed that in this
Holyrood ordinale only once is a colour mentioned, namely
on Good Friday (p. 109), when the prelate is to wear *casulam
purpuream si habeatur si non unam de mediocribus*. At this
date *purpureus* indicates a dark red, though in the sixteenth
century in some places[1] it had come to mean what we call
purple. This use of red on Good Friday was very common
indeed of old, and seems to have been one of the first colour
uses to become fixed. It is the only colour direction in some
mediaeval books; for example, in the Arbuthnott missal.
Elsewhere in the Holyrood ordinale references to vestments
are in terms of value or the reverse, not in terms of colour.
On Christmas day the priest is to be vested *honorifice* (p. 75)
for the first mass, and the same phrase is used later on in the
case of feasts of first dignity (p. 158); for the second mass the
sacred ministers are to be vested *sicut solent in dominicis*. On
octave days the priest is to be vested *festivius quam solet in
privatis diebus* (p. 164), on common feasts *festivo more* (p. 168),
on feasts of nine lessons *honeste* (p. 169). On Easter Eve at
the blessing of the paschal candle the vesting is *festivo more*

[1] This will be shown in the Edwardian Inventories for the city of Exeter, which
the Alcuin Club is about to publish under the editorship of Miss Beatrix Cresswell.

(p. 113), at the prophecies and the consecration of the font the prelate is to put on *una de mediocribus planetis,* which he changes for *alia festiva* for the mass (p. 119).

From the colours mentioned in the inventory, it would be unsafe to make any deductions as to use, except in regard to white for Lent, most probably the first four weeks only, and that not on Sundays. It will be noted that there is only a single chasuble, stole and maniple, with no provision for deacon and subdeacon, also that the material is damask, not as was more usual, in England at any rate, fustian or linen or some coarse material. No result can be drawn from comparing the number of vestments of each colour, as several are merely called gold. The blue vestments must have been among the best there were, and there is no such quantity of white as to lead one to think that more than feasts of our Lady and virgins were kept in that colour. Of the thirty-three copes mentioned, blue and green predominate. There was a set of glaucous or sea-green vestments, with two purple copes. No yellow vestments are mentioned. At the end of the list of copes is one of purple with black orphreys *pro hamera.* This word has long been a difficulty with students, and the writer has been unable to find it in any of the dictionaries. The late bishop of Edinburgh, Dr. Dowden, believed it to be a form of the proper name Hamer, the old designation of the parish of Whitekirk in East Lothian, a possession of Holyrood. This is probably the true solution of the difficulty.

Comparatively few textile ornaments are recorded for the high altar, and none for any of the other altars. It is difficult to believe the inventory is complete in this. There was a frontal of red cloth of gold, one of black for the dead, another covered with the royal arms, a red damask frontal and upper frontal, and a white damask frontal and upper frontal for feasts of the Blessed Virgin Mary. The unusual word *stragulum,* literally a carpet, is used for the frontal, and the word *frontellum* for the frontlets, of which there were three.

Besides four cushions for the books, 'three veils or offertories'
are mentioned among the ornaments of the high altar, and 'a
veil for the step above the altar for feast days.' The last is a
very puzzling entry. At first sight it almost suggests the shelf
or gradine of the later renaissance altar, which has increased
and multiplied at the expense of the proportions and dignity
of both altar and reredos on the Continent, and to lesser
extent in England in more recent times. What was the
gradus super altare? Most probably an early low reredos, on
the top of which the jewels and reliquaries were placed on
high days; this would explain the word *velamen*. It is to
be noticed that *stragulum* is applied to what hung above
the altar as well as beneath it (*subtus*). These *stragula* were
therefore clearly upper and nether frontals, therefore not
the same as this *velamen*. Further the *velamen pro gradu*
is included with the *offertoria*, which were long thin strips
of material, probably silk, resting upon the shoulders of the
ministers of the altar when holding certain things in them.
Probably the *gradus* was not unlike a high shelf, and the upper
frontal may have hung above it, on the screen which no doubt
ran across the choir behind the high altar. The altar candlesticks are not likely to have been placed on the *gradus*, but
in the usual mediaeval way upon the altar itself.

There were two crosses containing reputed relics of the
true Cross, a cross of crystal, and a great silver cross with a
foot, weighing 180 ounces. The fact of the foot being specified
shows that it was separate, and used for the cross when it stood
on the altar, the cross being also available as a processional
cross when set on a staff.

The silver cross for the sacrament with a silver chain,
appears to have been a kind of cross-shaped pix for reserving
the holy Eucharist for the sick. Generally in England and
in the north of France, particularly in the greater churches,
and also in the south of Scotland, the Eucharist was reserved
in the hanging pix above the high altar. In some places,

particularly in the Low Countries and in the north of Scotland, a more or less elaborate structure, called a sacrament house, in the wall on the north side of the sanctuary, was used for reservation. At Aberdeen one of these took the place in the sixteenth century of the hanging pix which the inventories show to have been in use before. In the case of Holyrood some kind of suspension seems to have been practised. Beside the cross and its chains, we find ' a great cup of silver for the sacrament.' This is not a chalice ; the word *cuppa* here used is generally connected with the basin in which the pix was suspended. We may most probably conclude that either the cross was a cross-shaped pix standing in the *cuppa* or basin, or else that the cross formed a link between the chain and the basin.

The *eukaristiale* was of course a monstrance or shrine for the reserved Eucharist. In the pre-Reformation period it seems to have been used very seldom, perhaps only on the feast of Corpus Christi, and in the processions on Palm Sunday and Easter morning. Latterly there seems to have been some kind of exposition of the Eucharist in connection with the mass, but the modern Roman Catholic service of Benediction with the blessed Sacrament is of post-Reformation growth. The monstrance of gothic times, called by the name of 'eucharist' in the vernacular, was generally a very rich and elaborate piece of plate, seldom found except in the greater churches.

The ' texts ' (*textus*) included among the plate were richly bound books of the liturgical gospels and epistles, with covers plated with silver and gold or adorned with enamels and precious stones. The custom of doing special honour to the gospel book is very ancient, and originated in the feeling that every possible effort should be made to emphasise the importance of the record of the life and words of our Lord over all the rest of holy scripture. Hence the book of the gospels was one of the very few objects allowed to be placed on the altar itself in early days, and it has long been one of the necessary and characteristic ornaments of the holy table all over Eastern Christendom. Just as the book of the law had been carried of old before the Roman magistrate as a sign of his office, together with other insignia such as lights and incense, so the book of the gospels came to be borne before the celebrant to the Christian altar, and carried before the deacon with the same insignia when he went to read the liturgical gospel. In course of time the epistle book was also richly ornamented, and both books or *textus* were set upright, one on either side of the altar. This is ordered in the rubrics of French missals down to very recent times, and the custom of setting up richly bound books in this position still survives in some conservative churches in England.

The tabernacle of ivory for St. Katharine's altar was probably an ornament of no great size. *Tabernaculum*, a tent, was used in mediaeval Latin for almost any kind of canopy, and also came to be employed to include the carved figures beneath a canopy. In this particular instance the ornament was very likely a small ivory triptych with rich canopy work.

The silver arm of St. Augustine was a reliquary shaped like an arm, to contain the arm bone. St. Giles', Edinburgh, had a similar reliquary and relic of St. Giles.

Ten chalices are specified ' beside the chalices outside the chancel doors.' Four were known by the names of their donors, including Kings David and Robert. The rest include chalices attached to particular altars, those namely of St. Mary, St. Andrew, St. Katharine, and Holy Cross. This tells us that these altars were all in the eastern part of the church. There would seem to have been an altar of Holy Cross, apart from the high altar, which must have been under that patronage. The parish altar was under the patronage of the Blessed Virgin Mary, and was probably, though not certainly, the altar which was in front of the rood-screen, probably between the two pillars at the east end of the nave, with a door on either side leading through the screen. We do not know its exact position or where the canons' choir began. It is certain, however, that a bay or two farther east, probably between the eastern piers of the crossing, but possibly farther west, there must have been a second screen called the pulpitum, with a single door in the middle closing the choir on the west. This is what is referred to as ' the chancel doors.'

There are very few candlesticks in the inventory. It was not usual in mediaeval times to leave candlesticks as permanent ornaments on altars that were not in use, and thus the same candlesticks could be used on one altar at one time and on another at another time. But for so large a church this is a very small list, and apparently only concerns the high altar. We have two old silver candlesticks, probably for festivals, two brass candlesticks, and two of iron, which the inventory tells us were ' for ferial days.' Beside these are four new ones of silver. It was very rare for more than two lights to be set on the altar of old. Additional lights were placed on standard candlesticks on the pavement before the altar, or upon the pillars or other supports of the curtains at the altar's ends, or they were hung from the roof. But there was never anything like the multitude of lights immediately behind the altar itself that has become customary on the Continent in modern times. It is possible that Holyrood was an exceptional case, where there were latterly as many as four, although there is no actual proof of this.[1]

In the *Liber Cartarum Sancte Crucis*, Edinburgh, 1840, pp. 204-5, is printed the grant by the antipope Clement VII, dated from Avignon, 27th July 1379, to the abbot of Holyrood, ' cuius abbates qui fuerunt pro tempore principales Capellani dicti Regis esse consueuerunt sicut asseritur,' of the right to use the mitre, ring, and other pontifical insignia, and

[1] But the ordinary of the Austin Canons of the Windesheim congregation in the Low Countries and North Germany, printed in 1521, orders four lights to be placed on the altar on highest feasts.

to give the solemn blessing after mattins, evensong, and mass,
in the absence of a bishop or papal legate, in all churches
subject to the monastery.

A list of ornaments for the abbot is given. Certain
abbots obtained the right to use the special ornaments of a
bishop, although themselves only in priest's orders. The abbot
of Holyrood was one of these. So we find two mitres, one
with precious gems, evidently a ' precious ' mitre in the strict
sense, and another of white damask, apparently a ' simple '
mitre.[1] The two precious amices were evidently not the amices
themselves, which obviously could only be made of linen, but
richly ornamented apparels to be attached to them. The
comb was for straightening the hair when displaced by the
mitre, and is an object frequently found in this connection.
The object called *tela* was probably a sort of bodkin, used for
parting the hair, like the *discerniculum* of classical times.

An interesting and difficult question is raised by the entry
tria pallia de serico ad portandum crucem seu sacramentum, at
the end of this section. Their inclusion in it suggests that
they were chiefly used on great occasions when the abbot
pontificated. With them must be compared the previous
entry *pro majori altari tria velamina seu offertoria cum tribus
frontalibus* and the rest, among the furniture of the high altar.
The *pallia* as well as the *velamina seu offertoria* were of the
nature of sudaries or humeral veils, long cloths in which
certain of the sacred vessels and ornaments were held. Originally their use, as the word sudary implies, was to protect the
vessels from the moisture of the hands; in course of time
they became signs of reverence and dignity.

From much earlier days the sacred vessels were carried to
the altar wrapped in a long *sudarium* or *offertorium*, the ends of
which rested on the shoulders of the bearer. The paten was

---

[1] In places uninfluenced by Roman ceremonial, the distinction between the three
kinds of mitres was not rigidly adhered to, any more than was the Roman restriction
of their colour to white and gold.

held in the same veil at high mass when it was not being used. At the same time, in some rites a similar veil was used as well, in a slightly different way; it was placed on the shoulders of the minister, who wrapped what he carried in the ends.   In certain uses the latter kind of veil, the humeral veil, survived when the other went out of use.   At Bayeux a veil of the former kind, called a *sindon*, was used to carry the chalice by the clerk, who also wore on his shoulders a veil of the latter kind, called a *pallium*.   Some hold that the practice at Sarum was the same, the word *mantellum* being used for the *pallium*. Here at Holyrood apparently the *velamina seu offertoria* were sudaries or veils of the first kind, used in the ordinary cere-monial of a solemn mass to carry the vessels and their contents to the altar, while the *pallia* were of the second kind; humeral veils strictly so-called, probably of later introduction, used to hold the cross or the monstrance containing the reserved sacrament in processions.

At Aberdeen in 1549 the same veils were used for both purposes, for in the cathedral inventory of that date we read that they had *tria sudaria ex tela serica seu transparens lintheum deferenda super venerabili sacramento et sacrificiis misse cum exequitur officium dominus episcopus aut decanus seu sua loca tenentes super sacrificia deferenda per ministros altaris.*[1] The word *sacrificia* is clearly used here for the sacred elements as already prepared before being taken to the altar at the offertory.[2]

At Holyrood, seemingly, the conservatism of a religious order preserved the earlier distinction between the two kinds of veils, which became obliterated at Aberdeen latterly.[3]

---

[1] *Registrum Episcopatus Aberdonensis*, Edin., 1845, ii. 193.

[2] Cf. rubric in Sarum missal: *post offertorium vero porrigat diaconus calicem cum patena et sacrificio, Missale ad usum Sarum*, ed. F. H. Dickinson, Burntisland, 1861-83, col. 593.

[3] The present writer has discussed the whole question of these veils, especially in Scotland, in the *Transactions of the Scottish Ecclesiological Society*, 1912-13, vol. iv. pt. i. pp. 72-81.

A little more can be gleaned about the ornaments of the church from Bellenden, and from Richard Augustine Hay, the Augustinian canon of S. Geneviève, Paris, whose manuscript collections relating to Scottish monasteries are in the Advocates' Library, Edinburgh.

John Bellenden, in his translation of Boece's *History*, writing of his namesake ' Den Robert Bellenden, Abbot xvj yeris,' whose gifts have already been alluded to in the inventory, says:

' He brocht hame the gret bellis, the gret brasyn fount. xxiiij capis of gold & silk. He maid ane chalice of fyne gold, ane eucharist with sindry challicis of siluer. He theikkit the kirk with leid.' [1]

The ' gret brasyn fount ' is said to have been looted by Sir Richard Lee when the English burnt Holyrood during the Earl of Hertford's invasion of 1544, and given to St. Albans Abbey, where it disappeared during the Great Rebellion. This rests on the authority of Camden and Fuller, whom all the other writers seem to have copied.

In the second edition of Camden's *Britannia* [2] we read :

' *Fanum Albani* . . . templumque Monasterij . . . quod nunc in Parochialem aedem conuersum pulcherrimum habet ex aere solido Baptisterium, in quo Regum Scotorum liberi sacra aqua ablui solebant, Quod e Scotici belli manubiis Richardus Leus Eques Cuniculariorum Praefectus cum hac inscriptione consecrauit.

' CVM LAETHA OPPIDVM APVD SCOTOS NON INCELEBRA ET EDINBURGVS PRIMARIA APVD EOS CIVITAS INCENDIO CONFLAGRARENT, RICHARDVS LEVS EQVES AVRATVS ME FLAMMIS EREPTVM AD ANGLOS PERDVXIT. HVIVS EGO BENEFICII MEMOR, NON NISI REGVM LIBEROS LAVARE SOLITVS, NVNC MEAM OPERAM ETIAM INFIMIS ANGLORVM LIBENTER CONDIXI. LEVS VICTOR SIC VOLVIT VALE, ANNO DOMINI. M.D.XLIIII. ET HENRICI OCTAVI XXXVI.'

Thomas Fuller, in his *History of the Worthies of England*, writes : [3]

' I am sorry to hear that the fair Font of solid brasse, brought out of Scotland and bestowed by Sir Richard Lee on the Abbey Church in St. Albans is lately taken away.'

[1] 1526, fo. clxxxv.   [2] London, 1587, p. 257.   [3] London, 1662, *sub* Hartfordshire.

Although stone was the usual material for fonts, metal examples are sometimes found in Western Europe. They are the rule in the East at the present day, where the font is movable. After the Reformation in Scotland, small movable metal basins, sometimes of silver, became the rule, among Episcopalians as well as Presbyterians, until the nineteenth century. In pre-Reformation times a metal font was rare, although lead linings to "stone fonts were general. Some thirty leaden fonts remain in England,[1] and Mr. Tavenor-Perry reckons that there are still about fifty brazen fonts in Europe, chiefly in Germany, the Netherlands, and Scandinavia.[2]

Hay describes the church in somewhat grandiloquent language, and in a very loose way. Writing about a century and a half after the destruction of what he describes, his evidence is not of very great weight, but he probably had access to sources of information which are now lost. He speaks of *chorus . . . cui pulpitum herebat, ex quo epistole et evangelia recitari solita*, indicating a tradition that the epistles and gospels were read from the pulpitum. He also says:

' In narthece rota seu corona, ex aere elegantissime composita, forti catena sustentata dependebat : accensi cerei imponebantur in precipuis festivitatibus. Arbor ante altare stabat miro artificio opere fabricata, ex aere, nec magis conspicua superpositis lucernis quam suis gemmis." [3]

[1] See a paper by Dr. A. C. Fryer in *The Archæological Journal*, vol. 57, 1900.

[2] *Dinanderie, a history and description of mediaeval art work in copper, brass, and bronze*, by J. Tavenor-Perry, London, 1910, in which brazen fonts at St. Bartholomew, Liége ; St. Martin, Hal ; and Hildesheim are illustrated.

[3] Hay, *Diplomatum collectio*, i. p. 293, Advocates' Library, MS. 34. 1, 10.

It may perhaps be worth while to refer to a kalendar, considerably extended by long explanatory notes, which Hay gives in these collections as having come from Holyrood. He writes in a very vague way about it, and gives no indication of the book to which it belonged, or where he saw it. It contains many Celtic saints, unconnected with the east of Scotland, including some not found elsewhere, but it also contains entries like St. Bruno, that are non-Scottish and non-Augustinian, and which suggest that Hay may have added entries that he thought interesting, in addition to his own lengthy notes. The doubtful character of the whole document, and the number of questions relating to Scottish hagiology in general, and of no special connection with Holyrood that would

It is not likely that Hay invented what he calls a tree.
Much more probably he knew of it by record or tradition. It
was probably one of the large seven-branched candlesticks
which certain great mediaeval choirs possessed. Salisbury,
Lincoln, York, and Hereford among secular churches, and the
monasteries of Westminster, Bury St. Edmunds, Christ Church
Canterbury, Durham, and Winchester each had one. That at
Winchester was given by Cnut in 1035, but most of them
belonged to the twelfth and thirteenth centuries. Examples still
remain at Milan, Magdeburg, Brunswick, and Essen. Bourges,
Rouen, and S. Remi at Reims also had them formerly. That
at Milan is still called the Tree of the Virgin. At Durham it
was used as the paschal candlestick, and stood crossways
between the choir and the altar.[1]

It has generally been assumed that the bronze eagle lectern
in St. Stephen's, St. Albans, was part of Sir Richard Lee's
plunder from Holyrood. The lectern bears Crichtoun's arms,
mitre and crosier, with the inscription :

▽ Georgius ✶ Creichtoun ✶ Epiſcopus ✶ Dunkeldenſis

George Crichtoun held the see of Dunkeld from 1524
till his death in 1543, and he had previously been abbot
of Holyrood from 1515 to 1524. He founded a hospital of
St. Thomas on the north side of the Watergate at Abbeyhill,
the endowments of which he devised in trust to James Greg
and John Faw, chaplains, and their successors, celebrating
divine service at the altars of SS. Andrew and Katharine in
the abbey church of Holyrood, ' in the southern chapel

require to be discussed at length if it were dealt with at all, suggested that any extended
treatment would be out of place in the present volume. The writer intends to treat it
fully in the book referred to on p. xxvii.

[1] See *Inventories of Christ Church, Canterbury*, ed. Legg and Hope, 1902, pp. x, 47 *sq.*,
where it is pointed out that these great ornaments probably originated in a movement
which went on in the early Middle Ages to revive certain Jewish usages. The
candlesticks at Essen, Milan, and Magdeburg are illustrated in *Dinanderie*.

adjoining to the high altar.' This foundation deed [1] shows that he was buried in the abbey church : it provides for the setting of lights in his tomb at obit services. His maintaining this connection with Holyrood certainly suggests that he might have given the lectern, which would no doubt be used for reading the gospel on days when it was read near the altar and not in the pulpitum. While the absence of any reference to Holyrood in the inscription is at first sight more suggestive of Dunkeld Cathedral, it is difficult to see how a Dunkeld lectern would get to St. Albans, while there is very good evidence that the Holyrood font was taken there.

It is difficult to understand why Sir Richard Lee or any one else should trouble to carry off this lectern, which is of a very usual late Gothic type, such as England must have possessed in great abundance at the time.[2] The looting of the brazen font, in itself an uncommon ornament, with associations of royal christenings, can be much more readily understood. There is no actual proof that the lectern was at Holyrood, and no documentary evidence to that effect, although the indications, such as they are, support the generally received view. Still, it is within possibility that the lectern had been made in England to Crichtoun's order, and that it never reached Scotland at all. But this is less likely than the theory of its removal from Holyrood with the font, especially as we know that Lee had the advowson of St. Stephen's, St. Albans, conferred upon him on 7th January 1544-5 by Henry VIII.[3]

The lectern itself is of a familiar type, of which a fair number of examples still exist in England. It consists of an eagle standing on a slightly flattened ball, on the top of a circular shaft with prominent bands of mouldings at the top, in the

---

[1] Quoted by W. Maitland, *History of Edinburgh*, 1753, p. 154.

[2] See *Pulpits, Lecterns, and Organs in English Churches*, J. C. Cox, London, 1910, p. 163, where similar examples at Chipping Campden, Gloucestershire, and Bovey Tracey, Devon, are illustrated.

[3] Patent Rolls, 36 Henry VIII., p. 2, memb. 11.

middle, and at the base, which is circular and spreading, and originally had three small lions at the base, like other lecterns of this class. The total height is 5 ft. 7 in.; the base is 1 ft. 9¼ in. in diameter; the eagle stands 1 ft. 9 in. above the ball, and is 1 ft. 11½ in. across the wings. The inscription is engraved round the upper surface of the projecting band in the middle of the stem, and a small shield with Crichtoun's arms separates the beginning from the end. On the upper surface of the ball, two similar but larger shields are engraved, one on either side, alternating with two representations of the mitre and crosier, one in front, the other behind. Three modern lions take the place of the lost old ones at the base. Clutterbuck, the historian of Hertfordshire, tells us that the lectern was dug up under the chancel in 1750, when the Montgomery vault was being opened.[1]

The lectern is described and illustrated, but not particularly well, in a *Notice of an ancient Scottish lectern of brass, now in the parish church of St. Stephen's, St. Albans, Hertfordshire*, by William Galloway, in *Proceedings of Society of Antiquaries of Scotland*, vol. xiii., 1879, pp. 287 *sq.*, where all the literary references to the font are collected. A photograph of the lectern is reproduced in the *Report of the Royal Commission on Ancient Monuments for Hertfordshire*, p. 19.

No bells are included in the inventory, although the church must have possessed several. It would be unsafe to attempt to draw any conclusions as to their number from the rules for ringing in the ordinale, because these were undoubtedly written for some English houses, and are largely based upon similar rules in Lanfranc's Constitutions. The language is Lanfranc's; the use of the word *signum* instead of *campana* belongs to the eleventh and twelfth centuries and not to the fifteenth. All that we can say is that it is

[1] *The History and Antiquities of the County of Hertford*, Robert Clutterbuck, London, 1815, vol. i. p. 232.

probable that in actual practice the ringing at Holyrood was more or less based upon these rules.[1]

In conclusion it is perhaps right to refer to the erroneous supposition that the Black Rood of Scotland, St. Margaret's famous cross, found its way and gave its name to Holyrood. There seems no evidence to support this, either here or anywhere else. The whole subject of the Black Rood has been fully discussed by Mr. George Watson in the *Transactions of the Scottish Ecclesiological Society,* vol. ii. pt. i. pp. 27 *sq.*

The last item of any interest or importance in the book is a curious note in a contemporary cursive hand, to the effect that on the 7th of September 1547 the Earl of Hertford, who had led an army of 20,000 men by land with 8000 by sea, 'and thaie intendit for plane conquest,' was 'feildit' on 'Gladismur' by the Governor of Scotland and the Douglas. Here the note stops; the sequel to these events was the destruction of Holyrood Abbey, with the carrying off to England of the brazen font and probably the bronze lectern. It almost looks as if one of the canons made the note immediately on hearing of the battle of Gladsmuir, and fled to a place of safety taking the book with him, before Hertford reached Holyrood.

[1] Very little attention has been given to the numerous mediaeval rules for ringing which exist, and nothing seems to have been done towards classifying them. Broadly speaking, according to this ordinale, for mattins and evensong the bells were rung in succession, each (or two together) for a short time, beginning with the smaller, and, finally all were rung together. For high mass all were rung together *in classicum* (*i.e.* probably clashing, and not one after the other). The bells were also rung at the end of mass. On less important occasions fewer and smaller bells were used, whether of those rung singly or *in classicum.* At Exeter Cathedral, where there is the heaviest set of ancient bells in England, the mediaeval way of ringing bells of increasing size, each for a short time in succession, followed by all or a larger number together, is still kept up. See *The Bells of the Cathedral Church of St. Peter, Exon,* H. T. Ellacombe, Exeter, 1874, p. 28.

[THE HOLYROOD ORDINALE]

fo. A *v.*]   [In a late cursive hand on a leaf of thick vellum ' waste.']

1 monos v quinque x denos bis xxque vigenos
xl duplat idem trinat lx 1 quoque sola
Quinquaginta facit set nonaginta dat xc
C dat centenos set quingintos dtibi⁺ dat D
Dc secentos M mille C si preit Aufert
Centvm sic numerum debes conscribere totum

fo. B.]   [Blank : a leaf of thick vellum ' waste,' the greater part of
which has been cut away.]

[FORM OF BIDDING PRAYER]

fo. B *v.*]   [In a late cursive hand : most of the rest of the leaf has been
cut away.]

[D]eprecemur deum patrem omnipotentem per merita et inter-
cessiones intemerate uirginis marie et omnium sanctorum ut nobis
concedat ita sibi seruicium inpendere qualiter illi fiat placabile et
animarum nostrarum salute[m] [C]onseruat omnipotens deus episcopos
sancte andree glasgwensis et galwydiensis abbatem et confratres nostros
ac omnes benefactores ubiq̄ūcunque⁺ fuerint ab omnibus per[i]culis et
aduersis [C]ustodiat omnipotens dominus dominum nostrum regem et
reginam liberos eorum et omnes regni proceres donet que eis regnum
gubernandi quod sit ad honorem dei et saluacionem populi   Amen

[In another hand or added at another time] Propicietur clementissimus deus animabus regum dauit malcolmi alexandri roberti dauit
rober⁺ [in another hand] et dauid et Jacobe et Comitum henrici et
dauid / malcolmi dauid

A

[FORM OF BIDDING PRAYER]

DEprecamur deum patrem omnipotentem per merita et inter-
cessiones intemerate uirginis marie et omnium sanctorum
suorum ut nobis concedat ita sibi seruicium impendere qualiter illi fiat
placabile . et animarum nostrarum saluti

Respondeat conuentus Amen.

   Conseruat[†] omnipotens deus episcopos sanctiandree . glasgwensis . et
galwydiensis . Abbatem . et confratres nostros . ac omnes benefactores
ubicunque fuerint ab omnibus perriculis[†] et aduersis.   Amen.
   Custodiat omnipotens dominus dominum nostrum regem et reginam
liberos eorum et omnes regni proceres . donetque eis regnum gubernandi .
quod sit ad honorem dei et saluacionem populi . a[men].
   Propicietur clementissimus deus animabus regum dauid . Malcolmi . alexandri   roberti . Dauid . Roberti   et   iacobi . et   comitum
henrici et dauid et animabus episcoporum . abbatum . confratrum
patrum . matrum fratrum et sororium[†] nostrarum congregacionum
parentum et amicorum nostrorum defunctorum . et animabus Fergusij .
vchtredi . Rollandi . et alani et animabus omnium defunctorum .
tribuatque eis pro sua pietate uitam eternam.

A   M   E   N

[AT RECEIVING BRETHREN]

` *In fratribus suscipiendis.*

Psalmus.

Magnus dominus et laudabilis nimis.

Psalmus

Miserere mei deus secundum.

Psalmus

Ecce quam bonum.

A[ntiphona]

Suscepimus deus misericordiam tuam in medio templi tui secundum
nomen tuum deus sit et laus tua in fines terre iusticia plena est dextera tua.

   Kyriel[eison].
   Christel[eison].
   Kyriel[eison].
   Pater n[oste]r.

[℣.]   Et ne nos [inducas in tentacionem].
[℞.   Set libera nos a malo. Amen.]
[℣.]   Saluum fac seruum tuum.
[℞.]   Deus meus sperantem in te
[℣.]   Mitte ei domine auxilium de sancto.
[℞.]   Et de sion tuere eum.
[℣.]   Esto ei domine turris fortitudinis.
[℞.]   A facie inimici.
[℣.]   Nichil proficiat inimicus in eo
[℞.]   Et filius iniquitatis non apponat nocere ei.
[℣.]   Domine exaudi [oracionem meam].
[℞.   Et clamor meus ad te ueniat].
[℣.]   Dominus nobiscum.
[℞.   Et cum spiritu tuo.]

Oremus.

oracio

Suscipiat te deus pater in numero fidelium suorum et nos licet indigni suscepimus in oracionibus nostris . concedatque tibi per vnigenitum suum mediatorem dei et hominum locum bene agendi . et instanciam bene perseuerandi . et ad eterne uite hereditatem feliciter perueniendi . et sicut nos hodie caritas fraternitatis specialiter coniungit in terris . ita diuina pietas que fraterne dileccionis cum sit auctrix et amatrix cum fidelibus suis coniungere dignetur in celis. Per dominum nostrum i[esum]. ch[ristum]. f[ilium]. t[uum]. q[ui]. t[ecum]. ui[uit]. et r[egnat]. in v[nitate]. s[piritus]. s[ancti]. deus. per o[mnia]. s[ecula]. s[eculorum]. a[men]

[FORM OF ABSOLUTION FROM EXCOMMUNICATION]

/Modus absoluendi aliquem solempniter excommunicatum.   [fo. 1 *v*
Primo juret absoluendus stare ordinacioni sancte matris ecclesie et ipsius absoluentis . incipiens Ps[almu]m.

Miserere mei deus.
    Kyriel[eison]
    Christel[eison].
    Kyriel[eison].
    Pater noster.
[℣.]   Et ne nos [inducas in tentacionem].
[℞.   Set libera nos a malo amen.]

[℣.] Ostende nobis domine misericordiam tuam.
[℟.] Et salutare tuum da nobis.
[℣.] Saluum fac seruum tuum
[℟.] Deus meus sperantem in te.
[℣.] Esto ei domine turris fortitudinis.
[℟.] A facie inimici.
[℣.] Nichil proficiat inimicus in eo.
[℟.] Et filius iniquitatis non apponat nocere ei.
[℣.] Domine exaudi [oracionem meam].
[℟. Et clamor meus ad te ueniet.]
[℣.] Dominus nobiscum.
[℟. Et cum spiritu tuo.]

Oremus.

Presta quesumus omnipotens deus huic famulo tuo . N . dignum penitencie fructum ut ecclesie tue sancte a cuius integritate peccando deuiauerat . commissorum suorum ueniam consequendo reddatur innoxius . per christum dominum nostrum.   Amen.

Deus cui proprium est miserere semper et parcere suscipe deprecacionem nostram . ut quem excommunicacionis cathena constringit . miseracio[   ]¹ tue pietatis absoluat . per christum dominum nostrum.   Amen.

Absolucio.

Au[c]toritate dei patris omnipotentis et beatorum apostolorum eius petri et pauli et ecclesie sancte dei . et autoritate michi commissa . te absoluo . a sententia excommunicacionis talis qualis incurristi . et restitucioni et participacioni ecclesie ut sis absolutus ante tribunal domini nostri ihesu christi ut habeas uitam eternam et uiuas in secula seculorum.

[VERSES EXPLAINING ORDER OF SCRIPTURE LESSONS AND BOOKS]

[In a late cursive hand.]

Quid legat et quando mense lector tibi pando
Me sine falletur et per me certus habetur
Annalis scripto sub tali noscitur ordo
Quinque libros moysi tibi septuagesima sumit
Hiis Iosue Iudicum necnon Ruth connumerare

---

¹ An erasure.

Vult sibi scripta legi Ieremie passio christi
Post pascha nostrum legis acta apostolorum
Huic apochalypsim lege canonicasque vicissim
Post penthecosten regum liber exit in hostem
Huic paralipomenon legito tu concomitantem
Donec ad augustum cum uerba legis sapientia
Per totum mensem salomon tibi porrigit ensem
Iob lege september,Thobi Iudith simul Ester
Hiis lectis Esdras sequitur post Neemias
Octobris mense machabeos inde recense
Verba prophetarum recitentur mense nouembris
Aduentus serie tunc dicta legis ysaie
Post natale sacrum recitet tua lectio paulum
Sic versus fatur quod biblia tota legatur
Vno tunc anno per cursus ordine recto

Genesis Exodi Leuitici Numeri dicas
Iosue cum Iudicum Ruth Regum cum Paralypo
Esdre Thobie Iudith Ester Iobque Propheta
Prouer Ecclesi cum Cantica Sap simul Eccle
Zacharia dicas Malachiam dic machabeos
Ysaie Ieremi Baruch Ezechie Danie
Osee Ioel Amos Abdias huic cole Ionam
Michee Naum Abacuc Sophonie simul Aggei
Matheum Marcum Lucam calamizo Iohannem
Postea sub numeri serie sit Episthola pauli
Actus Canonica Iacobi Canonica Petri
Prima Secunda legis canonica trina Iohannis
Canonica Iude fit finis in Apochalipsi
Ne queas errare pigeat non hic replicare

|Prima dies mensis et septima truncat ut ensis.   [fo. 2
Ianuarius habet dies . xxxi . luna . xxx.

1	*a*	**KL**	*' Ianuarius* [C]*ircumcisio domini* *Dies eg'.*		*t'cie dig'*
2	b	iiij N'	Oct' sancti stephani martyris		iij lc'.
3	c	iij N'	Oct' sancti iohannis apostoli.		iij. lc'.
4	d	ij N'	Oct' sanctorum innocencium.		iij. lc'.
5	e	NoN		*vigilia*	
6	f	viij Id'	*Epiphania domini.*		*scd'e dig'*
7	g	vij Id'			
8	a	vj Id'			
9	b	v Id'			
10	c	iiij Id'			
11	d	iij Id'			
12	e	ii Id'			
13	f	IDVS.	⁺Ect' epiphanie . et s' hylarij . remigij . kentigernı . pontif'.		iij. lc'
14	g	xix kl'	*Februarij.* Sancti felicis in pincis confessoris.		iij. lc'
15	a	xviij kl'	Sancti mauri abbatis		iij lc'
16	b	xvij kl'	Sancti marcelli pape et martiris.		ıɪj lc'
17	c	xvj kl'	¹Sancti antonij abbatis		dˣ. fm¹
18	d	xv kl'	Sancte prisce uirginis et martiris.		ıɪj. lc'.
19	e	xiiij kl'			
20	f	xiij kl'	Sanctorum fabiani et sebastiani martirum.		ix. lc
21	g	xij kl'	Sancte Agnetis uirginis et martiris.		ix. lc
22	a	xj kl'	Sancti vincencij martiris.		*cōe fm*
23	b	x kl'			
24	c	ix kl'			
25	d	viij kl'	*Conuersio sancti pauli.* Proiécti⁺ martiris co. *D'eg'.*		²dˣ fm²
26	e	vii kl'			
27	f	vi kl'	Sancti Iuliani episcopi et confessoris.		iij lc'
28	g	v kl'	Sancte Agnetis secundo. *In modum octauarum.*		iij. lc'
29	a	iiij kl'			
30	b	iii kl'			
31	c	ii kl'			

Nox habet horas . xvi Dies viij

—¹ In a later hand (*b*).   ²—² In a later hand over an erasure.

/Quarta subit mortem prosternit tercia fortem.   [fo. 2 v
Februarius habet dies . xxviij . Luna xxix.

1 d KL ' Februarius.
        Sancte brigide uirginis.   iij. lc'
2 e iiij N' Purificacio sancte marie.   scd'e dig'
3 f iii N' Sancti blasij episcopi et martyris.   iij. lc'
4 g ii N'   Sancti modani abbatis.   Dies eg'.   dˣ fm
5 a NoN   Sancte agathe uirginis et martiris   ix lc'
6 b viii Id' Sanctorum uedasti et amandi episcoporum.   iij. lc'
7 c vii Id'
8 d vi Id'
9 e v Id'   iij. lc'.
10 f iiii Id' Sancte scolastice uirginis.
11 g iii Id'
12 a ii Id'
13 b IDVS
14 c xvi kl'   Marcij. Sancti valentini martiris.   iij. lc'.
15 d xv kl'
16 e xiiii kl' Sancte Iuliane uirginis.   iij. lc'.
17 f xiii kl'
18 g xii kl'
19 a xi kl'
20 b x kl'
21 c ix kl'
22 d viii kl' Cathedra sancti petri apostoli   cōe fm.
23 e vii kl'
24 f vi kl'   Sancti mathie apostoli. Locus bisexti.   dˣ fm.
25 g v kl'
26 a iiii kl'   Dies eg'.
27 b iii kl'
28 c ii kl'

Nox habet horas . xiiij . dies x .

Memento quod anno bisextili lunam februarij tricesimam computare
debes . ita tamen ut marcius triginta dies habeat sicut semper habet . ne
paschalis lune racio uacillet.

/*Primus mandentem dirumpit quarta bidentem*[†]   [fo. 3
Marcius habet dies xxxi. Luna xxx.

      ' *Marcius*

1	d	**KL**	[2]Sancti monani abbatis[2]	*Dies eg'*	[2]d^x fm^2
2	e	vi N'	[3]*Sancti ceadde episcopi,*		d^x fm^3
3	f	v N'	[3]*Sancti dauid episcopi,*		dx fm^3
4	g	iiii N'	[3]*Sancti adriani sociorumque eius martirum,*[3]		
5	a	iii N'			
6	b	ii N'	[2]Sancti baldredi episcopi		d^x fm^2
7	c	NoN	Sancti [2]thome doctoris. Sanctarum perpetue et felicitatis		d^x fm^2
8	d	viii Id'	[2]*Sancti duthaci episcopi*[2]		$du^x f'$.
9	e	vii Id'			
10	f	vi Id'	[2]*Sancti kessogi episcopi*		d^x fm^2
11	g	v Id'	[1]Sancti constantini martiris		d^x fm^1
12	a	iiii Id'	*Sancti gregorij pape et confessoris*		d^x fm
13	b	iii Id'			
14	c	ii Id'	[3]*Sancti boneuenture episcopi,*		dx fm^3
15	d	IDVS	[3]*Sancti longini martiris,*		dx fm^3
16	e	xvii kl'	*Aprilis.* [2]*Sancti bonifacij pape,*		d fm^2.
17	f	xvi kl'	Sancti patricij episcopi et confessoris.		[2]d^x fm^2
18	g	xv kl'	[3]*Sancti eduuardi regis et martiris,*[3]		[2]d^x fm^2
19	a	xiiii kl'	[3]*Translacio mar[i]e magd[alene],*		d^x fm^3
20	b	xiii kl'	*Sancti cuthberti episcopi et confessoris*		d^x fm
21	c	xii kl'	*Sancti benedicti abbatis*		[2]d^x fm^2
22	d	xi kl'	[3]*Sancti ioachim confessoris,*		d^x fm^3
23	e	x kl'	[3]*Sancti iose[phi]*[3]		
24	f	ix kl'			
25	g	viii kl'	*Annunciacio sancte marie.*		scd'e dig'.
26	a	vii kl'			
27	b	vi kl'	*Resurreccio domini nostri ihesu christi.*		p'me dig'.
28	c	v kl'		*Dies eg'*	
29	d	iiii kl'			
30	e	iii kl'			
31	f	ii kl'			

Nox habet horas . xii . Dies . xii .

[1]—[1] In a later hand (*a*).   [2] [2] In a second later hand (*b*).
[3]—[3] In a third later hand (*c*).

Prim⁹ mandentem diruit, quarta bidentem
Marcius habet dies xxxi. Luna xxx.

Marcius

m	d	KL	Sancti monani abbatis	Dies eg̃
	e	vi ſ	Sancti craue epi,	
xi	f	v ſ	Sancti dauid epi,	dx f iii
	g	iii ſ	Sancti adriani sociorx̃ e̅ mr̃,	
	a	iii ſ		
viii	b	ii ſ	Sancti baldredi epi	d iii
		No.	Sc̃i thome doctoris. Sc̃ar perue ↄ felicitat̃	d iii
xvi	c	viii iđ	S̃ i ourhan epi	du eg̃
v	d	vii iđ		
	e	vi iđ	S̃ i kellogi epi	d hii
xiii	g	v iđ	S̃ i constantini unis	d fm
ii	a	iii iđ	Sancti gregorii pape ↄ conf	d hii
	b	iii iđ		
	c	ii iđ	Sancti wncueture epi,	dx f iii
	d	Iđ.	Sc̃i longini martiris,	dx f iii
xviii	e	xvii kł	Aprilis, S̃ i wnifaccy pape,	d iii
vii	f	xvi kł	S̃ i patricii epi ↄ cõfeſſ.	d iii
	g	xv kł	Sc̃i edmundi regie et mr̃is,	
xv	a	xiiii kł	Cranslacio mar. magd	dx f iii
iiii	b	xiii kł	Sancti cuthberti epi ↄ ꝓ	D fu
	c	xii kł	Sancti benedicti abbatis	d iii
xii	d	xi kł	Sancti ioachim cõfeſſ	dx f iii
i	e	x kł	Sanctiose	
	f	ix kł		
ix	g	viii kł	Annunciacio sc̃e marie.	iiii dig̃
	a	vii kł		
xvii	b	vi kł	Resurrecio dñi nr̃i ihu xpi.	pric dig̃
vi	c	v kł		Dies eg̃
	d	iiii kł		
xiiii	e	iii kł		
iii	f	ii kł		

Hoc habet horas xii. Dies xii.

/Denus et undenus est mortis vulnere plenus. [fo. 3 *v*
Aprilis habet dies . xxx . luna . xxix.

1 g KL *' Aprilis.*

2 *a* iiii N'
3 b iii N'
4 c ii N' *Sancti Ambrosij episcopi.* $d^x fm.$
5 d NoN
6 e viii Id'
7 f vii Id'
8 g vi Id'
9 *a* v Id'
10 b iiii Id' *Dies eg'.*
11 c iii Id'
12 d ii Id'
13 e IDVS
14 f xviii kl' *Maij.* Sanctorum tiburcij et valeriani martirum iij lc'
15 g xvii kl'
16 *a* xvi kl'
17 b xv kl'
18 c xiiii kl'
19 d xiii kl' Sancti alphegi episcopi et martiris. *In modum octauarum.* iij. lc'.
20 e xii kl'
21 f xi kl'
22 g x kl'
23 *a* ix kl' Sancti georgij martiris. *In modum octauarum.* iij. lc'.
24 b viii kl'
25 c vii kl' *Sancti marci euuangeliste. Letania maior* $d^x fm$
26 d vi kl'
27 e v kl'
28 f iiii kl' Sancti uitalis martiris. iij. lc'.
29 g iii kl'
30 *a* ii kl'

Nox habet horas . x . Dies . xiiij.

B

/*Tercius occidit et septimus ora relidit.*   [fo. 4
Maius habet dies . xxxi . Luna xxx.

        ' *Maius*

1 b	**KL**	*Sanctorum apostolorum philippi et iacobi*		. *d*ᵡ *fm.*
2 c	vj N'			
3 d	v N'	*Inuencio sancte crucis.* Alexandri euencij et . cō.		*d' eg'. iͦ. dig'*
4 e	iiij N'			
5 f	iii N'			
6 g	ii N'	Sancti iohannıs ante portam latinam.		ııj. lc'.
7 a	NoN			
8 b	viij Id'			
9 c	vii Id'	[T]¹ranslacio . sancti andree . et sancti nicholai		ıx lc'¹
10 d	vi Id'	Sanctorum gordiani et epimachi martirum		
11 e	v Id'			
12 f	iiii Id'	Sanctorum Nerei et achillei et pancracij martirum.		
13 g	iii Id'			
14 a	ii Id'			
15 b	IDVS			
16 c	xvii kl'	*Iunii.*		
17 d	xvi kl'			
18 e	xv kl'			
19 f	xiiii kl'	Sancti dunstanı episcopi.		
20 g	xiii kl'			
21 a	xii kl'			
22 b	xi kl'			
23 c	x kl'			
24 d	ix kl'			
25 e	viii kl'	Sancti vrbani pape et martiris. *Dies eg'.*		iij. lc'.
26 f	vii kl'	*Sancti augustini anglorum apostoli.*		*d*ᵡ *fm.*
27 g	vi kl'			
28 a	v kl'			
29 b	iiii kl'			
30 c	iii kl'			
31 d	ii kl'			

Nox habet horas . viii . dies . xvı .

¹—¹ In a later hand (*a*).

/*Denus pallescit . quindenus federa nescit.*   [fo. 4 *v*
Iunius habet dies xxx . Luna . xxix
’ *Iunius.*

KL

1 e				
2 f	iiii	N’	Sanctorum marcellini et petri martirum.	iij lc’.
3 g	iii	N’		
4 a	ii	N’		
5 b	NoN			
6 c	viii	Id’		
7 d	vii	Id’		
8 e	vj	Id’		
9 f	v	Id’	Sanctorum primi et feliciani. ¹Sci columbe abbatıs	$d^x.fm^1$.
10 g	iiii	Id’	*Dies eg’*	
11 a	iii	Id’	*Sancti barnabe apostoli*	$d^x fm$.
12 b	ii	Id’	Sanctorum basilidis . cırını . naboris . et nazarii . martirum	iij lc’.
13 c	IDVS			
14 d	xviii	kl’	*Iulij.*	
15 e	xvij	kl’	Sanctorum viti et modesti et crescencie . martirum.	iij. lc’.
16 f	xvi	kl’	Sanctorum cirici et iulite matrıs eıus. *Dies eg’.*	iij. lc’.
17 g	xv	kl’		
18 a	xiiii	kl’	Sanctorum marci et marcelliani martirum.	iij. lc’.
19 b	xiii	kl’	S’corum geruasii et prothasij martirum ²Margarite Regine²	iij. lc’
20 c	xii	kl’		
21 d	xi	kl’		
22 e	x	kl’	Sancti albani martiris.	ix lc’.
23 f	ix	kl’	*vigilia.*	
24 g	viii	kl’	*N*Atiuitas sancti iohannis baptiste.	$d^x fm$.
25 a	vii	kl’		
26 b	vi	kl’	Sanctorum Iohannis et pauli . martirum	iij. lc’
27 c	v	kl’		
28 d	iiii	kl’	Sancti leonis pape. *vigilia.*	iij. lc’.
29 e	iii	kl’	*P*Assio *sancti petri et pauli.*	$d^x fm$.
30 f	ii	kl’	*Commemoracio sancti pauli apostoli*	cõe fm

Nox habet horas . vi . Dies . xviij .

¹—¹ In a later hand (*a*).   ²—² In a late cursive hand

/Tredecimus mactat . iulij decimus labefactat.   [fo. 5

Iulius habet dies . xxxi . Luna xxx .

KL ' *Iulius.*

1	g			Octaue sancti iohannis baptiste ¹seruani epī¹	ix lc'.
2	a	vi	N'	*Uisitacio sc'e marie . et s'processi et martiniani . et s'swithuni p'ᵉdig.*	
3	b	v	N'		
4	c	iiii	N'	Translacio sancti martini episcopi.	ıx. lc'.
5	d	ııı	N'		
6	e	ıı	N'	Oct'apostolorum petri et pauli	
7	f		NoN'	Translacio sancti thome martiris	ix lc'.
8	g	viii	Id'		
9	a	vii	Id'	*Octaue sancte marie*	*dᵃ fm.*
10	b	vi	Id'	Sanctorum septem fratrum.	iij. lc'.
11	c	v	Id'	Translacio sancti benedicti abbatis.	
12	d	iiii	Id'		
13	e	ııı	Id'	*Dies eg'*	
14	f	ii	Id'	*Dies caniculares*	
15	g	IDVS		Translacio sancti swithuni episcopi.	ix. lc'
16	a	xvii	kl'	*Augusti.* Sancti ethoti confessoris.	*dᵃ fm*
17	b	xvi	kl'		
18	c	xv	kl'		
19	d	xiiii	kl'		
20	e	xiii	kl'	Sancte margarete uırgınıs et martiris. *In modum octauarum.* iij lc'.	
21	f	xii	kl'	Sancte praxedis uirginis.	
22	g	xi	kl'	*Sancte marie magdalene . et s'wandregisili abbatis.*	*dᵃ. fm D'eg'*
23	a	x	kl'	Sancti apollinaris episcopi et martiris	
24	b	ix	kl'	*vigilia.*	
25	c	viii	kl'	*Sancti iacobi apostoli . et s'christofori et cucu[fati]*	*dᵃ fm*
26	d	vii	kl'	*Sancte anne matris marie*	*dᵃ fm.*
27	e	vi	kl'		
28	f	v	kl'	Sancti pantaleonis martiris.	iij lc'.
29	g	iiii	kl'	Sanctorum felicis . simplicij . faustini . et beatricis . martirum.	
30	a	iii	kl'	Sanctorum abdon et sennen . martirum.	iij lc'
31	b	ii	kl'	Sancti germani episcopi . et confessoris.	iij lc'.

Nox habet horas . viii . Dies . xvi .

¹—¹ In another late cursive hand.

/*Prima necat fortem . sternitque secunda cohortem* [fo. 5 *v*
Augustus habet dies . xxxi . Luna . xxix .

KL ' *Augustus.*

1	viii	c	**KL** ' *Aduincula sancti petri*. et sanctorum machabeorum.	*D'eg'. dˣf'*
2	d	iiii	N'	Sancti stephani pape.	iij. lc'
3	e	ɪɪɪ	N'	Inuencio sancti stephani martiris	ix. lc'
4	f	ii	N'		
5	g	NoN'		Sancti oswaldi regis et martiris *In modum octauarum.*	iij. lc'.
6	a	viii	Id'	Sanctorum sixti . felicissimi . et agapiti martirum.	iij. lc'.
7	b	vii	Id'	Sancti donati episcopi et martiris.	iij. lc'.
8	c	vi	Id'	Sancti ciriaci sociorumque eius	iij lc'.
9	d	v	Id'	*vigilia.*	
10	e	iiii	Id'	*Sancti laurencij martiris.*	*dˣ fm*
11	f	iii	Id'	Sancti tiburcij martiris.	iij lc'.
12	g	ii	Id'		
13	a	IDVS		Sancti ypoliti martiris cum socijs suis. *In modum octa'.*	iij lc'.
14	b	xɪx	kl'	*Septemb'.* [S]ancti eusebij confessoris *vigilia*	iij. lc'.
15	c	xviii	kl'	*Assumpcio sancte marie.*	*prime dignitatis*
16	d	xvii	kl'		
17	e	xvi	kl'	Oct' sancti laurencij	cō.
18	f	xv	kl'	Sancti agapiti martiris.	cō.
19	g	xiiii	kl'	Sancti magni martiris.	cō.
20	a	xiii	kl'	Sancti philiberti abbatis.	cō.
21	b	xii	kl'		
22	c	xi	kl'	*Octaue sancte marie*. et s'timothei et simph[oriani]	*dˣ fm*
23	d	x	kl'	*vigilia*	
24	e	ɪx	kl'	*Sancti bartholomei apostoli*. et s' audoeni confessoris.	*dˣ fm*
25	f	viii	kl'		
26	g	vɪɪ	kl'		
27	a	vi	kl'	Sancti Rufi martiris.	iij. lc'.
28	b	v	kl'	*Sancti augustini epī et conf'*. et scī hermetis martiris.	*scd'e dig'.*
29	c	iiii	kl'	*Decollacio sancti iohannis baptiste*. et s' sabine uirginis.	¹dˣ fm¹
30	d	iii	kl'	Sanctorum felicis et addaucti† martɪrum *Dies eg'*	cō
31	e	ii	kl'		

Nox habet horas . x . Dies . xiiij .

¹—¹ In a late cursive hand.

/*Tercia septembris et denus fert mala membris.*   [fo. 6
September habet dies . xxx . Luna . xxx .

K L ' September.

1 f	**K L**		Sancti egidij abbatis . et prisci martiris.	*dˣ fm.*
2 g	iiii	N'		
3 a	iii	N'	*Dies eg'*	
4 b	ii	N'	Oct' scī augustini . *et Scī cuthberti epī et conf'.*	*dˣ f'*
5 c		NoN	*Dies caniculares finiunt*	
6 d	viii	Id'		
7 e	vii	Id'		
8 f	vi	Id'	*Natiuitas sancte marie .* et s'adriani martiris	*scd'e dig'.*
9 g	v	Id'	S¹[ancti gorgonij martiris.]¹	cō.
10 a	iiii	Id'		
11 b	iii	Id'	Sanctorum prothi et iacincti . martirum .	cō.
12 c	ii	Id'		
13 d		IDVS		
14 e	xviii	kl'	*October. Exaltacio sancte crucis .* corneli et cipriani.	*p'e digⁱt'*
15 f	xvii	kl'	*Octaue sancte marie .* et s' nichomedis martiris.	*cōe fm*
16 g	xvi	kl'	²[S]ancti niniani episcopi et confessoris.	*dˣ. fm²*
17 a	xv	kl'		
18 b	xiiii	kl'		
19 c	xiii	kl'		
20 d	xii	kl'		
21 e	xi	kl'	*Sancti mathei apostoli et euangeliste. Dies eg'.*	*dˣ fm.*
22 f	x	kl'	Sancti mauricij cum socijs suis.	ix. lc'.
23 g	ix	kl'		
24 a	viii	kl'		
25 b	vii	kl'		
26 c	vi	kl'		
27 d	v	kl'	Sanctorum cosme et damiani martirum. *In mod' octauarum* iij. lc'.	
28 e	iiii	kl'		
29 f	iii	kl'	*Sancti michaelis archangeli.*	*dˣ fm.*
30 g	ii	kl'	Sancti Ieronimi presbyteri et confessoris.	³dˣ fm³

Nox habet horas xij . Dies . xij .

¹—¹ Erased.   ²—² In a later hand (? a).

/*Tercius et denus est sicut mors alienus.* [fo. 6 *v*
October habet dies . xxxi . luna . xxx .

> *October*

1 *a* KL [S]anctorum Remigij . germani et ue[dasti] iij. lc'.
2 b vi N' Sancti leodegarij episcopi et martiris. iij. lc'.
3 c v N' *Dies eg'*
4 d iiii N' ¹Sancti francisci confessoris.¹ ⁴dˣ f'.⁴
5 e iii N'
6 f ii N' Sancte fidis uirginis et martiris. iij. lc'.
7 g NoN Sancte osgide uirginis . et s'marci et marcelli ⁶*Dies eg'*⁶ ix.⁵ lc'.
8 *a* viii Id'
9 b vii Id' Sancti dionisij cum socijs suis. ʼ ix. lc'.
10 c vi Id' Sancti paulini episcopi et confessoris. *In modum octauarum* [iij]⁶ lc'
11 d v Id' *Translacio sc'i augustini . ep'i . et s'nigasij* c̄ s . s'. ²duplex² *fm*
12 e iiii Id'
13 f iii Id' ³Dedicacio ecclesie. Prime dignitatis :³
14 g ii Id' Sancti calixti pape iij. lc'.
15 *a* IDVS
16 b xvii kl' *Nouemb'*
17 c xvi kl'
18 d xv kl' *Sancti luce euuangeliste . et sancti iusti martiris.* *dˣ fm.*
19 e xiiii kl'
20 f xiii kl'
21 g xii kl' *Festum reliquiarum*
22 *a* xi kl' *Dies eg'*
23 b x kl'
24 c ix kl'
25 d viii kl' Sanctorum crispini et crispıniani martirum iij. lc'
26 e vii kl'
27 f vi kl' *vigilia.*
28 g v kl' *Apostolorum symonis et iude.* *dˣ fm*
29 *a* iiii kl'
30 b iii kl'
31 c ii kl' Sancti quintini martiris. iij. lc'.

Nox habet horas . xiiij . Dies . x .

---

¹—¹ In a later hand (*a*).   ⁴—⁴ In a cursive hand.
² ² In a second later hand (? *a*).   ⁵ In a late hand (*c*) over an erasure.
³—³ In a third later hand (*c*).   ⁶ ⁶ Erased.

/Scorpius est quintus et tercius ad mala cinctus   [fo. 7
*Nouember habet dies . xxx . Lu[na. xxxi.]*¹

        ' *Nouember.*

1 d	**KL**	Fᴇstiuitas omnium sanctorum.	[*secund*]'*e dig*'	
2 e	iiii	N'	*Commemoracio omnium fidelium defunctorum* . et sancti	
3 f	iii	N'	eustachij cum socijs suis.	
4 g	ii	N'		
5 a	NoN		*Dies eg*'	
6 b	viii	Id'	*Sancti leonardi abbatis et confessoris*	*dˣ fm.*
7 c	vⁱⁱ	Id'		
8 d	vi	Id'	Sanctorum quatuor coronatorum.	iij. lc'.
9 e	v	Id'	Sancti theodori martiris.	iij. lc'.
10 f	ⁱⁱⁱⁱ	Id'		
11 g	iii	Id'	*Sancti martini episcopi et confessoris* . et s' menne martiris.	
12 a	ii	Id'		
13 b	IDVS		Sancti bricij episcopi et confessoris. *In modum octauarum.* iij. lc.	
14 c	xviii	kl'	December†.	
15 d	xvii	kl'		
16 e	xvi	kl'		
17 f	xv	kl'		
18 g	xiiii	kl'	Oct' sancti martⁱnⁱ episcopⁱ. *In modum octauarum.*	iij. lc'.
19 a	xiii	kl'		
20 b	xii	kl'	Sancti eadmundi regis et martiris.	ix lc'.
21 c	xi	kl'	Sancti Rufi episcopi et confessoris.	iii lc'.
22 d	x	kl'	Sancte cecilie uirginis.	ix. lc'.
23 e	ix	kl'	*Sancti clementis pape* . et s'felicitatis martiris	²[*ix lc*]²
24 f	viii	kl'	Sancti grisogoni martiris.	iij. lc'.
25 g	vii	kl'	*Sancte katerine uirginis.*	*dˣ fm.*
26 a	vi	kl'		
27 b	v	kl'		
28 c	iiii	kl'	*Dies eg*'.	
29 d	iii	kl'	Sancti saturnini episcopi et martiris. *vigilia*	iij. lc'.
30 e	ii	kl'	*Sancti Andree apostoli.*	dˣ. fm.

        Nox habet horas . xvi . Dies . viii .

¹ Initial letters cut out on verso.
²—² Written in red and afterwards erased.

/Septimus exanguis uirosus denus ut agnus[†]   [fo. 7 *v*
December habet dies . xxxi . luna . xxx .

1 f **[K L']** *December.*

2	g	iiii	N'	
3	a	iii	N'	
4	b	ii	N'	[1]Sancte barbare uirginis et martiris. ix. l'c.[1]
5	c	NoN		
6	d	viij	Id'	*Sancti nicholai episcopi.* *dˣ fm*
7	e	vij	Id'	Oct' sancti andree apostoli. *In modum octauarum Dies eg'* iij. lc'.
8	f	vi	Id'	*Concepcio sancte marie.* *scd'e dig'*
9	g	v	Id'	
10	a	iiii	Id'	
11	b	iii	Id'	
12	c	ii	Id'	
13	d	IDVS		Sancte lucie uirginis. *In modum octauarum.* iij. lc'
14	e	xix	kl'	· *Ianuarij*
15	f	xviij	kl'	
16	g	xvij	kl'	*O sapiencia*
17	a	xvi	kl'	
18	b	xv	kl'	
19	c	xiiii	kl'	
20	d	xiii	kl'	*vigilia.*
21	e	xii	kl'	*Sancti thome apostoli* *dˣ fm.*
22	f	xi	kl'	*Dies eg'.*
23	g	x	kl'	
24	a	ix	kl'	
25	b	viij	kl'	Nᴀtiuitas domini nostri ihesu christi. *pⁱme digⁱtatis.*
26	c	vij	kl'	*Sancti stephani prothomartiris.* *t'cie dig'*
27	d	vi	kl'	*Sancti Iohannis apostoli et euuangeliste.* *t'cie dig'*
28	e	v̇	kl'	*Sanctorum Innocencium* *t'cie dig'*
29	f	iiii	kl'	*Sancti thome episcopi et martiris.* *dˣ fm*
30	g	iii	kl'	
31	a	ii	kl'	*Sancti siluestri pape.*

Nox habet horas xviii . Dies . vi .

[1]—[1] In a later hand (*a*).

[RULE FOR 'HISTORIES' IN DIVINE SERVICE]

|In princıpio.

A	iij kl' Augusti.
B	ij kl' Augusti.
C	kalendas Augusti.
D	iiij N' Augusti.
E	uj N' Augusti.
F	ıj N' Augusti.
G	iiij kl' Augusti.

Si bona.

A	iij N' Septembris.
B	ıj N' Septembris.
C	uıj kl' Septembris.
D	iij kl' Septembris.
E	u kl' Septembris.
F	kalendas Septembris.
G	iiij N' Septembris.

Peto domine.

A	xv kl' Octobrıs.
B	xiiij kl' Octobris.
C	xiij kl' Octobris.
D	xij kl' Octobris.
E	xviij kl' Octobris.
F	xvij kl' Octobris.
G	xvj kl' Octobris.

Adonay

A	viij kl' Octobris.
B	vij kl' Octobris.
C	vi kl' Octobris.

D	v kl' Octobris.
E	xi kl' Octobris.
F	x kl' Octobris.
G	ıx kl' Octobrıs.

A
B
C
D
E
F
G

E

---

¹—¹ Over erasure.

[FORMS OF EXCOMMUNICATION AND ABSOLUTION]

[fo. 8 v

/N\ Os . N . prior claustralis monasterij sancte crucis de edinburght ordinis sancti augustini in hac domo capitulari sedentes . omnes illos et singulos cuiuscunque status sexus seu condicionis existant . qui infra ceptum dicti nostri monasterij quascunque res seu aliqua bona iniuste furtiue et dampnabiliter abstulerunt detinuerunt et concelarunt seu ad premissa consilium auxilium uel fauorem dederunt . aut consencientes participes et recipientes in premissis extiterant . pro quibus bonis restituendis . et satisfaccionibus partibus conquerentibus faciendis. trinas et diuersas legittime fecimus moniciones canonicas . et dictis monicionibus contemptis . et bonis sic furtiue ablatis minime restitutis . et satisfaccione premissorum non facta . causantibus demeritis et contumacijs manifestis predictorum malefactorum sic monitorum . auctoritate domini nostri abbatis . N . et priuilegiorum nostri ordinis qua fungimur in hac parte excom[m]unicamus in hijs scriptis.

[A] Bsoluimus te uice beati petri apostolorum principis et sancte ecclesie . cui dominus dedit potestatem ligandi atque soluendi . in quantum incurristi sentenciam excommunicacionis inuadendi locum priuilegiatum et prohibitum per bullas domini pape percuciendo comburendo minando sanguinem effundendo . quocunque alio modo periculose in hoc contra salutem anime tue faciendo . ab illa sentencia te absoluimus et restituimus te sacramentis ecclesie ut habeas uitam eternam   Amen.

A Bsoluo te a sentencia excommunicacionis in quam incurristi propter uiolentam iniacionem manuum . et . N . et . N . et auctoritate michi commissa in hac parte ut habeas uitam eternam Amen.

[AGREEMENT WITH CANONS OF CARLISLE]

[In a small late hand, the same as that of the 1493 inventory.]

[H] Ec est confederacio inter canonicos de karliolo et canonicos de sancta cruce de edinburgh : ut pro fratre defuncto vnum plenarium seruicium in conuentu fiat.   Singuli autem sacerdotes tres

missas dicant.   Ceteri uero clerici vnum psalterium.   Et annuali officio
coniungatur.

[Preces at the Day Hours]

[In a large late hand.]

/aue maria   [fo. 9

Ad primam

Domine miserere nostri te enim expectauimus, esto brachium
nostrum in mane et salus nostra in tempore tribulacionis,

Deo gracias .

       Kyreeleyson · · ·
       Christeleyson · · ·
       Kyreleyson
         Pater noster,

[℣.] Et ne nos' inducas in temptacionem,
[R℣. Sed libera nos a malo.   Amen.]
[℣.] Viuet anima mea et laudabit te,
[R℣. Et iudicia tua adiuuabunt me.]
[℣.] Erraui sicut ouis qui periit,
[R℣. Quere seruum tuum domine quia mandata tua non sum oblitus.]
         Credo,
[℣.] Carnis resurreccionem,
[R℣. Vitam eternam. Amen.]
[℣.] Repleatur os meum laude,
[R℣. Ut cantem gloriam tuam tota die magnitudinem tuam.]
[℣.] Domine auerte faciam† tuam a peccatis meis,
[R℣. Et omnes iniquitates meas dele.]
[℣.] Cor mundum crea in me deus,
[R℣. Et spiritum rectum innova in uisceribus meis.]
[℣.] Ne proicias me a facie tua,
[R℣. Et spiritum sanctum tuum ne auferas a me.]
[℣.] Redde michi leticiam salutaris tue,
[R℣. Et spiritu principali confirma me.]
[℣.] Eripe me domine ab homine malo,
[R℣. A viro iniquo eripe me.]
[℣.] Eripe me de inimicis meis deus meus,
[R℣. Et ab insurgentibus in me libera me.]

[℣.] Eripe me de operantibus iniquitatem,
[℞. Et de viris sanguinum salua me.]
[℣.] Sic psalmum dicam nomini [tuo] in seculum seculi,
[℞. Vt reddam uota mea de die in diem.]
[℣.] Exaudi nos deus salutaris noster,
[℞. Spes omnium finium terre et in mari longe.]
[℣.] Deus in adiutorium meum intende,
[℞. Domine ad adiuuandum me festina]
[℣.] Sanctus deus sanctus fortis, sanctus et immortalis,
[℞. Miserere nobis.]
[℣.] Benedic anima mea domino,
[℞. Et omnia que intra me sunt nomini sancto eius.]
[℣.] Benedic annima† mea domino
[℞. Et noli obliuisci omnes retribuciones eius.]
[℣.] Qui propiciatur omnibus iniquitatibus tuis
[℞. Qui sanat omnes infirmitates tuas.]
[℣.] Qui redimit de interitu vitam tuam,
[℞. Qui coronat te in misericordia et miseracionibus.]
[℣.] Qui replet in bonis desiderium tuum
[℞. Renouabitur ut aquile iuuentus tua.]
Confiteor deo

[℣.] Dignare domine die isto
[℞. Sine peccato nos custodire.]·
[℣.] Miserere nostri domine,
[℞. Miserere nostri.]
[℣.] Fiat misericordia tua domine super nos,
[℞. Quemadmodum sperauimus in te.]
[℣.] Sacerdotis† tui induantur iusticiam,
[℞. Et sancti tui exultent.]
[℣.] Domine exaudi oracionem meam,
[℞. Et clamor meus ad te ueniat.]
[℣.] Dominus vobiscum
[℞. Et cum spiritu tuo.]
or[emus]

Domine sancte pater omnipotens eterne deus, qui nos ad principium huius diei peruenire fecisti tua nos hodie salua virtute, et concede vt in hac die ad nullum declinemus peccatum nec ullum incurramus periculum, sed semper ad tuam iusticiam faciendam omnis nostra accio tuo moderamine dirigatur, Per dominum

[℣.] Ora pro nobis beata die genitrix,
[℟. Vt digni [efficiamur promissionibus christi],

or[emus]

Interueniat pro nobis quesumus domine ihesu christe nunc et in hora mortis nostri apud tuam clemenciam beata virgo maria mater tua, cuius sacratissimam animam in hora mortis tue doloris gladius pertransiuit, Per christum dominum nostrum

Ad completorium

Tu autem in nobis domine et nomem^t sanctum tuum inuocatum est super nos ne derilinquas^t nos domine deus noster,
> Kyrieleyson[iii]
> Christeleyson[iii]
> Kyrieleyson[iii]
> Pater noster,

[℣.] Et ne nos inducas in temptacionem,
[℟. Sed libera nos a malo amen.]
[℣.] ¹In pace in idipsum¹
[℟. Dormiam et requiescam.]
> Credo in deum,

[℣.] Carnis resurreccionem,
[℟. Vitam eternam.   Amen.]
[℣.] Benedicamus patrem et filium cum sancto spiritu,
[℟. Laudemus et superexaltemus eum in secula] /   [fo. 9 v
[℣.] Benedictus es domine in firmamento celi,
[℟. Et laudabilis et gloriosus et superexaltatus in secula.]
[℣.] Benedicat et custodiat nos omnipotens et misericors dominus,
> [℟.] Amen,
Confiteor deo,

[℣.] Dignare domine nocte ista,
[℟. Sine peccato nos custodire.]
[℣.] Miserere nostri domine,
[℟. Miserere nostri.]
[℣.] Fiat misericordia tua domine super nos,
[℟. Quemadmodum sperauimus in te.]
[℣.] Sacerdotis^t tui induantur iusticiam,
[℟. Et sancti tui exultent.]

¹—¹ Over erasure.

[℣.] Domine exaudi oracionem meam,

[℞. Et clamor meus ad te ueniat.]

[℣.] Dominus uobiscum,

[℞. Et cum spiritu tuo.]

oracio

Illumina quesumus domine deus tenabras[†] nostras et tocius noctis insidias tu a nobis repelle propicius Per dominum,

Aue maria gracia plena dominus tecum,

Oracio

Omnipotens sempiterne deus qui gloriose virginis et matris marie corpus et animam, vt dignum filii tui habitaculum effici mereretur spiritu sancto cooperante mirabiliter preparasti, da ut eius commemoracionis letamur[†], eius pia intercessione, ab instantibus malis, et a morte perpetua liberemur et ad gaudia sempiterna perducamur, Per dominum,

¹ Ad terciam ¹

Sana me domine et sanabor saluum me fac et saluus ero quoniam laus mea tu es,

[℞.]   deo gracias

[Pater noster]

[℣.] Et ne nos inducas in temptacionem,

[℞. Sed libera nos a malo amen.]

[℣.] Ego dixi domine miserere mei,

[℞. Sana animam meam quia peccaui tibi.]

[℣.] Conuertere domine usquequo

[℞. Et deprecabilis esto super seruos tuos]

[℣.] Fiat misericordia tua domine super nos

[℞. Et salutare tuum da nobis.]

[℣.] Sacerdotis[†] tui induantur iusticiam,

[℞. Et sancti tui exultent.]

[℣.] Domine saluum fac regem et regnum,

[℞. Et exaudi nos in die qua inuocauerimus te.]

[℣.] Saluum fac populum tuum domine benedic hereditate[†] tue,.

[℞. Et rege eos et extolle illos usque in eternum.]

└─¹ Over erasure.

[℣.] Fiat pax in uirtute tua,
[℟. Et abundancia in turribus tuis.]
[℣.] Oremus pro fidelibus defunctis,
[℟.] Requia¹scant† in pace,¹

    Pro fratribus nostris ¹ nostris absentibus,¹

    Pro captiuis et afflictis,

    Pro benefactoribus nostris,

    Pro peccatis et necligenciis nostris,

[℣.] Adiuua nos deus salutaris noster,
[℟. Et propter gloriam nominis tui domine libera nos.]
[℣.] Esto nobis domine turris fortitudinis,
[℟. A facie inimici.]
[℣.] Exaudi domine uocem meam qua clamaui ad te,
[℟. Miserere mei et exaudi me.]
      Ps[almus.]   Miserere mei deus,

[℣.] Domine deus uirtutum conuerte nos,
[℟. Ostende faciem tuam et salui erimus.]
[℣.] Domine exaudi oracionem meam,
[℟. Et clamor meus ad te ueniat.]
[℣.] Dominus uobiscum,
[℟. Et cum spiritu tuo.]
                Oracio,

           - Ad vi [. . .]²

Alter alterius onera portate et sic adimplebitis legem c[h]risti,
      [℟.] Deo gracias

             Ad ixᵃᵐ

Omnia autem probate quod bonum est tenete, ab omni specie mala
abstinete uos,
      [℟. Deo gracias.]

           Ad vesperas

Dominus autem dirigat corda nostra in charitate dei et in paciencia
c[h]risti,
      [℟.] deo gracias,
      [An erasure here]

¹—¹ Erased.   ² An erasure.

Calendas Januarij. A
Circumcisio domini nostri ihesu cristi. Rome. natalis sancti almachij martiris. Qui iubente urbis prefecto: cum dicent. hodie octaue dñri dici sunt: cessate a supsticionibus ydolorum. a gladiatoribus ocisus est. Via appia. corone militu triginta. sub dioctiniano impatore. Item rome. sancte martine uirginis. Que sub alexandro impatore diuersis tormentorum generibus cruciata. tandem gladio martirij palmam adepta est. Apud spoletum: sancti concordij epi et mñs et presbiteri. temporibus antonini impatoris. Qui primu fustibus cesus. deinde eculeo suspensus. ac ferro. post in carcere maceratus: ibiq angelica uisione consolatus. demum gladio uitam finiuit. In cesarea cappadocia: depusicio sancti basilij epi. cuius celebritas tbus klb iulij potissimum recolitur. In affrica. trans fulgencij eccleste expensis episcopi. Qui ob catholicam fidem et eximiam doctrinam exilio relegatus. tandem ad ppriam ecclesiam redit munitus: uita et uerbo clarus. sco

fine quieuit. In territorio lugdunensi: sci augendi ablatis. Cuius uita uirtutibus et miraculis plena refulsit. Alexandrie: sce eufrosine uirginis. Ipso die sci maximi mñs. Apud cratistum obilionis abbis piissimi ac dulcissimi pris monachorum.

Quarto nonas Ianuarij. Apud antiochiam: passio sci ypicon epi. Et in pontho ciuitate thonis trium fratrum. Argei: scorum nascisi et marcellini pueri. Qui sub liuiano principe inter tirones comprehensus. cu noilet militare cesus usqz ad mortem: et diu in carcere maceratus. atqz in mare uersus martiriu estimauit. In thelaide: sci macharij abbis. Ipo die: sci spiridonis epi. Item. sci baprlasiam confessoris. terno nonas Ianuarij.

Rome. uia appia: Januarij. Natalis bti antheri ppe. Qui cum duodecim annis rexisset ecclesiam: passus est sub maximino. et in cimiterio calixti sepultis. Eodem die: sci petri. Qui apud ciuitatem aulanam crucis supplicio est interemptus In helespoto: scor mñn. criui pmi. tisogenis. Ciuitate parisius: sce genouephe uirginis. Que a beato germano an

[GOSPELS AND HOMILIES FOR READING IN CHAPTER]

/*Dominica prima aduentus domini.*   *Secundum*   [fo. 51
matheum. [xxi, 1]

I N illo tempore. Cum appropinquasset . . . ad montem oliueti.
Et reliqua.

P uto res ipsa exigit . ut queramus. Frequenter quidem ihesus
uenit in ierusalem sicut iohannis testatur . nunquam tamen
sibi adhibuit ministeria iumentorum . nec ramorum uirencia circa se
ornamenta constituit . nec ad terribilem laudem sue diuinitatis animos
populi excitauit ᛫ nisi modo quando ut pateretur ascendit.
    [℣.] Tu autem [domine miserere nostri].
    [R℣. Deo gracias.]

     Dominica secunda.   *Secundum lucam.* [xxi, 25]
I N illo tempore . dixit ihesus discipulis suis. Erunt signa . . . maris
et fluctuum. Et Reliqua.

D ominus ac redemptor noster paratos nos inuenire desiderans . se-
nescentem mundum que mala sequantur denunciat . ut nos ab
eius amore compescat. Appropinquantem eius terminum quante
percussionis preueniant innotescit . ut si deum metuere in tranquilli-
tate nolumus . uicinum eius iudicium uel percussionibus attriti
timeamus.
    [℣.] Tu autem [domine miserere nostri].
    [R℣. Deo gracias.]

     Dominica tercia.   *Secundum matheum.* [xi, 2]
I N illo tempore. Cum audisset iohannes . . . an alium expectamus.
Et Reliqua.

Q uerendum nobis est fratres karissimi . iohannes propheta et plusquam propheta . qui uenientem ad baptisma dominum ostendit
dicens . ecce agnus dei ecce qui tollit peccata mundi . qui et humilitatem suam et diuinitatis eius potenciam considerans ait . qui de terra
est de terra loquitur . qui autem de celo uenit super omnes est.

D

Feria iiij^a iiij^or temporum.   *Secundum lucam.* [i, 26]

IN illo tempore. Missus est angelus gabriel . . . nomen uirginis maria. Et Reliqua.

Exordium nostre redempcionis fratres karissimi . hodierna sancti euuangelij leccio commendat . que angelum de celis a deo missum narrat ad uirginem ⁊ ut nouam in carne natiuitatem filij dei predicaret . per quam nos abiecta uetustate noxia renouari atque inter filios dei computari possimus.

Feria sexta.   *Secundum lucam.* [i, 39]

IN illo tempore. Exurgens maria . abijt in montana   et salutauit elizabeth. Et Reliqua.

Lectio quam audiuimus sancti euuangelij . et redempcionis nostre nobis semper ueneranda primordia predicat . et salutaria semper mutande humilitatis remedia commendat.

/Sabbato.   *secundum lucam.* [iii, 1]   [fo. 51 *v*]

Anno quintodecimo imperij tyberij   zacharie filium in deserto. Et Reliqua.

Redemptoris precursor quo tempore uerbum predicacionis accepit . memorato romane rei publice principe . et iudee regibus designatur . cum dicitur . anno quintodecimo imperij tiberij cesaris.

Dominica quarta.   [*Secundum*] *Iohannem.* [i, 19]

IN illo tempore . miserunt iudei ab ierosolimis . . . non sum ego c[h]ristus. Et Reliqua.

Ex huius nobis leccionis uerbis fratres karissimi . iohannis humilitas commendatur. Qui cum tante uirtutis esset . ut christus credi potuisset ⁊ elegit solide subsistere in se ⁊ ne humana opinione raperetur inaniter super se.

In uigilia natalis domini.   *secundum matheum.* [i, 18]

IN illo tempore. Cum esset desponsata mater . . . de spiritu sancto. Et reliqua.

Que fuit necessitas ut desponsata esset maria ioseph ⁊ nisi propterea quatinus hoc sacramentum diabolo celaretur . et ille
malignus fraudis commenta aduersus desponsatam uirginem nulla
inuenisset.

In die natalis domini. [*Secundum*] *Iohannem.* [i, 1]

IN principio erat uerbum . . in principio apud deum. Et reliqua.

Quia temporalem mediatoris dei et hominum hominis ihesu christi
natiuitatem que hodierna die facta est . sanctorum uerbis
euuangelistarum mathei uidelicet et luce manifestatam cognouimus .
libet eciam de uerbi idest diuinitatis eius eternitate in qua patri manet
semper equalis beati iohannis euuangeliste dicta scrutari . qui singu-
laris priuilegio meruit castitatis . ut ceteris alcius diuinitatis ipsius
caperet simul et patefaceret archanum.

De sancto stephano. *secundum matheum.* [xxiii, 34]

IN illo tempore. Dicebat ihesus turbis iudeorum . et principibus
sacerdotum. Ecce ego mitto ad uos prophetas . . . in synagogis
uestris. Et Reliqua.

Hoc quod ante dixerat uos implete mensuram patrum uestrorum
ad personam domini pertinere eo quod occidendus esset ab
eis . potest et ad discipulos eius referri de quibus nunc dicitur. Ecce
ego mitto ad uos et cetera.

De sancto iohanne. / *Secundum iohannem* [xxi, 19] [fo. 52

IN illo tempore. Dixit ihesus petro. Sequere me. Conuersus . . .
quis est qui tradet te ⁊ Et Reliqua

Leccio sancti euuangelij que nobis lecta est modo fratres mei . tanto
maiori a nobis intencione debet per singula uerba pensari .
quanto magna superne gracie dulcedine tota redundat.

De innocentibus. *Secundum matheum.* [ii, 13]

IN illo tempore. Angelus domini apparuit . . . usque dicam tibi.
Et Reliqua.

De morte preciosa martirum christi innocencium sacra nobis est fratres karissimi euuangelij lectio recitata ⁖ in qua tamen omnium c[h]risti martirum preciosa est mors designata.

De sancto thoma cantuarien[si].
Nisi granum frumenti et c[etera]

Dominica infra oct[auas].   *Secundum Lucam* [ii, 33]

IN illo tempore. Erant pater ihesu et mater mirantes super his quĕ dicebantur de illo. Et reliqua.

Congregemus in vnum ea que in ortu domini ihesu dicta scriptaque sunt de eo ⁖ et nunc scire poterimus singula queque digna esse miraculo. Quamobrem mirabatur et pater . sic enim appellatus est ioseph . quia metricius fuit . mirabatur et mater . super omnibus que dicebantur de eo.

De sancto siluestro.   *secundum . iohannem*

IN principio erat uerbum . . . erat uerbum. Et Reliqua

Mire beatus iohannes in inicio sui euangelij de diuinitate saluatoris et fidem recte credencium sullimiter imbuit ⁖ et hereticorum perfidiam potenter exuperat . Fuere namque heretici . qui dicerent. Si ergo natus est christus . erat tempus quando ille non erat.
Si dominica fuerit.
Erant pater ihesu et c[etera].

In circumcisione domini.   *secundum lucam.* [ii, 21]

IN illo tempore. Postquam consummati sunt dies octo ut circumcideretur puer ⁖ uocatum est nomen eius ihesus. Et reliqua.

Sanctam uenerandamque presentis festi memoriam paucis quidem uerbis euuangelista comprehendat . sed non pauca celestis misterij uirtute grauidam reliquit.

In uigilia epiphanie.   *secundum matheum.* [ii, 19]

IN illo tempore. Defuncto herode ⁖ ecce apparuit angelus   in terram israel. Et Reliqua.

Multi propter ignoranciam historie labuntur in errorem . putantes eundem esse herodem . a quo in passione sua dominus irridetur. Ergo herodes ille qui cum pilato postea amicicias facit . huius herodis filius / fuit . qui nunc mortuus esse refertur.   [fo. 52 v

In die epiphanie.   *secundum matheum.* [ii, 1]

CUm natus esset . . . natus est rex iudeorum. Et reliqua.

SIcut in leccione euuangelica fratres karissimi audistis . celi rege nato . rex terre turbatus est ꝛ quia nimirum terrena altitudo confunditur . cum celsitudo celestis aperitur. Sed querendum nobis est quid nam sit quod redemptore nato pastoribus in iudea angelus apparuit . atque ad adorandum hunc ab oriente magos non angelus sed stella perduxit.

Dominica infra oct[auas] . epiphanie.   *Secundum matheum.* [iii, 13]

IN illo tempore. Venit ihesus a galilea in iordanem ad iohannem ut baptizaretur ab eo. Et R[eliqua.]

Leccio sancti euuangelij quam modo fratres audiuimus . magnum nobis et in domino et in seruo dat perfecte humilitatis exemplum. In domino quidem ꝛ quia cum sit dominus . non solum ab homine seruo baptizari . sed eciam ipse ad hunc baptizandus uenire dignatus est.

In octauo die epiphanie.   [*Secundum*] *Iohannem* [i, 29]

IN illo tempore Vidit iohannes ihesum uenientem ad se . et ait . Ecce agnus dei . ecce qui tollit peccata mundi. Et R[eliqua].

Iohannes baptista et precursor domini saluatoris . quem diu uenturum populis uerbo predicauerat . ipsum iam uenientem ad se sicut ex leccione sancti euuangelij fratres cum legeretur modo audistis . mox digito demonstrauit dicens. Ecce agnus dei . ecce qui tollit peccata mundi.

Dominica prima post octa[uas]. epiphanie.   [*Secundum*] *Lucam.* [ii, 42]

IN illo tempore. Cum factus esset ihesus annorum . . . parentes eius. Et reliqua.

APerta est uobis fratres karissimi sancti euuangelij leccio recitata . neque opus est ut in ea aliquid exponendo loquamur. Describit namque infanciam puericiamque nostri redemptoris ꞉ qua nostre particeps humanitatis dignatus est fieri. Commemorat eciam eternitatem diuine maiestatis . in qua patri mansit ac manet semper equalis.

Dominica secunda.   *secundum iohannem.* [ii, 1]

IN illo tempore. Nupcie facte sunt in chana galilee . et erat mater ihesu ibi. Et R[eliqua].

QUod dominus noster atque saluator ad nupcias uocatus non solum uenire . sed et miraculum ibidem quo conuiuas letificaret . facere dignatus est . exceptis celestium sacramentorum figuris . eciam iuxta litteram fidem recte credencium confirmat. Tu autem d[omine].

/Dominica tercia.   *Secundum matheum* [viii, 1]   [fo. 53

IN illo tempore Cum descendisset ihesus de monte . . . potes me mundare. Et reliqua.

DOcente in monte domino . discipuli uenerunt ad eum sicut alacres sicut domestici . sicut proximi . sicut amici uel fratres. Ideo ait, et dominus ad eos. Vos estis sal terre . et uos estis lux mundi.

Dominica Quarta.   *secundum matheum.* [viii, 23]

IN illo tempore. Ascendente ihesu in nauiculam . . . Ipse non dormiebat. Et R[eliqua].

INgrediente domino in nauiculam . secuti sunt eum discipuli eius . non inbecilles sed stabiles in fide . mansueti et pij . spernentes mundum . non duplici corde . sed simplici . Hij ergo secuti sunt eum . non tantum gressus eius sequentes . sed magis sanctitatem comitantes . et iusticiam eius consectantes.

Dominica Quinta . secundum matheum [xiii, 24]

IN illo tempore Dixit ihesus turbis[1] parabolam hanc. Simile est regnum celorum homini qui seminauit bonum semen in agro suo. Et R[eliqua].

---

[1] Interlined above.

BOnum semen in agro suo non nisi bonus seminat ː ipsi utique qui
in suo corpore semen bone uoluntatis ad bonorum operum
studet perducere fructum. Et isti bene simile regnum celorum dicitur .
tui per omnia aptus esse probatur.

Dominica in septuagesima.   S[ecundum] matheum. [xx, 1]

IN illo tempore   Dixit ihesus d[iscipulis] . s[uis] . parabolam hanc.
Simile est regnum celorum homini patrifamilias . . . in vineam
suam. Et R[eliqua].

IN explanacione sua multa ad loquendum sancti euuangelij leccio postulat . quam uolo si possum sub breuitate perstringere . ne uos
et extensa processio et prolixa exposicio uideatur onerare.   Regnum
celorum patrifamilias simile dicitur . qui ad excolendam uineam suam
operarios conducit.

Dominica in sexagesima.   Secundum lucam. [viii, 4]

IN illo tempore Dixit ihesus turbis similitudinem hanc.   Exiit qui
seminat seminare semen suum.   Et reliqua.

LEccio sancti euuangelij quam modo fratres karissimi audistis .
exposicione non indiget . sed ammonicione.   Quam enim per
semetipsum ueritas exposuit . hanc discutere humana fragilitas non
presumit.

Dominica in quinquagesima.   secundum lucam. [xviii, 31]

IN illo tempore.   Assumpsit ihesus duodecim discipulos suos
et conspuetur.   Et reliqua. /   [fo. 53 v

REdemptor noster preuidens ex passione sua discipulorum animos
perturbandos . eis large ante et eiusdem passionis penam et
resurreccionis sue gloriam predicat . ut cum morientem sicut predictum
est cernerent . eciam surrecturum non dubitarent.

Feria iiij^a . in capite ieiunij.   Secundum matheum. [vi, 16]

IN illo tempore.   Dixit ihesus discipulis suis.   Cum ieiunatis . . ,
ypocrite tristes.   Et reliqua,

Quia nonnullorum est consuetudo karissimi aduenientes quadragesime dies deuocione ieiunij preuenire . necessarie presens
euuangelij decursa est lectio . in qua dominus noster spiritualium
uirtutum retributor . sanctam nobis perfectamque dedit regulam
ieiunandi . dicens.   Cum ieīunatis nolite fieri sicut ypocrite tristes.

Dominica prima xl^e.   *Secundum matheum.* [iv, 1]

IN illo tempore.   Ductus est ihesus in desertum . . . postea esurijt.
Et R[eliqua].

DUbitari a quibusdam solet a quo spiritu sit ihesus ductus in desertum . propter hoc quod subditur . Assumpsit eum diabolus in
sanctam ciuitatem . Et rursum . Assumpsit eum in montem excel-
sum.

Dominica secunda . xl^e.   *Secundum matheum* [xv, 21]

IN illo tempore.   Egressus ihesus secessit in partes tyri . .   fili
dauid.   Et R[eliqua].

IN leccione sancti euuangelij que nobis modo lecta est fratres karissimi ꞉ audiuimus   magnam   mulieris   fidem . pacienciam . constanciam . et humilitatem.

Dominica tercia.   *Secundum lucam.* [xi, 14]

IN illo tempore.   Erat ihesus eiciens demonum . . . admirate sunt
turbe.   Et R[eliqua].

DEmoniacus iste apud matheum non solum mutus ꞉ sed et cecus
fuisse narratur . curatusque dicitur a domino . ita ut loqueretur
et uideret.   Tria ergo signa simul in uno homine ·perpetrata sunt.
Cecus uidet . mutus loquitur ꞉ possessus a demone liberatur.

Dominica quarta   *Secundum iohannem.* [vi, 1]

IN illo tempore.   Abijt ihesus trans mare galilee . . . qui infirma-
bantur.   Et R[eliqua].

Qui signa et miraculi domini ac saluatoris nostri recte cum legunt
uel audiunt accipiunt ꞉ non tam in hijs quid foris stupeant
attendunt . quam quid horum exemplo ipsi intus agere . quid in hijs
misticum perpendere debeant inspiciunt.

Dominica in passione domini. / *Secundum iohannem* [viii, 46] [fo. 54

IN illo tempore. Dixit ihesus turbis iudeorum et principibus sacerdotum. Quis ex uobis arguet me . . uerba dei audit. Et
Reliqua.

PEnsate fratres karissimi mansuetudinem dei. Relaxare peccata
uenerat . et dicebat . Quis ex uobis arguet me de peccato ꞏ
Non dedignatur ex racione ostendere se peccatorem non esse . qui
ex uirtute diuinitatis poterat peccatores iustificare. Sed terribile est
ualde quod subditur. Qui est ex deo uerba dei audit. Propterea uos
non auditis . quia ex deo non estis.

Dominica in palmis. *secundum matheum* [xxi, 1]

IN illo tempore. Cum appropinquasset . . . contra uos est. Et
R[eliqua].

Mediator dei et hominum homo christus ihesus qui pro humani
generis salute passurus . de celo descendit ad terras . appropin-
quante hora passionis . appropinquare uoluit loco passionis . ut eciam
per hoc claresceret . quia non inuitus . sed sponte pateretur.

In die sancto pasche . secundum marcum. [xvi, 1]

IN illo tempore. Maria magdalena et maria iacobi . . . orto iam
sole. Et reliqua.

Multis uobis lectionibus fratres karissimi per dictatum loqui con-
sueui . sed quia lassescente stomacho ea que dictauero legere
ipse non possum . quosdam uestrum nimis libenter audientes intueor.
Vnde nunc a memetipso exigere contra morem uolo . ut inter sacra
missarum sol[lemnia] [1] leccionem sancti euuangelij non dictando sed
colloquendo edisseram . sicque excipiatur ut loquimur.

Feria secunda. *Secundum lucam* [xxiv, 13]

IN illo tempore. Duo ex discipulis . . . de hijs omnibus que acci-
derant. Et R[eliqua]

In cotidiana uobis solemnitate laborantibus . pauca loquenda sunt .
et fortasse hec utilius proderunt . Quia sepe et alimenta que
minus sufficiunt . auidius sumuntur. Lectionis ergo euuangelice sum-
matim sensum statui non per singula uerba discutere ꞏ nec delec-
cionem uestram ualeat sermo prolixior exposicionis onerare.

---

[1] Over erasure.

E

Feria tercia   *Secundum lucam.* [xxiv, 36]

IN illo tempore   Stetit ihesus in medio discipulorum suorum / [fo. 54 *v*
et dixit eis.   Pax uobis . Ego sum ꞉ nolite timere.   Et reliqua.

Gloriam resurrectionis sue dominus et redemptor noster paulatim
discipulis et per incrementum temporis ostendit . quia nimirum
tanta erat uirtus miraculi ꞉ ut hanc repente totam capere fragilia
mortalium pectora non possent.

Feria iiij . secundum iohannem. [xxi, 1]

IN illo tempore.   Manifestauit se iterum ihesus . . . alij ex discipulis
eius duo.   Et reliqua

Leccio sancti euuangelij que in vestris auribus lecta est fratres
mei questione animum pulsat . sed pulsacione sua vim dis-
crecionis indicat.   Queri etenim potest cur petrus qui piscator ante
conuersionem fuit . post conuersionem ad piscacionem redijt.

Feria quinta.   *Secundum iohannem.* [xx, 11]

IN illo tempore.   Maria stabat ad monumentum . . . positum fuerat
corpus ihesu.   Et reliqua.

Maria magdalene que fuerat in ciuitate peccatrix . amando ueri-
tatem lauat lacrimis maculas criminis . et uox ueritatis im-
pletur qua dicitur . Dimissa sunt ei peccata multa . quoniam dilexit
multum . Que enim prius frigida peccando remanserat . postmodum
amando ardebat.

Feria vj.   *secundum matheum.* [xxviii, 16]

IN illo tempore.   Vndecim discipuli abierunt in galileam . in monte
ubi constituerat illis ihesus.   Et reliqua.

Euuangelica lectio fratres karissimi quam modo audiuimus . et
iuxta historiam gaudio plena refulget . quia triumphum redemptoris nostri simul et redempcionis nostre dona plano sermone
describit . et si hunc enucleatius pertractare uelimus . gratiorem in
littera fructum spiritualis sensus inditum esse comperimus.

Sabbato in albis.   *Secundum iohannem.* [xx, 1]

IN illo tempore.   Vna sabati maria magdalene uenit mane cum adhuc
tenebre essent . . . sullatum a monumento.   Et reliqua.

Fractus longa molestia stomachus . diu me caritati uestre dilectionis euuangelice loqui exposicione prohibuit . Vox enim ipsa a clamoris uirtute succumbit. / Et quia a multis audiri non ualeo [fo. 55 . loqui fateor inter multos erubesco . sed hanc in me uerecundiam et ipse reprehendo.

Dominica prima post albas. secundum iohannem [xx, 19]

IN illo tempore. Cum esset sero die illo . . . manus et latus. Et R[eliqua].

Prima lectionis huius euuangelice questio animum pulsat . quomodo post resurrectionem corpus dominicum uerum fuit . quod clausis ianuis ad discipulos ingredi potuit . Sed sciendum nobis est . quod diuina operacio . si racione comprehenditur . non est admirabilis. Nec fides habet meritum . cui humana racio prebet experimentum.

Dominica secunda post albas. [*Secundum*] *Iohannem.* [x, 11]

IN illo tempore. Dixit ihesus d[iscipulis] . s[uis]. Ego sum pastor bonus. Bonus pastor . animam suam ponit pro ouibus suis. Et reliqua.

Audistis ex leccione euuangelica fratres karissimi erudicionem uestram . audistis ex leccione euuangelica periculum nostrum. Ecce enim is qui non ex accidenti dono sed essencialiter bonus est ꝛ dicit. Ego sum pastor bonus . Atque eiusdem bonitatis formam quam nos imitemur adiungit dicens. Bonus pastor . animam suam ponit pro ouibus suis.

Dominica tercia post albas. *Secundum Iohannem.* [xvi, 16]

IN illo tempore. Dixit ihesus d[iscipulis] . s[uis]. Modicum et iam . . . uado ad patrem. Et Reliqua

LEta domini et saluatoris nostri promissa fratres karissimi . leto cordis auditu percipere debemus . sedulaque intencione persistere ꝛ quatinus ad hec contingere mereamur. Quid est enim quod merito lecius audiatur . quam peruenire posse ad gaudium quod nunquam possit auferri.

Dominica quarta.   *Secundum Iohannem.* [xvi, 5]

I N illo tempore. Dixit ihesus d[iscipulis] . s[uis].   Uado ad eum[1] qui
me misit ꞉ et nemo ex uobis interrogat me quo uadis.   Et reliqua.

S Icut ex euuangelica lectione audiuimus fratres karissimi . dominus
ac redemptor noster imminente sue passionis articulo . discipulis
et gloriam ascensionis qua ipse post mortem et resurreccionem erat
glorificandus . et aduentum spiritus sancti quo illi erant illustrandi
patefecit.

Dominica quinta.   *secundum iohannem.* [xvi, 23]

I N illo tempore. Dixit ihesus d[iscipulis]. s[uis].   Amen amen dico
. . . in nomine meo. Et reliqua.

P Otest mouere infirmos audi/tores quomodo in capite [fo. 55 *v*
leccionis huius euuangelice discipulis saluator promittat . si
quid inquiens pecieritis patrem in nomine meo dabit uobis . cum non
solum nostri similes multa que patrem in christi nomine uidentur
petere non accipiant . uerumeciam ipse apostolus paulus tercio dominum rogauerit ut a se angelis sathane a quo tribulabatur abscideret .
nec impetrare potuerit.

In uigilia ascensionis domini.   *Secundum iohannem.* [xvii, 1]

I N illo tempore   Sulleuatis ihesus oculis in celum . . . clarificet te.
Et Reliqua.

G lorificatum a patre filium secundum formam serui quam pater
suscitauit a mortuis . et ad suam dexteram collocauit ꞉ res ipsa
indicat . et nullus ambigit christianus.   Sed quoniam non tantum
dixit pater clarifica filium tuum . sed addidit eciam ut filius tuus
clarificet te.

In die ascensionis domini.   *Secundum marcum* [xvi, 14]

I N illo tempore   Recumbentibus vndecim discipulis   . . non crediderunt. Et reliqua.

Q uod resurreccionem dominicam discipuli tarde crediderunt ꞉ non
tam illorum infirmitas . quam nostra ut ita dicam futura firmitas
fuit.   Ipsa namque resurreccio . illis dubitantibus per multa argu-
menta monstrata est.   Que dum legentes agnoscimus . quid aliud

[1] Interlined above in a later hand.

quam de illorum dubitacione solidamur ? Minus enim mihi maria magdalena prestitit que cicius credidit : quam thomas qui diu dubitauit.

Dominica infra octauas.   *Secundum iohannem.* [xv, 26]

IN illo tempore. Dixit ihesus d[iscipulis]. s[uis] . Cum uenerit
paraclitus . . . perhibet de me. Et reliqua.

Ex multis sancti euuangelij locis inuenimus ɼ quia discipuli ante
aduentum sancti spiritus minus capaces erant ad intelligenda
archana diuine sullimitatis . minus fortes ad toleranda aduersa humane
prauitatis.

In octauo die.   *Secundum lucam.* [xxiv, 49]

[I]¹N illo tempore Dixit ihesus d[iscipulis]. s[uis]. Ego mittam
promissum patris mei in uos. Et reliqua.

Promissum patris spiritus sancti graciam dici . et in euuángelio
iohannis plenius et hic quoque breuiter intimatur ꞓ cum sequitur.
Vos autem sedete in ciuitate . quoad usque induamini uirtute ex alto.
De qua uirtute idest spiritu sancto . et marie dicit angelus . et uirtus
altissimi obumbrabit tibi ꞓ et ipse dominus alibi . / nam et ego   [fo. 56
noui uirtutem de me exisse.

In uigilia pentecostes.   *[Secundum] Iohannem.* [xiv, 15]

IN illo tempore. Dixit ihesus d[iscipulis]. s[uis]. Si diligitis me .
mandata mea seruate. Et R[eliqua]

Quia sancti spiritus hodie fratres karissimi celebramus aduentum ꞓ
debemus ipsi congruere solemnitati quam colimus. Hoc etenim
ordine tantum festiuitatis huius digne gaudia celebramus . si nos
quoque domino opitulante aptos reddiderimus ɼ ad quos spiritus sanctus
uenire . et in quibus habitare dignetur.

In Die pentecostes.   *secundum iohannem* [xiv, 23]

IN illo tempore. Dixit ihesus d[iscipulis]. s[uis]. Si quis diligit
me . . . mansionem apud eum faciemus. Et reliqua.

Libet fratres karissimi euuangelice uerba lectionis sub breuitate
transcurrere ꞓ ut post diucius liceat in contemplacione tante
solemnitatis immorari. Hodie nanque spiritus sanctus repentino

¹ Cut out.

sonitu super discipulos uenit ⁚ mentesque carnalium in sui amorem permutauit.

Feria secunda. *secundum iohannem.* [iii, 16]

IN illo tempore. Dixit ihesus d[iscipulis]. s[uis]. Sic deus dilexit mundum . ut saluetur mundus per ipsum. Et reliqua.

Ergo quantum in medico est . sanare uenit egrotum. Ipse se interimit ⁚ qui precepta medici obseruare non vult. Uenit saluator ad mundum. Quare saluator dictus est mundi . nisi ut saluet mundum . non ut iudicet mundum.

Feria tercia. *secundum iohannem.* [x, 1]

IN illo tempore Dixit ihesus d[iscipulis]. s[uis] . et turbis iudeorum. Amen amen dico . . . fur est et latro. Et reliqua.

Ouile ouium ⁚ ecclesia fidelium est. Quicunque uult intrare ad ouile . per ostium intret . idest per christum et christum uerum deum et uerum filium dei predicet. Nec solum christum predicet ⁚ sed christi gloriam querat non suam.

Feria quarta. *secundum iohannem.* [vi, 44]

IN illo tempore Dixit ihesus turbis iudeorum. Nemo potest uenire ad me ⁚ nisi pater qui misit me traxerit eum. Et reliqua.

Magna gracie commendacio. Nemo uenit nisi tractus. Quem trahat et quem non trahat ⁚ quare illum trahat et illum non trahat ⸎ noli uelle iudicare . si non uis errare. Semel accipe . et intellige. / Nondum traheris . ora ut traharis.   [fo. 56 v

Feria quinta. *Secundum lucam* [ix, 1]

IN illo tempore. Conuocatis ihesus duodecim apostolis . dedit illis uirtutem et potestatem super omnia demonia . . . et sanare infirmos. Et r[eliqua]

Concessa primum potestate signorum misit predicare regnum dei . ut promissorum magnitudini . attestaretur eciam magnitudo factorum . fidem que daret uerbis uirtus ostensa ⁚ et noua facerent qui noua predicarent.

Feria vj[a].   *Secundum lucam.* [v, 17]

IN , illo tempore   Factum est in vna dierum . et ihesus sedebat qui erat paraliticus.   Et reliqua.

CUracio paralitici huius . anime post diuturnam illecebre carnalis inerciam ad christum suspirantis indicat saluacionem.   Que primo omnium ministris qui eam sulleuent et christo afferant . idest bonis doctoribus qui spem saluacionis opem bone intercessionis suggerant indiget.

Sabbato.   *Secundum lucam.* [iv, 38]

IN illo tempore.   Surgens ihesus de sinagoga . . . tenebatur magnis febribus.   Et reliqua.

SI uirum a demonio liberatum . moraliter animum ab immunda cogitacione purgatum significare dixerimus : consequenter femina febribus tenta . sed ad imperium domini curata . carnem ostendit a concupiscencie sue feruore per continencie precepta frenatam.   Omnis amaritudo et ira . et indignacio . et clamor . et blasphemia . spiritus immundi furor est.

In festo trinitatis.   *secundum iohannem.* [xv, 26]

IN illo tempore.   Dixit ihesus discipulis suis.   Cum uenerit paraclitus . . . testimonium perhibebit de me.   Et reliqua.

EX multis sancti euuangelij locis inuenimus . quod discipuli ante aduentum sancti spiritus minus capaces ad intelligenda erant archana diuine sullimitatis minus fortes ad tolleranda aduersa humane prauitatis.   Sed eis adueniente spiritu : cum augmento diuine agnicionis data est eciam constancia vincende humane persecucionis.

In festo corporis christi.   *secundum . iohannem.* [vi, 55]

IN illo tempore . dixit ihesus discipulis suis et turbis iudeorum.   Caro mea uere est cibus et sanguis meus uere est / potus.   Et [fo. 57 reliqua.

CUm enim cibo et potu id appetant homines . ut non esuriant neque siciant . hoc uere non prestat nisi iste cibus et potus sit qui eos a quibus sumitur immortales et incorruptibiles facit ubi societas ipsorum ibi pax erit et vnitas plena atque perfecta.

Dominica infra octa[uas] . et in octauo die euuangelium ut supra.

Dominica prima post [1]   [*Secundum Lucam* xvi, 19]

IN illo tempore. Dixit ihesus discipulis suis parabolam hanc. Homo quidam erat diues . et induebatur purpura et bisso et epulabatur cotidie splendide. Et reliqua.

IN uerbis sacri eloquij fratres karissimi prius seruanda est ueritas hystorie et postmodum requirenda spiritualis intelligencia allegorie. Tunc namque allegorie fructu[s] [2] suauiter carpitur . cum pri[us per] [2] historiam ueritatis radice [solidatur]. [2]

Dominica secunda.   *Secundum lucam* [**xiv, 16**]

IN illo tempore. Dixit ihesus dis[cipulis] [2] suis similitudinem hanc. Homo quidam fecit cenam magnam . . . parata sunt omnia. Et R[eliqua].

Hoc distare fratres karissimi inter delicias corporis et cordis solet . quod corporales delicie cum non habentur . graue in se desiderium accendunt . cum uero habite eduntur ፥ comedentem protinus in fastidium per sacietatem uertunt. At contra spirituales delicie cum non habentur in fastidio sunt ፥ cum uero habentur in desiderio.

Dominica tercia.   *Secundum lucam.* [**xv, 1**]

IN illo tempore   Erant appropinquantes ad ihesum publicani manducat cum illis. Et reliqua.

Estiuum tempus quod corpori meo ualde contrarium est. Loqui me de exposicione euuangelij longa mora interueniente prohibuit. Sed nunquid quia lingua tacuit . ardere caritas cessauit ፥ Hoc etenim dico . quod apud se unusquisque nostrum recognoscit.

Dominica quarta.   *secundum lucam.* [**vi, 36**]

IN illo tempore. Dixit ihesus discipulis suis. Estote misericordes . sicut et pater uester celestis misericors est. Et reliqua.

MIsericors est deus super ingratos et malos . uel multiplici scilicet sua misericordia qua eciam iumenta saluat . temporalia bona largiendo . uel ad celestia dona singulari / gracia qua electos   [fo. 57 *v* solum glorificat inspirando. Sed siue hoc siue illud . siue utrumque

---

[1] On the blank space following a large monogram TR (= Trinitatem) has been outlined in pencil.   [2] Initial letter cut out.

intelligas . magna dei bonitate fit , que nobis imitanda precipitur si filij dei esse uolumus.

Dominica quinta.   *Secundum lucam.* [v, 1]

I N illo tempore. Cum turbe irruerent ad ihesum ut audirent uerbum dei . et ipse stabat secus stagnum genesareth. Et reliqua

S tagnum genesareth idem dicunt esse quod mare galilee . uel mare tyberiadis : sed mare galilee ab adiacente prouincia dictum est . mare tyberiadis a proxima ciuitate . que olim cinereth uocata . sed ab herode tetrarcha instaurata . in honorem tyberij cesaris tyberias est appellata.

Dominica sexta.   *Secundum matheum.* [v, 20]

I N illo tempore. Dixit ihesus discipulis suis. Amen dico uobis . nisi habundauerit iusticia uestra . . . in regnum celorum. Et reliqua.

Q ui putant precepta ueteris testamenti districtiora esse quam noui . discant ex presenti lectione suam ignoranciam confiteri . audiantque ipsum saluatorem discipulis dicentem. Amen dico uobis . nisi habundauerit iusticia uestra plusquam scribarum et phariseorum . non intrabitis in regnum celorum.

Dominica septima.   *Secundum marcum.* [viii, 1]

I N illo tempore Cum turba multa esset cum ihesu nec haberet quod manducaret . . deficient in uia. Et reliqua.

Q uare turba triduo dominum sustinuerit . matheus exponit plenıus qui ait. Et ascendens in montem sedebat ibi. Et accesserunt ad eum turbe multe habentes secum mutos claudos . cecos debiles . et alios multos . et proiecerunt eos ad pedes eius . et curauit eos.

Dominica . viij.   *Secundum matheum.* [vii, 15]

I N illo tempore. Dixit ihesus discipulis suis. Attendite a falsis prophetis . . . cognoscetis eos. Et reliqua.

[1] de omnibus quidem intelligi [po][1]test . qui aliud habitu ac ser . . .[1] promittunt . aliud opere demonstrant. Sed specialiter de hereticis intelligendum . qui uidentur continencia castitate . ıeıunıo

---

[1] Initial letter cut out.

quası quadam pietatis se ueste circumdare intrinsecus autem habentes animum / uenenatum ؛ simpliciorum fratrum corda decipiunt. [fo. 58

Dominica nona.   *Secundum lucam.* [xvi, 1]

IN illo tempore. Dixit ihesus discipulis suis parabolam hanc. Homo quidam erat diues qui habebat uillicum . et hic defamatus est apud illum quasi dissipasset bona ipsius. Et R[eliqua].

IN uillico hoc quem dominus eiciebat de uillicatu . et laudauit eum quod in futurum sibi prospexerit ؛ non omnia debemus ad imitandum sumere.

Dominica x.   *secundum lucam* [xix, 41]

IN illo tempore Cum appropinquasset ihesus ierusalem ؛ uidens ciuitatem fleuit super illam dicens . quia si cognouisses et tu. Et reliqua.

Leccionem sancti euuangelij breui si possum sermone uolo percu [rrere] [1] ut illis in ea prolixior detur intencio [qui] [1] sciunt ex paucis multa cogitare [quod] [1] a flente domino illa ierosolimorum subuersio describatur . que a uespasiano et tito romanis principibus facta est . nullus qui historiam euersionis eiusdem legit ignorat.

Dominica vndecima.   *[Secundum] Lucam.* [xviii, 9]

IN illo tempore Dixit ihesus ad quosdam qui in se confidebant tanquam iusti . . . et alter publicanus. Et reliqua

Publicanus humiliter orans ؛ ad illa prefate uidue hoc est ecclesie membra pertinet . de quibus supra dicitur. Deus autem non faciet vindictam electorum suorum clamancium ad se. Phariseus autem merita iactans . ad ea de quibus terribilis in conclusione sentencia subditur. Verumptamen filius hominis ueniens ؛ putas inueniet fidem in terra.

Dominica duodecima.   *secundum marcum.* [vii, 31]

IN illo tempore Exiens ihesus de finibus tyri et uenit per sydonem ad mare galilee . inter medios fines decapoleos. Et reliqua.

DEcapolis est ut ipso nomine probatur . regio decem urbium transiordanem ad orientem circa hyppum et pellam et gadaram contra galileam. Quod ergo dicitur quod dominus uenit ad mare

[1] Initial letter cut out,

galilee . inter medios fines decapoleos : non ipsos fines decapolis eum intrasse significat . neque enim mare transnauigasse dicitur . sed pocius ad mare usque uenisse locum qui medios fines decapolis longe trans mare positos respiciebat.

Dominica . xiij. *secundum lucam.* [x, 23]

I N illo tempore Dixit ihesus discipulis suis. Beati oculi . qui uident que uos uidetis. Et Reliqua.

N On oculi scribarum et phariseorum qui corpus tantum domini uidere : set illi beati oculi qui eius possunt sacramenta cognoscere . de quibus dicitur : / et reuelasti ea paruulis. Beati [fo. 58 *v* oculi paruulorum : quibus et se et patrem filius reuelare dignatur.

Dominica xiiij. *Secundum lucam.* [xvii, 11]

I N illo tempore. Dum iret ihesus in iherusalem : transibat per mediam samariam decem uiri leprosi. Et Reliqua

L eprosi non absurde intelligi possunt . qui scienciam uere fidei non habentes . uarias doctrinas profitentur erroris. Non enim uel abscondunt impericiam suam . set pro summa pericia ferunt in lucem . et iactanciam sermonis ostentant. Nulla porro falsa doctrina est que non aliqua uera intermisceat.

Dominica xv. *Secundum matheum.* [vi, 24]

I N illo tempore. Dixit ihesus discipulis suis. Nemo potest duobus dominis seruire . . . alter contempnet. Et reliqua

H ec uerba . diligenter consideranda sunt. Nam qui sint duo domini : deinceps ostendit cum dicit. Non potestis deo seruire et mammone. Mammona apud hebreos . diuicie appellari dicuntur. Congruit et punicum nomen. Nam lucrum punice . mammon dicitur.

Dominica . xvi. *Secundum lucam.* [vii, 11]

I N illo tempore. Ibat ihesus in ciuitatem que uocatur naym : et ibant cum illo discipuli eius . et multitudo copiosa. Et reliqua.

N Aym ciuitas est galilee in secundo miliario tabor montis . contra meridiem iuxta endor . qui est uicus grandis in quarto miliario eiusdem montis ad meridiem. Cum appropinquaret porta ciuitatis : ecce defunctus efferebatur filius unicus matris sue.

Dominica xvij.   *Secundum lucam.* [xiv, 1]

IN illo tempore. Cum intraret ihesus in domum cuiusdam ydropicus erat ante illum. Et reliqua

[Y]¹dropis morbus . ab aquoso [hu]¹more uocabulum trahit. Grece enim ydor ꝛ aqua uocatur. Est enim succutaneus de uicio uesice natus : cum inflacione turgente et anelitu fetido. Propriumque ydropici est . quanto magis abundat humore inordinato : tanto amplius sitire.

Dominica xviij.   *Secundum matheum.* [xxii, 35]

IN illo tempore Pharisei audientes quod ihesus silencium . . . mandatum magnum / in lege. Et reliqua.   [fo. 59

Quod de herode et poncio pilato legimus in domini nece eos fuisse concordes . hoc eciam nunc de phariseis cernimus et saduceis . qui inter se contrarij sunt . sed ad temptandum dominum pari mente consenciunt.

Dominica vicesima.   *Secundum. matheum.* [xxii, 1]

IN illo tempore. Loquebatur ihesus cum discipulis suis in parabolis dicens. Simile est regnum celorum homini regi . qui fecit nupcias filio suo. Et reliqua.

Textum lectionis euuangelice fratres karissimi uolo si possum sub breuitate transcurrere . ut in fine eius ualeam ad loquendum largius uacare. Sed querendum prius est an hec apud matheum ipsa sit lectio . quo apud lucam sub appellacione cene describitur.

Dominica xxj.   *Secundum . iohannem.* [iv, 46]

IN illo tempore. Erat quidam regulus . cuius filius . . . Incipiebat enim mori. Et reliqua.

Leccio sancti euuangelij quam modo fratres audistis . exposicione non indiget . sed ne hanc tacite preterisse uideamur ꝛ exhortando pocius quam exponenda in ea aliquid loquimur. Hoc autem nobis solummodo de exposicione uideo esse requirendum . cur is qui ad salutem petendam uenerat audiuit . nisi signa et prodigia uideritis . non creditis. Qui enim salutem querebat filio suo . proculdubio credebat.

¹ Cut out.

¹xix   Secundum matheum ¹ [ix, 1]

In illo tempore ascendens ihesus in nauiculam . transfretauit et uenit in ciuitatem suam.   Et reliqua.

Ciuitatem eius non aliam intelligimus quam nazareth ⁚ unde et nazareus appellatus est.   Obtulerunt autem ei paraliticum iacentem in lecto . quia ipse ingredi non ualebat.   Videns autem ihesus fidem illorum qui offerebant non eius qui ferebatur . dixit paralitico. Confide fili . dimittuntur tibi peccata tua.

        Dominica . xxij.   *secundum matheum.* [xviii, 23]

IN illo tempore Dixit ihesus d[iscipulis]. s[uis]. parabolam hanc. Simile est regnum celorum homini regi ⁚ qui uoluit racionem ponere cum seruis suis.   Et reliqua.

Familiare est siris et maxime palestinis . ad omnem sermonem suum parabolas iungere . ut quod per simplex preceptum ab auditoribus teneri non potest . per similitudinem exemplaque teneatur. Precepit / itaque petro ut sub comparacione regis et domini et [fo. 59 *v* serui qui debitor decem milium talentorum a domino rogans ueniam impetrauerat ⁚ ut ipse quoque dimittat conseruis suis minora peccantibus.

        Dominica . xxiij.   *secundum matheum.* [xxii, 15]

IN illo tempore.   Abeuntes pharisei . consilium inierunt ut caperent ihesum in sermone.   Et mittunt ei discipulos suos cum herodianis. Et reliqua.

Nam sub cesare augusto iudea subiecta romanis ⁚ quando in toto orbe est celebrata descripcio . stipendiaria facta fuerat et erat in populo magna sedicio . dicentibus alijs pro securitate et quiete qua romani pro omnibus militarent debere tributa persolui . pharisei uero qui sibi applaudebant iniusticia e contrario nitentibus non debere populum dei qui decimas solueret et primitiua daret . et cetera que in lege scripta sunt . humanis legibus subiacere.

        *Dominica xxiiij*ᵃ.   *Secundum matheum.* [ix, 18]

IN illo tempore.   Loquente ihesu ad turbas . ecce princeps . . super eam et uiuet.   Et reliqua.

¹—¹ In a cursive hand in the margin opposite two vacant lines in the text.

Octauum signum est . in quo princeps suscitari postulat filiam suam . nolens de ministerio uere circuncisionis excludi. Sed subintrat mulier sanguinem fluens . et octauo sanatur loco . ut principis filia de hoc exclusa numero ꞉ ueniat ad nouum . iuxta illud quod dicitur in psalmis . Ethiopia preueniet manus eius deo.

Dominica xxv[a]   *Secundum iohannem.* [vi, 5]

IN illo tempore. Cum subleuasset . . . ut manducent hij ꞉ Et Reliqua.

Miracula que fecit dominus noster ihesus christus . sunt quidem diuina opera . et ad intelligendum deum de uisibilibus admonent humanam mentem. Interrogemus ipsa miracula ꞉ quid nobis loquantur de ipso. Habent enim si intelligantur linguam suam. Nam quod ipse christus uerbum dei est ꞉ eciam factum uerbi uerbum nobis est.

[℣.] Tu autem domine miserere nostri.
[℞.] Deo gracias.

/ *In festiuitate sancti andree apostoli.*   *Secundum .* [fo. 60
matheum. [iv, 18]

IN illo tempore. Ambulans ihesus iuxta mare. .   Erant enim piscatores. Et R[eliqua].

Audistis fratres karissimi . quia ad unius iussionis uocem petrus et andreas relictis retibus secuti sunt redemptorem. Nulla uero hunc facere adhuc miracula uiderant . nichil ab eo de premio eterne retribucionis audierant . et tamen ad vnum domini preceptum hoc quod possidere uidebantur obliti sunt.

Sancti nicholai episcopi . euuangelium.
Homo quidam peregre profi[ciscens].

In concepcione sancte marie uirginis.
Liber generacionis ihesu christi. *Require in natiuitate eiusdem.*

Sancti thome apostoli.   *Secundum iohannem.* [xx, 24]

IN illo tempore. Thomas unus de duodecim qui dicitur didimus . non erat cum eis quando uenit ihesus. Et r[eliqua]

Iste unus discipulus defuit . reuersus quod gestum est audiuit . audita credere renuit. Venit iterum dominus . et non credenti discipulo latus palpandum prebuit . manus ostendit . et ostensa suorum cicatrice uulnerum . infidelitatis illius uulnus sanauit.

Sancti kentigerni episcopi et confessoris . euuangelium.
Homo quidam peregre.

Sancti antonij abbatis . euuangelium.
Nemo accendit lucernam.

Sanctorum fabiani et sebastiani.   *Secundum lucam.* [vi, 17]
In illo tempore. Descendens ihesus de monte . . . sanarentur a languoribus suis. Et reliqua.

Turbe que de longe ueniunt . descendentis in campum domini curantur attactu . discipuli quia in minoribus iam sunt instituti . in montis cacumine ad maiora prouehuntur. E quibus eciam eliguntur qui eum transfiguratum secreto in monte speculentur.

Sancte agnetis uirginis . euuangelium
Simile est regnum celorum thesauro abscondito.

Require in commune . in fine.

Sancti uincencij martiris . euuangelium.
Nisi granum frumenti cadens in terra.

In conuersione sancti paulj . secundum matheum. [xix, 27]
IN illo tempore. Dixit symon petrus ad ihesum. Ecce nos reliquimus omnia ⁚ et secuti sumus te. Quid ergo erit nobis. Et reliqua.

[G]¹ randis fiducia. Petrus piscator erat . diues non fuerat . cibos manu et arte querebat . et / tamen loquitur confi- [fo. 60 *v* denter . dimisimus omnia. Omnia enim reliquit . qui uoluntatem habendi reliquit. Sed quia non sufficit tantum relinquere . iungit quod perfectum est. Et secuti sumus te.

In purificacione beate marie . secundum lucam [ii, 22]
IN illo tempore. Postquam impleti sunt . . . sanctum domino uocabitur. Et reliqua.

¹ Initial letter cut out.

SOlempnitatem nobis hodierne celebritatis quam quadragesimo die natiuitatis dominice debitis ueneramur officijs . maxime eiusdem domini saluatoris nostri simul et intemerate genitricis eius humilitate dedicatam . sacra lectio euuangelij designat . exponens eos qui legi nichil debebant . impendisse se per omnia legalibus subdidisse decretis.

Sancti modani abbatis.
Nemo accendit lucernam.

Sancte agathe uirginis.
Simile est regnum celorum . thesauro abscondito.

Cathedra sancti petri.   [*Secundum*] *Matheum.* [xvi, 13]

IN illo tempore. Uenit ihesus in partes cesaree philippi . . . esse filium hominis. Et reliqua.

Philippus iste est frater herodis de quo supradiximus . tetrarcha iturie et traconitidis regionis . qui in honorem tyberij cesaris cesaream que nunc paneas dicitur edificauit . et est in prouincia phenicis. Et interrogabat discipulos suos dicens. Quem dicunt homines esse filium hominis ? Non dixit quem me dicunt esse filium dei ꞉ ne iactanter de se querere uideretur.

Sancti mathie apostoli.   *secundum matheum.* [xi, 25]

IN illo tempore Respondens ihesus dixit. Confiteor tibi pater domine celi et terre. Et reliqua.

COnfessio non semper penitenciam sed graciarum accionem signi-ficat . ut in psalmis sepissime legimus. Audiant qui salua-torem non natum sed creatum calumpniantur ꞉ quod patrem suum uocet . celi autem et terre dominum.

Sancti duthaci episcopi.
Homo quidam peregre proficiscens

Sancti constantini regis et martiris
Si quis uenit ad me . et non odit. *Require in festo eadmundi regis.*

Sancti gregorij pape . euuangelium
Uos estis sal terra et cetera.

Sancti eduuardi regis et martiris.
Nisi granum frumenti cadens.

Sancti cuthberti episcopi.

/ Homo quidam peregre profisciscens   [fo. 61

Sancti benedicti abbatis euuangelium.

Nemo accendit lucernam.

In annunciacione dominica.   [*Secundum*] *Lucam.* [i, 26]

I N illo tempore. Missus est angelus gabriel . . . nomen uirginis
maria. Et reliqua.

M ultas ob causas saluator non de simplici uirgine . sed de desponsata uoluit nasci. Primo uidelicet . ut per generacionem
ioseph cuius maria cognata erat marie quoque nosceretur origo.
Neque enim moris est scripture . feminarum genealogiam texere.

Sancti ambrosij episcopi.   [*Secundum*] *Iohannem.* [xv, 5]

I N ͘Illͦ tempore. Dixit ihesus d[iscipulis]. s[uis]. Ego sum uitis
uos palmites . . . potestis facere. Et reliqua.

N e quisquam putaret saltem paruum aliquem fructum posse a
semetipso palmitem ferre . cum dixisset hic fert fructum
multum . non ait quod sine me parum potestis facere. Siue ergo
parum siue multum . sine illo fieri non potest . sine quo fieri nichil potest.

Sancti marci euuangeliste.   [*Secundum*] *Iohannem.* [xv, 1]

I N illo tempore. Dixit ihesus discipulis suis. Ego sum uitis uera .
et pater meus agricola est. Et reliqua.

I ste locus euuangelicus fratres . ubi se͘ dicit dominus uitem . et
discipulos suos palmites . secundum hoc . dicit quod est capud
ecclesie . nosque menbra eius mediator dei et hominum homo christus
ihesus. Unius quippe nature sunt uitis et palmites.

Apostolorum philippi et iacobi.   *secundum iohannem.* [xiv, 1]

I N illo tempore. Dixit ihesus discipulis suis. Non turbetur cor
uestrum. Credite in deum et me credite. Et reliqua.

E rigenda est nobis fratres ad deum maior intencio . ut uerba sancti
euuangelij que modo in nostr[is au]¹ribus sonuerunt . eciam
men[te ca]¹ pere uttunque possimus. Ait enim dominus ihesus. Non
turbetur cor uestrum. Creditis in deum et in me credite.

¹ Initial letter cut out.

G

In inuencione sancte crucis.   *[Secundum] Iohannem.* [iii, 1]

IN illo tempore   Erat homo ex phariseis nichodemus . . . a deo uenisti magister.   Et reliqùa.

Iste nichodemus unus erat ex hijs qui crediderunt in nomine / ihesu uidentes signa que faciebat . et ab ipso sacra-   [fo. 61 *v* mentum passionis sue et crucis audire meruit ꞅ ita dicente. Sicut moyses exaltauit serpentem in deserto . ita exaltari oportet filium hominis . ut omnis qui credit in eum . non pereat sed habeat uitam eternam.

Translacio sancti andree.
Ambulans ihesus iuxta mare.

Sancti augustini anglorum ante pentecosten.
Ego sum uitis uos palmites . *post pentecosten* Designauit ihesus.

Sancte columbe abbatis.
Nemo accendit lucernam.

Sancte barnabe apostoli.   *[Secundum] Iohannem.* [xv, 12]

IN illo tempore.   Dixit ihesus d[iscipulis]. s[uis].   Hoc est precep- tum meum . ut diligatis inuicem sicut dilexi uos.   Et reliqua.

[Cum][1] cuncta sacra eloquia domini[ci] [1]s plena sint preceptis . quid in hoc quod de dileccione quasi de singulari mandato dicit dominus . hoc est preceptum meum ut diligatis inuicem . nisi quod omne mandatum de sola dileccione est . et omnia unum preceptum sunt . quia quicquid precipitur . in sola caritate solidatur.   Vt enim multi arboris rami ex vna radice procedunt . sic multe uirtutes ex vna caritate generantur.

Sancti albani martiris.   *[Secundum] matheum* [xvi, 24]

IN illo tempore.   Dixit ihesus d[iscipulis]. s[uis].   Si quis uult uenire post me   . et sequatur me.   Et reliqua.

Quia dominus ac redemptor noster nouus homo uenit in mundum . noua precepta edidit mundo.   Vite enim nostre ueteri in uicijs enutrite . contrari etatem opposuit nouitatis sue.   Quid enim uetus quid carnalis homo nouerat . nisi sua retinere . aliena rapere si posset . concupiscere si non posset ?

[1] Initial letter cut out,

In vigilia sancti iohannis baptiste.   Inicium sancti
euuangelij Secundum lucam [i, 5]

FUit in diebus herodis . . . nomen eius elizabeth. Et reliqua.

Uenturus in carne dominus et redemptor noster . multos dispen-
sacionis sue testes promisit et nuncios . qui diuersis temporibus
diuersis israelitice plebis tribubus orti ꞉ non diuersa fide . sed uno
eodemque per omnia sensu eius incarnacionis misterium prophetando
precinerent.

In die sancti iohannis.   secundum lucam. [i, 57]

IN illo tempore Elizabeth impletum est tempus pariendi et peperit
filium. Et reliqua.

PRecursoris domini natiuitas sicut sacratissima leccionis euuangelice prodit historia . multa miraculorum sullimitate refulget
. quod nimirum / decebat ut ille quo maior inter natos mulierum [fo. 62
nemo surrexit . maiore pre ceteris sanctis in ipso mox ortu . uirtutum
iubare claresceret.   Senes ac diu infecundi parentes . dono nobilissime
prolis exultant.

Sanctorum iohannis et pauli si in dominica euenerit.
[Secundum] Lucam [xii, 1]

IN illo tempore. Dixit ihesus d[iscipulis]. s[uis]. Attendite a
fermento phariseorum ꞉ quod est ypocrisis. Et reliqua.

AD hoc fermentum ꞉ pertinent omnia que recumbens apud phari-
seum superius disputauerat. De quo et apostolus precipit.
Itaque epulemur . non in fermento ueteri . neque in fermento malicie
et nequicie . sed in azymis sinceritatis et veritatis.

In die apostolorum petri et pauli.   Secundum matheum. [xvi, 13]

IN illo tempore. Venit ihesus in partes cesaree philippi . . . esse
filium hominis ? Et reliqua.

Leccio sancti euuangelij quam modo fratres audistis ꞉ tanto inten-
cius cogitanda ac sine obliuione est retinenda . quanto constat
quia magnam nobis fidei perfeccionem commendat . magnum eiusdem
perfecte fidei contra omnia temptamenta robur eque demonstrat.

Ccommemoracio[1] *sancti pauli*

Dixit simon petrus ad ihesum.   *Require in conuersione eiusdem.*

In festo uisitacionis beate marie.   *Secundum lucam.* [i, 39]

IN illo tempore   Exurgens maria . . . salutauit elizabeth. Et reliqua.

Memoriale est omnibus ut qui fidem erigunt fidem astruant. Et ideo angelus cum abscondita nunciaret ut fides astrueretur exemplo senioris femine et sterilis . conceptum marie uirgini nunciauit . ut possibile deo omne quod ei placuit assereretur.

Translacio sancti martini episcopi.   *secundum lucam.* [xii, 32]

IN illo tempore   Dixit ihesus d[iscipulis]. s[uis]. Nolite timere pusillus grex . qui complacuit patri meo dare uobis regnum. Et reliqua.

Pusillum gregem electorum uel ob comparacionem numeri repro-borum . uel pocius ob humilitatis deuocionem nominat ꝛ quia uidelicet ecclesiam quantalibet numerositate iam dilatatam ꝛ tamen usque ad finem mundi humilitate uult crescere . et ad promissum regnum humilitate peruenire.

In octauis petri et pauli.   *secundum matheum* [xiv, 22]

IN illo tempore   Iussit ihesus discipulos suos ascendere in nauiculam et precedere eum trans fretum . donec dimitteret / turbis. [fo. 62 *v* Et reliqua.

Quare dominus discipulos suos in nauiculam iussit ascendere . ipse uero solus in montem abijt orare . iohannes plenius ostendit dicens. Ihesus autem cum cognouisset quod uenturi essent ut raperent eum et facerent regem fugit. Turbe enim uiso supradicto miraculo ꝛ uolebant eum ideo regem sibi constituere . ut sine suo labore ab eo alerentur

Translacio sancti thome.

Nisi granum frumenti.

Translacio sancti benedicti.

Nemo accendit lucernam.

Translacio sancti swythuni.
Homo quidam peregre proficiscens.

Sancti ethoti abbatis.
Nemo accendit lucernam.

Sancte marie magdalene. [*Secundum*] *Iohannem.* [xx, 11]

IN illo tempore maria stabat ad monumentum foris plorans. Et
reliqua.

Pensandum est fratres karissimi mulieris mentem quanta uis
amoris accenderat ꝛ que a monumento dominɩ ecɪam discipulis
recedentibus non recedebat. Exquirebat quem non inuenerat . flebat
inquirendo et amoris sui igne succensa . eius quem ablatum credidit
ardebat desiderio. Vnde contigit ut eum sola tunc uideret . que
mansit ut quereret. Quia nimirum uirtus boni operis . perseuerancia est.

Sancti iacobi apostoli. *secundum matheum.* [xx, 20]

IN illo tempore Accessit ad ihesum mater filiorum zebedei cum filijs
suis adorans et petens aliquid ab eo. Et Reliqua.

Putauit hec mulier post resurreccionem eum ilico regnaturum . et
hoc quod in secundo aduentu promittitur ꝛ primo esse complendum. Ita feminea auiditate presencia cupit ꝛ immemor futu-
rorum. Quod autem interrogat dominus et illa petente . respondit
quid uis . non uenit de ignorancia sed ex dispensacione . ut illius
peticione in auditu aliorum prolata . ɪpse occasionem haberet respon-
dendi atque docendi.

Anne matris marie.
Liber generacionis ihesu christi filij dauid
Require in natiuitate beate marɪe.

Ad uincula sancti petri . euuangelium.
Uenit ihesus in partes cesaree.
Require in cathedra sancti petri.

In inuencione sancti stephani.
Ecce ego mitto ad uos prophetas.
Require in alio festo.

Sancti laurencɪȝ martiris.
Nisi granum frumenti cadens.

In assumpcione sancte marie uirginis.   *Secundum Lucam.*
[x, 38]

IN illo tempore Intrauit ihesus in quoddam castellum   in
domum suam.   Et R[eliqua]./   [fo. 63

Sanctum euuangelium cum legeretur . audiuimus a femina reli-
giosa susceptum esse dominum hospicio . ab ea que martha
uocabatur.   Et cum esset illa occupata in cura ministrandi . sor[or]
eius maria sedebat ad pedes domini et audiebat uerbum eius.   Laborabat illa . uacabat ista.   Illa erogabat :· hec implebat.

Sancti bertholomei apostoli   *Secundum lucam.* [xxii, 24]

IN illo tempore Facta est contencio inter discipulos ihesu . quis
eorum uideretur esse maior.   Et reliqua.

SIcut bonis moris esse solet in scripturis semper exempla patrum
precedencium quibus ad meliora proficiant . quibus agnitis de
suis actibus humiliter inquireret . sic e contrario reprobi si quid forte
in electis reprehensibile reperiunt . quasi suas ex eo nequicias obtec-
turi . aut pro iusto defensuri libentissime solent amplecti.

Augustini patris nostri . euuangelium
Uos estis sal terre.

Decollacio sancti iohannis baptiste.   *secundum marcum* [vi, 17]

IN illo tempore. Misit herodes rex   . . philippi fratris sui . quia
duxerat eam.   Et reliqua.

Uetus narrat hystoria philippum herodis maioris filium sub quo
dominus fugit egiptum . fratrem huius herodis sub quo passus
est christus duxisse uxorem herodiadem filiam regis arethe :· postea
uero socrum eius exortis quibusdam contra generum simultatibus
tulisse filiam suam . et in dolorem mariti prioris . inimici eius nupcijs
copulasse.

Sancti egidij abbatis . euuangelium.
Nemo accendit lucernam.

Sancti cuthberti episcopi.
Homo quidam peregre proficiscens

In natiuitate beate marie. Inicium sancti euuangelij
secundum matheum. [i, 1]

Liber generacionis ihesu christi filij dauid . filij abraham. Et reliqua.

ORdo preposterus sed necessario commutatus. Si enim primum posuisset abraham . et postea dauid . rursus ei fuerat repetendus abraham . ut generacionis series texeretur. Ideo autem ceteris pretermissis horum filium nuncupauit : quia ad hos tantum facta est de cristo repromissio.

In exaltacione sancte crucis. *Secundum iohannem* [xii, 31]

IN illo tempore. Dixit ihesus turbis. Nunc iudicium est mundi. Nunc princeps huius mundi . eicietur foras. Et reliqua.

[M]¹ulta sunt iudicia dei. Vnde dicitur in psalmo . Iudicia [tua]¹ abissus multa. Dicit eciam / apostolus. O altitudo [fo. 63 v diuiciarum sapiencie et sciencie dei . quoniam inscrutabilia sunt iudicia eius

Sancti niniani episcopi . euuangelium
Homo quidam peregre.

Sancti mathei apostoli . secundum matheum [ix, 9]

IN illo tempore. Vidit ihesus hominem sedentem in theoloneo matheum nomine . et ait illi. Sequere me. Et reliqua.

LEgimus apostolo dicente quia omnes et egent gloriam dei . iustificati gratis per graciam ipsius. Qui et iterum inestimabilem eiusdem gracie magnitudinem commendans . ait. Vbi autem habundauit peccatum . superhabundauit gracia.

Mauricij sociorumque eius. *[Secundum] matheum.* [v, 1]

IN illo tempore Uidens ihesus turbas . ascendit in montem. Et cum sedisset . accesserunt ad eum discipuli eius. Et Reliqua.

Predicante dilectissimi domino ihesu christo euuangelium regni et diuersos per uniuersam galileam curante languores : in omnem syriam se uirtutum eius fama diffuderat . et multe ex uniuersa iudea turbe ad celestem medicum confluebant.

¹ Initial letter cut out.

Sancti michaelis archangeli.   *secundum . matheum.* [xviii, 1]

IN illo tempore. Accesserunt discipuli ad ihesum dicentes. Quis putas maior est in regno celorum ? Et reli[qua.] [1]

Quod sepe monui eciam nunc [obser][1]uandum est . cause querende [sunt] [1] singulorum domini dictorum atque factorum. Post inuentum staterem post tributa reddita . quid sibi uult repentina apostolorum interrogacio ? In illa hora accesserunt ad ihesum dicentes. Quis putas maior est in regno celorum ?

Sancti ieronimi episcopi . euuangelium.
Uos estis sal terre.

Sancte osgide uirginis . si dominica fuerit.
Simile est regnum celorum the[sauro] . abscon[dito].

Sanctorum dionisij sociorumque eius.
Cum audieritis prelia.

Translacio sancti augustini . euuangelium.
Homo quidam peregre pro[ficiscens].

Sancti luce euuangeliste.   *secundum . lucam.* [x, 1]

IN illo tempore Designauit ihesus et alios septuaginta . . ipse uenturus. Et reliqua.

Dominus ac redemptor noster fratres karissimi aliquando nos sermonibus . aliquando uero operibus admonet. Ipsa etenim facta eius precepta sunt . quia dum aliquid tacitus facit . quid agere debeamus innotescit. Ecce enim binos in predicacionem discipulos mittit.

In festo reliquiarum.
Videns ihesus turbas . ascendit.

Apostolorum simonis et iude.   [*Secundum*] *iohannem.* [xv, 17]

IN illo tempore. Dixit ihesus discipulis suis. Hec mando uobis ut di/ligatis inuicem. Et reliqua.   [fo. 64]

IN hoc domini precepto intelligere debemus hunc esse fructum nostrum . de quo ipse alibi ait. Ego uos elegi . ut eatis et fructum afferatis ꝛ et fructus uester maneat. Et quod adiunxit . ut quod-

---

[1] Initial letter cut out.

cumque pecieritis patrem in nomine meo det uobis . tunc utique dabit nobis si diligamus inuicem.

In festo omnium sanctorum.
Videns ihesus turbas ascendit.

Sancti leonardi abbatis.
Nemo accendit lucernam.

Sancti martini episcopi . euuangelium.
Sint lumbi nostri precincti.

Sancti eadmundi regis et martiris. [Secundum Lucam, xiv, 26]

IN illo tempore   Dixit ihesus d[iscipulis]. s[uis].   Si quis uenit ad me . et non odit . . . meus esse discipulus.   Et R[eliqua].

Si consideremus fratres karissimi que et quanta sunt que nobis promittuntur in celis . uilescunt animo omnia que habentur in terris.   Terrena nanque substancia superne felicitati comparata pondus est . non subsidium.   Temporalis uita uite eterne comparata ꞌ mors est pocius dicenda quam uita.

Sancte cecilie uirginis.
Simile est regnum celorum decem uirginibus.

Sancti clementis pape.   *secundum . lucam.* [xix, 12]

IN illo tempore   Dixit ihesus d[iscipulis] . s[uis] . parabolam hanc.   Homo quidam nobilis   et reuerti.   Et R[eliqua].

Homo nobilis ille est . cum cecus supra clamabat . Fili dauid ꞌ miserere mei.   Et cum uenienti ierosolimam . concinnebant. Osanna filio dauid ꞌ benedictus qui uenit in nomine domini . Longinqua regio . ecclesia est ex gentibus . de qua eidem nobili homini qui loquitur ego autem constitutus sum rex ab eo . dicitur a patre. Postula a me et dabo tibi gentes hereditatem tuam et possessionem tuam terminos terre.

[℣.] Tu autem [domine miserere nostri.]
[R℣. Deo gracias.]

Sancte katerine uirginis et martiris.
Simile est regnum celorum thesauro.

/ *In natali vnius apostoli*   *euuangelium.*   [fo. 64 v
Hec mando uobis . ut supra.

H

In natali vnius martiris.   *secundum iohannem.* [xii, 24]

IN illo tempore. Dixit ihesus discipulis suis. Amen amen dico
uobis . nisi granum . . . fructum affert. Et reliqua.

Solempne martiris celebramus tropheum . qui dum in granario
passionis contritus est sicut granum frumenti . panis eterni
meruit dulcedine refici.   Debemus libenter audire uerba ueritatis
debemus eciam libenter subsequi uestigia martiris pro christo
certantis.
    [℣.] Tu autem domine [miserere nostri.]
    [R℣. Deo gracias.]

In natali plurimorum martirum.   *Secundum Lucam.* [xxi, 9]

IN illo tempore.   Dixit ihesus discipulis suis.   Cum audieritis prelia
. . . statim finis.   Et reliqua.

Prelia enim iudei infelices paciebantur forinsecus ⁚ et sediciones
graues intrinsecus . qui pro saluatore sediciosum latronem
barraban† sibi donari postulabant.   Et recte ciuitas eorum prelijs et
sedicionibus atque innumeris malis affligebatur . ut inquireretur omnis
sanguis iustus prophetarum . quos ad se missos uarijs mortibus occi-
derunt.
    [℣.] Tu autem domine [miserere nostri.]
    [R℣. Deo gracias.]

Vnius confessoris et pontificis.   *Secundum matheum.* [xxv, 14]

IN illo tempore   Dixit ihesus discipulis suis parabolam hanc.   Homo
quidam peregre . . . bona sua.   Et reliqua.

Quis itaque iste homo est . qui peregre proficiscitur ⁚ nisi redemptor
noster qui in ea carne quam assumpserat abijt in celum ?
Carnis enim locus proprius terra est.   Que quasi ad peregrina ducitur .
dum per redemptorem nostrum in celo collocatur.   Sed homo iste
peregre proficiscens . seruis bona sua tradidit . quia fidelibus suis
spiritualia dona concessit.
    [℣.] Tu autem domine [miserere nostri.]
    [R℣. Deo gracias.]

Vnius doctoris . euuangelium.   *Secundum . matheum.* [v, 13]

IN illo tempore   Dixit ihesus d[iscipulis]. s[uis].   Vos estis sal terre.
Et reliqua.

Ostendit dominus fatuos esse iudicandos . qui temporalium bono-
rum copiam sectantes uel dampna metuentes ⁖ amittunt
eterna . / que nec dari possunt ab hominibus nec auferri. [fo. 65
Itaque si sal infatuatum fuerit ⁖ in quo salietur ?
[℣.] Tu autem [domine miserere nostri].
[℞. Deo gracias.]

Secundum . matheum. [xxiv, 42]

IN illo tempore   Dixit ihesus d[iscipulis]. s[uis].   Uigilate ⁖ quia
uescitis qua hora dominus uester uenturus sit.   Et reliqua.

Hác similitudine ⁖ ostendit dominus aduentum suum semper esse
debere suspectum.   Pater enim familias animus noster est.
qui corpus et omnia officia corporis more patrisfamilias regit et continet.
Fur autem est mors improuise adueniens.   Fur domum perfodit ⁖ cum
mors subito et repente repentinum transitum parat.
[℣.] Tu autem [domine miserere nostri].
[℞. Deo gracias.]

Vnius abbatis.   *Secundum Lucam.* [xi, 33]

IN illo tempore.   Dixit ihesus d[iscipulis]. s[uis].   Nemo accendit lucernam et in abscondito ponit neque sub modio.   Et
reliqua.

De seipso dominus hec loquitur ⁖ ostendens et si supra dixerit
nullum generacioni nequam nisi signum ione dandum ⁖ nequaquam tamen sue lucis claritatem fidelibus occultandam.   Ipse quippe
lucernam accendit . qui testam humane nature flamma sue diuinitatis
impleuit.
[℣.] Tu autem domine miserere nostri.
[℞. Deo gracias.]

Plurimorum confessorum.   *secundum lucam* [xii, 35]

I N illo tempore. Dixit ihesus d[iscipulis]. s[uis]. Sint lumbi
uestri precincti ⁊ et lucerne ardentes in manibus nostris. Et
reliqua.

S I istum sermonem domini secundum litteram uelimus accipere ⁊
nichil in eo commodi spiritualis possumus inuenire. Quid enim
proficit ad anime salutem . si aliquis corporaliter aut lumbos suos
precinget . aut lucernam accendat ?

[℣.] Tu autem [domine miserere nostri].
[R⁊. Deo gracias.]

In natali vnius uirginis.   *Secundum matheum.* [xxv, 1]

I N illo tempore. Dixit ihesus d[iscipulis]. s[uis]. parabolam hanc.
Simile est regnum celorum decem . . . et sponse. Et reliqua.

S epe uos fratres karissimi admonui praua opera fugere . mundi
huius inquinamenta deuitare. Sed hodierna sancti euuangelij
leccione compellor dicere . ut et bona que agitis cum magna cautela
timeatis . ne per hoc quod a uobis rectum geritur . fauor aut gracia
humana requiratur . ne appetitus laudis surripiat . et quod foris
ostenditur . intus ab eterna mercede uacuetur.

[℣.] Tu autem domine miserere nostri.
[R⁊.] Deo gracias. /   [fo. 65 v

Aliud euuangelium.   [*Secundum*] *matheum.* [xiii, 44]

I N illo tempore Dixit ihesus . d[iscipulis]. s[uis]. parabolam hanc.
Simile est regnum celorum thesauro . . . agrum illum. Et
reliqua.

T hesaurum in agro absconditum . dixit duo testamenta legis in
ecclesia. Cum quis ea ex parte intellectus attigerit ⁊ sentit
illic magna latere. Et uadit et uendit omnia sua et emit illum . idest
contemptu temporalium comparat sibi ocium ⁊ ut sit diues cognicione
dei.

[℣.] Tu autem domine miserere nostri.
[R⁊.] Deo gracias.

In festo dedicacionis ecclesie.   *Secundum lucam.* [xix, 1]

IN illo tempore. Egressus ihesus ⁊ perambulat iericho   ipse
diues. Et Reliqua.

Que impossibilia sunt apud homines possibilia sunt apud deum.
Ecce enim camelus deposita gibbi sarcina per foramen acus
transit . hoc est diues et publicanus relicto onere diuiciarum . con-
tempto censu fraudum ⁊ angustam portam artamque uiam que ad
uitam ducit ascendit.
[℣.] Tu autem domine [miserere nostri].
[R. Deo gracias.]

In uigilia assumpcionis beate marie uirginis.   *Secundum
lucam.* [xi, 27]

IN illo tempore. Factum est cum loqueretur ihesus ad turbas .
extollens uocem .   que suxisti. Et reliqua.

MAgna deuocionis et fidei hec mulier ostenditur que scribis et
phariseis dominum temptantibus . simulque blasphemantibus
tanta eius incarnacionem pre omnibus sinceritate cognoscit . tanta
fiducia confitetur ⁊ ut et presencium procerum calumpniam . et futur-
orum confundat hereticorum perfidiam.

[THE RULE OF ST. AUGUSTINE]

/ Incipit regula sancti augustini episcopi de uita   [fo. 66
canonicorum regularium.

ANte omnia fratres karissimi diligatur deus   sicut cuique
opus erat.

Feria tercia.

Qui aliquid habebant   . . pauperes illic inflantur.

Feria . iiijᵃ.

SEd rursus eciam . . . efficitur diuicias / contempnendo . . .   [fo. 66 *v*
templa facti estis.

Feria quinta.

ORacionibus instate horis . . . non cantetur.

Feria sexta.

Carnem nostram   esuriant uerbum dei.

Sabbato

QUi infirmi sunt´ . . . fiant pauperes delicati.

[℣.] Tu autem domine [miserere nostri].
[℟. Deo gracias.]

SAne quemadmodum egrotantes . . humillima / seculi   [fo. 67
plus habere.
(1ᵐ) Non sit notabilis habitus uester . . . cordis est nuncius.
(2ᵐ) Et cum se inuicem . . . quanto sapiencius ?
(3ᵐ) Illi uir sanctus . . . aduerteritis . / statim admonete ne   [fo. 67 *v*
cepta progrediantur . sed de proximo corrigantur.
(4ᵐ) Si autem post ammonicionem . . . putrescat in corde.
(5ᵐ) Sed antequam alijs . . . plurimos perdat.
(6ᵐ) Et hoc quod dixi de oculo . . . grauius emendetur.

(7^m) Uestes uestras in unum . . . prout cuique / opus est   [fo. 68
    habere quod ponitis.

(8^m) Ita sane ut nullus . . . iudicio condempnetur.

(9^m) Indumenta nostra . . . medicus consulatur.

(10^m) Nec eant ad balnea . . . laborancium . / vni alicui   [fo. 68 *v*
    custodia sunt que poscuntur.

(11) Lites aut nullas . . . si inde non proiciatur.

(12) Proinde uobis a uerbis durioribus . . . curam gerit.

(13) Vt autem cuncta . . . pretereatur . / sed ut emendandum   [fo. 69
    . . . sit ad omnes.

(14) Disciplina libens adhibeat . . . sub gracia constituti.

(15) Vt autem uos in hoc libello . . . non inducatur.

/ *Ista est historia miraculose fundacionis monasterij sancte*   [fo. 69 *v*
   1 . . .[1] crucis prope edinburgh per dauid scotorum regem potentissi-
mum iustissimum ac deuot[is]simum filium malcolmi canmoyr regis
scotorum . et sancte margarete regine sponse eiusdem filie edgari filii
edmundi Irnside regis anglorum .

Prologus.

[O]²Uoniam dies nostri sicut fumus . omnibus fere ad defectum
tendentibus defecerunt . et sicut umbra transierunt . [n]os
qui residui sumus actus nostros maxime qui in gestis ecclesiasticis
existunt; quantum possumus eternare debemus ut sequentes nos posteri
nostri que a sapientibus et viris deo dilectis bene gesta sunt . per nostram
ignauiam nullatenus ignorent . sed pocius deum in religionis prouectu
et sanctissime ecclesie sue gloria . magis magisque collaudent . eique
debitas pro suis beneficijs gracias agant. Vtile equidem ad presentium
futurorumque noticiam . posterorum memoria monimentis litteralibus
reuocetur . ut obliuionis obcecacio penitus auferatur . et qualiter ante
nos pro deo uiri probabiles in ecclesiasticis laboribus desudauerint .
indicantibus litterarum apicibus agnoscant. Presertim cum ab hijs
qui interfuerunt . et qui ab aliis relatoribus per cuncta ueridicis hec
antea ueraciter audierunt ꝝ nostre constant hec impressa memorie.
Aggrediamur ergo deo nos iuuante uniuersis ignorantibus et hec nosse
cupientibus qualiter hec ecclesia que dicitur sancte crucis de edinburgh
fundata sit ; sermone ueraci auram presentis uite captantibus propa-

---

    ^{1—1} An erasure here,   ² Initial letter cut out,

lare . ut dum ignorata cognouerint . misericordiam domini iesu uotiua deuocione glorificent . qui dicit in euuangelio . Pater meus usque modo operatur ꞉ et ego operor.   Igitur dei disponente gracia qui nouit ea que non sunt tanquam ea que sunt . ut per uictoriosissime crucis sue gloriam in quam plurimis augeret animi deuocionem . construende canonicorum sancte crucis ecclesie . digna prorsus ad scribendum . utilis ad audiendum . talis prouenit occasio . que dum cognita fuerit a deuotis ; procul dubio deuociores existent principes et omnes iudices terre . dominum in sanctis suis enixius collaudantes ꞉ quod in populo appropinquanti sibi exaltatum est nomen ejus solius.

/ *Hic incipit historia fundacionis*   [fo. 70

ANno igitur dominice incarnacionis millesimo centesimo uicesimo octauo . Contigit dauid regem scotorum uisitare suum castrum puellarum prope edinburgh anno quarto regni sui.   Eo tempore regio scocie erat nemorosa et magna foresta tunc temporis dicta drumselth adiacebat ex parte australi uille edinburgi uicina . in qua erat copia ferarum siluestrium . uidelicet cerui dami caprioli uulpes apri indomiti et siluestres et huiusmodi bestie uenabiles.   Die uero occurrenti exaltacionis sancte crucis . post missarum solempnia astant in presencia regie maiestatis nobiles domini regie domusque maiores et signanter etate iuuenili florentes et lasciuientes magnates supplicantes ut die tante amenitatis campos uisitare . necnon solacia uenandi exercere regia maiestas delectaretur.   Eo tempore erat cum rege eius secretarius et confessor uir religiosus uite sanctimonia uirtute et sciencia incomparabilis nomine alwinus canonicus regularis ordinis sancti augusti[ni] monasterij de meritonne prope londonias . qui eciam longo tempore seruiuerat regi tempore precedenti quando idem dauid rex erat comes de huntingtonn [et] northumbrie et dominus cumbrie. Hic contrarius iuuenili consilio dominorum . regem arguit constanter asserens regiam maiestatem die tante deuocionis et solempnitatis sancte crucis campis uagari . aut solacia uenandi exercere non debere.   Nobilibus nihilominus regem prouocantibus et temporis congruenciam et uenandi complacenciam allegantibus . rex tandem eorum desiderio applicatus . facta refeccione cibali . equum ascendit . se mouens uersus orientem per uallem uocatam abergare . que nunc est uia canonicorum . inter duos monticulos ad locum in quo cursum ferarum cum canibus melius poterat intueri.   Venatores quidem forestam penetrant cum suis canibus quorum latratu sonoro ac exploratorum solercia bestias de

siluarum latebris expellere possint. Mox tantus canum clangor et
clamor indagancium sonat in altum . silua resultat quod totus aer
quadam menciebatur repleri melodia. Rex uero non procul a pede rupis
dicte salisbere / uersus boream sub umbra arboris frondose [fo. 70 *v*
cursum expectat cum silencio. Nobilibus suis more uenatorum cum
suis canibus circumquaque dispersis . et a uisu ferarum occultatis. Et
ecce subito uidit rex sub pede dicte rupis apud fontem ceruum mire pul-
chritudinis . cornibus expansis sibi magna uelocitate occurrere . cuius
strepitu et terrore equus regis perterritus fugit . rege inuito paulisper
uersus boream . et in loco ubi nunc ecclesia sancte crucis sita refulget.
idem ceruus cum magno impitu[t] regem et equum prosternit in terram .
graui uulnere in femore regio percusso. Rex uero in sui defensione
uolens cerui cornu manu apprehendere inter cerui cornua crucem casu
apprehendit . que de facili euulsa et in manu regia dimissa est. Ceruus
iter carpens quo uenerat cursu uelocissimo aufugit et apud predictum
fontem inter frondes ab oculo regis disparuit . quare dictus fons fons
crucifixi in post[e]rum appellatus est . regis equo discurrenti solo.
Nobiles undique regi adherent confestim . confessor alwinus regem
subleuare conatur ꞉ admiracio una cum strepitu populi fit maxima
queritat unusquisque geste rei euentum . regem prostratum uulneratum
crucem manu tenentem . nimirum admirantur ualde magnates. Alwinus regem consolatur dicens . rex in eternum uiue merito castigaris .
crucem quam hodie uenando offendisti diuina prouisione adorandam
inuenisti. Felix uenator hodie comprobaris . crucem adora. Iubet
rex omnes crucem adorare et flexis genibus crucem adorando cum
lacrimis non desinit osculari. Postquam uero omnes crucem adorauer-
ant . rex a ministris in sua cella subleuatur. Confessor alwinus crucem
ante regem portare iubetur . et sic ad instar processionis castrum in-
trant puellarum ꞉ uulneribus regis diligenter arte medicinali mature
dispositis . rex in suo cubili collocatus est. Et ecce eadem nocte
sequenti . regi soporanti . uox dauid repetendo ter regis in aure sonuit
dicens Fac deuotorum crucis edem canonicorum. In qua uisione lucu-
lenter rex expergefactus ut solitus erat deum incipit collaudare . et
dicta uerba tanquam angeli impe/rantis integraliter apprehen- [fo. 71
dens sue memorie commendauit. Mane autem facto suo confessori
alwino huius uisionis seriem et effectum lucidissime reuelauit . exultat
ille et ab utroque preces ad deum funduntur deuotissime. Post aliquantum temporis rex sanus effectus est sui secreti consilij conuocat
maiores quibus suum propositum exponens in hec uerba prorupit.

Sacra quedam loca in honorem dei omnipotentis sue gloriose matris uirginis marie . et sanctorum eius fundaui . et deo operante et me adiuuante perficere et consummare oportunum est. Sed modo cruce admiranda michi diuinitus missa ditatus necnon angelica uisione imperante monitus domum in honorem sancte crucis edificare compellor . que quanto miraculosius sanctiusque construenda precipitur tanto excellencius recolendam decet eandem regali structura splendere. regale propositum omnes collaudant deum glorificantes qui talem principem deuocionis et iusticie ad decorandum dei ecclesiam populumque regendum regnare elegit. Et quia tunc temporis in regno scocie ad auisandum et perficiendum tanti operis excellenciam regie maiestati ingeniosi artifices uidebantur pauci. Rex suos ambassiatores direxit in franciam qui reuersi adduxerunt latomos viginti mecanici operis ingenio arte et experiencia expertissimos de quorum consilio regie prudencie exemplaribus ostensis figmentis . rex ualde contentatus est. Anno igitur domini millesimo centesimo uicesimo octauo . sanctus et deuotissimus rex dauid cum consensu carissimi filij sui henrici principis tociusque sui regni maiorum concurrenti concilio in eodem loco quo sibi a ceruo crux memorata delata est incepit in honorem sancte crucis fund[are]¹ regale monasterium canon[icorum]¹ regularium ordinis sancti augustini doctoris nomen illi imponens domus sancte crucis . uidelicet scotice halyrudhous suum confessorem alwinum utpote uirum sanctum religiosum industruosum et omni uirtute prefulgentem in abbatem sui noui excellentis monasterij faciens promoueri. Que solempni monasterio sacre fundacionis excellentissime peracto in magnatum et maiorum tocius regni presencia / rex dauid inclitis- [fo. 71 *v* simus deo dicto suo monasterio canonicis religiosis in eodem imperpetuum deo et beate cruci servituris . et pro dote prefatam crucem dedit et delegauit. Necnon ecclesias terras predia possessiones regalia et preciosa ornamenta concessit et regalibus litteris pro perpetuo roborauit.

S'Equitur de quodam miraculo in constructura dicti monasterij ad preces et lacrimas prefati regis dauid apparenter de speciali gracia diuine clemencie ostenso

[P]¹Ost pauca annorum curricula crescenti diligentissima dicti monasterij sancte crucis structura opere lapideo ecclesie pene consummato. Postquam carpentarij macerie lignee pro celatura for-

¹ Cut out.

mam perfectam perfecissent nec non tigna maiora et laquearia in altum subleuare et in reparaturam conati sunt collocare. Contigit ex negligencia seu inprouisionis nescia prouidencia unum carpentarium principalem ab alto solotenus[t] precipitanter fore prostratum cuius casum fratres religiosi admirantes succursuri cucurrerunt quibus idem carpentarius apparuit nimirum mortuus. Abbas uero alwinus nimium contristatus corpus dicti cadentis ante magnum altare collocari iussit . et tota sequenti nocte fratres in oracione et contemplacione uigilantes et graciam dei deuote implorantes vnanimes perstiterunt. Mane autem facto . sanctus rex dauid solito more sui monasterij opus preciosum uisitare dignatus est . cui occurrens abbas alwinus secretarius regieque consciencie confisus capellanus . dicti carpentarij casum et mortem lugubri continencia breuiter declarauit. Rex uero maximoque furore concussus ad uerba abbatis alwini sui confessoris huiusmodi noua referentis spiritu turbato respondit . Vbi posuistis eum . Qui consito gradu abbate precedente ad corpus dicti carpentarij ante altare recubantis peruenit ꝛ genua flectit oracionem cum magno lacrimarum fonte fundit lamentabilem. Et post longa suspiria oracionum et lacrimarum precordiarum lamentabilia . iubet rex missam / celebrari [fo. 72 de sancta cruce qua finita . rex se erigens uenit ad corpus recubantis et manu propria faciem discooparuit . quam diligenter intuens signa quedam uite apparere considerans . iussit corpus eleuari et ad locum aptum quietis perduci. Abbas uero curam diligentem carpentario adhibens non medicorum cura sed specialis crucis gracia et oracione regia in breui tempore prestine sanitati restitutus est dictus carpentarius. Et post longum tempus seruus beate crucis in pace quieuit.

*H*ec est hystoria fundacionis prioratus insule de traile et quomodo *fergusius magnus dominus galwidie fundator eiusdem optinuit pacem regis dauid et dedit eandem insulam et alia dominia monasterio sancte crucis, et in eodem reliogiosus[t] effectus sepultus est.*

*C*Rescenti structura monasterij sancte crucis prope edinburgh per sanctum dauid regem felicissimum . Contigit fergusium comitem et magnum dominum galwidie regie maiestati deliquisse et grauem incurrisse offensam . vnde rex nimirum commotus iusticie execucionem cum rigore in eum exercere disposuit. Hic fergusius deo multum deuotus et non obstante culpa casuali commissa regi semper fidelis .

sciens regem in execucione iusticie constantissimum . timuit ualde . et
multis modis ac diuersis medijs regis graciam laborabat recuperare.
Tandem nutu diuino inspira[tus] [1] mutato habitu et modo secretissimo
alwinum aduenit abbatem monasterij sancte crucis regis confessorem
et secretarium confisum . eius consilium et auxilium habiturus.   Abbas
igitur super dicto penitente domino fergusio compaciens ad optinendam
eidem regis graciam deum deprecatus est . et quia sane nouit in re gesta
pro iusticia fienda regis constanciam esse terribilem . pro eo interpellare
temere metuebat.   Tandem utrorumque fergusij et abbatis ingenio
compertum est . quod dictus dominus fergusius habitum claustralem
canonici regularis indueret . et sic deo dirigente sub palliata suppli-
cacione . una cum fratribus regis pacem et offense remissionem optinere
possit.   Hoc eorum propositum deo committentes diem et horam
prestolantur conuenienciores . regem in hac re abbate allocuturo.
Quadam die solito more regem constructores sui egregij monasterij
visitantem . abbas placenti hora alloquitur . O clementissime princeps et
fundator nos licet indigni oratores / et capellani conuentuales   [fo. 72 v]
ob vulnera nostrarum transgressionum spirituali curanda remedio .
tue celsitudinis presenciam in capitulo plurimum habere supplicamus.
Ad hoc clemens princeps summe contentus hora capitulari fratribus
in ordine collocatis . capitulum ingreditur . sedet in medio . fratribus
ad ianua in terram prostratis.   Abbas sic inquit . O graciosissime
princeps nos oratores tue celsitudinis confitentes nostra delicta nos
reos esse et transgressores in uisceribus ihesu cristi humilime deprecamur ut nobis et ñostrum vnicuique omne delictum et offensam tue
maiestati commissam . ex puro corde et sincero vna cum benediccione
remittere et conferre dignetur tua celsitudo benignissima quatenus in
futurum pro salute et tui regni prosperitate sanccius et deuocius con-
templari et orare mereamur . et in signum huius graciose remissionis
nostrum vnicuique osculum pacis impartiri tua dilectetur celsitudo
clementissima.   Rex vultu placentissimo respondit . fratres pre-
dilecti omnia uobis crimina remitto . et me vestris oracionibus com-
mendo . et statim se erigens de sua sede apprehensa manu abbatis
eum osculatus est dicendo Pax tibi frater cum benedictione diuina

[End of col. i.   A half leaf now lost has been pasted on between cols. i.
    and ii.]

[Begins col. ii. fo. 72 v]

[1] Over erasure.

HEc sunt nomina abbatum monasterij sancte crucis dicedencium a tempore fundacionis eiusdem monasterij usque ad presens tempus . cum annis in quibus ipsi singuli temporibus suis in dicto monasterio prefuerunt.

In primis alwinus abbas primus eiusdem monasterij . in cuius tempore . Dauid pie memorie rex scocie dictum monasterium fundauit . vnde de dato et anno et de tempore fundacionis eiusdem monasterij secundum antiquorum tradiciones componitur in hijs uersibus . Annus millenus centenus et inde uicenus. Dicitur octenus . locus iste fundatur amenus. Et iste alwinus rexit monasterium per uiginti et octo annos.

Item Walterus secundus abbas rexit monasterium per uiginti et duos annos.
Item Wilelmus tercius abbas rexit monasterium per octodecim annos.
Item galfridus abbas quartus rexit monasterium per uiginti et tres annos.
Item elyas abbas quintus rexit monasterium per octodecim annos.
Item Henricus abbas sextus rexit monasterium per octo annos.

/ [The greater part of this leaf has been cut away, and the   [fo. 72 A narrow remnant, from 1 in. to 1¼ in. wide, is unnumbered. On the recto of this fragment the I's of twelve 'Items' remain, showing that the list of abbots continued as in the previous column, and included twelve names with two or three lines about each. On the verso the ends of a few lines, probably of a prayer or prayers, remain, in the hand which wrote the 1493 inventory and the agreement with Carlisle, as follows :]

[1]   . us extat
[4]   . ent
[5]   . extat
[6]   os
[7]   nus
[8]   ius
[9]   niquus

[ORDINALE]

/ N Otum sit omnibus quod semper a quinto kalendis decembris usque in iiij⁰ nonas ipsius mensis vbi domınıcus dies aduenerit . ibi aduentus domini celebretur.

℃ Sabbato ante primam dominicam aduentus domini ad vesperas antiphona *Benedictus* . et alie a[ntiphone] . cum psalmis diei consuetis. Eciam sı ın sabbato festiuitas sancti andree celebrata fuerit de qua tantum post primam collectam commemoracio fiat . postea de sancto loci. Que memoria de sancto loci nullo tempore dimittitur nısı in festis duplicibus et per octauas natalis domini . pasche et penticosten† et tribus diebus ante pascha . et per octauas assumpcionis sancte marie.

Ab hoc sabbato usque ad pentecosten commemoracio de cruce intermittitur. Horas beate marie sicut per totum annum dicimus . excepto quod ad matutinas ipsius et ad vesperas oracio dicitur . *Deus qui de beate marie.* Commemoraciones sanctorum que post officium beate marie fieri solent ⁝ usque in crastinum octauarum epiphanie dimittuntur . nisi de sancto augustino et de omnibus sanctis et de pace.

℃ Si festum sancti andree in prima dominica aduentus domini euenerit . mutabitur in crastinum . de qua tamen in sabbato ad vesperas et in ipsa dominica ad matutinas commemoracio fiat . et missa matutinalis. Ipsa quoque die ad vesperas dictis solito more psalmis dominicalibus . capitulum et que sequuntur de apostolo erunt.

℃ Notandum est . quod quelibet festiuitas infra aduentum euenerit . celebretur . tamen commemoracio de aduentu non dimittitur. Quod uero de prefate festiuitatis mutacione dictum est ⁝ de festo sancti nicholay et sancti thome apostoli obseruatur.

Generaliter enim potest dici quod in quocumque sabbato per annum festiuitas aliqua de hijs que communes appellantur euenerit . uesperas in ipso sabbato habebit . nisi maior festiuitas occurrat . exceptis quinque precipuis dominicis . i[d est] . prima dominica de aduentu . et dominica septuagesime . sexagesime . et dominica medie quadra-

70

gesime . et dominica in palmis . in quibus sabbatis solummodo festa
duplicia si occurrerint . uesperas sibi afferunt.

PEr aduentum ysaias propheta legitur.   In fine uero leccionum
que de hoc et de alijs prophetis leguntur . si in persona domini
loqui videtur . *Hec* /   [fo. 73 *v*
                                [Blank]

/ In festo sancte lucie prostracio dimittitur Ad matu-   [fo. 74
tinas psalmi solito more dicũtur . lecciones et responsoria et antiphone quinque ad laudes . et maior missa de uirgine peraguntur.   De
qua festiuitate cum in dominica euenerit . commemoracio ad vtrasque
vesperas . et in matutinas fiat . et medie tres lecciones et missa matutinalis.

IN tercia ebdomada aduentus domini.   Feria secunda . laudes proprie
ad matutinas incipiuntur . et per totam septimanam singulis
diebus sue proprie dicuntur.   Si uero festum occurrerit quod de festo
totum seruicium agatur . laudes ipsius ferie dimittuntur.   Quod si
post quartam dominicam festum natalis domini prolongatur . ferijs
que vacant laudes ad ipsas ferias pertinentes recantantur.   Antiphone
que supra ad . *Benedictus* in precedenti ebdomada dicte sunt . quia
alie abundant mutantur.
    Feria iiijª. viª. et sabbato quatuor temporum ad matutinas euuan-
gelia pronuncientur.   Responsoria propria cantentur.   In quibus
diebus oraciones de ieiunio ad matutinas et vesperas tantum dicuntur
et super horas oracio dominicalis.   In ipsa quarta feria prima collecta
de missa sine salutacione dicitur.
    ℂ Sabbato ad missam in nulla oracione *dominus uobiscum* dicitur
nisi ad *Deus qui tribus pueris.*
    ℂ Hac die qui ad missam . lecciones . et tractus . *Benedictus es*
dicturi sunt . in tabula scripti primitus in capitulo recitentur.
    ℂ Tractus *Benedictus es* . a duobus canitur . choro per singulos
versus repetente . *Et laudabilis.*   Tractus *Qui regis israel* . ab utroque
choro alternatim cantetur . primo uersu ex illa parte ıncepto . qua
cantor ebdomadarius extiterit.

Antiphone que per O literam incipiunt . xvij kl' ianuarij . nono die
ante vigiliam natalis inchoantur.   Nonnulli postquam has
antiphonas incipiunt . prostracionem ad vesperas intermittunt . sed
nos solitum cursum tenemus.

Vigilia sancti thome apostoli.

IN vigilia sancti thome apostoli . missa sicut in alijs vigilijs apostolorum ad nonam cantetur. In hac festiuitate ad matutinas
legitur euangelium quod est de octaua pasche . et ita incipitur . *Thomas
vnus de duodecim* . cum parte omelie . *Iste vnus discipulus defuit.*
A[ntiphona]. *O thoma didime* . in vigilia et in die natalis eius ad
magnificat dicitur. Quod si hanc festiuitatem propter dominicam
mutari contingat . ipsa antiphona ter canitur . sabbato scilicet ad
commemoracionem . et in dominica . et in secunda feria quando
hoc festum agitur. Ad *Benedictus* dicitur a[ntiphona]. *Quia
vidistis me.*

℣ Quando hoc festum . vi . feria . uel sabbato . quatuor temporum
occurrit . responsoria que de ipsis feriis / habentur propria . in   [fo. 74 v
precedenti quinta feria cantentur. In quibus diebus missa de apostolo
post terciam canitur . sicut per totum annum fit . quando festum
ix leccionum . uel festum quod more octauarum agitur . quando in
generali ieiunio occurrit.

Sciendum est quod hec a[ntiphona]. *Nolite timere* nuncquam
dicitur nisi in natale sancti thome . et tunc post matutinas ad
commemoracionem dominici aduentus dicitur. Et si forte contingat
ut ipsa festiuitas de loco suo mutetur . tunc prima ad laudes dicitur
a[ntiphona]. *Canite tuba.* Mutetur autem si euenerit in vi . feria
ieiunij quatuor temporum uel in sabbato ꞏ et in v . precedenti feria
celebretur.

℣ Aut si euenerit in dominica celebratur in secunda feria. In ipsa
autem festiuitate non dicuntur ad omnes horas alie a[ntiphon]e quam
de ipso apostolo . preter eam solam que per O literam incipitur . sed
ex toto remanent. Et ipsa festiuitas nuncquam fit in tribus diebus
ieiunij quatuor temporum.

℣ Si post quartam dominicam natale domini producitur . Matu-
tinales antiphone precedentis ebdomade repetuntur . et si opus fuerit
antequam *O sapiencia* incipiatur . qualibet ex hijs antiphonis sub-
scriptis . ad *Magnificat* dicuntur . i[d est] . a[ntiphona]. *Veniet forcior* .
a[ntiphona]. *Querite dominum* . a[ntiphona]. *Expectabo deum.*
A[ntiphona]. *Ecce ueniet deus et homo.* a[ntiphona]. *Ecce rex uenit.*
a[ntiphona] *Super te. De celo ueniet. Qui post me uenit.*

Vigilia natalis domini.

S I uigilia natalis domini uenerit in sabbato ᛬ Ieiunia quatuor temporum non in ipsa ebdomada . sed in precedenti celebranda sunt.
ℭ Cum in quarta dominica hec vigilia occurrerit . inuitatorium
et tres ultime lecciones cum suis responsoriis . antiphone quoque in
laudibus et cetera per totum diem de ipsa uigilia fiunt.

Dominica tamen In matutinis sex primas lecciones cum suis responsorijs et memoria post primam collectam . et missam matutinalem
habebit. Maior missa de uigilia erit. In qua sicut consuetudo est in
omnibus vigilijs que in dominicis occurrunt. Alleluia cantatur et
sequencia . *Iubilemus omnes* de dominica cantetur.

P ridie ante vigiliam natalis domini . officium pro defunctis cum
ix . lectionibus . et vna collecta . *Fidelium deus* agitur. De
quo missa matutinalis in ipsa vigilia similiter cum vna oracione celebratur. Quando autem vigilia in dominica occurrerit . ante completur.
Nec propter hoc officium quod in memoriam omnium defunctorum
agitur . annuum si assit pro defuncto fratre seruicium intermittetur .
immo omnibus diebus anni . uel a conuentu uel priuatim sicut mos est
ab ebdomadario minoris misse persoluetur. Excepto primo die natalis
domini . pasche . / pentecostes . Assumpcionis sancte marie . [fo. 75
et excepta . vᵃ. feria . viᵃ. et sabbato ante pascha. In quibus eciam
diebus *Placebo* et *Dirige* prefatus ebdomadarius dicet. Sed misse ut
vel in vigilijs ipsorum dierum vel ante dicantur procurabit.

In vigilia natalis domini.

I N vigilia natalis domini . si dominica non sit . ad matutinas et ad
primam de more solito nichil mutatur . nisi quod ipsa uigilia suum
proprium seruicium habet. Prostracio enim fit . et xv . psalmi dicuntur.
Ad matutinas pronunciatur euangelium . et dicitur oracio de uigilia.
Deus qui nos redempcionis. Ad matutinas nulla memoria fiat.

ℭ Ipsa die signum capituli celerius solito et produccius pulsari
debet . ut fratres ad in[i]cium capituli omnes vndecunque ualeat con-
uenire . et ne quis desit . pridie in capitulo omnibus denuncietur.

Nota.

H Ac die ad leticiam et deuocionem cordium demonstrandam . et
in amorem venientis dei et domini nostri ihesu christi flagrancius
excitandam ᛬ locus quo nunciari debeat primo . nostra redempcio .
idest capitulum . quam honestius poterit . preparetur . vbi cum lector

K

pronunciauerit . *In bethleem iude christus filius dei nascitur.* Omnes statim pariter in terram se prosternant . vt descendenti deo ad infima . desiderio et affectu passibus occurrentes . corde et corpore humilientur. Prostrati : ad mentem reducant creacionem nostram . postea lapsum pondusque peccati . sub quo deprimebamur usque ad inferna . et participanda communia cum diabolis . superbie . et inobediencie ac preuaricacionis suplicia. Cum aliquanto . diucius prout deuocio racioque dictauerint prostrati orauerint : annuente prelato . surgant . lector reliqua prosequatur . Post hoc pronunciato euangelio . lectaque tabula . Prelatus de preparando deo habitaculo sermonem faciat. Hoc inter cetera . ut tantis solempnijs . alijs occupacionibus pretermissis feruencius instetur promoneat. Addens ut in canticis psalmis . et ympnis concinendis . bene et ordinate . chori seruetur vnitas . quatinus ex concordi modulacionem exterius audita . interius dulcis et suspirans ad deum trahatur deuocio.

Tractis in capitulo que tractanda sunt . de missis in crastino dicendis . qui eas dicturi sunt prelatus preuideat. In fine uero capituli tam huius diei quam octo subsequencium . psalmus . *Laudate dominum . o[mnes]. gentes .* dicatur. Hinc ad horas prostracio non fiat. Hinc horas beate marie . et psalmi familiares di-/   [fo. 75 *v* mittantur. Solum diei officium persoluatur. Super horas . responsoriola cum *alleluia* dicantur.

℃ Ut autem cuncta diligenter prouideantur . statim post capitulum lecciones audiantur. Ad missam prophecia et epistola simul legantur.
℃ De missa huius vigilie . inferius disserendum est. Ad vesperas dicuntur psalmi. [1]*Laudate pueri. Laudate dominum o[mnes]. g[entes]. Lauda anima mea. Laudate dominum . quoniam bonus. Lauda Ierusalem .* cum antiphona[1]. *Rex pacificus .* et cum alijs antiphonis.

Octe hac sancta ea hora surgendum est . ut officium quod in psalmis leccionibus . responsorijs cantandis replicandum longum est : secure et sine negligencia possit protrahi. Ad matutinas prime tres lecciones de prophecia ysaie legantur . prima leccio sic incipit. *Primo tempore alleuiata est terra zabulon.* Medie tres lecciones de sermonibus sanctorum patrum. Ultime tres lecciones de omelijs trium euangeliorum. Prima . gregorij. Secunda . bede presbyteri. Tercia. Sancti patris nostri augustini uel Bede.

[1]—[1] Erased.

❡ Dum uero nona leccio legitur . preparat se diaconus in dalmatica ad euangelium. Subdiaconus in tunica ad textum. Ministri quoque qui de candelabris et turibulo seruituri sunt ⁝ ab[ ]¹ induantur. Sint que parati ut ad repiticionem noni responsorij . per chorum ordinate incedentes . videlicet ceroferarijs et thuriferario precedentibus. Diacono et subdiacono sequentibus ante prelatum ueniant. Vbi diaconus thuriferario thuribulum tenente . incensum eidem patri offerat. Quo posito in thuribulo . textum accipiens . benediccionem petat. Sicque reddito textu subdiacono . ad lectrinum ministris sicut uenerant preeuntibus . cum magna reuerencia accedat . et Genealogiam christi . non cantando set honeste legendo enunciet. Lecto autem euangelio . et *Te deum laudamus* a prelato incepto . Diaconus cum sua processione rediens ad prelatum . et thuriferarius iterum incensum ponat in thuribulo. Diaconus ipsum prelatum incenset. Cui subdiacono textum ad osculandum offerat. Quibus peractis repositis candelabris in locum suum. Dum *Te deum laudamus* canitur in choro . omnes ministraturi scilicet ad primam missam remaneant ultimi. Thuriferarius uero et subdiaconus . incensato prius diacono . thuribulum et textum per chorum circumferant. / Sacerdos primam missam celebraturus [fo. 76 interim honorifice induatur. Finito *Te deum laudamus* . Dicat prelatus . ℣. *Puer natus est nobis.* Inceptoque ab ipso . *Deus in adiutorium* ⁝ tunc quando primam antiphonam ad laudes deberet imponi. Officium prime misse . s[cilicet]. *Dominus dixit* ad me . rector chori incipiat . quod tercio repetatur. *Kyrie Orbis factor . Gloria in excelsis .* sacerdoti a cantore deferatur. Prophecia in alba legatur . qua finita ⁝ statim epistola incipiatur . quod similiter in sequentibus missis fiat. Gradale duo dicant . s[cilicet]. secundi de hijs qui chorum regant. Deinde *alleluia* . alij duo . et sequencia. *Credo* . prefacio . *Quia per incarnati* . et *Communicantes* . que ad secundam et terciam missam dicantur. Cantata communione . *In splendoribus sanctorum* . statim in choro ad laudes antiphonam . *Quem vidistis* . cantor imponat. Dumque laudes dicantur . Sacerdos cum ministris sedeat. Capitulum nec ympnus nec versus dicantur. Set finita antiphona . s[cilicet]. *Paruulus filius* . sine pneumate . Sacerdos ad altare antiphonam. *Gloria in excelsis deo* . a cantore sibi delatam . sine mora incipiat . statimque *Benedictus* . imponatur. Finiatur et ipsa antiphona sine neumate. Post hec dicta oracione ad complendum . s[cilicet]. *Da nobis quesumus domine deus noster* . Diaconus . *Ite missa est* subiungat.

---

¹ Two letters erased; a mistake for *albis.*

Quibus expletis ⁞ accensis laternis dormitorium omnes petant . hac tantum vice qui uolunt vestiti iaceant. Hanc missam celebrari in ecclesia in nocte . theleophorus† papa instituit.

Cum autem summo diluculo dies illuxerit . vnum de mediocribus signis pulsetur . quo audito . illi qui ad missam induendi sunt reuestire accelerent. Alij uero expedite similiter surgant . sese tamen expectenti† . donec ad ecclesiam simul pergant.

Ad hanc missam induantur . sacerdos leuita . subdiaconus . sicut solent in dominicis. Reuestiatur ille qui propheciam lecturus est. Pulsetur classicum . regatur chorus . *Gloria in excelsis* . Gradale . *Alleluia* . et cetera sicut in dominicis solent ⁞ cantentur. Oraciones uero de natiuitate et de sancta anastasia sub vna clausula dicantur. Finita missa . in claustrum ueniant . Pexisque capitibus . manus lauent. Deinde acceptis libris sedeant . Interim sacerdotes ad missas priuatas se expediant.

POst primam ⁞ capitulum teneatur. In quo solummodo de amore et / dulcedine tante solempnitatis debet tractari.   [fo. 76 *v*

Ad processionem hac die canitur R̸. *Discendit*† *de celis.* Quo finito . ante introitum ecclesie incipitur . A[ntiphona]. *Hodie christus natus est* . et sic processione in choro reuersa . dicat sacerdos Ⅴ̸. *Puer natus est nobis* . et oracio[nem] de die . *Concede quesumus omnipotens deus.* Deinde pulsato classico . Missa solempniter cele-branda est et deuotıssıme. Ad missam officium . *Puer natus . et cetera.* *Kyrieleison Pater creator* . dicitur.

❡ Ad vesperas A[ntiphona]. *Tecum principium* . et alie antiphone que secuntur cotidie dicende sunt usquequo octaue epiphanie comple-antur. Finitis vesperis ⁞ de sancto stephano A[ntiphona] *Aue senior* et oracio dicantur. Quod si altare de eo in ecclesia habetur . ducatur processio illuc cum ipsa . A[ntiphona]. Ibique incensato altari . et dicto versu et oracione . Cantores paruum *Benedicamus* dicant . sicque uespere finiantur.

Tres sequentes festiuitates . idest beati stephani . Iohannis apostoli . et sanctorum innocencium simili modo celebrantur. Aguntur sicut duplices tercie dignitates . solempnitates . de quibus inferius est loquendum. In hijs festis . et usque ad circumcisionem domini ad maiorem missam cotidie dicuntur *Credo in vnum* . et prefacio de natiuitate . *Quia per incarnati* . et *Communicantes.*

Sancti stephani.

I n natali sancti stephani . Ad matutinas ympni . versiculi . et respon-soriola super horas . sicut vnius martyris. Missa matutinalis erit de natiuitate cum vna collecta. Et sic erit missa matutinalis de natiuitate per totam ebdomadam . nisi in vi die . et in die sancti siluestri.

℣ Finitis vesperis de sancto stephano . processio ut supradictum est ad altare sancti Iohannis ducatur . si habeatur . cum Responsorio. *In medio ecclesie* . et cantato Responsorio. In choro cum A[ntiphona]' de natiuitate reuertitur.

Sancti Iohannis

I n natali sancti iohannis apostoli . ympni . psalmi . versiculi . et responsoriola super horas . vnius apostoli. Processio fit ut supra-dictum est . cum responsorio . *Centum quadraginta*. Ipsa die missa matutinalis erit de natiuitate cum tribus collectis . prima de natiuitate . secunda de sancto stephano . tercia pro rege.

De Innocentibus

I N natali sanctorum innocencium . ympni psalmi . versiculi . et res-ponsoriola super horas . plurimorum martyrum.

℣ Ipsa die missa matutinalis de natiuitate cum tribus collectis prima de natiuitate . secunda de sancto stephano . tercia de sancto iohanne.

℣ In hac festiuitate antiquitus non dicebatur / *Te deum* [fo. 77 *laudamus* . nec *gloria in excelsis* . nec *alleluia* . nisi quando in dom-inica ipsa festiuitas occurrebat. Sed in nonnullis magne auctoritatis ecclesijs . iam tenetur quod sicut due precedentes festiuitates . ita et h[aec] festiuo more per omnia celebratur . Nimirum propter reueren-ciam dominice natalis quia singuli istorum octo dierum quantum ad officij spectat celebritatem . dominicalem optinet dignitatem. Inde est quod . *credo* . et cetera omnia ut supra dicuntur . quos imitamur.

I N supradictis festis Missa matutinalis de natiuitate. In quibus hoc obseruatur quod sicut ex parte dictum est . post vesperas diei prima commemoracio fit de subsequenti festiuitate . postea de natali domini . que commemoracio prima est ad matutinas.

❡ De ipsis quoque festis . donec octaue eorum compleantur ·
cotidie in matutinis et in vesperis fit commemoracio . et in missa
matutinali . nisi in circumcisione domini.   Tunc de sancto stephano .
videlicet in ipsa die circumcisionis ad vesperas . de sancto stephano .
memoria agitur

❡ In istis diebus usque ad octauas epiphanie super horas responsoriola cum *alleluya* dicuntur

De sancto thoma.

IN natali sancti thome martyris . omnia fiat sicut in commune vnius
martyris et pontificis.

❡ Ipsa die ad missam matutinalem . v . collecte dicuntur . prima
de natiuitate . secunda de sancto stephano . tercia de sancto iohanne .
iiij[a] . de innocentibus . quinta . pro rege.

Sexta die a natiuitate domini legitur et cantatur de natiuitate.   Si
in dominica non occurrit cum tribus leccionibus recolitur . que
sunt de sermonibus.   Psalmi nocturnales sicut in die natiuitatis excepto psalmo . *Misericordias domini* . pro quo dicitur . Ps[almus] .
Fundamenta.

❡ Ipsa die Missa matutinalis de sancto iohanne cum quinque
collectis . prima de sancto iohanne . 2[a] . de sancto stephano . 3[a] . de
innocentibus . iiij[a] . pro prelatis . quinta pro rege.   Ad maiorem
missam dicuntur oraciones sicut in primo die ad maiorem missam

Sancti siluestri

Festiuitas sancti siluestri ita recolitur.   Ad primas vesperas tantum
memoria fit de eo.   Ad matutinas . Inuitatorium de natiuitate.
Deinde ymnus . et vi . prime antiphone . cum suis Psalmis . sex que
responsoria . que sunt vnius confessoris . cum proprijs leccionibus . de
confessore.   Tres uero vltime a[ntiphon]e . cum suis Psalmis . lecciones et Responsoria . et in laudibus antiphone quinque . et cetera
totius diei de natiuitate.   Post primam collectam ad matutinas .
commemoracio de sancto siluestro fit . et missa matutinalis.   De quo
ad vesperas ipsius diei nulla fit mencio.

❡ Si dies sancti siluestri in dominica euenerit . missa matutinalis
de sancto . cum / quinque collectis . prima de sancto . 2[a] de   [fo. 77 *v*]
sancto stephano . 3[a] . de sancto iohanne . iiij[a] . de innocentibus . v[a] .
pro rege.

Dominica infra natalem domini.

Officium . *Dum medium silencium* . ante epiphaniam domini dicendum est. De hoc officio diuersi diuersa senciunt . Nobis hoc inde visum est. Cum in festo sancti stephani uel sancti iohannis apostoli . siue Innocencium dominica euenerit ꞉ de hoc officio nichil fiet . usque in sequenti dominica . et tunc ymnos Psalmos. nocturnales tres vltimos cum vna antiphona . dicendos . Responsoria . et ad laudes vnam antiphonam . ᵉt super horas capitula. Responsoriola . de natiuitate domini accipiet⁺ Primus uero ympnus ad matutinas . et sex primi psalmi cum duabus antiphonis . sexque lecciones cum suis proprijs Responsorijs de octauis erunt . que tunc occurrunt. Vltime lecciones erunt de exposicione euangelij dominicalis. Ad *magnificat* et *Benedictus* . antiphone proprie. Oracio dominicalis ad vesperas et matutinas et ad omnes horas dicetur. Missa matutinalis de octauis dicetur.

℟ Cum uero in die qui festum sancti siluestri precedit dominica euenerit ꞉ officij cursus ut dictum est de natiuitate erit . ad vesperas et ad matutinas . collecta dominicalis . sine alia memoria . de natiuitate . quia hoc officium ita proprium est de ipsa ꞉ quod si auctor officij illud in primo die ordinasset dicendum . sufficeret. Vltime lecciones de omelia dominicali. Super horas capitula et collecte . sicut in die natalis domini.

℟ Missa matutinalis *Puer natus est*. Maior missa . *Dum medium.*

℟ In ipso die sancti siluestri si dominica occurrerit . seruato quod supradictum est de ipso . sancto. Dominica . ad vesperas et ad matutinas collectam habebit . et vltimas lecciones et maiorem missam. Cetera seruantur ut predicta sunt. Qua die ad vesperas nichil fit de dominica.

℟ Quando autem circumcisio domini in dominica euenerit ꞉ supradictum officium absque commemoracione in vesperis et matutinis . cum sola missa matutinale ipso anno dimittitur.

℟ Item in vigilia epiphanie cum in dominica euenerit . ad missam matutinalem idem officium dicitur.

De circumcisione domini

Circumcisio domini celebriter recolitur . cuius officij cursus in libris habetur dispositus. Missa matutinalis de eadem cum vna collecta. Ad maiorem missam . *Credo . prefacio . Communicantes .* sicut in die natiuitatis domini. Ipsa die ad vesperas . commemoracio

de sancto stephano . et de dominica . cum in crastino occurrerit . que
eciam memoria . de dominica ante memoriam de sancto stephano
agitur.

De octaua sancti stephani.

Octauus dies sancti stephani cum proprietate sua in tribus leccionibus recolitur.

℩ Hac die recuperantur . xv . psalmi ante matutinas.   Hore beate
marie . Commemoraciones ¹de sancto loci¹ . de sancto augustino . de
omnibus / sanctis . et de pace.   Psalmi familiares.   Officium   [fo. 78
pro defunctis.   Prostracio tamen ad horas non fit . usque post octauas
epiphanie.   More octauarum . hec dies et due sequentes recoluntur .
cum *Te deum laudamus* . et *Gloria in excelsis*.   Si dominica non fuerit .
missa matutinalis erit pro defunctis.   Missa magna erit cum . v .
collectis . prima de sancto stephano . 2ª . de sancto iohanne . 3ª . de
innocentibus . iiijª . de   domina . vª . de omnibus sanctis.   Ipsa die
vespere, nısı dominica occurrat . de sancto stephano erunt.   Tunc
eciam quando de dominica erunt . memoriam habebit ante memoriam
de sancto iohanne.

Quod de hac die dictum est . de octauo die sancti iohannis . et
innocencium teneatur cum suis proprietatibus.

℩ In octaua sancti iohannis . si dominica non fuerit . Magna missa
cum . v . collectis . prima de sancto iohanne . 2ª . de Innocentibus .
3ª . de domina . iiijª de sancto augustino . quinta . de omnibus
sanctis.

℩ In octaua innocencium . si dominica non fuerit . Magna missa
erit cum quinque collectis . prima de innocentibus . 2ª . de domina .
3ª . de sancto augustino . iiijª . de omnibus sanctis . vª . *Omnipotens* .
s[empiterne]. deus qui viuorum.

℩ Si dominica euenerit in octauis sancti stephani . sancti iohannis .
vel innocencium . capitulum in prımıs vesperis *Multiphariam* . ympnus.
A solis ortus.   ℣. *Benedictus qui uenit*.   A[ntiphona]' *Dum medium
silencium* . cum oracione dominicali . tunc dicuntur commemoraciones
de sanctis.   Ad matutinas Inuitatorium . *Christus natus est*. cum
ympno de sancto . de tribus leccionibus fiant sex . cum sex responsorijs de sancto . et super quodlibet nocturnum fiat vna antiphona.
In tercio nocturno . Antiphona . *Exultabunt* . cum tribus psalmis.
Cantate . *Dominus   regnauit* . *Cantate* . ij . ℣. *Notum   fecit*.   Euangelium . *Erant pater ihesu* . cum tribus Responsorijs de circumcisione .

¹——¹ Erased.

s[cilicet]. *Continet in gremio. Benedicta et uenerabilis. O regem celi.*
℣. *Puer natus* . cum vna antiphona super laudes . *O admirabile* . capitulum. *Populus gencium* . ymnus . *A solis ortus*. ℣. *Verbum caro.*
Antiphona super *Benedictus* . *Erat ioseph* . cum oracione dominicali.
Deinde fiat memoria de octauis. Super horas capitula Responsoriola
sicut in circumcisione domini . cum oracione dominicali. Missa
matutinalis hac die erit de sancto.

In vigilia epiphanie

Vigilia epiphanie Officij cursum de natiuitate domini sumit. Ad
matutinas . xii . psalmi de feria in qua ipsa uigilia euenerit
cum antiphona . *Nato domino*. Euangelium pronunciatur . *Defuncto
herode* . Oracio . *Corda nostra*. Ad missam *Alleluia* non dicitur nisi
in die dominica.

❡ In hac festiuitate alij ieiuniant . alij non. Nobis autem propter
reuerenciam uenture solempnitatis eam ieiunando ducere / [fo. 78 *v*]
congruum uidetur.

❡ Hec uigilia cum ın dominica occurrerit . ut dictum est officij
cursum . i . capitula . versus . antiphonas . Responsorıa ın quibus
tamen *hodie* non habetur . de natali et de octauis domini accipit.
Ps[alm]i . x . et viij. idest *beatus uir* . et alij cum tribus antiphonis .
Dominus dixit. Nato domino. Tanquam sponsus . dicuntur. Sex
prime lecciones de sermonibus natiuitatis. Vltime uero tres lecciones
de omelia uigilie. In laudibus antiphona . *O admirabile* . et alie ad
ceteras horas. Pridie . i . sabbato uespere aguntur de complecione
octauarum innocencium. Ad vesperas. Oracio dominicalis dicitur.
Ad matutinas uero dicitur oracio de uigilia. Missa ¹matutinalis siue
dominica fuerit siue¹ non. Officium. ¹*Lux fulgebit*.¹ Maior missa
de uigilia . nisi adeo breue sit spacium usque septuagesimam . quod
in prima dominica post octauas . epiphanie . septuagesima . occurrat.
Tunc enim hac die ad missam matutinalem . potest cantari officium .
In excelso throno.

De epiph[a]nia.

Solempnitas epiphanie sicut decet cum magna reuerencia celebratur.
In qua festiuitate . inuitatorium non canitur. Sed primo ad
laudandum deum plebs fidelis per antiphonam . *Afferte domino* ex-
citatur. Prima tres lecciones de ysaia leguntur . prima leccıo . *Omnes*

---

¹—¹ Erased.

L

scicientes[†]. Leccio secunda . *Surge illuminare.* Leccio tercia . *Gaudens gaudete.* Medie leccioni[†] de sermonibus. Vltime lecciones de omelia euangelij ad ipsum diem pertinentis. Ad legendum euangelium *Factum est autem* . accedat diaconus cum processione sicut superius dictum est in die natalis domini. Quo finito . cantatur . *Te deum laudamus* Hac die vij[us] psalmus est *Venite exultemus* qui stando dicitur.

❦ Si dominica fuerit ad processionem dicitur R̷ *In columbe specie* . et ad introitum ecclesie. Antiphona *Hodie celesti sponso.* Deinde . ℣ . *Omnes de saba uenient.* Oracio . *Deus illuminator.* Ad missam prefacio . *Quia cum vnigenitus* . et *Communicantes.*

❦ Per octauas . Inuitatorium . *Christus apparuit* dicitur. Psalmi sicut in prima die . preter psalmum *Venite* . pro quo dicitur *Cantate* . *ij* . in suo ordine. Lecciones de sermonibus ipsius festiuitatis leguntur. Ad missam prefacio . et *communicantes* . per totas octauas dicuntur.

❦ Dominica si infra occurrerit . officij cursum de octauis habebit. Vltime tres lecciones de exposicione euangelij . s[cilicet]. *Venit ihesus a galilea.* Missa matutinalis . de dominica *In excelso throno* . dicitur . cum sua memoria ad vesperas . et ad matutinas. Quod tamen officium si post octauas usque . septuagesima . quatuor uel plures dominice restant . reseruatur usque in sequentem dominicam . et si per ebdomadam idem officium necesse sit cantari.

❦ Ad processionem. R̷. *In columbe* . et ante introitum ecclesie . oracio . *Via sanctorum* . et ad ingressum chori incipitur Antiphona . de sancto loci . et dicitur ℣. et oracio. / [fo. 79

Vltimus dies octauarum epiphanie . primi diei officium repetit . excepto quod Inuitatorium nunc dicitur. Lecciones de sermonibus leguntur . Euangelium . *Vidit iohannes ihesum* . pronunciatur. Ad laudes proprie antiphone dicuntur . s[cilicet]. *Veterem hominem.* Missa eciam propria habetur. Ad quam dicitur *Credo in vnum* . et prefacio . et *Communicantes* . que supra.

❦ Si dominica fuerit ad processionem . R̷ *Tria sunt munera.* In stacione . Oracio *Via sanctorum* . et ad ingressum chori . A[ntiphona]' de sancto loci. Capitula ad matutinas et ad ceteras horas sicut in primo die. Hac die missa matutinalis dicitur de confessoribus simul hyllario et remigio. De quibus ad vesperas et matutinas . fit commemoracio . et tres medie lecciones.

❦ Hec dies cum in dominica occurrit cursum suum sicut dictum est peragit. Tunc uero officium . *In excelso throno* . propter predictos confessores non dicitur . sed infra ebdomadam si opus fuerit.

IN crastino octauarum epiphanie . quecunque pro preteritis solempnitatibus fuerant intermissa . s[cilicet] . prostracio in nocturno et diurno officio . Septem psalmi penitenciales . et preces ad horas . et suffragia sanctorum que dimissa erant per aduentum modo recuperantur. Hinc usque ad septuagesimam . in vi . feria . nisi festiuitas ix . leccionum occurrat ꞏ ieiunium obseruatur. Ab octauis epiphanie usque ad septuagesimam . leguntur epitole pauli . et cantentur Responsoria de psalmis ferialibus et dominicalibus.

℃ Summopere prouideatur ut ante . septuagesimam predicte epistole finiantur. Proinde si tempus breue fuerit a crastino circumcisionis in refectorio incipiatur.

Hystoria *Domine ne in ira* ante dominicam post octauas epiphanie nunquam incipitur. Tunc eciam non semper incipitur . quia aliquando ex necescitate[†] dimittitur uel aliquando ex causa racionabili. Quando in prima dominica post octauum diem epiphanie septuagesima occurrerit . tunc ex necessitate intermittitur.

℃ Quando autem eiusdem festiuitatis dies octauus dies[†] in dominica recolitur ꞏ et non in proxima dominica . sed in altera subsequenti . septuagesima habetur . tunc prefata hystoria in alia media dominica non dicitur ꞏ hac de causa . quia aut festum sanctorum fabiani et sebastiani quod tunc occurrit dimittitur . aut idem festum et duo sequencia . s[cilicet] . sancte agnetis et sancti vincencij oportet transferri.

℃ Clunac[enses][†] pro hac ystoria nullum festum mutant. Sed si vacat tempus eam dicunt. Si non ꞏ dimittunt.

Officium . *In excelso throno* vna tantum dominica dicitur . similiter et ꞏ Officium *Omnis terra*. Officium uero *Adorate* . usque ad septuagesimam cum epistolis . et euangelijs que officia non habent quantum opus fuerit repetatur. Quod si tempus breue fuerit ꞏ in vna ebdomada ipsa officia dicuntur . ita ut [epistole et][1] euangelia que ut dictum est offi[cia non habent][1] cum officio *Adorate* compleantur . si [tamen][2] dies supersint in quibus dici possint. / In hijs domi- [fo. 79 *v* nicis missa matutinalis fiat de trinitate nisi festum fuerit.

[1]—[1] Initial letter cut out.   [2] Nearly all cut out.

De sancto fabiano et sebastiano

[I]¹N natali sanctorum fabiani et sebastiani . cantatur et legitur hystoria plurimorum martirum. Oraciones singulorum qui proprie habentur ad vtrasque vesperas et matutinas et missam sub vna clausula dicantur. Ad horas uero prima ex hijs collectis pluraliter dicatur. Ipsa die ad vesperas dictis psalmis Martiribus : capitulum et que secuntur . de sequenti festo agantur . habita tamen memoria post vesperas de martiribus . similiter fiat de vesperis in crastino.

⁌ De sancte agnete et sancto vincencio martire . propria habentur omnia.

⁌ Notandum est de festis sanctorum fabiani et sebastiani . et de festo sancte agnetis . quod cum in dominica septuagesime occurrunt . ipso tantum anno cum medijs tribus leccionibus . et missa matutinali in ipsa dominica . et memoria ad vtrasque vesperas et matutinas complentur. Festum uero sancti vincencij . mutatur in crastinum in quo festo canitur. Sequencia . *Adest nobis.*

Conuersio pauli.

IN conuersione sancti pauli . ympni . psalmi . versiculi vnius apostoli . cetera propria. Ad missam . dicitur *Credo* et prefacio de apostolis. Ipsa die de sancto proiecto† commemoracio fit et missa matutinalis.

De purificacione beate marie.

[D ie]¹s purificacionis sancte ma[ri]e qui honorifice celebrari debeat . sanctus ambrosius in sermone suo qui sic incipit testatur. *Si subtiliter a fidelibus intelligatur* . satis declarat. In uigilia et in die ad vesperas . A[ntiphona]' *Tecum principium* . et alie antiphone dicuntur. Igitur post terciam . cereis ante altare maius super tapetum honeste collocatis . ueniens illuc prelatus absque apparatu processionis . cappa . s[cilicet]. cum stola indutus . solummodo . subdiacono et diacono preeuntibus . cereos benedicat . ac deinde aquam aspergat. Cum interim diaconus ad sinistrum librum teneat . subdiaconus stet ex altera parte cum aspersorio . facta benediccione . et ipso prelato ad sedem suam in chorum reuerso ⫶ Sacrista cereos distribuat incipiens videlicet a prelato et preposito et ceteris sicut sunt in choro maioribus. Cum uero illuminari ceperint ⫶ precentor antiphonam. *Lumen ad reuelacionem* . incipiat. Qua dicta ⫶ dicitur ℣. *Nunc dimittis* . et

¹ Cut out.

iterum. *Lumen ad* [*reuelacionem*]. [℣.] *Quia viderunt.* A[ntiphona]'
Lumen. ℣. *Quod parasti.* A[ntiphona]' *Lumen.* Postea precentor
Antiphonam . *Aue gracia plena* . imponat . que tota in choro cantetur. Interim preparata processione statim ut A[ntiphona]' *Adorna*
thalamum incipitur . moueant se . et per claustrum cum magna
reuerencia incedentes . in porticum ante refectorium stacionem faciant .
donec finita antiphona quam canunt. Iterum precentor antiphonam.
Responsum accepit . imponat ꬞ cum qua antiphona ante crucifixum
veniant . Vbi versum *Postquam impleti sunt* . tres in cappis dicant.
/ Deinde prelato incipiente . antiphonam . *Cum inducerent* . [fo. 80
in chorum redeant . sicque dicto versu *Responsum accepit* . et collecta .
Exaudi quesumus domine . pulsetur in classicum et missa inchoetur.
⁋ Quod si dominica fuerit . primo a sacerdote ebdomadario benedicatur aqua . et ex more altaria et fratres aspergantur . deinde dicta
solita oracione *Exaudi nos domine sancte pater* . Terciam idem ebdomadarius incipiat. Que dum canitur . ipse cum aquebaiulo et subdiacono qui librum in quo collecte sunt deferat per officinas solitas
obseruancias compleat . deinde repositis uestibus in chorum horam
finire veniat . qua finita ⁝ mox candele benedicantur . et cetera que
supradicta sunt compleantur.
⁋ Inchoata missa . conuentus omnis donec prelatus coram altari
ueniat . cereos in manibus teneat. Ipse ac ministri eius ad altare cum
cereis procedant. Quo postquam uenerint . cum eis uacuum fuerit .
cereos in manibus teneant. In choro qui uoluerint . coram se ponant.
⁋ Tractus si fuerit dicendus . a quattuor in cappis dicatur . qui
simul illum incipiant . simulque finiant . sed singulos uersus bini et bini
canant . postea imponatur sequencia in choro. Eodem modo tractus
in dominica annunciacione cantetur. In alijs uero duplicibus festis .
que a septuagesima usque ad pascha occurrunt . Tractus similiter
canitur. Sed quia sequencia non sequitur ⁝ citra finem a choro suscipitur et finitur. Post euangelium dum offertorium canitur primo
ministri et cantores cereos offerant. Deinde incipientes a prioribus
ordinis . bini et bini de choro sicut solent ad aquam benedictam ordinate ueniant et redeant. Secretarius iuxta positus concham cum aqua
teneat . in qua susceptos cereos mergens extinguat . ne fumus inde
procedat. Prelati uero cereus uel illius qui pro eo missam celebrat . exinde iuxta altare super candelabrum ponatur . et usque ad finem misse
non extinguatur. *Credo in vnum* dicitur et prefacio de natali . *Quia*
per incarnati.

¶ Ab hac die usque ad dominicam in palmis . diebus quibus bis comeditur . Nona donec seruitores de refectorio exeant non cantetur. Sed et post nonam in refectorium eant bibere. Hec festiuitas quando in prima dominica septuagesime occurrerit . mutatur in crastinum. In duobus uero subsequentibus dominicis occurrens celebratur.

Cathedra sancti petri.

IN cathedra sancti petri . apostoli. Antiphone super psalmos nocturnales et ad laudes sicut in natali aliorum apostolorum dicuntur. In illis tamen antiphonis in quibus *alleluia* habetur pro *alleluia in eternum* mutatur . nisi in ixᵃ a[ntiphon]a cui non bene competit et ideo in se ipsa sine *alleluia* finitur. Responsoria propria . *Simon petre* . sicut sunt in alia festiuitate. Versiculi ymni vnius apostoli. Ad missam *Credo* et prefacio de apostolis.

Sancti mathie apostoli.] [fo. 80 v

IN natali sancti mathie apostoli cantatur hystoria Ecce ego. A[ntiphone] de communi. Ad missam *Credo* et prefacio . *Et te domine sup[pliciter]*. Que in festis omnium apostolorum et euangelistarum dicitur.

De sancto gregorio.

FEstum sancti gregorij deuote debet celebrari et si apud omnes . maxime tamen apud anglos quos ad fidem christi conuertit Si in aliqua dominica quadragesime euenerit mutabitur in secunda feria.

De sancto cuthberto.

Festiuitas sancti cuthberti episcopi et sancti benedicti abbatis cum qualibet earum in dominica occurrerit . iij . medie lecciones et commemoracionem et missam matutinalem in ipsa dominica habebit.

De annunciacione dominica.

Annunciacio dominica que sepe in ebdomada palmarum . uel eciam in ipsa ebdomada pasche occurrere solet . diuerso modo cum in eisdem euenerit celebrari oportet. Cum enim in ebdomada palmarum . ijᵃ . uel iijᵃ . uel iiijᵃ . feria eueuenerit† celebrabitur. Si uero in quinta uel . viᵃ . uel sabbato euenerit . Feria iiijᵃ . proximo† precedente ex integro persoluetur. Quando autem in ebdomada pasche qualibet feria

exstiterit . usque in secundam feriam sequentis ebdomade transfertur.
Ad missam *Credo* . et prefacio de natali domini *Quia per incarnati.*

❦ Quando hoc festum infra quadragesimam uel passionem domini
euenerit . ad completorium intermittitur R̸ *In pace* . vel *In manus
tuas.* Antiphona quoque de festo dicitur ad *Nunc dimittis* . eciam
quando idem festum post pascha agitur.

Quod festum quando infra passionem occurrerit propter reuerencıam ıpsıus festi Ad primam dicitur *Ihesu christe* . ℣ . *Qui de uirgine.*

❦ Hec fest[iuitas] si in aliquo sabbato quadragesime euenerit .
sicut alibi dictum est . vesperas in ipsa die habebit.   Que cum in aliqua
dominica quadragesime occurrerit . mutabitur in crastinum . propter
quadragesimale seruicium . quod aliter persolui non potest.   Facta
tamen de ipsa festiuitate in eadem dominica memoria . et missa matutinali.   Quod et de alijs festis que infra quadragesimam uel septuagesimam eueniunt obseruatur.   Seruato quod supra dictum est de
purificacione . et de festis sancti cuthberti . et sancti benedicti.

❦ Notandum quod quando festum sancti gregorij infra passionem
domini euenerit . celebrabitur.   Festum uero sancti cuthberti et sancti
benedicti . cum sola memoria et missa matutinali tunc dimittitur.

Si festum sancti ambrosij in passione domini ante cenam domini
euenerit . celebrabitur.   Si in dominica euenerit . tunc enim cum
sola commemoracione . et missa matutinali[s] recolitur.

Termınus septuagesime.

TErminus septuagesime . nec ante xvi⁰. kl'. februarij nec post
 xvi⁰. kl' marcij fieri debet.   Sed vbi inter hec luna decima
euenerit . ibi terminus septuagesime erit.   Septuagesima . nec ante
xv⁰. kalendas februarij nec post ix kalendas marcij fieri debet .   . Luna
in septuagesima nec maior potest esse quam xvij. nec minor quam xi.

SAbbato, ante septuagesimam *alleluia* ad nonam dicitur . ad vesperas
 postponitur . et *Laus tibi domine* sumitur.   Quod in hijs vesperis
/ dici non debeat *alleluia* . patet racio . quia ad sequentem   [fo. 81
diem pertinet . non ad presentem.   Vnde in ipsa die septuagesime .
et deinceps ob recordationem deflende expulsionis primi patris nostri
de paradiso et nostre captiuitatis in hoc mundo . racıone docente .
cantus leticie *Alleluia* congrue dimittitur in vesperıs precedentibus .
vbi ipsius primi hominis in responsorio et antiphona . et nostre
afflictionis in oracione fit mencio . iure non dicitur.

℃ Hac tamen die quando purificacio sancte marie occurrerit . vespere de festo erunt . in quibus vesperis et in completorio *alleluia* dicatur.

℃ De septuagesima tunc ad vesperas tantum commemoracio fit.

Dominica in septuagesima.

DOminica in septuagesima ut amalarius dicit cantatur et legitur de genesi. Septuagesima . capituitatem babilonis uel confusionis significat . in qua nos sumus dum in hoc mundo uersamur de qua exeuntes debe[m]us ad ierusalem redire . idest ad domum pacis . vnde nos diabolus captiui[t.]

℃ Quamuis enim captiuitatis nostre semper memores esse debemus specialiter tamen in illis diebus quibus legimus et canimus de abiectione patris nostri ade de paradiso . et periculo noe in diluuio . et de alijs sanctorum patrum laboribus. Inde est quia sancta ecclesia hinc usque pascha organa sua . s[cilicet]. cantica leticie . *Alleluia . Te deum lau[damus]. Gloria in excelsis* suspendit.

℃ A septuagesima usque ad passionem domini legende sunt quinque libri moysi. In ecclesia tamen liber genesis usque ad mediam quadragesime totus legatur. Ceteri legantur in refectorio. Notandum quod post primam ebdomadam quadragesime . sermones sanctorum patrum ad matutinas leguntur. In hac dominica . ad primam lectionem . legatur prologus . cum inicio genesis . usque ad id quod dicitur . *Factum est vespere et mane dies primus.*

℃ Hystoria *In principio* cum suis antiphonis . ad laudes in hac dominica septuagesime et in sequenti canitur. In vtraque tamen dominica ad *Benedictus* et *Magnificat* . et similiter horas antiphone proprie de euangelijs ipsarum dominicarum dicuntur . similiter et per earum septimanas . antiphone tantum ad *Benedictus* et *Magnificat* . de eisdem euangelijs sumuntur. Cetera . i[d est] . ymni et antiphone super horas Responsoria et capitula usque ad quadragesimam . non mutantur. Hijs diebus id est a dominica septuagesime . usque quadragesimam . nisi in sabbatis et festis sanctorum cotidie dicitur R̃ *Spes mea* ad vesperas.

℃ A dominica septuagesime esus carnis et sanguinis postponitur. Caseus tamen et oua usque in dominicam ante caput ieiunij non prohibentur. vsque ad illam dominicam si qua festiuitas trium leccionem occurrit . celebratur . et in festis ix . leccionum bis comeditur. Pro qualibet uero festiuitate que infra hos dies euenerit . nisi duplex sit .

commemoracio septuagesime . non dimittitur. Ab hac die usque ad
pascha in dominicis et festis ix . leccionum . tractus dicitur. Ipsi uero
tractus qui in festis duplicibus uel communibus dicuntur . a cantoribus
ebdomadarijs . et a choro alternatim canuntur. In dominica septuagesime . et duabus sequentibus . ad processionem Antiphona . *In die
quando uenerit dominus.*

❑ In ferijs in / maiori missa tantum Gradale repetitur .   [fo. 81 *v*
nisi in quadragesima . quando tractus canitur.

D ominica ante caput ieiunij Responsoria . *Quadraginta dies* . et
       Locutus est dominus ad Abraham dicuntur. Ab hac dominica
quecunque festiuitas occurrat . ieiunium non soluitur.

❑ Thelesphorus papa constituit ut clerici quadragesimam faciant.
Inde et beatus papa gregorius ad augustinum apostolum ita scribit.
Denique sacerdotes et diaconi et reliqui quos dignitas ecclesiastici
gradus exornat . a quinquagesima propositum ieiunandi suscipiant .
quo et aliquid ad pensum sancte institucionis adiciant . et eorum qui
in laicali ordine consistunt obseruanciam sicut loco ita religione pre-
cellant.

❑ Sciendum quod a capite ieiunij de festo iij . leccionum non sit
nisi commemoracio . et missa matutinalis. In hac ebdomada post
missam de festo ix leccionum si contingat quod post terciam dicitur .
in claustrum reuertendum est. Alijs uero diebus quadragesime dicta
huiusmodi missa . sine mora premisso *pater noster* . sexta incipitur.
In hijs duabus ferijs . missa dominicalis post sextam canitur.

I N capite ieiunij ad matutinas pronunciatur euangelium . *Cum
      ieiunatis* . et ipsa tantum die tria responsoria de sequenti domi-
nica dicuntur . *Paradisi port[as]* . *In ieiunio* . *Scindite corda*.   Qua die
et in tribus sequentibus . ad matutinas et ad vesperas . tantum capitula propria dicuntur . et oraciones . s[cilicet]. sicut in omnibus alijs
diebus . quadragesime . exceptis sabbatis . prima oracio misse ad
matutinas`. dicitur . et ad vesperas oracio que super populum dicitur.
Ad horas hijs iiij^{or}. diebus collecta dominicalis dicitur.

H Ac die idest In capite ieiunij post sextam dum psalmi familiares
       dicuntur . a secretario vnum de maioribus signis tribus vicibus
pulsetur . quo audito omnes fratres in choro se discalcient. Deinde
veniente prelato ante maius altare vbi tapetum debet esse extensum et stramen circumquaque spersum . ibique . vij . psalmos sic
incipiente . *Parce domine* . *Domine ne in furore* . cum reuerencia .

M

a maioribus incipientes post ipsum seni uel octoni . toto corpore se
prosternant . ita ut minores inter suos custodes ultimi iaceant.
    Finitis psalmis . sine letania . cum *kyriel[eison]*. Deinde *pater
noster* . Erigens se prelatus et stolam assumens . stans ante altare
absolucionem faciat. Qua peracta . fratribus ad suas sedes reuertentibus . sacrista cineres quos de palmis vel viminibus preteriti
anni preparauit afferat . quos illo tenente prelatus benedicens .
et preposito aspersorium aque ministrante aspergens . stolam ipso
preposito tribuat . ut primo sibi cineres imponat . et aqua aspergat .
quam deinde resumens . ac eidem preposito ceterisque fratribus cum
magna cordis contricione . binis et binis sicut in dominicis ad aquam
benedictam itur uenientibus et coram se genua flectentibus cineres
imponens . singulis dicat . *Memento homo quia cinis es et in cinerem
reuerteris* . et dominus prior singulos aqua aspergat. Interim cantetur antiphona . *Immutemur* . quam prelatus / mox facta   [fo. 82
benedictione cinerum incipiat . que quamdiu cineres dantur . cum
versibus Ps[alm]i *Deus misereatur nostri* . assidue repetatur. Post
datos cineres preparata processione et ebdomadario maioris misse cum
diacono et subdiacono coram altari astantibus . sanctorum reliquias
habentibus . dicat prelatus in sede sua in choro versum   *Ostende
nobis domine [misericordiam tuam]*. [R] *Et salutare tuum da nobis*]
[V] *Dominus uobiscum*. [R] *Et cum spiritu tuo*]   oracio   *Concede
nobis domine presidia* . qua dicta . Inceptaque a[ntiphona] *Exaudi
nos domine* . per claustrum cum processione exeant. In qua . aqua
benedicta . crux . et candelabra deferantur. Ministris cum reliquiis
sicut solent in dominicalibus processionibus vnus post alterum incedat . excepto quod nullus in huiusmodi processione ecclesiasticis
indumentis debeat indui . sed in signum penitencie et humilitatis et
tristicie omnes nudis pedibus debent incedere . et nigras cappas suas
habere.
    ℂ Predicte antiphone cum vno versu Ps[alm]i. *Saluum me fac* bis
cantetur. Subiungatur alia a[ntiphona]. *Iuxta uestibulum* . quibus
ante introitum ecclesie percantatis . Letaniam ceroferarij incipiant .
statimque intrantes . ipsam ante gradus altaris . depositis candelabris
prosequantur . et bis repetito *omnes sancti* . terminentur.
    ℂ Hec letania prolixior dicitur quam ad alias processiones quadra-
gesime solet dici. In illis pronunciatur de quolibet ordine . v . sancti .
et sic repetito bijs' *omnes sancti* terminentur . moxque in choro
officium ad missam inchoetur.

❡ Simili modo in sequenti vi^a . feria et deinceps usque ad dominicam palmarum feria iiij^a . et vi^a . processio agitur . excepto quod R⁊ *Emendemus in melius* canitur . cui eciam si opus fuerit adiungitur R⁊ *In ieiunio et fletu.* Postea letania dicitur. In quibus processionibus aqua benedicta crux et candelabra portantur.

Insuper si festum fuerit . calciati omnes eunt. Sacerdos uero . diaconus et subdiaconus . siue festum sit siue non calciati cum reliquijs incedunt. Quod si priuatis diebus asperitas frigoris inhorruerit . conuentus vtrum calciatus uel discalciatus eat in dispensacione prelati erit.

❡ Ab hac die *Flectamus genua* dicitur . et *Humiliate capita uestra.* Incepta epistola uel lectione . fratres se recalcient.

❡ Tractus *Domine non secundum* . in choro hinc inde alternatim cantetur . qui in sequenti . vi^a . feria . et usque ad dominicam palmarum. Feria ij^a . iiij^a . et vi^a . excepta quarta feria prime ebdomade dicitur. Hinc usque ad cenam domini prefacio . *Qui corporali* cotidie nisi in dominicis dicitur.

De mandato.

A B hac die usque ad cenam domini mandatum trium pauperum hoc modo agatur. Tres pauperes cotidie elemosinarius lotis prius pedibus circa horam[t] qua scit fratres ad hoc officium aduenturos loco constituto simul sedere faciat . calidamque aquam et linthea tergendis eorum pedibus et manibus . ac victum trium canonicorum qui super mensulam debet poni . omnia honeste preparet. Ad quod officium ministri maiori misse / ad quos pertinet . quando [fo. 82 v ituri sunt . cappas in reuestiario deponant. Incipientes Ps[almu]m *Miserere mei deus* . per claustrum simul . sacerdote in medio existente . reuerenter incedant. Cum uero ad pauperes uenerint ⁖ stent simul ante eos donec finito Ps[alm]o . cum *gloria patri* . Sacerdos subiungat *Dominus uobiscum* . et oracio[nem]. *Actiones nostras* . qua dicta . antiphona *Mandatum nouum* . et ceteras huic officio [1] aptatas canentes . et sibi inuicem seruientes . primo sacerdos . deinde diaconus et subdiaconus quisque suo pauperi pedes abluat . lintheo tergat . et osculetur oculis et tangendo post tersionem. Sacerdos pedes pauperis qui in medio sedet abluat . postea lauandis manibus . aquam vnusquisque illi cui pedes abluat . alio tersorium ministrante prebeat. Quibus expletis . lauent et ipsi manus suas dicentes . *Kyriel[eison] Christel[eison]* .

---

[1] Interlined above.

Kyriel[eison] . *Pater noster.* Tunc sacerdos in medio ante pauperes stans . ministris ex utraque parte eius inclinatus dicat . *Et ne nos [inducas in temptacionem].* *Suscepimus deus* . et cetera que ad hoc officium pertinent. Quibus finitis . dicant ministri *Benedicite* . et sacerdos *Dominus Cibum et potum seruorum suorum filius dei benedicat* . sicque panes tantum accipientes simulque ante pauperes genua flectentes . quisque suo pauperi panem osculando ei manum porrigat. Deinde ad ecclesiam reuertantur. Hoc officium hijs iiij^{or}. diebus finita missa que post sextam dicitur statim deponitis^t sacris vestibus a ministris ipsius misse ante nonam sicut scriptum est compleatur. Similiter in dominicis post maiorem missam ante sextam idem officium peragatur. In illis diebus quibus vespere post missam cantantur . finitis maioribus vesperis . et inceptis vesperis beate marie . sine mora ad predictum officium pergant. Sed tunc in redeundo vesperas beate marie dicant. Quod si duplex festum celebratur . in spaciolo quod fit post vesperas expedite illud officium compleatur.

℩ In capite ieiunij et in sequenti vi^a . feria . et exinde per totam quadragesimam . feria secunda . iiij^a . et . vi^a . silencium tenetur in claustro.

Notandum quod si in capite ieiunij festiuitas communis vel ix leccionum occurrat . in crastinum differenda est . ex toto . i[d est] absque memoria in ipsa iiij^a feria sicut de alijs festis transmutandis fieri solet.

POst capud ieiunij feria v^a . et vi^a . et sabbato . psalterium dimedium^t dicitur . et dimedium^t quod restat usque post dominicam palmarum feria ij^a . iij^a . et iiij^a . dicendum reseruetur . exceptis dominicis cotidie de psalterio . xxv^{ti}. ps[alm]i dicuntur. per binos Ps[alm]os . *gloria patri* . apponitur. Et post vltimum . dicto *gloria patri* . sequitur. *Kyriel[eison] Pater noster.* Sicque cum precibus et oracionibus que post letaniam solent dici finiuntur. In festis post primam . In priuatis diebus post terciam . dicuntur. In festis uero finitis ipsis Ps[alm]is capitulum tenetur . et in priuatis diebus sexta canitur . que debet pulsari . dum oracio ultima ad ipsos psalmos dicitur.

terminus quadragesime.

TErminus quadragesime nec ante viij^o Idus februarij . nec post nonas marcij / fieri debet. Sed vbi inter hec luna [fo. 83 secunda euenerit ⁖ ibi erit

Sabbato ante primam dominicam quadragesime . in vesperis diuinum
officium sicut retro gestum est . pene omne mutari incipit.   Ex
tunc enim capitula Responsoria versiculi . per omnes horas mutantur.
Ab illo sabbato usque ad passionem domini ad completorium dicitur
ymnus *Christe qui lux.*   Infra passionem [1]ymnus *Cultor dei memento*[1].
Primis . xv . diebus super *Nunc dimittis* . antiphona . *O rex gloriose.*
Alijs xv . diebus antiphona . *Media vita.*   R/ *In pace in idipsum* .
usque ad passionem domini. Infra passionem . R/ *In manus tuas
domine.*

Dominica prima . quadragesime.

PRima dominica quadragesime . tractus . *Qui habitat* . dicitur De
quo tractu ꝝ signum facit precentor.   Qui quoniam prolixus
est ꝝ ne fratres grauentur . hoc modo cantetur . Primum versum .
iiij[or] in cappis sericis simul canant . Deinde choro alterum versum
concinnente ꝝ duo ex eis cedant sessuri . dum illi qui remanent tercium
versum cantauerint.   Quo finito . choro quartum versum prosequente .
recedentibus et illis . alij circa finem versus succedant.   Dumque et
illi cantauerint ꝝ alij sedeant.   Ita per totum tractum fiat.   Vltimus
versus ab ipsis iiij[or]. simul dicatur . ita tamen ut a choro finiatur.

℞ Hac die post completorium sacrista cortinam inter chorum et
altare protendat.   Tunc uel crastino ante primam ꝝ cruces . capsas .
coronas et ymagines cooperiat.

℞ Id hac et in sequenti dominica ad processionem . Antiphona .
Cum uenerimus.   In duabus sequentibus dominicis Antiphona . *In
die qua uenerit.*

A secunda feria quadregesime usque ad pascha exceptis festis .
ad inicium vniuscuiusque principalis hore . dum *gloria patri*
dicitur . ab omnibus super formas venia simul petatur.   Ex tunc nisi
in dominicis cotidie post sextam ꝝ lecciones audiantur.

℞ Ad vesperas que in hiis diebus post missam dicuntur primum
signum quando *Sanctus* canitur pulsari inchoet . et ad *per omnia
secula* ante dominicam oracionem cesset.   Secundum uero . tercium .
et quartum . ita moderentur . ut ante finem prime oracionis que communionem sequitur ꝝ terminentur.   Postrema duo signa . uel classicum in festis . cum sacerdos incepit *per dominum* ad oracionem que
super populum dicitur . pulsari incipiant.   Quibus cessantibus . sacerdos qui missam celebrauit . nisi duplex festum sit . et nisi in sabbatis.

[1]—[1] Erased.

Videlicet quia tunc alterius ebdomade seruicium inchoat. Vesperas ibidem ad altare incipiat. Post vesperas diei dicuntur vespere de sancta maria . et ad ultimum si festum non est . psalmi familiares. Deinde facto breui interuallo ꞉ pulsetur cimbalum et eant cenatum.

℩ Quando festum in quadragesima celebrandum occurrit . pridie ante ipsum festum . finita maiori missa . statim colligitur cortina . antequam classicum pulsetur. Que tamen in ipsa die festiuitatis dum missa tantum de quadragesima . canitur . solito more debet esse protensa. In qua missa ad canonem / fratres super formas se non [fo. 83 *v* curuent . qua die post completorium . nisi aliud festum occurrat . predicta cortina sicut solet extenditur. In omnibus missis que de quadragesima . dicuntur . ipsa cortina dum euangelium legitur debet esse collecta . sed lecto euangelio . statim extendenda est. In quarta et† feria et sexta quando proc[essio] sit . Sacrista eam ante processionem retrahat . et sic usque ad introitum misse remaneat.

℩ Notandum quod commemoracio quadragesime . pro nullo festo dimittitur

℩ Notandum quod in prima ebdomada quadragesime . ieiunium . iiijᵒʳ temporum semper celebrari debet. Quod autem in prima dominica quadragesime . ieiunium . iiijᵒʳ. temporum semper celebrari debeat . gregorius papa ita confirmat. Licet noua consuetudo ecclesie nulla fulta auctoritate . numeret inter ieiunia et ordinaciones . iiijᵒʳ temporum primam ebdomadam primi mensis marcij . et secundam quarti . i[d est]. iunij. Vetus tamen auctoritas sanctorum patrum est ut inicio quadragesimali ebdomada prima . et ebdomada penticostes† debeant obseruari . Vnde leo papa ait . Huius obseruancie dilectissimi in ecclesiasticis precipue est racio custodita ieiunijs . que ex doctrina sancti spiritus ita per tocius anni circulum distributa sunt . ut lex abstinencie omnibus sit ascripta temporibus. Siquidem ieiunium uernale in quadragesima . Estiuum . in pentecosten . Autumpnale . in mense septimo . Hyemale in decimo celebremus.

℩ Notandum quod quandocunque leccio vna uel plures legende sunt in missa . *Dominus uobiscum* nisi ad collectam ante epistolam non est dicendum. Feria quarta in prima ebdomada . Ad missam ad primam colectam† dicitur *Oremus Flectamus genua*. Oracio . *Preces nostras*. Lectio postea sequitur . *Dixit dominus ad moysen*. GR꞉ *Tribulaciones* . Postea *Dominus uobiscum* . cum oracione . *Deuocionem populi*. Exinde sequitur epistola . *Venit helyas*.

S Abbato prime ebdomade quadragesime . quinque lectiones leguntur
. cum . v . oracionibus . et ad quam libet oracionem . dicitur *Flectamus genua. Angelus domini* legatur usque ad illum versum . *Benedictus es domine in firmamento.* Exinde enim Tractus incipit . Cuius
primum versum dimidium . iiij^or. fratres simul . et reliquos bini et bini
dicant. Chorus uero primum versum ab eo quod dicitur . *et laudabilis* .
accipiat et post finem ceterorum uersuum . ympnum [*Bene*]*dicite*
semper repetatur. Postquam totus tractus finitus fuerit . a predictis .
iiij^or. fratribus . primus versus eiusdem reincipiatur. Hunc tractum
in suis nigris cappis cantant. In quo sicut in supradicta dominica
descriptum est . vicissim sedeant. Deinde *Dominus uobiscum* . *Deus
qui tribus pueris* . Ad quam solam *flectamus genua* non dicitur . propter
apostolum ut quidam dicunt qui postea legitur . sed tamen in fine
misse . *Humiliate capita vestra* solito more dicitur.

Dominica secunda

D ominica secunda quadragesime . que intitulatur *dominica vacat* .
de antecedenti quarta feria . officium ad missam sumit . s[cilicet].
Reminiscere . qua die . duo versus de tractu eiusdem officij . s[cilicet].
De necessitatibus . pro graduali . ad modum gradalis cantantur.
Deinde tractus proprius eiusdem / diei . s[cilicet]. *Dixit domi-* [fo. 84
nus mulieri chananee

D Ies passionis domini duabus ebdomadis ante pascha computantur
. quoniam in duobus temporibus ante legem scilicet et sub
gracia eadem passio prefiguratur atque perficitur. In hijs xiiij . diebus salua numeri significacione gloriam sancte trinitatis in cantu amittimus . quia conformat se sancta ecclesia capiti suo . et reticet de eius
glorificacione usque dum exaltetur per triumphum uictorie.

℃ Ieremias propheta hoc tempore legitur . quoniam ipse redemptoris nostri passionem aperta lamentacione monstrauit.

℃ Nota quod infra tempus passionis nulla commemoracio dicatur
nisi de sancto augustino.

℃ A sabbato itaque precedenti primam dominicam passionis usque
post penticosten^t . dimittuntur commemoraciones solite . i[d est] .
suffragia sanctorum . nisi de sancto loci . et de sancto augustino . et
omnibus sanctis . et de pace.

℃ A sabbato usque ad pascha in cantu sicut dictum est *Gloria
patri* postponitur . s[cilicet]. in inuitatorio in Responsorijs . tam ad

matutinas . quam ad omnes horas . et in introitu misse. Responsoria
que alio tempore cum *Gloria patri* dicerentur . reincipiantur. Quod
si festum celebrari contingat . uel missa dicatur que non sit de passione .
in huiusmodi officio . *Gloria patri* . solito more dicitur.

℟ Per hoc tempus usque post pascha . ad primam *Ihesu christe
Fili Dei vivi miserere nobis* non dicitur.

℟ In hijs eciam diebus post primum versum de *Venite exultemus*
Inuitatorium totum ut solet alio tempore non repetitur . sed dime-
dium†. propter *Gloria patri* quod in fine non dicitur.

℟ In dominicis . cantato *Asperges me* . cum versu . *Miserere mei
deus* . Loco *Gloria patri* . si opus fuerit . secundus versus dicitur.

℟ In prima dominica passionis ad processionem cantatur ℟ *Circumdederunt me* . quod eciam in precedenti sabbato ad vesperas dicitur.

SAbbato ante dominicam palmarum . ad vesperas ℟ *Dominus
Ihesus*. Officium misse de precedenti viª . feria . s[cilicet]. *Miserere
mei domine* . mutuatur.

℟ Nota quod infra tempus passionis missa de cruce non dicitur.
Quando dicitur missa de sancta maria . tunc tres collecte dicuntur .
prima de officio 2ª . de sancto augustino . 3ª . de omnibus sanctis. Et
tunc ad missam de ieiunio . vᵉ . collecte . p[rima] . de officio . 2ª de
prelatis . iijª . pro rege . iiijª . pro familiaribus . vª . *Omnipotens* . s[em-
piterne . deus] *qui viuorum*.

In dominica . palmarum

IN dominica palmarum nocturnale officium sicut in vna precedencium dominicarum solemnizandum est. Hac die processio
festiuior agi solet. Summo diluculo tentorium ubi prouisum fuerit
figatur. Ad quod feretrum in quo corpus domini debet esse recon-
ditum similiter ualde mane a duobus fratribus albis indutis deferatur .
ibique solicite cum lumine ab eisdem custodiatur. Hac die ad missas
priuatas . vnam tantum collectam dicant . In quibus passionem
nullus legat . nisi qui infirmis fratribus . uel ad parochiam cantant.
Sed euangelium . *Cum appropinquaret ihesus ierosolimam* . quod ad
missam matutinalem que cum vna collecta di/cenda est ؛ [fo. 84 v
legatur. Qui uero missas pro defunctis cantant . non amplius quam
. iij . collectas dicant.

℟ In capitulo quicquid agere debeat . prouideatur. Post capitulum
audito signo . statim omnes qui in processione aliquid portare debent

in albis se preparent. Deinde pulsato vno de maioribus signis . primo
sicut in purificacione beate marie dictum est aqua benedicatur . et
tercia cantetur . que . dum canitur . sacrista tapetum ante maius
altare extendat palmas flores et frondes superponat. Quo cum prelatus post horam beate marie cappa tantum indutus absque paratu
processionis . solummodo diacono cum stola et libro preeunte peruenerit
. sumpta stola . palmas benedicat . et aquam subdiacono aspersorium
ministrante aspergat. Deinde, in chorum . deposita stola redeat.
Tunc accedentes secretarij per ordinem . s[cilicet]. domino priori .
et ministris . cantoribus quoque ac ceteris fratribus palmas et frondes
distribuant. Dum hec aguntur ꝛ inchoat precentor antiphonam .
Pueri hebreorum . et aliam a[ntiphona]m *Pueri hebreorum uestimenta* .
Antiphonam *Cum angelis et pueris* . post hec antiphonam. *Osanna
filio dauid.* Interim processio disponatur. Que . cum precentor antiphonam . *Ante sex dies* imposuerit ꝛ moueatur . et precedentibus
famulis cum vexillis ꝛ sequuntur per ordinem qui aquam benedictam .
crucem benedictam . candelabra . et thuribulum ferunt. Deinde
subdiaconus in tunica cum textu . diaconus cum libro in quo lecturus
est euangelium . post quos cantores et conuentus prelatus ultimus
incedit. Omnes uero ordinate et cum magna reuerencia procedentes .
in animo . s[cilicet]. cui obuiam exeunt reuoluentes ꝛ donec ad propositum stacionem perueniant . et que subscripta sunt prout racio
dictauerit . canant . antiphonam . *Prima autem azimorum.* R͞ *Dominus
ihesus.* R͞ *Cum audisset turba.* R͞ *Cogitauerunt* . Cum autem stacio-
ni approximauerint . ubi mensa debet esse pallio cooperta et tapetum extensum . que mensa a tentorio aliquantulum distare debet :
exeant de ipso tentorio fratres cum feretro ꝛ quod sicut dictum est
mane illuc detulerunt . hoc uero obseruent . ut tunc exeant quando
aduenientem conuentum tantum predicte mense suspicantur . quantum locus tentorij in quo sunt ab ipsa mensa distare videtur. Quibus
exeuntibus occurrant de processione duo fratres qui ad exempla eorum
qui uestimenta sua in uia prosternebant . duo parua bancalia sub
pedibus eorum . alterum post alterum genua flectendo supponant .
donec ad mensam perueniant. Illis autem reuerenter et morose in-
cedentibus . cantetur hec antiphona. *Occurrunt turbe* . et alia antiphona . *Cum audisset populus.* Sed cum portatores feretri ad mensam peruenerint : deponentes illud super eam . hinc inde in ordine
aliorum secedant . ad ipsam quoque mensam cum et hij uenerint qui
aquam benedictam crucem et cetera portant ꝛ diaconus cum thuri-

ferario et vno de ceroferarijs ex vna parte . et subdiaconus cum altero
ceroferario et aquebaiulo ex alia parte ad modum similiter conuentus
consistant. / Qui uero vexilla ferunt ultra mensam eodem ordine [fo. 85
stent. Solus ille qui portat crucem . cum ipsa cruce post mensam
iuxta feretrum facie ad conuentum conuersus stare debet. Textus
iuxta feretrum ponatur.

℄ Hijs ita preparatis . omnibus in ordine stantibus . et in fine
antiphone quam canunt ad feretrum conuersis . prelatus delata sibi a
precentore antiphona *Aue rex noster.*

℄ Si conuentus sit in capitulo ad processionem stabit diaconus
super gradum ante sedem abbatis . et a dextris eius ceroferarius vnus .
post quem thuriferarius . et a leua eius subdiaconus . post quem
ceroferarius alter . et post ipsum aquebaiulus . omnes uersi ad conuentum . et tres pueri ante feretrum stabunt. Cum dompnus abbas ter
incipiat . *Aue rex noster* . s[cilicet]. ante feretrum . ibique eandem
antiphonam tribus vicibus . tociens veniam petendo incipiat . de qua
tantum dicat *Aue rex noster.* Conuentus per singulas vices genua
flectendo idem repetat . deinde tota antiphona cantetur. Tunc
ueniat thuriferarius cum ceroferarijs ad abbatem et abbas ponet
thimiama in turibulum . Mox incensato corpore domini . redeat ad
sedem suam cum ceroferarijs ad dexteram et ad leuam ipsius . postquam reuersus fuerit ad sedem suam . redeant ceroferarij ad locum ubi
ante fuerunt iuxta feretrum. Diaconus uero antequam antiphona
finiatur ueniat cum thuriferario et ceroferarijs . ad abbatem . tunc
iterum ponat abbas incensum in turibulum . et diaconus accepta
benedictione a prelato eat ad locum ad septentrionalem partem euangelium *Cum appropinquasset ihesus ierosolimam* . legat . lecto euangelio .
si est sermo ad populum redeat diaconus cum ministris ad locum
vnde prius uenerat. Si uero non fit sermo . incipiat cantor antiphonam *Ceperunt omnes turbe* . resumpta processione . omnes ad
ostium ecclesie pergant. Hoc ordine . primo aquebaiulus . deinde
laterna . poste feretrum deinde crux . et cerei et sic per ordinem sicut
in primis dignitatibus . finita predicta antiphona . si longior uia
fuerit . de supradictis responsorijs . si quid remansit cantetur . prout
precentori videbitur. Ita tamen ut semper cum ad portam appro-
pinquauerint antiphona *Cum appropinquaret dominus ierosolimam* . imponatur. Cum ad portam uenerint deposito iterum ante eius porte
introitum feretro super mensulam ibidem cum pallio preparatam .
stacionem superiori similem faciant. Locus super ingressum porte.

Honeste debet esse paratus cortinis et dorsalibus. Ibi post finem antiphone . omnibus ad portam conuersis . quatuor fratres siue pueri si
assunt desuper ipsam portam *Gloria laus* concinant. Conuentus per
singulos uersus *Gloria laus* . tantum repetat. Ad ultimam repe-
ticionem ⁒ portitores in ordinem suum redeant . et incipiente prelato
Responsorium *Ingrediente domino* . intrent . et usque ad ostium
monasterij procedant vbi expectent donec finito illo Responsorio .
precentor *Circumdederunt me* ⸱ imponat. Cum quo intrantes . ante
crucifixum qui tunc cum celeritate discooperiatur stacionem faciant
versum ipsius responsorij / duo ibidem canant. Postea im- [fo. 85 *v*
posita antiphona *Colligerunt*[†] . chorum intrent . et cum tres fratres
uersum eiusdem antiphone inceperint . sedeat conuentus . et portatores feretri feretrum reponat. Post versum . dicta repeticione
antiphone . Subiungat prelatus ℣. *Benedictus qui uenit in nomine
domini* . Conuentu respondente . *Osanna in excelsis.* Oracio de die.
Sicque pulsato classico officium misse inchoetur . Prelatus et ministri
accedentes ad altare . palmas in manibus gestent . Ministri casulis
induti sint . Gradale duo cantent. Tractus cantetur sicut tractus in
prima dominica quadragesime. Ad passionem propter dominicam
Dominus uobiscum dicitur . Sed *Gloria tibi domine* non respondetur.
Postea dum offerenda canitur . primo ministri palmas offerant . deinde
cantores . et reliqui de choro bini et bini ordinate ueniant. Sitque
ibi sacrista paratus ⁒ qui ea que offeruntur suscipiat.

❡ Ymnus angelicus . s[cilicet]. *Sanctus* . qui ad missam ter dicitur .
uel canitur . deuote et celebriter debet persolui.

❡ Propter laborem officij . post prandium dormiant . cumque
tempus fuerit ut excitari debeant ⁒ vnum de minoribus signis pulsetur .
quo audito . in claustrum uenientes . primo se sicut mos est pectinent .
deinde manus et facies lauent . sedeant per claustrum . expectantes
donec signum ad nonam pulsari incipiat . post nonam . in refectorio
eant bibere. Huiusmodi meridiane obseruancia a pascha usque ad
kalendas octobris exceptis diebus ieiuniorum teneatur.

❡ Hac die ad horas mutantur Responsoria . i[d est] . ad terciam
R⁊ *Fratres mei.* Ad vi . R⁊ *Attende.* Ad ix . R⁊ *Saluum me fac.*
Ad vesperas R⁊ *Circumdederunt me.*

Feria secunda tercia et quarta . ad matutinas Responsoria propria
. et in laudes antiphone proprie habentur Hijs tribus diebus
super horas antiphone et Responsoria sicut in precedenti ebdomada
dicuntur.

❡ In iij^a. feria . iiij^a. vi^a . passiones sine salutacione . i[d est]. *Dominus uobiscum* leguntur.

❡ Omnis quippe salutacio de esse debet . ad euitandam et demonstrandam iude proditoris salutacionem pestiferam . et quamuis de passione domini qua redempti sumus nos oporteat gloriari . nunc tamen dum legitur expedit contristari.

Feria iiij^a. uel antea. Si tunc non potest ⁒ officium omnium defunctorum . sicut ante vigiliam natalis domini prescriptum est compleatur . et sic usque completum pascha in conuentu intermittatur. Quod si annuum seruicium debetur . tunc ebdomadarius maioris misse prouideat ut inde in ipsa iiij^a. feria . v . misse videlicet ipsius diei . et iiij . subsequencium dicantur. Ipse uero sicut alibi dictum est . *placebo* et *dirige* persoluat.

❡ Notandum quod ab hac die usque ad quartam feriam ebdomade pasche silencium seruetur . nec in vigilia pasche communiter frangendum est . sed socij pro aliqua re familiari inter se submissa uoce loquantur in locutorio.

[H]ac die processio non fit. Ad missam uero post *Kyriel*[*eison*] dicat sacerdos *Oremus / Flectamus genua . Presta quesumus* . [fo. 86 et postea lectio legatur . Deinde GR⁊ *Ne auertas*. Postea dicat sacerdos . *Dominus uobiscum . Oremus Flectamus ge*[*nua*]. *Deus qui pro nobis*. Deinde sequitur . epistola. Tractus uero *Domine exaudi* a duobus in cappis suis cantetur . choro per singulos uersus repetente . *et clamor meus ad te ueniat*. Ipsa die non fit processio qua die ad passionem cortina non retrahitur . sed manet extensa . vsque dum dicitur. *Velum templi scissum est* . et ex toto cadere permittitur. Ad uesperas et usque ad missam in crastino . signa sicut in dominicis pulsentur. Vespere absque prostracione cantantur . cum ympno . *Vexilla regis*. R⁊ *Circumdederunt me* . Cantores ebdomadarij in cappis dicant. Post has vesperas ⁒ non dicantur vespere de sancta maria . nec de alijs sanctorum suffragijs fit mencio . usque ad octauas pasche.

❡ Notandum quod quando annunciacio dominica hac die occurrerit . vespere de festo aguntur cum commemoracione de quadragesima.

❡ Hac die si quid in ecclesia uel in claustro . uel in ceteris officinis necessarium fuerit . emundetur . Ita tamen ut vbi fratres sedere uel ad uenias se prosternere debent de mundiori palea relinquatur.

❡ Completorium huius diei . solito more dicitur absque prostracione

Feria quinta . in cena domini.

FEria quinta . i[d est] . in cena domini . Custos ecclesie solicite
prouideat . ut ea hora ad matutinas surgat . quo ante lucem
spaciose suo modo nocturnum officium compleri ualeat . l⟨t⟩

℟ Notandum quod in istis tribus diebus tabula debet fieri . ut
lecciones et Responsoria sicut in [festo] ix leccionum cantantur . et
utrum ebdomadarius fuerit ex₊parte abbatis uel prioris semper cantor
ebdomadarius incipiet primum Responsorium . et ebdomadarius can-
tabit nonum Repsonsorium . et lecciones debent disponi sicut in
[festo] ix . leccionum . primo ex vna parte a maioribus . et secunda
nocte . ex altera parte eodem modo.

℟ Hac die sicut in duobus sequentibus . ad horas prostracio . . .¹
fit. In matutinis istorum dierum . per singulas noctes . xxiiij . candele ante gradus altaris preparantur . quarum singule ad inicium vniuscuiusque antiphone . uel Responsorij extinguntur. Quod in hijs nocti-
bus tot candele accenduntur et extinguntur fiuntque simul illumina-
ciones et extinctiones septuaginta due . signat quod totidem horis
christus iacuit in sepulchro . Figurat eciam hoc quod septuaginta
duo discipuli quamdiu dominus in passione laborabat . in fide titu-
babant. Extinctio quidem luminum . leticie credencium designat
defectum.

℟ Ad matutinas pulsato in classico . *Domine labia* non dicitur.
Nec *Deus in adiutorium* . Quia pastor christus recessit . omnis doctrina
pastoris tacet in ecclesia . hijs diebus *Gloria patri* penitus intermittitur
. quia propter humiliacionem proximam capitis nostri . glorificacionem
amittimus sancte trinitatis. Inuitatorium non canitur. Sed antiphona *Zelus domus tue* a prelato incipitur . ad / quam cum [fo. 86 v
psalmus imponitur ⁒ ueniam super formas omnes petant . quam
ueniam ad matutinas . laudes . et ad iuicium singularum horarum .
tam in hac die . quam in duobus sequentibus . similiter accipiant .
psalmi uero dimissius solito cantentur. Antiphone uel versiculi . sine
neupmate⟨t⟩ finiantur. Lector benedictionem non petat . nec alicuius
prophete uel doctoris nomen in principio leccionis recitet . neque
dicat *Tu autem domine* . Sed ex uerbis leccionis finem faciat. Hijs
tribus diebus tres prime lecciones de lamentacionibus ieremie. Medie
tres lecciones de exposicione ps[alm]i *Exaudi deus oracionem meam* .
tres vltime de epistola pauli . *Conuenientibus uobis.* Finitis singulis

¹ An erasure.

leccionibus : uenia ab omnibus qui legerint ฯ ante gradus altaris
accipitur. Finito ix⁰ . Responsorio . non dicatur versus ante laudes .
sed statim . a[ntiphona]' *Iustificeris domine* . a prelato imponatur.
Dum uero psalmus *Laudate dominum de celis* . canitur . Lumen ubi
videri nequeat abscondatur . et si qua sint per ecclesiam luminaria
extinguantur. Deinde uero finita quinta antiphona . et prelatus antiphonam . *Traditor* inceperit . subito illa media candela que remanserat . extinguatur . sicque benedictus et cetera que sequuntur in
tenebris dicantur. Post *Benedictus* uero finita antiphona . Duo fratres
in dextera cruce ecclesie . primo *Kyriel*[*eison*] imponant. Quibus alij
duo in altera cruce ecclesie similiter *Kyriel*[*eison*] respondeant. Deinde
iterum duo priores fratres *Kyriel*[*eison*] . Et chorus subiungat . *Do-*
mine miserere nobis . *Christus factus est obe*[*diens*]. *usque ad mortem.*
Item alij qui in sinistra parte ecclesie sunt dicant *christel*[*eison*]. Deinde
duo ante gradus altaris incipiant . ℣ *Qui passurus* Deinde ex altera
parte duo repetant . *Christel*[*eison*] Et illi qui ante gradus sunt . ℣
Qui discipulos . Deinde in sinistra parte duo dicant . *Christel*[*eison*].
Postea duo ante gradus . versus *Agnus innocens* . Deinde chorus
℣. *Domine miserere nobis* ut supra. Rursum dicatur *Kyriel*[*eison*] . ter
ut superius . et chorus . ℣ *Domine miserere nobis* . ut supra. Hijs ita
finitis . Mox ut prelatus . *Mortem autem crucis* . dixerit . super formas
se prosternant . dicentes *Pater noster* . cum capitularibus precibus . id
est *Ego dixi domine* . et *Miserere mei deus* . Subiuncta oracione.
Respice quesumus domine . sine *dominus vobiscum* . quisque per se
dicat. Laici interim *Pater noster* . et si quid post hoc melius nouerint
dicant. Postea prelato sonitum dante . lumen proferatur. Sicque
nocturnum uel matutinale completur seruicium. Accensisque laternis .
dormitorium petant. Mane uero surgentes . solito more usque ad
primam se habeant . excepto quod missas familiares hac die inter-
mittant.

❡ Pulsata prima . *Pater noster* . prostrati dicant . et intermisso .
Deus in adiutorium et ymno . ebdomadario incipiente . antiphonam
Iustificeris . Ps[almo]s. *Deus in nomine tuo. Beati immaculati. Re-*
tribue seruo . Sine *Quicunque vult* . submissius solito canent. Quibus
dictis . Responsorium *In monte oliueti* . / ille cui cura canendi   [fo. 87
Responsoriola super horas iniuncta est . imponat . cuius versum idem
canat . et Responsorium reincipiat . Subiungens . versiculum . *christus*
factus est. Quo facto . prostratus quisque per se sub silencio . solitas
preces usque ad confessionem dicat. Confessio in audiencia fiat.

Deinde preces que sequuntur . et *Miserere mei deus* . cum solita oracione.
Domine sancte pater . sub silencio finiatur . sicque facto signo . surgant . et in capitulum ueniant.   Vbi annunciato kalendario . vsque
preciosa sub silencio ab vnoquoque dicatur.   Quo dicto . innuente
prelato . Lectio de euangelio ipsius diei sine *Iube domine* . et sine *tu
autem* . legatur . statimque tabula recitetur.   Defunctorum nomina .
si assunt pronuncientur.   Illis quoque absolutis . dicto *benedicite* .
primo sicut mos est de ordine tractetur.

Tractatis que in hoc capitulo tractanda sunt . in fine nichil dicant .
sed cum silencio exeant.   Post capitulum . indicet prelatus
priori et elemosinario quot pauperes ad mandatum assumi debeant .
prouideant eciam ipsi ut masculi et integri corporis sint . ne infirmis
fratribus molestiam inferant.   Eligant uero tot pauperes . quot in
ecclesia sani et infirmi fratres habentur.   Duo eciam ad prelatum . et
alij quot ipse prelatus pro familiaribus loci in mandato habere uoluerit.
Insuper et tot alij pauperes assumantur . quot fratres eodem anno
obierunt.   Hore huius diei et duorum sequencium simili modo quo
supradictum est de prima cantantur . excepto . quod alie preces
dicuntur . i[d est].   *Ego dixi domine* . et *Miserere mei* . et cetera .
cum oracione *Respice quesumus domine* finiuntur.   Hac die ad iij .
antiphona . *dominus tanquam ouis*.   R̰. *Tristis est anima mea.*
℣. *Homo pacis mee.*

ℂ Ad . vj^{am} . a[ntiphona] *Contristatum est.*   R̰. *Vnus ex discipulis
meis.*   ℣. *Deus meus eripe me.*

ℂ Ad ix^{am} . a[ntiphona] *Exortatus est.*   R̰. *Vna hora.*   ℣. *Exurge
domine et vindica causam meam.*   Hac autem die alcius quam in duobus
sequentibus hore canuntur.

ℂ Post terciam dicatur missa ad crucifixum infirmis fratribus et
familie et pauperibus qui ad mandatum electi sunt.   Interim prouideantur lecciones . et duo porticus claustri in quibus pauperes sedere
debent . honeste preparentur . finita uero missa ⁖ elimosinarius ducat
pauperes ubi aqua calida pedes lauent.   Quia uero summi capitis
membra sumus . et capud nostrum pro .posse nostro imitari debemus .
ad exemplum illius qui hodie discipulis pedes lauit . nobis mandans
ut inuicem idem faciamus vnusquisque fidelium alter alterius lauare
pedes debet.   Vnde non solum ordinati . sed et laici Hac die debent
pauperes in domos suas introducere . pedesque eis lauare . ac inpenso
eis aliquo temporali subsidio . cibo eciam reficere.

ℂ Dum sexta canitur . ipse elimosinarius et dominus prior intro-

ducant eos in claustrum . faciantque sedere dimidios in porticum
claustri iuxta ecclesiam . et dimidios / in¹ porticu puerorum ꞉ [fo. 87 *v*
hoc modo . primo duos ad opus prelati in occidentali angulo claustri
sedere faciant.   Iuxta quos hinc et inde singulorum fratrum super-
stitum singulos pauperes collocent.   In ultimo infirmorum fratrum
pauperes sedeant.   Defunctorum quoque . et ipsi similiter sedere
debent . Familiarium similiter.   Omnia autem que ad mandatum
pertinent . videlicet . aqua calida . bacina . et linthea . tergendis pedibus et manibus preparentur.   Finita uero sexta . omnes fratres in
capitulo coadunentur . ubi capas deponentes ꞉ preeunte prelato ꞉
secuntur bini et bini . sicut ad aquam benedictam in dominicis per-
gunt.   Quo autem suos pauperes subsistente . vnus chorus sicut post
ipsum incedit . ex vna parte consistat . et alius ex altera parte eodem
ordine stare . secedat.   Tunc omnibus per ordinem ante suos pauperes
astantibus . et ad illos conuersis . prelatus ad instar domini ihesu
accepto lintheo . precingat se . et incipiente precentore antiphonam.
Dominus ihesus . humiliter et deuote primo suis pauperibus pedes
lauet . lintheo tergat . capillis eciam ad exemplum illius sancte mulieris
iterimque† tergat . et osculetur.   Cui senior qui ad dexteram eius est .
primus de bacinibus seruiat . post prelatum . ex utraque parte a primis
incipientes.   Simili modo suis pauperibus pedes lauet . is qui primus
est . de bacinibus seruiat.   Nullus tamen lintheo se precingat.   Sed
camerarius ex vna parte . omnibus linthea prestet . qui eciam vnum
de fratribus premoneat . ut similiter ex altera parte faciat.   Item .
qui infirmis fratribus seruit ꞉ pedes pauperum infirmorum fratrum
lauet.   Similiter et elemosinarius abluat pedes eorum qui pro defunctis
fratribus intersunt.   Pedes pauperum familiarium lauet cui prelatus
precepit.   Dum hec aguntur . semper antiphona.   *Dominus ihesus* .
post singulos versus psalmi *Beati immaculati* . usque ad *In quo corrigit* .
repetatur.   Lotis pedibus omnium . rursus prelatus suis pauperibus
ad abluendas manus . aquam prebeat.   Cui vnus fratrum qui ad hoc
fuerat premunitus . iiij^or. nummos tribuat . quos ille ipsis pauperibus
eorum manus osculando offerat.   De hinc ex utraque parte singuli
eis quibus lauerunt : aquam lauandis manibus porrigant . ut supradictum est . ut inferiores a superioribus bacinia suscipiant.   Camerarius cum collega suo sicut linthea : manutergia tam prelato . quam
ceteris omnibus ministret.   Frater uero qui ipsi prelato nummos dedit
ex vna parte . et alius ex altera parte singulis fratribus . singulos

---

¹ Struck out.

denarios distribuant. Quos illi suis pauperibus . eorum manus osculando offerant. Hijs itaque peractis [1] ꞏ inclinati dicant *Kyriel*[*eison*] .
Pater noster. Deinde dicto a prelato precibus et oracione . *Adesto
domine officijs* . qui ad mandatum in sabbatis dici solent . pergant ad
lauatorium manus abluere. Resumptisque cappis . dum modicum
fit inter/uallum ꞏ de suis necessitatibus prouideant. At pau- [fo. 88
peres ducantur ad locum vbi optimus ignis sit paratus . ubi data
vnicuique pauperi vna prebenda . in eorum arbitrio dimittatur . uel
ibi comedere uel secum deportare. Dum nona cantatur prelatus cum
suis ministris honorifice induantur. Thuriferarij quoque et ceroferarij
induantur albis antequam hora finiatur . et facto signo a priore post
horam ingrediantur. Secretarius ter vnum de maioribus signis modicum pulset. Postea prelato cum[2] indutis ante altare super tapetum
prostrato . conuentu quoque post ipsum per ordinem . Dicantur vij .
psalmi . cum absolucione sicut in capite ieiunij . Sed ad psalmos non
sint nudis pedibus. Facta autem absolucione . omnia signa productius
solito pulsentur . sicque corde usque in sabbato sancto ligentur.
Missa solempniter . et deuotissime celebretur. In qua per totum
orbem sanctum crisma conficitur. Vnde et in ea *Gloria in excelsis*
canitur scilicet episcopus missam crisma consecrans celebrat. Sacerdos
honorifice reuestitur. Cantores ebdomadarij in cappis chorum regant.
Kyriel[*eison*]. sicut in [festo] ix . leccionum Gradale reincipiatur.
Credo non dicitur . nec prefacio nisi de communi. Diaconus tot
hostias ponat ad sacrandum . quot hodie et in crastino sibi . et hijs
qui de clero et fideli populo communicare uoluerint sufficiant ad
communicandum.

[C]Ongrua siquidem racio postulat ut eo die religiosus quisque a
communione sese minime subtrahat . quo videlicet sacramentum sui corporis primo christus instituit . omnique ecclesie quocienscunque id ageret ꞏ in sui memoriam faciendam mandauit. Hinc
in decretis sotheris pape capitulo . v . legitur. In cena domini a quibusdam necligitur percepcio eukaristie. Que quoniam in hac die ab
omnibus fidelibus exceptis hijs quibus pro criminibus grauibus inhi-
bitum est percipienda sit . ecclesiasticus usus demonstrat. Cum enim
penitentes eadem die percipiendo corporis et sanguinis domini sacramenta reconcilientur. *Sanctus* et *Agnus* dicuntur. Sed pacis osculum
non datur. Nam quia proditoris signum pacis fuit osculum . hijs
tribus diebus ab osculo pacis est abstinendum.

[1] Over erasure.   [2] In margin.

O

⁋ Communicatis uero fratribus et cantata communione . prelatus ad altare . antiphonam . *Calicem salutaris* . incipiat. Qui dum psalmi vespertinales in choro cantantur . cum suis ministris ipsos psalmos dicens . hostias in crastinum reseruandas . in corporalibus super que consecrate erant replicando eadem corporalia componat. Ponensque ipsa corporalia plicata super [1] super vnum calicem . diacono portanda tradat . que illo cum magna diligencia portante . precedente processione cum qua ad altare uenerat . ac prelato / prose- [fo. 88 v quente . uadant ad locum ad hoc decenter preparatum. In quo idem prelatus corpus dominicum a diacono resumptum . caute et honeste reponat. Incensato ipso loco . et ante et post . vbi quamdiu corpus dominicum manserit . lumen continue ardeat. Hoc expleto ꝛ ad altare redeant. Dictis autem psalmis . mox antiphonam . *Cenantibus* . incipiat . qua post *Magnificat* finita . Sacerdos conuersus ad populum dicat . *Dominus uobiscum* . et oracionem . ad complendum . et diaconus *Benedicamus domino* . missa simul et vespere complentur. Post missam conuentus in choro sedeat expectans donec prelatus depositis uestibus quibus indutus est festiuis ornamentis . alba inculciori reindutus sit. Interim altaria discooperiantur. Precedente prelato ad lauanda altaria . duobus fratribus . aquam et vinum . et priore fasciculum de buxo preferentibus . cum ante maius altare uenerint . statim in choro precentor R̘. *In monte oli[ueti]* incipiat. Tunc prelato : prior primo aquam . deinde vinum ministret. Qui postquam altare illud perlauerit . dicat audientibus tantum hijs qui sibi seruiunt . versum et collectam de sancto in cuius honore consecratum est. Deinde transeat ad cetera altaria . similiter per singula agentes. Conuentus uero a choro non discedat . sed quamdiu lauantur altaria . predicto Responsorio cantato . de ceteris que secuntur . alia sine cessacione subiungat. Perlotis altaribus . prelatus ante maius altare ueniat . ibique terminato cantu . stans ante gradus altaris dicat versiculum *Christus factus est pro nobis o[bediens]* . *usque ad mortem* . et oracionem *Respice quesumus domine.*

Hijs ita peractis egressi de ecclesia post paruum interuallum percussa in claustro tabula . refectorium ingrediantur. Stantesque in ordine . non pulsetur tintinnabulum . sed dato signo a prelato . cum manu uel cultello . dicant . versum . *Edent pauperes* . sine *Benedicite* . mediocri uoce . sine *Gloria patri* . et sine *Kyriel[eison]*. Deinde *Pater noster* tacite finito . *Et ne nos* dicat sacerdos ebdomadarius humili

[1] Erased.

uoce *Oremus Benedic domine dona* ⸱ et respondentibus ceteris *Amen*. Lectio sine benedictione incipiatur . et sine *tu autem domine* finiatur.

❡ Finita cena et dato signo a prelato surgant . et iterum in ordine stantes . audito alio signo . dicant *Memoriam fecit* . sine *Gloria patri* . et sacerdos *Agimus tibi gracias* . sicque cantando psalmum *Miserere mei deus* . ad ecclesiam pergant.   Quo finito . sine *Gloria patri* . *Kyriel*[*eison*] . et preces . *Dispersit dedit* . et cetera sub silencio dicant . et sic egrediantur.   Post hoc dum seruitores commederint† . preparentur omnia ad mandatum fratrum.   In capitulo ornetur lectrinum . vbi legendum est euuangelium.   Similiter in refectorio aliud lectrinum ante ultimum gradum ponatur.   Fratres sicut solent in sabbatis pedes lauent . ut hoc sanctum officium / spaciose et deuote ut dignum   [fo. 89 est possit compleri.   Postquam seruitores reficerint . mature tabula ad mandatum feriatur.   Et cum omnes in capitulum conuenerint . prelatus uel si deest ⁚ ille qui vices eius tenuerit . ad exemplum domini surgat . et ponat uestimenta sua . et accepto lintheo precingat se. Deinde mittat aquam in peluim . ueniensque in capitulum.   Mox priore ⸱qui in loco eius sedere debet . inchoante antiphonam . *Dominus ihesus* . Incipiat lauare pedes fratrum . et extergere lintheo quo est precinctus.   Insuper et capillis sicut illa sancta mulier tergat et osculetur.   Quod non fit in alijs mandatis per annum.   Cui ebdomadarius maioris misse de bacinis seruiat.

❡ Nota quod abbas et prior cum ministris suis erunt in superpellicijs festiualibus . sine capis . donec pedes et manus omnium lauentur . et tunc resumptis capis ibunt in capitulum ad sedes suas . excepto quod abbas deponat capam suam in sede sua et resumet eam.

❡ A quibus uero incipiendum sit . beatus augustinus ostendit. Cepit inquid ihesus lauare pedes discipulorum . Deinde subiunctum est . Venit ergo ad symonem petrum quasi aliquibus iam lauisset pedes . et post eos iam uenisset ad petrum principem apostolorum. Sed non ita intelligendum est quod post aliquos ad illum uenerit . sed quod ab illo inceperit.   Quando ergo pedes apostolorum lauare ceperit . uenit ad eum a quo cepit idest ad petrum.

Postquam autem omnium pedes loti fuerint . prelato ad sedem suam reuerso . prior accinctus lintheo pedes eius et fratrum qui ei ministrauit.   Seruiente sibi ebdomadario maioris misse . abluat tergat et osculetur.   Quo facto . rursus prelatus accipiat bacinia et adiutore suo manutergium ministrante . omnibus per ordinem sicut pedibus sic lauandis manibus . aquam fundant.   Idem officium prior cum suo

adiutore prelato et socio suo persoluat. Dum hec aguntur . cantata .
predicta antiphona . quocienscunque cantori visum fuerit . cum uersibus . *Beati immaculati* . subiungat idem cantor alias antiphonas sicut
in libris habentur.

Diaconus lecturus dominicum sermonem et ceteri qui ei seruituri
sunt competenti hora ad preparandum se prius lotis pedibus exeant.
Induaturque dalmatica . subdiaconus tuniga†. Thuriferarij et ceroferarij
albis. Iam finito mandato cum *kyriel*[*eison*] . et solitis precibus et
oracione *Adesto domine* . procedant illi de reuestiario. Quibus in-
gredientibus capitulum . assurgat conuentus. Tunc diaco[n]us accedens
cum processione sua ad prelatum . ex more ei incensum offerat . et
accepta benedictione . ad lectrinum sermonem domini in cena ad discipulos habitum . in modum lectionis legat . ita incipiens . *Ante diem
festum . pasche* . Circumstante conuentu donec vnam clausulam finiat.
Sedentibus uero omnibus ﹖ stent hinc et inde ceroferarij cum thuriferario. Postea cum dixerit / *Surgite eamus hinc* . precedente   [fo. 89 *v*
processione omnes in refectorium eant . ubi dato signo a prelato .
dicant *Benedicite* . et prelatus . *Potum caritatis benedicat dextera dei
patris.* Tunc priori in loco prelati sedenti ceteris in suis locis sedentibus
. prelatus a priore incipiens . singulis manus osculans . potum caritatis offerat. Quem . refectorarius cum alio fratre ciphis potum in-
fundens . precedat. Post omnes ipsis eciam qui sibi ministrabant
potum tribuat. Deinde ipsi sedenti in sede sua . prior simili modo de
potu seruiat. Ne quis uero per obliuionem bibat . priusquam de manu
prelati potum percipiat . refectorarius omnes iustas desuper mensas
auferat . exceptis illis de quibus ipse prelatus seruire debet. Nullus
uero bibere presumat . donec a prelato accipiat. Lecto autem de sermone quantum prelato visum fuerit . ipso innuente . diaconus sine .
tu autem . finem faciat. Sicque cum signo a mensis surgentes . dicto a
prelato uersu. *Benedictus deus in donis suis* . precedentibus ministris
ad ecclesiam pergant . et completorium dicant. Interim diaconus
et ceteri ministri . plicatis uestibus . in refectorium simul bibituri
eant . simulque reuersi ad ecclesiam completorium dicant . et ad
conuentum redeant.

❡ Ad completorium dictis psalmis *Cum inuocarem* . *In te domine* .
Qui habitat . *Ecce nunc* . *Nunc dimittis* . cum antiphona . *Oblatus
est* . et cantato Responsorio . *O iuda*. Subiuncto uersiculo *christus
factus est pro nobis obe*[*diens*]. Prostrati dicant *Pater noster* . et *credo* .
cum reliquis solitis precibus usque ad confessionem. Confessio in

audiencia fiat. Deinde *Miserere mei deus* . et oracio . *Illumina que-sumus* . et ita surgentes . facta trina oracione . et aqua benedicta aspersi dormitorium petant.

In die parasceue.

FEria sexta que appellatur parasceue tam ad matutinas quam ad horas pro signo tabula percutitur.

❡ Mane uero surgentes fr₃tres . nudis pedibus donec officium compleatur . maneant . nisi iussu prelati pro nimia frigoris asperitate se calcient. Quod ᵋ quando euenerit officio tamen discalciati intererunt. Ad matutinas . *Kyriel[eison]*. canitur . ut supra cum hijs uersibus. *Qui expansis. Qui latroni. Fac nos tua.*

❡ Ipsa die singuli uel bini . simul totum psalterium per claustrum dicant.

❡ Ad primam . A[ntiphona]' *Proprio filio.* Psalmus. *Deus in nomine tuo.* R̷. *Tanquam ad latronem.* ℣. *Christus factus est.*

❡ Capitulum usque ad *Benedicite* agatur . sicut hesterna die . in quo lectio legatur . s[cilicet]. *Festinemus ingredi* . Recitata uero tabula . et dicto *benedicite* . statim consuetudines que ad officium pertinent legantur . quibus lectis . si deest loquendi necessitas . in-nuente prelato exeant.

❡ Ad terciam *Auxiliatus est.* R̷. *Vinea mea.* ℣ *Diuiserunt sibi uestimenta.* Ad sextam . antiphona . *Ait latro.* R̷. *Barrabas.*ᵗ ℣. *Insurrexerunt in me.* Ad ix . a[ntiphona]' *Dum conturbata.* R̷ / *Velum templi.* [fo. 90

Cantata nona conuentu in choro expectante . qui ad officium tractus cantaturi sunt . et ministri altaris reuestire accelerent. Ministri sicut in priuatis diebus exceptis casulis induantur. Prelatus uero cum alijs uestibus se induantᵗ. et casulam purpuream si habeatur-. si non vnam de mediocribus Qui cum finita hora nudis pedibus diacono et subdiacono tantum . sine candelabris precedentibus . similiter nudis pedibus ad ̀ altare uenerit . non modo confessionem faciat . sed dicto tantum *Pater noster* et signans se . mox lectore incipiente . primam lectionem . sessum eat. Altare desuper una tantum lintheamine sit coopertum. Candele non accendantur iuxta illud . utraque lectio sine titulo legatur. Prima sc[ilicet] incipiatur . *In tribulacione sua* . qua finita . tractus . *Domine audiui* . a duobus cantetur . choro per singulos uersus repetente . *Consideraui.* Finito tractu . dicatur oracio . *Deus a quo [et] iudas* . Ad quam diaconus . *Flectamus genua* dicat. Post

oracionem . legat subdiaconus secundam leccionem . non ut epistolam
sit[t] in modum leccionis . ita incipiens *Dixit dominus ad moysen* . qua
lecta . tractus *Eripe me* . a duobus et choro alternatim cantetur.
Post vltimum tractum statim incipiat diaconus passionem. Omnes
uero qui legunt uel cantant uel ad altare seruiunt . albis induantur .
sed nullus hodie alba parata debet indui. In passione cum diaconus
dixerit . *partiti sunt uestimenta mea* . sint iuxta altare illi duo qui
vltimum tractum cantauerunt . vnus ex vna parte et alius ex alia parte
trahentes ad se linthea que ante officium ad hoc ibi fuerat posita.
Finita autem passione . incipiat prelatus . solempnes oraciones . s[cili-
cet].   *Oremus dilectissimi deum patrem* . et c[etera.] Ad quam oracionem stet conuentus . et ad secundam sedeat . et sic ad ceteras omnes
vicissim stat et sedeat. Et cum in oracionibus *flectamus genua* dixerit .
in ea tamen que pro perfidis iudeis fit non dicat. Nam quia ipsi redemp-
tori nostro in passione deridendo genua flectebant . sancta ecclesia illorum
exhorrescens facinus pro illis tantum in oracione genua non flectit.

Circa finem harum oracionum . secretarius ante maius altare ubi
crux adoranda est . tapetum extendat. Oracionibus finitis . prelatus
et ministri depositis in uestiario . casula . stolis et manipulis in chorum
ueniant in albis . stetque prelatus ultimus . diaconus et subdiaconus
prope eam ex eadem parte. Tunc duo sacerdotes in albis de post
altare . crucem preparatam accipientes . iuxta idem altare stantes a
dextris coopertam eam omnibus representent cantantes . *Popule meus*.
Quibus duo leuite in casulis stantes inter chorum et altare . *Agyos* ter .
veniam petendo respondeant. Ad que chorus similiter ter genua
flectendo . *Sanctus* . *Sanctus* . *Sanctus* . subiungat. Predicti sacerdotes
circa finem responsionis chori . paululum progredientes / [fo. 90 *v*]
tacente choro . alterum uersum cantant . s[cilicet]. *Quia eduxi te*.
Quibus leuite . *Agyos* . Et chorus *Sanctus* respondeat. Rursum sacerdotes aliquantulum progredientes . tercium versum canant . s[cilicet].
Quid ultra debui. Et leuite . *Agyos* . Et chorus *Sanctus*. Hijs ita
finitis . Sacerdotes tantum progressi . ut iam loco quo crux adoranda
est . assistant . et crucem subito discooperientes incipiant antiphonam
Ecce lignum crucis. Ad quam omnes conuersi genua flectant . mox
ut crucifixum dominum extensis brachijs ad amplexum nos sue reconciliacionis inuitantem complexerint . quante deuocionis affectu erga
tantum beneficium incitatur . debent ostendere. Tunc leuite exeant
et depositis casulis ut crucem sacerdotibus teneant. Et quotiens-
cunque ipsa antiphona incipiatur . terre se prosternentes . adorent

dominum ipsam terram osculantes. In fine quoque antiphone cum
dixerint *Venite adoremus* . genua flectent. Ipsa uero antiphona ter
ab illis qui crucem tenent . repetatur. Qua primo percantata . subiungatur primus uersus *Beati immaculati in via* Secundo alius qui sequitur.
Tercio percantata . Statim in choro . antiphonam . *Crucem tuam* .
incipiant . Ad quam quociens incipitur . in terra se prosternant.
Que a[ntiphona]' eciam ter dicatur . cum duobus uersibus psalmi .
Deus miseriatur[t] *nostri.* Postea a duobus in albis ad gradus chori
incipiatur . *Crux fidelis* . et dicantur uersus de ymno *Pange lingua* .
quamdiu crux adoratur. Choro per singulos versus repetente . *Crux
fidelis.* Prelatus discooperta cruce cum primo antiphona . *Ecce lignum*
incipitur . statim accedens toto corpore ante ipsam crucem se prosternet
. et ex intimo cordis suam oracionem ad dominum fundens . pedes
ipsius ore et oculis cum magno affectu iterum et iterum osculetur.
Ceteri omnes ante crucem domini bini et bini similiter toto corpore
prostrati iacuerint . sine libro . sed ex intima cordis intencione . prout
ipse quem adorant inspirauerit . suam oracionem compendiose compleant. Cum prelato ꝛ ministri eius hinc et inde post eum sic iaceant.
Cumque ipse adorata cruce surrexerit . tunc et ipsi accedant[1] osculari
crucem domini.

❧ Interim illi qui *Agios* dixerint . depositis casulis non amplius
resumendis . in locum sacerdotum qui crucem tenent succedant.
Ipsique sacerdotes postquam adorauerint ꝛ iterum crucem teneant .
et tunc diaconi adorent. Post quos ꝛ omnes adorare ueniant. Postquam prelatus adorauerit . non in chorum redeat . Sed quamdiu crux
adoratur . uel ad altare orans . uel vbi melius sibi uidebitur . sedeat.
Postquam omnes fratres adorauerint ꝛ Si non est populus qui adorare
debeat . deferatur crux in alium locum. Que si per chorum portatur.
Flectant omnes genua . non simul . sit[t] sicut ante singulos transierit.
Si uero populus moram fecerit in orando afferat secretarius aliam
crucem . quam accipiant illi qui uersum *Popule meus* dixerint . qui
si non assint ꝛ hij accipiant qui ympnum / cantant . et eleuantes [fo. 91
incipiant antiphonam . *Super omnia.* Sicque in eminente loco reponant. Tunc omnes flexis genibus adorantes . ipsam antiphonam .
finiant.

Hijs peractis . prelatus ac ministri . stolis et manipulis resumptis .
solo prelato calciato . et casula induto . cum thuriferario . et
ceroferarijs . pergant ad locum vbi pridie corpus domini posuerunt.

---

[1] Over erasure.

Ibique incensato eo prelatus id diacono reportandum tradat. Cum uero altari approximauerit . adorent omnes flexis genibus corpus domini. Interim secretarius aliud lintheamen super altare extendat. Quod prelatus a diacono recipiens . consueto more super altare componat. Tunc primum super altare candela accendatur. Tunc in presencia eius diaconus in calicem vinum et aquam mittat. Quem calicem postquam incensauerit : ablutis manibus . facta confessione . conuersus ad altare cum ministris . mediocri uoce incipiat . *Oremus Preceptis salutaribus* . et finiat totum *Pater noster.* Choro respondente . *Sed libera nos.* Postea dicat solito more . *Libera nos quesumus domine* . et cum iterum dixerit *Per omnia secula* . et responsum fuerit . *Amen. Pax domini* non dicat . nec pacis osculum porrigat. Sed sumat de sancto et ponat in calicem nichil dicens. Sicque se et ceteros sub silencio communicet.

❡ Amalarius . Sanctificatur inquid vinum non consecratum per corpus domini inmissum.

❡ Quod corpus domini in memoriam sepulture . a quinta feria reseruatum . in sexta sumitur designat quod a fidelibus nichilominus eadem die sepultum est. Nec reseruatur sanguis eo quod ab infidelibus eo die effusus est. Innocencius papa hac die [1] . . . [1] non celebrari . ita. Nec enim inquid decet ut ea die ueritas a fidelibus in sacramento immoletur . qua per se ab infidelibus dignata est immolari.

Postquam omnes communicauerint : incipiatur in choro a cantore ebdomadario ex parte abbatis . antiphona . *Calicem salutaris* . cum antiphonis et psalmis que pridie ad vesperas dicte erant. Sed non distribuet antiphonas socijs . Sed ipsemet incipiet . eas. Prelatus cum ministris . compositis circa altare que componenda sunt . vesperas in reuestiarium dicendo redeat. Post vesperas omnes egressi de ecclesia : ablutis pedibus calcient se. Quia uero officium in crastino solito tardius agendum est : propter laborem post collacionem in refectorio potum caritatis omnes accipiant. Deinde post paruum interuallum percussa tabula : refectorium ingressi : ante cenam et post ut pridie cuncta compleant. In mensa uero nisi panis et aqua et herbe crude non apponuntur. Cibi tamen fratrum coquantur ut alijs diebus . et de coquina . portentur ad elemosinam. Solitus uero potus . detur pauperibus. De infirmioribus fratribus qui in conuentu sunt . prepositus sit sollicitus.

❡ Ad completorium / antiphona . *Memento mei.* Rȝ. [fo. 91 *v*

[1]—[1] A space here.

Tenebre facte sunt. ℣ *Christus factus est pro nobis obe[diens]* . *usque [ad mortem].* et cetera sicut prius dicuntur.

fo. 91 *v.*

In sabbato sancto pasche.

SAbbato sancto cuncta que supradicta sunt de officio noctis uel diei . usque ad officium misse eodem ordine complentur. Ad *kyriel[eison]* ℣. *Qui prophetice.* ℣. *Vita in ligno.* ℣. *Quem sanctorum anime.* Ad primam . a[ntiphona]. *O mors.* Psalmus. *Deus in nomine tuo.* ℞. *Ierusalem luge.* ℣. *Christus factus est* . et cetera.

℄ Post capitulum statim radantur fratres.

℄ Ad terciam . a[ntiphona]' *Plangent*[1] *eum.* ℞ *Plange qu[asi]*[1] *uirgo.* ℣ *In pace in idipsum.*

℄ Ad vi^am. a[ntiphona]' *Attendite.* ℞ *Ecce quomodo moritur.* ℣ *Caro mea.*

℄ Ad ix. Antiphona. *O uos omnes.* ℞ *Sicut ouis.* ℣ *In pace factus est locus eius.*

℄ Nona solito more tardius cantetur. Hoc quoque obseruetur . ut ita officium protrahatur . quatinus circa uesperam missa cantetur. Omne enim officium presens de nocte est . sicut in ipsa consecracione cerei memoratur . *Hec nox est* . et beatus Innocencius papa ostendit isto biduo sacramenta non celebrari . ipso scilicet die passionis christi neque sabbato dicens . Nec enim decet ut eadem die ueritas a fidelibus in sacramento immoletur . qua per se ab infidelibus dignata est immolari . nec ea qua per se ab ipsis[1] infidelibus sub custodia sepulcri se teneri permisit. In quo innuitur quod missa presentis officij non de sabbato sed de dominica proxima esse manifestatur.

℄ Post nonam eant fratres in dormitorium cappas deponere. Quibus si propter asperitatem frigoris . deinceps ex toto non possunt carere : tamen per subsequentem septimanam ad maiorem missam . et ad vesperas . et ad matutinas . ad legendas lectiones . et cum ad gradus cantauerint . ipsas exuant.

℄ Interim reuestiantur ministri altaris festiuo more . diaconus dalmatica . subdiaconus tunica.

℄ Preparatis iam ministris ante altare . Conuentus ad locum ubi nouus ignis benedicendus est ꞉ ordinate procedat hoc modo.

℄ Ante omnes sacrista cum hasta cui infixus sit cereus ꞉ in quo ignem reportaturus est . incedat. Post quem thuriferarius in alba . deinde diaconus . post quem cantores . postea conuentus.

---

[1] Over erasure.

P

❡ Et notandum quod qui peluim portat cum incenso in suo ordine incedit . s[cilicet]. in stallo suo. Et aquebaiulus officio suo peracto . et aqua benedicta super gradum deposita . exeat et albam exuat . et in conuentum redeat. Similiter thuriferarius cereo benedicto faciat. Prelatus uero ultimus incedat in capa.

❡ Cumque ad ignem peruenerint omnibus in ordine stantibus . accedat prelatus . et ignem benedicat . aqua benedicta eum aspergens. Tunc thuribulum de carbonibus noui ignis impleatur et a secretario cereus in hasta accendatur. Duo illi qui in capis sunt . statim hympnum *Inuentor rutili* . incipiant. Ibique antequam moueatur processio . primum uersum finiant. / Sicque conuentu eundem [fo. 92 uersum repetente . eodem ordine . quo uenerat . redeant. Predicti uero cantores cum in choro uenerint ⁊ ad gradus ubi cantari solet ⁊ ceteros uersus ympni prosequantur . choro per singulos uersus repetente ⁊ *Inuentor rutili*. Finito ympno . Illi duo qui ympnum cantauerunt exeant et exuant capas sericas . et in chorum in superpellicijs reuertantur. Mox diaconus in consecracione cerei intret. Interim subdiaconus et ceteri induti . vltimi in choro assistant. Prelatus similiter in choro in sede sua sit. Omnibus astantibus ad tam sancti luminis consecracionem intentis . cum diaconus dixerit . *Suscipe sancte pater incensi hujus sacrificium uespertinum* . sit paratus thuriferarius . qui ipsi diacono incensum offerat. Quod ille in thuribulum ponens . cereum tantum incenset. Ante officium enim quinque incensi grana in ipso cereo firmiter debent esse infixa. Thuriferarius uero post incensatum cereum . donec idem consecratus sit . ibidem cum thuribulo fumigante consistat . iuxta cereum. Rursus cum diaconus dixerit . *In honorem dei rutilans ignis accendit* ⁊ secretarius cereum de nouo igne accendat. Et cum adiunxerit . *Qui licet diuisus sit in partes* : accendat eciam duos cereos . ex utraque parte magni cerei . in candelabris affixos.

❡ Cereus ideo benedicitur ut per sacramenta benedictionis transeat ad misterium columpne illius que in nocte populum precedebat. Cereus usque in crastinum post completorium non extinguatur. Qui eciam per totam ebdomadam ad maiorem missam accendatur.

❡ Peracta consecracione cerei . prelato et ministris in reuestiarium reuertentibus . statim prima leccio incipiatur . s[cilicet]. *In principio . fecit*. Tunc extinguantur duo cerei in candelabris usque ad missam. Tunc eciam prelatus indutus vnam† de mediocribus planetis . cum diacono et subdiacono tantum dalmatica et tunica

exutis . ad altare procedens : non modo confessionem faciat . sed
tantum premisso *pater noster* . et osculato altari . cum suis ministris
sedeat. In leccionibus tituli preponuntur. Primam leccionem . dominus prior . Ceteras alij legant sicut sunt in ordine. Singuli tractus a
duobus et a choro alternatim cantentur. Qui legunt uel cantant .
albis induantur. Maxime autem lectoribus . honesta dentur indumenta.

❧ Finita prima leccione ⸝ tractus non sequitur . sed collecta .
Deus qui mirabiliter. Qua dicta . sequitur secunda leccio . s[cilicet] .
Factum est in uigilia matutinale[t] . et tractus . *Cantemus* . oracio .
Deus cuius antiqua miracula . Leccio iij[a] . *Apprehendent septem mulieres* . Tractus *Vinea mea* . Oracio . *Deus qui nos ad celebrandum* .
leccio . iiij[a] . *Hec est hereditas* . Tractus . *Attende* . Oracio . *Deus qui
ecclesiam tuam.* Quam oracionem leccio non sequitur . sed tractus .
Sicut ceruus. Post quem . due oraciones sub vna clausula dicuntur .
s[cilicet]. *Concede quesumus omnipotens deus ut qui festa paschalia* . et
oracio *Omnipotens sempiterne deus propicius respice.* / Finitis [fo. 92 v
hijs oracionibus . statim incipiatur prima letania que septena appellatur . tum quia a septem fratribus canitur . tum quia de singulis
ordinibus sanctorum . sancti septem pronunciantur . simulque totam
canentes ita eam distinguant.

Kyriel[eison.]
Christel[eison].
Kyriel[eison].
Christe audi nos.

❧ *Pater de celis deus miserere nobis.*
Sancta maria.
Sancte michael.
Sancte iohannes baptista.
Sancte petre.
Sancte paule.
Sancte andrea.
Sancte iacobe.
Sancte iohannes
Sancte thoma
Sancte luca.
❧ *Sancte stephane*
Sancte line.
Sancte clete

Sancte clemens	*ora* [*pro nobis*].
Sancte sixte	*ora* [*pro nobis*].
Sancte corneli	*ora* [*pro nobis.*]
Sancte cipriane.	*ora* [*pro nobis*].
☾ *Sancte siluester*	*ora* [*pro nobis*].
Sancte hilari.	*ora* [*pro nobis*].
Sancte martine.	*ora* [*pro nobis*].
*Sancte ambrosij*ᵗ	*ora* [*pro nobis.*]
Sancte augustine	*ora* [*pro nobis*].
*Sancte nicholaie*ᵗ	*ora* [*pro nobis.*]
Sancte ieronime	*ora* [*pro nobis*].
☾ *Sancta maria magdalena*	*ora* [*pro nobis*].
Sancta felicitas	*ora* [*pro nobis.*]
Sancta perpetua	*ora* [*pro nobis*].
Sancta agatha	*ora* [*pro nobis*].
Sancta agnes	*ora* [*pro nobis*].
Sancta cecilia	*ora* [*pro nobis.*]
Sancta lucia	*ora* [*pro nobis*].
Omnes sancti	*orate* [*pro nobis*] . ij.

Hec predicta letania ın choro canitur.   Quicquid in ea dicitur uel in duabus sequentibus semel a cantoribus pronunciatur . et semel a choro respondeatur.   Sacerdos incepta letania prefata ⁙ casulam exuat . et ueniat in chorum.   Finita autem letania prima ⁙ sine mora incipiatur secunda . que quina eadem racione . qua supradicta septena uocatur . uel quıa a quinque fratribus dicitur . uel quia de ordinibus sanctorum . quinque sancti recitantur.

☾ *Christe*[*eison*].
Christe audi nos.
Fili redemptor mundi deus miserere nobis.
Sancta dei genitrix   *ora* [*pro nobis*].

Hec ordinata iam processione procedant ad fontes . procedentibus per ordinem . primo illo qui fert crucem . deinde ceroferarijs.   Postea illo qui portat cereum . non illum magnum . sed quemdam aptum in consecrandis fontibus habendum . de hinc quodam cum crismatorio. Postea hij qui letaniam cantant . qui simul procedunt subsequente clero . cum sacerdote ultimo.

☾ Cumque ad fontes peruenerint . stantibus hijs qui crucem et cetera portant ultra fontes ⁙ illi qui letanias prosecuntur ante fontes stent . donec letaniam finiant. In qua letania pronunciato ut supradictum est . *Sancta dei genitrix . ora* [*pro nobis.*] hec in ordine subiunguntur.

Sancte gabriel
❡ *Sancte iacobe*
Sancte philippi[†]
Sancte bartholomee.
Sancte symon
Sancte thadee
❡ *Sancte laurenti*
Sancte vincenti
Sancte georgi
Sancte dionisij cum socijs tuis
❡ *Sancte gregori*
Sancte augustine cum socijs tuis
Sancte pauline
Sancte cuthberte
Sancte benedicte
❡ *Sancta scolastica*
Sancta tecla
Sancta praxedis
Sancta eulalia
Sancta katerina
Omnes sancti

❡ Post hec intret sacerdos in consecracionem foncium . stante illo qui crucem tenet de contra uersa scilicet facie ad ipsos fontes . cum cruce . s[imiliter]. uersa. Iuxta quem stent hinc et inde ceroferarij. Ad cuius dexteram stet qui cereum tenet . et ex altera parte qui crismatorium tenet.

❡ Notandum quod sicut dictum / est magnus cereus ad   [fo. 93 fontes non portatur . sed iuxta romanum ordinem quidam cereus preparatur . quia[†] benedicto cereo illuminatur . et ab vno accolito ad fontes defertur. Consecratis autem fontibus non infunditur crisma . nisi assint aliqui qui debeant baptizari . sed lintheamine mundo cooperiantur . et usque ad completum pascha reseruentur . ut si forte in hijs diebus aliquis baptizandus aduenerit . fecundato tantum et sanctificato fonte infusione crismatis baptizetur.

❡ Completo igitur ex more sacro foncium misterio . tercia letania a tribus incipitur . que trina dicitur simili racione qua supradicta est septena uel quina . et sic incipitur.

Kyriel[eison].

Christe audi nos.

Spiritus sancte deus m[iserere]. n[obis].

Sancta uirgo uirginum ora [pro nobis]

Post hoc si fontes ante aliquod altare fuerint . pronunciato bis sancto in cuius honore consecratum est ⁊ in chorum eo ordine redeant quo uenerant. Stantibus autem hijs qui letaniam canunt ad gradus ubi ad hoc uenerint . *propicius esto libera nos domine* . Portitores que portant reponant in locis suis.

℟ In hac letania post supradicta . hec in ordine subiunguntur.

℟ *Sancte raphael*	[*ora pro nobis*].
℟ *Sancte mathee*	*ora* [*pro nobis*].
Sanctè mathia	*ora* [*pro nobis.*]
Sancte marce	*ora* [*pro nobis*].
℟ *Sancte albane*	*ora* [*pro nobis*].
Sancte edmunde	*ora* [*pro nobis.*]
Sancte oswalde	*ora* [*pro nobis*].
℟ *Sancte dunstane*	*ora* [*pro nobis*].
Sancte swithune	*ora* [*pro nobis*].
Sancte egidi	*ora* [*pro nobis*].
℟ *Sancta etheldreda*	*ora* [*pro nobis*].
Sancta mildrida	*ora* [*pro nobis*].
Sancta ositha	*ora* [*pro nobis*].
Omnes sancti	*orate pro nobis . ij.*
Propicius esto parce nobis domine.	

Quod tres letanie fiunt quando foncium celebratur misterium . ueneracio trinitatis est. Que pro baptizandis in hunc modum distinguntur . quia per innocacionem sancte trinitatis regenerantur. [1]Post hec si[1] sacerdos aliquem baptizauerit : recedat in reuestiarium et deponat uestimenta quibus in illo officio usus est . et preparat se ad missam festiuo more ut inferius dicitur.

Quando non itur ad fontes.

PErlectis leccionibus . Si ad fontes eundum non est . vna tantum letania a septem fratribus cantetur. Sic potest intelligi . quod diuinitatis vnitati uenerando supplicatur . ut vnitas vniuersalis ec-

[1] Over erasure.

ORDINALE 119

clesie in fidei soliditate conseruetur. ' Dum letania canitur . prelatus
dicta priuatim letania cum ministris . Si placet sedeat. Vbi uero
pronunciauerint . *Propicius esto* : eant ceroferarij in uestiarium . et
albis se induant. Induti . ueniant et accipiant candelabra . et eant
ad ostium uestiarij cum thuriferario . et expectent ibi aduentum
abbatis.

℃ Interim prelatus eat in uestiarium . s[cilicet]. ad *propicius
esto.* Depositaque planeta . qua ad officium indutus erat . aliam festiuam induat. Diaconus quoque dalmatica . Subdiaconus tunica
induantur. Iam uero finita letania . et cetera[t] que secuntur usque
ad *Agnus dei* . q[ui]. t[ollis]. p[eccata]. m[undi]. *miserere nobis* . Cum
cantor . *Kyriel[eison]* ad missam inchoauerit. Precedentibus ceroferarijs / et thuriferario . ad altare procedant . Quo cum [fo. 93 *v*
peruenerint . solito more confessionem faciant.

℃ Secretarius circa finem letanie omnia luminaria ecclesie de nouo
igne accendat.

℃ Postea dum *Gloria in excelsis* canitur . tractim et spaciose .
omnia signa in classicum pulsentur.

℃ Lecta epistola . *Alleluia* . pro recenti sui memoria . precentor .
et qui cum eo chorum regit solempniter imponant . et cantato uersu .
iterum *Alleluia* repetant . Deinde tractum . *Laudate dominum* . duo
in albis canant . Choro vtrumque uersum eiusdem tractus dimedium
canente.

℃ Ad euangelium non portantur candelabra . sed tantum incensum. In cordibus enim mulierum lumen ueritatis nondum surrexerat
. sed dum adhuc tenebre essent . cum aromatibus ad monumentum
uenerunt. *Credo* non dicitur . Sed statim post euangelium . Dicat
prelatus . *Dominus uobiscum* . *Oremus.* Offerenda non canitur . nec
Agnus dei dicitur . nec osculum pacis datur. Pro dubitacione scilicet
mulierum designanda . ista reticentur. Nam maria quem credidit
furto sublatum non credebat ipsum uer[u]m deum nec tollere posse
mundi peccatum.

℃ Notandum quod *Kyriel[eison]* . et *Gloria in excelsis* . et *Sanctus* .
sicut in dominicis diebus erunt.

℃ Postea dum *Sanctus* canitur . incipiant pulsari signa ad vesperas
sicut in festis duplicibus . ita ut communicato sacerdote . et ceteris
qui fuerint communicandi . sonet classicum. Quo cessante . precentor festiuo more incipiat *Alleluia* . secundum antiphonam . *Surrexit
dominus de sepulcro.* Tunc Psalmus *Laudate dominum* o[mnes]. g[entes].

cum magna exultacione cantetur.   Deinde alleluiatica sine neupmate
finiatur.

℃ Inde est enim usque ad vesperas sabbati sequentis . tam in antiphonis quam in versiculis neupmata omnia intermittuntur.   Similiter
antiphone que dicuntur ad *Magnificat* et *Benedictus* . non repetuntur .
sicut solent in alijs festis per annum.   Percantata predicta alleluiatica .
mox prelatus ad altare incipiat antiphonam . *Vespere autem sabbati*.
Qua finita post *Magnificat* . Prelatus conuersus ad populum dicat .
Dominus uobiscum . ac deinde oracionem ad complendum subiungat .
Spiritum in nobis.   Sicque dicto . *Ite missa est* . missa et vespere simul
finiantur.

℃ Post hec egressi de ecclesia . post paruum interuallum percussa
in claustro tabula . refectorium ingrediantur.   Stantesque in ordine
pulsato tintinabulo . dicant consueto more . versum *Edent pauperes*
cum *Benedicite* . et cum *Gloria patri* . et *Kyriel[eison]*.   Deinde *pater
noster* . tacite dicant.   Ebdomadarius . *et ne nos* . etc[etera].   Ad leccionem detur benediccio.

℃ Post cibum similiter cuncta compleantur solito more . excepto
quod . psalmus . *Confitemini* . pro psalmo *Miserere mei deus* . dicitur.
Et idem Psalmus tam ad prandium quam ad cenam cotidie . usque ad
cenam sequentis sabbati dicetur.

℃ Ad completorium dictis tribus psalmis . idest . *Cum inuocarem*.
In te domine.   *Ecce nunc* . cum breue alleluiatica . sine capitulo . et
ympno . pronunciato versu tantum. / *Confitemini domino*   [fo. 94
q[uoniam]. *bonus* . dicatur confessio . ab ebdomadario . et absolutis
fratribus . idem dicat . *Dominus uobiscum* . Oracio *Spiritum in nobis
domine*.

℃ Eodem modo per totam ebdomadam . hec oracio dicatur . excepto quod dictis tribus psalmis . cantatur hoc Responsoriolum . *Hec
dies*.

℃ Post completorium . facta trina oracione . et aqua benedicta
accepta . dormitorium petant.

Terminus pasche.

TErminus pasche nec ante . xii kalendas aprilis ⁚ nec post iiij kalendas Maij fieri debet.   Sed ubi inter hec luna . xiiij . fuerit .
ibi erit.   Pascha uero nec ante . xi kalendas aprilis . nec post vij .
kalendas Maij . fieri debet.   Luna non potest minor esse quam xiiij .
nec maior quam . xxi.

℘ Uictor papa et martir constituit ut sanctum pascha die dominica celebraretur . et a xv luna primi mensis usque ad xxi . obseruaretur. Beatus namque Gregorius doctor huius dominice . et dominice penticostes et per earum septimanas . ad trium psalmorum et trium leccionum . et trium Responsorium breuitatem propter nuper baptizatos matutinum redegit seruicium. De qua re Gregorius doctor septimus .. in generali synodo residens ita locutus est. In die resurreccionis et usque ad in sabbato eiusdem ebdomade tres psalmos tantum nocturnos . tresque lecciones antiquo more cantamus et legimus.

℘ Illi uero qui exceptis hijs duabus septimanis . tres tantum psalmos nocturnales et tres lecciones in matutinis diei agunt : non ex regula sanctorum patrum . sed ex fastidio et negligencia comprobantur hoc facere.

HAc igitur sancta nocte . custos ecclesie sic signa sonent . ut officium quamuis breue . iocundum tamen omni gracia plenum . ante diem . spaciose et deuotissime possit compleri.

℘ Ad matutinas *Domine labia mea* . dicitur . et *Deus in adiutorium.* Post *Gloria patri* . Deferat precentor prelato . antiphonam . *Ego sum qui* . statim incipiatur Ps[almus]. *Beatus uir.* Tres psalmi nocturnales cum tribus antiphonis dicuntur . tresque tantum lecciones leguntur . cum tribus Responsorijs . canuntur . repetito vltimo Responsorio . Iam prelatus festiuo more incipiatur . *Te deum laudamus.* Versus . *In resurreccione tua christe.*

℘ Hac die ad laudes quinque antiphone . dicuntur. Prima antiphona . incipiatur a precentore . subsequentes prout uoluerit distribuat. Finita quinta antiphona . sine capitulo et ympno . et versu . statim incipiatur antiphona . ad *Benedictus.* Postea *Benedicamus* cum *alleluia* dicitur.

℘ Inde est enim usque ad completum penticosten quando ad gradus *Benedicamus* dicendum est . cum *alleluia* debet cantari.

EOdem die si parachiorum[†] cura habetur . mane ipsis missa dicatur. In qua missa secundum estimacionem conuenientis populi . tot hostie ad sacrandum ponantur . quot communicaturis sufficere uideantur. Cantata itaque offerenda . Sacerdos ipse uel aliquis alius ad hoc premunitus quantum illi diuina / gracia [fo. 94 *v* largiri dignabitur mentes audiencium de tanta solempnitate instruat . precipue cum quanta cordis puritate et animi deuocione ad communicandum accedere debeant . exhortetur et moneat. Diligenter eciam

Q

perquirat ne forte intersint aliqui qui uel vsuras accipiant . uel res
ecclesie et decimas iniuste detineant . uel aliquo crimine publice uel
occulte teneantur obnoxij . uel qui seruata contra quemlibet aliqua dis-
cordie causa in suis parochijs ad communicandum accedere minime
audeant . ne forte aut cogantur dimittere . uel si noluerint publice
priuentur communione . quod quia a nobis ignoratur latere se putent
ante interni inspectoris intuitum et apud nos salutaria sacramenta per-
niciose ad dampnacionem suam usurpare presumant. Quibus sub
terribili contestacione interdicatur . ne si deum irridere temptauerint .
illis quod absit eueniat . quod de iuda traditore legitur quia post buc-
cellam introiuit in eum sathanas. Finito tandem sermone omni-
busque uite sue melioracionem deuote promittentibus . Sacerdos ad
altare conuersus officium misse compleat. Post missam uero ad dis-
tribuenda populis sacramenta expedicior reddatur casulam exuat .
sicque uenientes cum magna cautela communicet. Sed ne a uenientibus
aliquam molestiam sustineat . quidam inter ipsum et populum mediator sollicitus assistat . qui eciam communicaturos singillatim eidem
sacerdoti offerat. Sicque alius qui uasculum cum vino et aqua mixto
habeat ut communicati aliquid inde accipientes hoc poculo confir-
mentur.

℃ In canonibus legitur quod qui saltem tribus in anno idest in
pascha et in penticosten . et in natali non communicauerit catholicus
non habeatur . preter penitentes.

℃ Ex epistola fabij pape . capitulo . iiij°. Vt si non frequencius .
uel ter laici homines communicent in anno nisi forte qui maioribus
quibuslibet terminibus impediantur . idest in pascha penticosten et
natali domini.

℃ De istrionibus . ciprianus eucharistio[t] fratri salutem. Pro dileccione tua et reuerencia consulendum me estimasti frater karissime
quod michi uidetur de istrione et mago illo qui apud nos constitutus
adhuc in artis sue dedecore peraurat et magister et doctor non erudien-
dorum sed perdendorum puerorum . idest qui male didicit ceteris
quoque insinuat ꝛ an tali sacra communio cum ceteris [1]christianis
debeat[1] dari . aut nobiscum communicare. Puto nec maiestati
diuine nec euangelice discipline congruere . ut pudor et honor ecclesie
tam turpi et tam infami contagione fedetur.

Uenientes autem qui communicare non debent uel non possunt .
eulogias . i[d est]. oblatas accipiant . quas sacerdos benedicat in hec
uerba. /   [fo. 95

[1]—[1] Over erasure.

Orèmus.

*D*Omine *sancte pater omnipotens benedicere digneris hunc panem tua sancta et spirituali benediccione . ut sit omnibus sumentibus salus mentis et corporis atque contra omnes morbos et vniuersas inimicorum insidias tutamen . per dominum nostrum ihesum christum filium tuum . panem uite qui de celo descendit et dat uitam mundo et salutem . et tecum et cum sancto spiritu viuit et regnat deus . per omnia secula seculorum . amen.*

de matutinis.

*I*N matutinis et in vesperis et in omnibus alijs horis huius diei et sex subsequencium . ymni capitula . Responsoria . postponuntur.

❡ Ad omnes horas .exceptis matutinis . Responsorium . *Hec dies* canitur.

❡ Ad primam uero dictis tribus psalmis *Deus in nomine tuo . Beati immaculati . Retribue . sine . Quicunque vult .* et cantato gradali *Hec dies .* Statim ab illo qui celebraturus est missam matutinalem pronunciato versu . *Confitemini domino .* Deinde dicitur Confessio . post absolucionem : dicat ebdomadarius . *Dominus uobiscum .* et oracionem . *Deus qui hodierna die per vnigenitum tuum eternitatis.* Per totam ebdomadam ad hanc horam dicendam . sicut ad completorium . *Spiritum nobis domine .* Ad alias uero horas cotidie dicitur oracio prima de missa nisi ad uesperas.

*P*Ost primam hac die . dicta· missa matutinali . cum in capitulum uenerint : pronuncietur kalenda.[1] Deinde *preciosa .* consueto more dicatur. Lecta quoque tabula . et defuncti recitentur. Postea de tanta tamque uenerabili presentis gaudij celebritate prout diuina gracia ministrante occurrerit : deuota subsequitur ammonicio.

❡ In fine huius capituli tam huius diei quam sex subsequencium psalmus . *Laudate dominum* dicitur.

❡ Hac die ante terciam aqua benedicta consecratur . et consueto more aspergitur.

❡ Ab hac dominica usque ad primam dominicam post penticosten omnibus dominicis diebus . ad aquam benedictam . cantatur . antiphona . *Vidi aquam.*

[1] Altered from *calenda.*

de processione.

IN processione huius diei que per claustrum ducenda est . antiphona .
Sedit angelus per claustrum cantetur . et stent ad hostium ecclesie .
dicta tota a[ntiphona]' cum uersu a tribus fratribus. Finita a[nti-
phona]'. Prelatus . uel si ipse defuerit . Precentor incipiat antiphonam . *Christus resurgens.* Sic intrent ecclesiam. Versum *Dicant
nunc iudei* . tres canant. Postea pronunciato versiculo . s[cilicet].
In resurreccione tua christe . et dicta oracione diei ꝛ pulsetur classicum .
et officium misse solempniter ımponatur.

de missa.

IN introitu misse . christus se representat dicens . *Resurrexi* . *et ad
huc tecum sum.* *Kyriel[eison] Pater creator.* Hinc epistola a fermento ueteri uiciorum ammonet separari . s[cilicet]. *Expurgate uetus
fermentum.* Sequitur Gradale. In quo opòrtet exultare et letari
spirituali gaudio . s[cilicet]. *Hec dies.* Postea summam tocius leticie
Alleluia declarat. Cum . pascha nostrum . christum immolatum pro-
clamat . et ut epulemur inuitat. / Postea Sequencia .   [fo. 95 *v*
s[cilicet]. *Fulgens preclara* . cum magna solempnitate cantanda est .
et cuius pleni gaudij consummacionem . plenius et perfeccius euangelium indicat . cum mulieres de christi resurreccione letificat . s[cilicet].
Maria magdalena et maria iacobi. Sequitur Prefacio . *Te quidem
omni tempore.* *Communicantes.* *Hanc igitur.*
    ❡ Notandum quòd cotidie per hanc ebdomadam in maıorı mıssa
dicitur *Credo* . Prefacio . *Te quidem omni tempore* . *Communicantes* .
Hanc igitur. Missa matutinalis *Resurrexi* . de resurreccione cotidie
cantatur.

De vesperis.

UEspere hoc modo aguntur. Prelatus primo dicat . *Deus in
adiutorium* . postea . idem prelatus antiphonam . *Angelus*
incipiat . s[cilicet]. hac die. Sed in sequentibus tribus diebus a
precentore incipiatur . statim post antiphonam . *Dixit dominus* .
Confitebor . *Beatus uir* . Cum tribus antiphonis de laudibus. Responsorium *Hec dies* . sine uersu in choro cantetur. Deinde cantores .
alleluia concinnant . versus *Epulemur.* Postea subiungat . Sequenciam . *Victime paschali* . qua finita . sine uersiculo . Antiphona . a
precentore prelato deferatur . et a prelato incepta . statim *Magnificat* imponatur . postea cantata antiphona . dicatur a prelato *Domi-*

nus uobiscum cum oracione. Post collectam . si assunt fontes . inchoata in sinistro choro antiphona . *Respondens autem* . precedentibus ceroferarijs et thuriferario . et quodam qui collectarium deferat. Conuentus ordinate cantando psalmum *Laudate pueri* . ad fontes procedant. Quo cum peruenerint . incensatis fontibus post finem antiphone . sine uersu . et sine *Dominus uobiscum* . subiungatur collecta . qua finita . cum antiphona . *Sedit angelus* . ad crucifixum diuertant . ubi percantata ipsa antiphona ꞉ dicatur uersus . *Dicite in nacionibus* et oracio . *Deus qui pro nobis filium tuum.* Deinde imposita in dextro choro antiphona . *Cito euntes* . in chorum cum psalmo *In exitu israel* redeant. Sicque post collectam . que sine uersu . et sine . *Dominus uobiscum* . dicenda est . [nec ?] in fine collecte . dicto paruo *Benedicamus* cum alleluiatica . ab aliquo puerorum . uespere sic finiantur.

H Oc ordine per totam ebdomadam . uespere cum antiphonis psalmis et processione ad fontes peraguntur.

ℂ Ad stacionem uero crucifixi . vna die dicitur antiphona . *Sedit angelus* . et alia die . antiphona . *Christus resurgens.* Per singulos dies ad uesperas collecte proprie habentur.

ℂ Ante crucifixum uero semper dicitur oracio . *Deus qui pro nobis filium t[uum]*

Quando non itur ad fontes.

Q uod si ad fontes eundum non est . tunc post primam collectam . incepta ut dictum est in sinistro choro antiphona . *Respondens autem* . cum Psalmo *Laudate pueri* . ante crucifixum ueniant. Vbi finito Psalmo . et antiphona . mox precentor incipiat antiphona . *Sedit angelus* . uel *Christus resurgens.* Interim dum cantatur / [fo. 96 altare crucifixi incensetur. Postea dicto uersu *Dicite in nacionibus* . et oracione *Deus qui pro nobis filium* . Inchoata in dextro chori antiphona *Cito euntes* . in chorum cantando Psalmum . *In exitu israel* . reuertantur. Sicque ut supradictum est finiantur. Eodem modo ceteris diebus de uesperis agatur.

I N hac ebdomada singulis diebus ad matutinas . psalmı nocturnales tres qui in prima die. Ad quos dicitur feria secunda . antiphona . *Ego sum qui sum*

ℂ Feria . iij^a . antiphona *Postulaui patrem meum*

ℂ Feria . iiij^a . a[ntiphona]' . *Ego dormiui* . et alijs diebus eodem modo repetuntur.

ℂ Lecciones ut beatus augustinus dicet . certas ex euangelio

oportet recitari . que ita sunt annue . ut omnino alie esse non possunt.
Iccirco singulis diebus de singulis euangelijs . Omelie proprie leguntur.
℃ In laudibus excepto primo die . vna antiphona . dicitur. Qua
finita ⁚ sıne mora antiphona . ad *Benedictus* incipitur . sine capitulo .
ympno et uersu.

de festis trium leccionum.

IN hac septimana . festum trium leccionum . si occurrat . ın prımıs
quatuor diebus . de eo nichil fiat. Ceteris uero diebus commemoracio tantum. Que commemoracio ad vesperas agenda est post
ultimam collectam . que dicitur in choro . reuersa processione de
fontibus.

de festis nouem leccionum.

SOlennitas autem nouum[t] leccionum . s[cilicet]. sancti marci euangeliste . uel si qua precipua festiuitas intercurrerit : reseruetur
ex toto usque post completum pascha. Que qualiter reseruari debeant
in suis locis dicetur.

COtidie cantatur ad vesperas *alleluia* quod in missa ipsius diei
dictum fuerit. In quibus uesperis . primis iiij[or]. diebus post
sequenciam . statim antiphona . ad *Magnificat* imponitur. Duobus
uero diebus qui secuntur . finito *alleluia* . mox ipsa antiphona . a
precentore ebdomadario incipitur . et sic post *Magnificat* imponatur .
cantato autem dicto Psalmo cum antiphona ⁚ Cantetur eciam a cantoribus in superpelliceis . *Benedicamus* cum *alleluia* . Sicut canebant
primum *alleluia* quod dicebatur in missa. Postea statim incepta a
cantore in sinistro chori antiphona . *Respondens autem* imponatur .
et sic Psalmus *Laudate* incipiatur . et cantatis antiphonis . cum Psalmo.
Incipiatur a precentore antiphona . *Sedit angelus* . et cantores ebdomadarij cantent uersum ipsius. Postea dicto uersu . *Dicite in
nacionibus* . cum oracione *Deus qui pro nobis* . Interim exeant et induant cappas . et prouideat cantor in dextra parte chori ne sit de-
fectus de imposicione illius antiphone . s[cilicet]. *Cito euntes* . sicque
post collectam dicetur *Benedicamus* cum *alleluia* a puero.
℃ Feria . ij . ad vesperas sequencia . *Concinnat orbis.*
℃ Feria . iij[a] . Sequencia . *Victime.*
Feria iiij[a] . *Concin[n]at orbis.*

Sciendum est quod de hijs sanctis diebus / tres dies qui [fo. 96 *v*]
primum secuntur . uenerabiliter sicut festa tercie dignitatis
recoluntur. Reliqui tres : more dominicalis officij aguntur. Excepto

quod ad maiorem missam dicatur . *Kyriel*[*eison*] de maioribus octauis.
In quibus eciam tribus diebus . sicut et iiij[or] primis diebus *Benedicamus*
cum *alleluia* canitur . licet non adeo festiue . et secundum *Benedicamus*
ad easdem vesperas licet a puero canitur.

Sabbato in albis.

SAbbato quod intitulatur in albis . quia eo die nuper baptizati
albas deponunt. In officio diurno nichil mutatur usque ad
vesperas . nisi quod in missa duo *alleluia* dicuntur. Quod significat
duplicem stolam quam in anima et corpore recepturi sumus.
Inde est quod hodie septuagesime numerus completur. Per septuagesimam omne presens tempus quo in hac uita peregrinamur accipitur.
Quia igitur per mortem christi a seruitute corrupcionis et huius uite
miserijs eruimur . et ad eternitatis resurreccionem perducimur . nisi
gemina stola induendi sumus . merito hodie gradale quod presentis
temporis leticiam significat postponitur et *alleluia* quod gaudium nunquam terminandum pretendit geminatur. Hoc enim spacium temporis usque ad penticosten . figuram gerit octaue beatitudinis . vnde
et in eo *alleluia* assidue frequentatur.

AD vesperas. Psalmus *Benedictus* et ceteri . cum vna antiphona
alleluiatica dicuntur. Capitulum . Responsorium ymnus repetuntur.

℩ Post collectam. Si festum existat vnde commemoracio ad vesperas fieri debeat ꞉ facta de eo commemoracione . ac deinde incepta
antiphona . *Rex noster* . ad crucifixum cum processione pergant. Ubi
incensato altari . post finem antiphone . dicatur ℣. *Dicite in naci-*
onibus . et oracio . *Deus qui pro nobis.* Deinde cum antiphona . *Lux*
perpetua . in chorum redeant. Postea pronunciato versu *Letamini in*
domino . Dicatur oracio de reliquis qui in ecclesia habentur. Atque
ita vespere de sancta maria incipiantur. Post quas fiat tantum
commemoracio de sancto augustino . et de omnibus sanctis .
s[cilicet]. isto tempore . *Sancti tui domine* . ℣. *Vox leticie* . cum
oracione *Presta quesumus omnipotens deus ut in resur*[*reccione*] . et
de pace.

℩ Ista oracio . s[cilicet]. *Presta quesumus omnipotens* . que est
de omnibus sanctis . debet dici usque ad uigiliam ascensionis . et tunc
cum predicta antiphona. Debet dici ad vesperas . oracio . *Infirmi-*
tatem nostram.

HOc modo ceteris sabbatis usque ad ascensionem domini processio ad crucifixum ducitur. Que pro nullo festo . eciam si duplex sit intermittitur. Tamen quando inuencio sancte crucis in dominica occurrit ꞏ ad vesperas quidem ad crucifixum itur . Sed cum cantu de festo . sicut in ipsa festiuitate scriptum est.

℮ Hac die ad cenam Psalmus *Miserere mei deus* resumitur.

℮ Ad completorium consueti . iiij^{or} psalmi dicuntur . cum alleluiatica . ac deinde capitulum/ ymnus versiculus . Antiphona . [fo. 97 ad *Nunc dimittis . Alleluia Resurrexit dominus* . et cetera.

℮ ymnus *Ihesu redemptor seculi* . usque ad ascensionem ad completorium dicitur.

de matutinis.

IN crastino ante matutinas . repetuntur . xv . Psalmi. Postea incipiantur matutine . s[cilicet]. *Domine labia.* Inuitatorium . *Alleluia . Surrexit dominus uere* . et hoc inuitatorium dicitur tantum in dominicis usque ad ascensionem domini. Ymnus *Aurora.* Psalmi dominicales . xviij . dicuntur . ad quos per singulos nocturnos vna tantum alleluiatica dicitur . versus *Resurrexit.* Responsoria . *Maria magdalena* . et cetera sicut sunt in ystoria . et de antiphonis insuper.

℮ In laudibus vij . alleluiatica[1] . et ad omnes horas alleluiatice ponuntur.

℮ Ad vesperas vna alleluiatica ponitur.

IN hac dominica leguntur actus apostolorum . primo liber iste legitur . in quo qualiter per sanctos apostolos mors ipsa et resurreccio mundi sit manifestata describitur. Cantantur responsoria de resurreccione.

In hac et in alijs dominicis usque ad ascensionem ad maiorem missam dicitur prefacio de paschali tempore . s[cilicet]. *Te quidem omni tempore.*

℮ Ad processionem antiphona . *Ego sum alpha et oo* . usque ad ascensionem domini.

de missa matutinali

IN hac dominica et in alijs usque ad ascensionem . missa matutinalis de resurreccione erit . s[cilicet]. *Resurrexi.*

℮ Que tamen si festum occurrat ꞏ intermittitur . eciam si trium leccionum sit.

[1] Altered from *alleluia.*

❡ In hac missa quinque collecta dicuntur . prima de officio . 2ª . de dominica . 3ª . de sancto augustino . iiijª . de omnibus sanctis . vª . pro rege.

❡ Si festum quoque in dominica celebretur . ad missam matutinalem non dicitur officium *Resurrexi* . sed dominicale. In qua missa . collecta de resurreccione dicitur.

❡ A completo pascha usque ad vigiliam ascensionis nunquam ad matutinas . nec ad missam ͬneque ad vesperas intermittitur commemoracio dominice resurreccionis . excepto festo de inuencione sancte crucis.

❡ Ad matutinas antiphona . *Crucifixus surrexit.*

❡ Ad vesperas antiphona . *Crucem sanctam subijt* . nisi in sabbatis. In sabbatis uero non sit alia memoria . nisi quod ad crucem itur . ut dictum est cum antiphona . *Rex noster* . semper autem dicitur versus *Dicite in nacionibus* . et oracio . *Deus qui pro nobis.*

❡ Ad missam matutinalem uero dicitur oracio . *Deus qui per vnigenitum* . cum suo secreto . et postcommunione . sicut in die pasche.

Quando eciam duo festa in dominica occurrunt . de quibus scriptum vtramque missam debere cantari ꝛ officium dominicale reseruatur per ebdomadam . habitu de eo in ipsa dominica commemoracione.

❡ Tamen quando inuencio sancte crucis ın proxıma dominica ante ascensionem occurrit ꝛ quia non uacat dies per ebdomadam . in qua officium dominicale cantari possit ꝛ missa de martiribus intermittitur et officium dominicale in ipsa dominica ad missam matutinalem canitur . cum commemoracione de martiribus. /   [fo. 97 *v*

A completo pascha . i[d est]. a prima dominica post albas ꝛ officium pro defunctis . et alia que pro reuerencia sanctorum dierum intermissa fuerant . recuperantur.

❡ Hoc tamen tempore . usque ad octauas penticosten vij . Psalmi penitenciales in conuentu non dicuntur.

❡ Ad horas Psalmi familiares dicuntur. Tres Psalmi de pace ad matutinas que solent dici post suffragia sanctorum cum postcommunione solent dici ꝛ intermittuntur. Genuflexiones quoque quas uenias appellamus . hoc tempore proponuntur . nisi que ad matutinas . post lecciones fiunt . et exceptis illis quas accipiunt qui in choro in psalmodia uel in cantu falluntur.

❡ Nota quod in isto tempore in ferialibus diebus . non dicitur *Te deum laudamus* . nec ad horas preces dicantur.

R

de laudibus.

Non solum in dominicis sed eciam in ferijs . et in festis trium leccionum . siue ix . leccionum . exceptis illis festis in quibus ad laudes antiphone . proprie habentur . per omnes horas . alleluiatica ponitur . de quibus antiphonis . sumpte sunt . require in antiphonario.

Hoc tempore in matutinis . et vesperis . ad *Benedictus* . et *magnificat* . antiphone de euangelijs dicuntur . de quibus obseruatur . ut que de euangelio dominicali sunt . primis diebus per ebdomadam . idest in dominica et feria secunda . et tercia cantentur. Ceteris diebus per ebdomadam . antiphone de resurreccione . que similiter de euangelijs sunt in antiphonario [habundant ?] sumuntur.

de missa

Quando . ix . lecciones fiunt uel festum ad modum octauarum agitur . duo *alleluia* ad missam canuntur . vtramque de festo. In dominicis uero primum alleluia de resurreccione . secundum de dominica. Que vicissim per ebdomadam canuntur. Ceteris diebus ad missam maiorem . et semper in missa matutinali . vnum tantum *alleluya* . dicitur.

Toto hoc spacio usque ad completum penticosten . in antiphonis et Responsorijs . officijs . offerendis . communionibus . que ad principale officium pertinent . semper in fine *alleluia* ponitur.

℃ In omnibus ymnis excepto . *Chorus noue* . et alijs quibus aptari non poterit . siue festum sit . siue non . in istis diebus usque ad ascensionem . versus. *Quesumus auctor omnium* . in fine canitur. Sicut infra ascensionem . versus . *Tu esto nostrum* . et infra penticosten . versus . *Dudum sacrata pectora.*

dominica ij . post albas.

Dominica secunda post albas . ponitur ad legendum apocalypsis . et per xv. dies legitur similiter et canitur.

℃ Ceteris diebus usque ad ascensionem ponitur ad legendum canonice epistole . et cantatur Responsoria de Psalmis . *Si oblitus fuero* . que satis congrue et precedencia sequuntur.

de sancto marco.

De sancto marco euangelista . ix leccionum. In qua festiuitate . ymni . versiculi . Psalmi . ad matutinas . et in die ad vesperas . sicut in natali apostolorum. Cantus uero tocius diei . sicut in festis sanctorum martirum huius temporis. Ad missam primum *alleluia . Primus ad sion* . et secundum . *In omnem terram.* Responsoriola super horas sicut de / apostolis cum *alleluia.* Et [fo. 98 quia hac die letania maior secundum vsum romane curie celebratur. Missa de festo post terciam canitur. In qua missa . *Gloria in excelsis .* et *Credo in vnum* dicuntur . sicut in festis apostolorum.

ℂ Hec festiuitas quando in die pasche occurrerit . quod ualde raro contingit . ipso anno ex toto⸱dimittitur.

ℂ Quando autem uenit in secunda die pasche . uel in tercia . reseruetur usque ad octauum diem tunc plenarie quasi eo die occurrerit . celebrandā. Reliquis diebus paschalis ebdomade intercurrens . in proximam secundam feriam differatur.

ℂ Notandum quod quando festum sancti marci ın dominica euenerit . eo anno nichil de processione . neque de ieiunio fiat

[De letania maiori] [1]

L Etaniam maiorem beatus gregorius doctor vij⁰ . kalendas Maij scilicet hac die agi instituit propter seuientem pestilenciam dicens inter cetera ad populum. Proinde inquit fratres karissimi contrito corde et correctis operibus crastina die primo diluculo ad septiformam letaniam deuota cum lacrimis mente ueniamus. Nullus nostrum ad terrena opera in agros exeat . nullus quodilbet negocium agere presumat . quatenus ad sancte genitricis dei ecclesiam conuenientes . quia simul omnes peccauimus . simul omnes peccata que fecimus deploremus . ut districtus iudex dum culpas nostras nos punisse considerat . ipse nobis a sentencia proposite dampnacionis parcat.

ℂ Hac itaque die post sextam . secretarius vnum de maioribus signis ter modicum sonet. Deinde post paululum cunctis in choro congregatis . prımo a precentore . antiphona . *Exurge domine* imponatur. Ebdomadarius sicut est in capa sua asperso principali altari . conuentum eciam ordine consuetudinario aspergat. Postea dicat. ℣. *Ostende nobis . Dominus uobiscum .* et oracionem de ieiunio . *Presta quesumus omnipotens deus ut qui in affliccione.* Tunc ordinata processione . suspensis ad colla sacerdotum et ministrorum sanctorum reliquijs . pulsetur in classicum . et ita precentore incipiente antiphonam . *De ierusalem .* uel aliam . *Cum iocunditate exhibitis .* moueatur processio. Precedant famuli cum uexillis. Sequuntur per ordinem aque baiulus.

---

[1] In cursive hand in margin.

Crucis portitor et ceroferarij.   Post subdiaconus cum textu . diaconus
. et sacerdos cum reliquijs.   Quos sequitur conuentus.   Ordinate
uero et cum reuerencia ad statutum locum tendentes . antiphonas .
rogacionales et Responsoria sicut racio et temporis necessitas expostulat cantent.   Quod si longior uia fuerit . septem Psalmos dicant.
Antequam eos incipiant . et per singulos Antiphonam . *Parce nobis
domine* . cantant.   Cum autem ad ecclesiam ad quam tendunt
peruenerint . ante ingressum eius finiant quod cantent. /   [fo. 98 *v*
Precentor incipiat aliquod responsorium de sancto in cuius honore ipsa
ecclesia dedicata est.   Cum quo intrantes tamdiu idem responsorium
protrahant . donec ad missam sacerdos et ministri preparati sint.
Sicque dicto a prelato . versu et oracione de sancto loci . missa inchoetur.   In qua missa commemoracio tantum fiat de santo loci in
quo loco missa canitur . et de omnibus sanctis.   Ad hanc missam
diaconus et subdiaconus in albis sint.   Omnia autem que ibi ad seruicium sunt necessaria . secretarij procuracione illuc debent esse ante
delata.   Expleta missa . statim duo fratres in medio stantes letaniam
incipiant.   Interim sacerdos ac ministri expediant se et in ordinem
suum redeant.   Cantores uero letanie postquam ministros expeditos
viderint . post sanctam mariam . bis sanctum loci pronunciant . et
ita processio moueri incipiat . eundem ordinem tenens in redeundo
quam in procedendo seruauerat.

❡ Letania secundum quantitatem iteneris[t] producatur uel ab-
breuiatur.   Cum uero ad portam monasterij sui uenerint . terminata
letania . incipiat precentor antiphonam . *Saluator mundi* cum qua
ad introitum ecclesie progrediantur . vbi finita ipsa antiphona . duo
Agnus dei . incipiant.   Hoc modo . Cantores *Agnus dei*.   Conuentus
idem.   Cantores . *Suscipe deprecacionem nostram*.   Chorus *Agnus dei* .
ut prius.   Cantores . *Gloria patri et filio . et s[piritui]. s[ancto].   Sicut
erat . in p[rincipio]. et nunc et s[emper]. et in s[ecula]. seculorum
Amen*.

❡ Interim procedentibus hijs qui uexilla portant . et cetera que
superius dicta sunt sequuntur cantores . ac deinde conuentus.   Quibus
intrantibus . pulsetur classicum . et chorus[t] dicto . *Gloria patri* . A
cantoribus repitur . *Agnus dei*.   Cantores . *Exaudi deus*.   Chorus .
Voces nostras.   Cantores . *Exaudi christe*.   Chorus . *Miserere nobis*.
Cantor . *Exaudi deus*.   Chorus . *Oracionem populi tui*.   Post hec
idem cantores ante gradus altaris stantes . pronunciant letaniam.
Sancte Sanctorum deus . qua incepta . illi qui sacra portant . in suis

locis ea reponant. Hec letania ita breuiatur . ut post *Sancta uirgo uirginum* . de singulis ordinibus tres tantummodo sancti pronuncientur . et bis dicto . *Omnes sancti* . iterum cantores dicant . *Exaudi deus.* Chorus *Voces nostras.* Cantores . *Exaudi christe.* Chorus . *Miserere nobis.* Cantores . *Exaudi deus.* Chorus . *Oracionem populi tui.* Cantores *Kyriel[eison].* Chorus jdem. Cantores . *Christel[eison].* Chorus . Idem. Simul omnes . *Kyriel[eison].* Tunc sacerdos dicat cantando.

Oracio
Oremus

C̶Lamantes ad te domine dignanter exaudi . ut nos de profundo iniquitatis eripias et intercedente beata dei genitrice maria cum omnibus sanctis tuis ad gaudia sempiterna perducas . per eundem christum.

❡ Finita oracione . exeant et sibi de suis necessitatibus prouideant. Deinde post paruum interuallum nonam canant . et sic cenatum eant . post cibum dormitorium petant . dormituri . donec sonitus ad vesperas fiat. / A quo sonitu antequam uespere incipiant pulsari [fo. 99 tantum spacij ad minus debet fieri . ut lecciones possint audiri. Similiter in alijs diebus ieiuniorum . et vigilijs sanctorum que a pascha usque ad kalendas octobris occurrunt post cibum dormiant. In quibus diebus in spacio quod sit interim . silencium teneant.

de processione

DE processione si ad aliquam ecclesiam ducitur . fiat ut supradictum est. Sin autem per claustrum ducenda est . Tunc in inicio nec signa pulsentur nec classicum . sed aspersa aqua benedicta . altari et conuentu . et dicta ab ebdomadario collecta de ieiunio . ad mouendam processionem incipiatur antiphona . *Surgite sancti* . vel alia quelibet prout temporis expostulat. Qua ante refectorium finita . incipiatur altera. Cum qua usque ad hostium ecclesie progrediantur . vbi percantata antiphona . Duo *Agnus dei* . incipiant . ut supradictum est . intrante processione cum dixerint . *Gloria patri* . sonante classico. Postea letania . *Sancte sanctorum deus* cantetur . sicut suprascriptum est. Interim sacerdos et ministri preparent se ad missam. In fine uero letanie postquam omnes simul dixerint . *Kyriel[eison]* . statim officium misse inchoetur

❡ Notandum quod letania maior quando infra paschalem ebdomadam occurrit . nulla de eo ipso anno fit mencio.

In festo apostolorum philippi et iacobi.

IN festo apostolorum philippi et iacobi . nouem lecciones fiant.
Vigilia de eis non agitur. Cantus de hac festiuitate in antiphonario habetur dispositus. Hec festiuitas quando in festo paschalis
ebdomade occurrerit . celebretur in sequenti ebdomada. Quando
autem euenerit in die dominice ascensionis . mutetur in crastinum .
absque ulla commemoracione de ea facta in ipso festo . nisi in die ad
vesperas. Quo anno in die qua ipsa festiuitas celebratur . idest in viᵃ .
feria . vespere non de sequenti festo inuencionis sancte crucis . sed
de ipsis apostolis ex integro aguntur. Tunc tamen post vesperas .
incepta antiphona . *Crux fidelis .* cum processione ad crucifixum
pergant. Inde cum antiphona . de martiribus in choro redeant.

ℂ In hijs vesperis fallit regula que solet obseruari . quando maius
festum superuenit . vesperas sibi uendicet. Sed hoc propter necessitatem fit. Nam si de inuencione sancte crucis predicte vespere fierent
. festiuitas apostolorum nullas vesperas haberet.

De inuencione sancte crucis.

IN inuencione sancte crucis solempniter recolitur tanquam prima
dignitas pro vno die. Igitur de sancta cruce totum officium
uespertinum persoluatur. Ad *Magnificat .* incepta antiphona . *Crux
fidelis.* Mox altare maius incensetur. Statimque cum processione
ad crucifixum conuentus procedat . Ubi dum *Mag[nificat]* . canitur
altare crucifixi incensetur ꞏ. et per chorum incensum / portetur. [fo. 99 *v*
Deinde post collectam dicto ibi a cantoribus *Benedicamus* . cum a[nti-
phona]ꞌ de martiribus in chorum redeant.

℀ Memorandum de inuencione sancte crucis . Quando ipsa festiuitas euenerit die proxima post ascensionem ad primas vesperas .
quinque antiphone . et quinque psalmi de ascensione . Capitulum
et cetera de inuencione . post collectam memoria de ascensione . et
memoria de martiribus . et ad matutinas similiter. Ad matutinas
inuitatorium de cruce . tam ad matutinas quam per totum diem de
cruce solempniter persoluantur. Septima leccio de omelia euangelij
Erat homo ex phariseis. Post matutinas et eciam ad vesperas in die
commemoracio fiat de martiribus . et ipsa die missa matutinalis.

℀ Ad maiorem missam dicitur *Credo .* et prefacio . *Qui salutem.*

℀ Ad vltimas uero vesperas huius festi non sit processio nisi
quando idem festum in sabbato occurrit. Tunc uero finitis vesperis

de inuencione in choro . et facta commemoracione de dominica ꞏ cum antiphona de resurreccione idest . *Rex noster* . Processio sicut in alijs sabbatis solet ante crucifixum ueniat. Ibique solito more dicta oracione . *Deus qui pro nobis fi[lium tuum]* . Cum commemoracione de reliquijs in chorum redeat.

❡ Hoc festum quando in die ascensionis occurrit . reseruatur ex toto usque in crastinum . excepto quod in ipsa die ascensionis post vesperas . incepta antiphona . *Crux fidelis* . cum processione ad crucifixum itur . ibique dicta oracione de festo . cum antiphona de martiribus in chorum reditur.

Iohannis ante portam latinam.

FEstiuitas sancti iohannis euangeliste que cognominatur ante portam latinam . quoniam ibi in feruentis olei dolium missus est . in tribus leccionibus more octauarum agitur. In hac solempnitate . ymni . ℣. et psalmi ad matutinas et in die ad vesperas sicut de alijs apostolis. Ad *Magnificat* . antiphona . *In feruentis.* Ad matutinas Responsoria . *Virtute magna* . *Ibant gaudentes* . *Candidi facti sunt.* Ad *Benedictus* . A[ntiphona] . *Propter insuperabilem.* Ad vesperas A[ntiphona] . *Occurrit.* Ad missam *Credo* . et prefacio.

Sancti augustini anglorum.

FEstum sancti augustini anglorum apostoli celebriter agatur in concilio statutum est.

Sancti barnabe apostoli.

DE sancta barnaba apostolo . nouem lecciones fiunt. In qua festiuitate . ymni . ℣. psalmi . et cetera sicut de alijs apostolis. Ad missam . *Credo* et prefacio . de apostolis.

❡ Sancti albani martiris.

DE sancto albano primo martire anglorum ix . lecciones fiunt.

[De resurrectione] [1]

SUnt ad instar niniuitarum tres letaniarum dies a beato mamerto episcopo propter necessitatem instituti . qui in omnes pene ecclesias sunt transfusi . nobisque ad seruandum traditi. In quibus

---

[1] In cursive hand in margin.

diebus staciones et conuentus populorum fiunt. Hijs tribus diebus scilicet ante ascensionem domini cursus seruicij nocturnalis siue diurni . solito more / de resurreccione agitur. Primis uero [fo. 100 duobus diebus ad matutinas legitur de epistolis canonicis. Tercia uero die idest in uigilia ascensionis . pronunciatur euangelium de ipsa uigilia. Capitula solita tam ad matutinas quam ad ceteras horas dicuntur. Collecta quoque dominicalis tam in uigilia quam in duobus precedentibus diebus ad matutinas et ad omnes horas frequentatur. Hijs diebus missa matutinalis est que et maior idem de ieiunio . si tamen processio ad aliud monasterium ducenda est. Que missa ad maius altare canitur. Similiter pro defunctis solito more dicitur nisi festum superueniat.

❡ De festis autem siue ix . leccionum siue trium tocius officij cursus de ipso fit . nisi in uigilia. In uigilia enim seruicium ut supradictum est non mutatur . nisi pro festo ix . leccionum . uel pro festo quod more octauarum agitur. Quando processio ad aliquam ecclesiam ducitur . ad missam que domi dicitur . nisi de festo ix . leccionum sit . solite commemoraciones fiunt que ad maiorem missam dici solent. Missa prima de ieiunio uel de simplici festo trium leccionum post primam dicitur . de festo uero ix . leccionum uel de festo quod more octauarum agitur . post terciam dicitur.

De processione in hijs diebus fiat ut supradictum est . In letania maiori . excepto quod per singulos dies letanie mutantur. Prima die cantetur letania *Kyriel[eison] . christel[eison] . Domine miserere.* Secunda die letania . *Saluator mundi salua nos.* Die tercia more processione de sua ecclesia . postquam vnam uel duas antiphonas . percantauerint . incipiant duo de fratribus letaniam . *Aufer a nobis* . et alij duo dicant . *Exaudi . Exaudi . Exaudi domine.* Deinde chorus subiungat *Miserere . miserere.* Postea primi duo *Aufer a nobis* . reincipiant . Et alij duo . *Exaudi* . subiungant. Et ceteri omnes . *Miserere miserere* repetant. Ita alternatim faciant donec ad ecclesiam vbi missam celebraturi sunt perueniant. In quam cum eadem letania introeant . ipsamque donec ministri ad missam induti sunt protrahere non desinant. Deinde missa inchoetur. Qua expleta antequam inde exeant . antiphonam . uel responsorium de sancto in cuius nomine fundata est ecclesia canant . et sic dicto versu et oracione de ipso sancto . incepta letania ad suum monasterium redeant.

❡ Letania dicitur humili prece. Hoc quoque in hijs diebus obseruetur . vt cum fratres post sextam in dormitorium pro cappis per-

rexerint tantum siue foras debeant procedere . Ibidem se discalcient.
Postquam eciam de processione reuersi fuerint vel si domi remanserunt.
Post missam in spaciolum quod fit antequam nona cantetur . et
cappas re/ponant et recalcient se lauantes pedes suos si opus [fo. 100 v
habuerint. Si occurrerit festum ix . leccionum . uel festum quod in
modum octauarum agatur : totus conuentus in processione calciatus
incedere permittatur. Siue autem festum sit siue non . sacerdos diaconus subdiaconus non se discalcient.

In die ascensionis domini.

DOminice ascensionis gloriosa festiuitas que in omni officio
uenerabiliter recoli debeat. Sanctus papa siluester insinuat .
qui suo tempore non vnum tantum diem per annum sed per singulas
ebdomadas in memoriam ascensionis quintam feriam ita celebrem fecit
. sicut in memoria resurreccionis dominicus dies celebris habetur.
Hac itaque die quia dominus noster ihesus christus ab ierusalem in
montem oliueti egressus est . ut inde ad patrem ascendens . huma-
nitatem nostram super angelos eleuaret : Processio foras circa curiam
monasterij ducitur . In qua portantur uexilla et reliquie et cetera
que ad festiuam processionem portari solent. Cantatur *Salue festa
dies*. Primus versus in choro canitur. Deinde mota processione .
tres fratres qui versus concinunt' in medio conuentu simul debent
procedere. Conuentus per singulos uersus . nunc . *Salue festa dies* .
nunc . *qua deus et astra tenet*. Ante ostium monasterij . finito predicto cantu . incipiat prelatus antiphonam . *O rex glorie* . sicque
conuentu in chorum reuerso . et a prelato dicto versu . *Eleuata est
magnificencia tua* . et oracione . *Deus cuius filius in alta celorum*.
Qua dicta . pulsatur classicum . et incipitur missa.
℟ Per octabas cotidie dicitur *Te deum laudamus* . *Gloria in excelsis*.
Duo *alleluia* . ad missam dicuntur . ¹[*Credo* ?]¹ . et prefacio . *Qui post
resurreccionem suam* . *Communicantes*.

SI festum trium leccionum intercurrerit . de eo nichil fit nisi commemoracio tantum ad vesperas et ad matutinas . et missa matutinalis. De festis uero nouem leccionum . uel dupplicium . uel communium festiuitatum more celebrantur . tocius officij cursus agitur .
et de octauis commemoracio et missa matutinalis.
℟ De alijs festis nouem leccionum sicut de tribus leccionibus

¹—¹ Erased.

S

commemoracio tantum fit . nisi quando in dominica uel in octauo die occurrerint. Tunc enim de illis tres medie lecciones fiunt.

De sancto dunstano.

Quando festum sancti dunstani infra octauas ascensionis euenerit . eciam licet in dominica uel in octauo die . tantum memoria et missam matutinalem habebit.

❡ Dominica infra octauas

DOminica infra octauas totum de ascensione agitur . excepto quod ad matutinas legitur Omelia dominicalis et dominicalis . oracio ad matutinas dicitur . et ad terciam et in dominica ad vesperas. Ad matutinas dicuntur nouem psalmi cum tribus antiphonis de / [fo. 101 ascensione. Ad *Benedictus* . et ad *Magnificat* . antiphone . de euangelio dominicali habentur. Missa matutinalis de ascensione . Maior de dominica.

❡ Quando euenerit ut in hac dominica officij cursus de aliquo festo sit . Ad missam matutinalem officium dominicale cantabitur. In qua missa non fit commemoracio de octauis quia eadem missa proprie ad ascensionem pertinet.

❡ Pro festo trium leccionum quod in hac dominica occurrat . non intermittatur missa matutinalis de ascensione. In hac dominica stacio ante crucifixum intermittitur . et eciam memoria de cruce usque ad festum trinitatis intermittitur.

❡ Per octauas ascensionis ad matutinas leguntur sermones patrum qui de eadem ascensione in libris propriis habentur. In octauo die ad matutinas pronunciatur euangelium *Ego mittam promissum patris mei in uobis.* Qua die ad missam dicitur *Credo in vnum.*

POst octauas feria sexta . et sequenti sabbato . inuitatorium ymni . versus . responsoria . capitula . et super horas . responsoriola . omnia de ascensione. In vtraque uero feria . ad xii^{cim}. psalmos nocturnales una alleluiatica dicitur. In laudibus eciam et per omnes horas alleluiatica ponitur de paschali tempore.

❡ Feria vi . ad matutinas terminantur lecciones de sermonibus ascensionis.

❡ Sabbato pronunciatur euangelium de vigilia. Vtraque die ad matutinas . et ad omnes horas oracio dicitur dominicalis.

❡ In sexta feria si quodlibet festum occurrit . celebratur.

❧ In sabbato uero de festo trium leccionum commemoracio tantum fit . et missa matutinalis.   Et si festum ix . leccionum . occurrerit . totum seruicium.

❧ Quelibet festiuitas in hoc sabbato eueniat . ieiunium non interrumpitur.

❧ Similis est enim hec uigilia paschali uigilie . quia in hac sicut in illa et baptismus nostre salutis celebratur . et officium misse pene eo ordine quo tunc persoluitur. ‸

❧ In hoc sabbato uel ante . missa in memoria omnium defunctorum dicitur.

OFficium hodie ita inchoatur.   Finita nona . statim ad legendam lector accedat.   In leccionibus tituli postponuntur.   Lecciones sicut in uigilia pasche senioribus dantur . et in albis leguntur.   Similiter et tractus in albis cantantur.   Prelatus quoque et ministri sicut tunc ita et nunc induuntur . et ad altare procedunt et inde redeunt. Ad inicium officij cereus benedictus accendatur . et usque in crastinum post completorium non extinguatur.

❧ Prima leccio . *Temptauit deus abraham :* quam non sequitur tractus . sed oracio . *Deus qui in abrahe.*   Secunda leccio . *Scripsit moyses.*   Tractus . *Attende* . oracio . *Deus qui pro nobis per prophetarum.*   Tercia leccio . *Apprehendent septem mulieres* . Tractus . *Vinea facta est.* / oracio . *Deus qui nos ad celebrandum*   [fo. 101 v Quarta leccio . *Audi israel* . cui subiungitur oracio . *Deus incommutabilis uirtu[ti]s.*   Deinde tractus . *Sicut ceruus.*   Quem secuntur due oraciones . sub vna clausula . oracio . *Omnipotens . s[empiterne].* *deus qui paschale sacramentum* . et alia *Concede quesumus omnipotens deus ut qui solempnitatem doni.*   Postea siue in processione foncium siue in letanijs . omnia sicut in sabbato sancto complentur . et finita letania . et post *Agnus dei* . inchoante precentore *Kyriel[eison]* ad missam . omnia luminaria ecclesie accendantur.   Dumque *Gloria in excelsis deo* canitur . sonat classicum.

❧ Ad ̀euangelium lumen et incensum portetur . *Credo in vnum* dicitur . et offerenda canitur . et pax accipitur . quod in uigilia pasche minime fit.   Prefacio . *Qui ascendens super omnes celos.   Communicantes.   Hanc igitur.* ̀

❧ Post missam facto breui interuallo ̀ . cenatum eant.

Qua racione baptismus in penticosten sicut in pascha fit . Sanctus leo papa episcopis per siciliam constitutis ita scribit.   Additur sane huic obseruancie et penticost[es] ex aduentu spiritus sancti sacrata solemnitas . que de paschalis festi pendet articulo. Et cum ad alios dies alia festa pertineant . Hec semper ad eum diem qui resurreccionis domını ınsignis est occurrit. Porrigens quodammodo auxiliantis gracie manum . et eos quos a die pasche aut molestia infirmitatis . aut longinguitas itineris . aut nauigacionis difficultas interclusit inuitans ut ne quibuslibet necessitatibus impediti . desiderij sui effectum dono sancti spiritus consequuntur. Ipse enim vnigenitus dei in fide credencıum . et in uirtute operum nullam inter se et spiritum sanctum uoluit esse distanciam . quia nulla est diuersitas in natura dicens . Rogabo patrem meum et alium paraclitum dabit uobis. Et iterum. Paraclitus autem spiritus sanctus quem mittet p[ater]. in . n[omine]. m[eo]. ille u[obis]. do[cebit]. omnia. Et iterum. Cum uenerit ille spiritus ueritatis . docebit uos o[mnia] . u[era]. Cum itaque ueritas christus sit . et spiritus sanctus spiritus ueritatis sit nomen que paracliti utrique sit proprium non dissimile sit festum vbi idem est sacramentum.

In die pentecostes

DIe igitur sanctissima penticostes ad suscipiendam sancti spiritus graciam . omni deuocionis studio cunctorum mentes preparentur et corda. Huius diei et sequentis ebdomade seruicium ad instar officij paschalis ebdomade cum eadem dignitate et diligencia agendum est. Nunc autem quod in pascha non fit. Ad matutinas et ad vesperas et ad omnes horas . ymni . capitula . Responsoria . versus dicuntur. Antiphone / quoque cum neupmate finiuntur . que et ad *Bene-*	[fo. 102 *dictus* . et ad *Magnificat* repetuntur. Ad vesperas sequencia non dicitur . nec processio ad fontes uel ad crucifixum ducitur. Per totam ebdomadam missa matutinalis dicitur *Spiritus domini* . nisi festum intercurrat.

De festis nouem leccionum.

DE festis autem nouem leccionum excepto primo die . in vesperis et in matutinis commemoracio fit et missa matutinalis. Si uero festiuitas duplex fuerit . si quidem in primo die euenerit ⁊ reseruatur usque in secundum feriam post octauas. Sin autem in aliquo die per ebdomadam occurrerit in suum octauum diem transfertur. Huiusmodi festum si in quinta feria huius ebdomade uel in duobus diebus sequentibus eueniat . preter quod dictum est ipso eciam die quo pronunciatur commemoracionem ad primas vesperas et ad matutinas . et missam matutinalem habet.

℃ De festis trium leccionum excepto primo die commemoracio fit . et post quartum diem missa matutinalis.

PRimo die penticostis[†] ad processionem que ante terciam per ćlaustrum ducitur . cantatur *Salue festa dies* . uel Sequencia . *Alma chorus domini* . tres fratres versus : Chorus per singulos versus . repetit . *Almus[†] chorus.* Staciones solite fiunt . dum sacerdos uadit per officinas. Ad introitum ecclesie incepta antiphona . *Hodie completi sunt* . in chorum processio "reuertatur. Secretarius ilico[†] ecclesie lucernas festinat accendere. Finita antiphona . dicat prelatus . ℣ *Spiritus domini repleuit* . et collectam diei. Statimque terciam idem pater incipiens ympnum *Ueni creator spiritus* . solempniter et deuotissime imponat. Tunc omnibus ueniam petentibus cum magna exultacione . idem ymnus ab vtroque choro simul spaciatim scilicet decantetur. Interim omnia signa pulsentur. Altaria quoque sicut ad vesperas cum duobus thuribulis incensentur. Deinde incensum per chorum portetur. Prelatus eciam ad hanc horam antiphonam incipit. Ita tota hora cum gaudio in eo de quo est . videlicet tocius gracie decore spiritu sancto festiue et affectuose dicatur. Deinde inchoatur missa . ad tante hospitis suscepcionem secretum cordis dignum habitaculum preparetur . ut in illius presencia carnalium cogitacionum motus tumultusque uiciorum sedentur . et ex amoris illius dulcedine suauitas compunccionis in mente generetur. Ad missam non solum hodie sed eciam per totam ebdomadam . *Credo in vnum* dicitur. Prefacio . *Qui ascendens super omnes. Communicantes. Hanc igitur.*

℃ Ad terciam quoque cotidie cantatur ympnus *Veni creator* . quem incipit sacerdos qui ipsam horam dicit . qui eciam ab omnibus ut supradictum est simul canitur. Altaria uero non incensantur . nec classicum pulsatur . sed tria tantum luminaria ad totam / horam ardent. [fo. 102 *v* Per totam ebdomadam silencium seruatur in claustro.

De ieiunio iiij[or]. temporum

IN hac ebdomada ieiunia quatuor temporum secundum apostolicam institucionem celebrantur. Vnde sanctus leo papa . hodiernam dilectissimi festiuitatem de descensione spiritus sancti consecratam sequitur ut noscis ieiunium quod animis corporibusque curandis salubriter institutum deuota est nobis obseruacione celebrandum. Repletis namque apostolis uirtute promissa . et in corde eorum spiritu

ueritatis ingresso non ambigimus inter cetera celestis sacramenta
doctrine . hanc spiritualem continencie disciplinam de paracliti magis-
terio primitus fuisse conceptam . ut sanctificante ieiunio . mentes
conferendis carismatibus fierent apciores.   Item post aliquam . igitur .
post sancte leticie dies quos in honorem dei a mortuis resurgentis ac
deinde in celum ascendentis exegimus . postque perceptum sancti
spiritus donum . salubriter et necessarie consuetudo est ordinata
ieiunium . ut si forte quid inter ipsa festiuitatis gaudia necligens
libertas et licencia immoderata presumpsit.   Hoc religiose abstinencie
censura castiget.   Que ob hoc quoque studiosius exequenda sunt ut
illa in nobis que hac die ecclesie diuinitus sunt collata permaneant.
Templum enim facti sumus sancti spiritus . et maiori quam unquam
copia diuini fluminis irrigati nullis debemus concupiscencijs vinci
nullis vicijs possideri . ut uirtutis habitaculum nulla sit contami-
nacione pollutum.   Item quarta igitur feria et sexta ieiunemus.   Sabbato autem apud beatissimum petrum uigilias celebremus.   Cuius nos
oracionibus et a spirituali[bu]s inimicis . et a corporalibus hostibus confidimus liberari.   De hac re quid dicat gregorius papa septimus require
in quadragesima . licet noua consuetudo ecclesie et cetera.

I N hoc igitur ieiunio quod solempne uocatur . *Gloria in excelsis*
dicitur . *Credo in vnum* . et prefacio . et cetera dicuntur.   Diaconus
quoque dalmatica . et subdiaconus tunica induitur.   *Alleluia* eciam
loco gradalis canitur.

F eria quarta ad ¯missam cantato *Gloria in excelsis deo* . Dicat
sacerdos . *Oremus   Mentes nostras.*   Deinde leccio . *Dixit salomon
filijs israel.   Alleluia* . versus . *Spiritus domini.*   Postea Dicat *Dominus
uobiscum.*   Oracio *Presta quesumus o[mnipotens]. deus ut a nostris
mentibus* . epistola . *Stans   petrus   cum   duodecim . Alleluia . Emitte.
Alleluia . Repleti sunt.*   Euangelium . *Nemo potest uenire ad me.*
Offertorium . *Emitte.*   Communio . *Pacem meam.*

F eria sexta ad missam oracio . *Da quesumus ecclesie.*   Epistola .
*Aperiens petrus os suum . Alleluia . Emitte . Alleluia.   Spiritus
sanctus / procedens* . Euangelium . *Factum est in vna dierum.*   [fo. 103
Offertorium . *Lauda anima mea.* Communio . *Spiritus vbi vult.*

S Abbato ad missam . prima oracio . *Mentibus nostris.*   Leccio .
Effundam de spiritu meo . Alleluia . Spiritus domini repleuit .
oracio . *Illo nos igne.*   Leccio . *Locutus est dominus ad moysen dicens* .

Loquere filijs israel . Alleluia . Factus est repente. Oracio . *Deus qui ad animarum medelam.* Leccio . *Dixit moyses . Alleluia . Repleti sunt omnes.* Oracio . *Presta quesumus omnipotens deus . ut salutaribus ieiunijs.* Leccio . *Dixit dominus ad moysen . Alleluia . Uerbo domini.* Oracio . *Presta quesumus omnipotens deus sic nos ab epulis.* Leccio . *Angelus domini .* tota legitur . *Alleluia . ℣ . Benedictus es domine deus .* cantato versu . *Alleluia* repetitur. Deinde dicitur oracio cum *Dominus uobiscum . Deus qui tribus pueris.* Epistola . *Conuenit vniuersa ciuitas . Alleluia Emitte spiritum . Alleluia . Laudate dominum omnes g[entes].* Euangelium . *Surgens ihesus de synagoga.* Offertorium . *Benedictus qui uenit.* Communio . *Non uos relinquam.*

❡ His tribus diebus ieiuniorum seruicium totum festiue agitur . ad modum scilicet quarte ferie . sexte et sabbati paschalis ebdomade. Vnum quodque alleluia duo et duo canunt.

Hoc ieiunium ab apostolis spiritu sancto baptizatis cum ordinacione statutum fuisse . mox sequens ordinacio . vij^{te} . diaconorum ostendit. Facta oracione sorore ieiunij . vnde dominus hec duo coniungit simul dicens . Hoc genus non eicietur . nisi in oracione et ieiunio.

❡ Quarti uero mensis ieiunium idcirco in hac ebdomada congrue agitur : quia sabbatum ebdomade pentecostes sepius in quarto mense quam in tercio reperitur.

FEstiuitas pentecostes octauum diem no[n] habet ، sicut nec pascha . sed septem diebus expletur . quia gracia sancti spiritus septiformiter diuiditur. Unde ecclesiasticis viris placuit . ut sabbato pentecostes huius festiuitatis obseruancia finiretur. Hinc uenerabilis Beda presbiter. Quia enim inquid spiritus sancti septiformis est gracia . iure solempnitas aduentus eius per septem dies laude ympnorum debita simul et missarum celebracione colitur.

[A space of 13 lines here] / [fo. 103 *v*

IN prima dominica post festum ¹sancte trinitatis¹ iuxta quod in decretis conscriptum est et romana ecclesia tenet ، incipiatur liber regum . et cantatur hystoria . *Deus omnium.* Precedenti sabbato . ad vesperas antiphona . *Benedictus .* et alie antiphone cum suis psalmis. Capitulum . *Benedictus deus et pater domini nostri .* ympnus . *O lux beata trinitas.*

¹—¹ Erased.

❡ Post vesperas memoria fit de sancta cruce que ab aduentu domini fuerat intermissa. Post vesperas quoque de sancta maria suffragia sanctorum que a dominica in passione intermissa fuerant in solitum reducantur.

❡ Ad completorium hinc usque ad primam dominicam mensis octobris . quando historia *Adaperiat* cantatur . ymnus *Te lucis ante terminum* canitur.

Ad matutinas . ymnus *Nocte surgentes* . et in laudibus . ymnus . *Ecce iam noctis.* Psalmi nocturnales decem et octo . dicuntur. Antiphone *Pro fidei meritis* . et cetera.

❡ In hac et in alijs dominicis usque aduentum domini missa matutinalis de trinitate . nisi festum occurrat. In quibus ad maiorem missam . nisi de festo sit . dicitur prefacio . *Qui cum vnigenito tuo.*

Sciendum uero est de festis que in hijs dominicis occurrerint. Si uero festum nouem leccionum in qualibet dominica eueniat celebrabitur. Eciam si in ipsa dominica hystoria debeat inchoari. Si tamen alia dominica superfuerit in qua ipsa historia cantari possit. Alioquin in secundam feriam mutabitur festum . et hystoria cantabitur. Quod quando euenerit de festo quod mutatur . eciam in ipsa dominica ad vesperas et matutinas commemoracio fit . et missa matutinalis.

Notandum est de qualibet historia que propter aliquod festum transmutatur . quod in qua dominica primum cantatur . eundem dignitatis statum habet quem haberet in prima sua dominica . eciam si per precedentem ebdomadam de ipsa hystoria Responsoria cantata fuerint . idest Responsorium ad vesperas in sabbato dicitur. Et si in ipsa dominica festum trium leccionum occurrat de eo non fit nisi commemoracio et missa matutinalis. Quando autem in dominica officium de aliquo festo agitur . de dominica commemoracio et missa matutinalis . nisi eidem festo aliud festum vnde missa matutinalis fieri debeat sit coniunctum. Tunc eciam memoria dominicalis non intermittitur . si tamen officium dominicale per ebdomadam oporteat cantari. Alioquin si propter prolixum spacium usque ad aduentum domini dominicale officium ad aliam dominicam debet reseruari ꝛ tunc de eo nulla fit mencio . nisi in illa dominica per cuius ebdomadam cantandum est.

❡ De festo trium leccionum si in dominica occurrat . commemoracio fit et missa matutinalis . et eciam tres medie / lecciones [fo. 104 ad matutinas . nisi quando hystoria incipitur.

❡ Sciendum quoque de uesperis illarum festiuitatum que in secunda feria celebrantur . quod quelibet festiuitas nouem leccionum sit . vesperas in dominica a capitulo habet . eciam si in ipsa dominica hystoria inchoata fuerit. Tamen in illis vesperis post primam collectam de festo . commemoracio fit de dominica. De festis uero duplicium uel communium festiuitatum que in sabbatis aguntur . qualiter in eisdem sabbatis mutentur require in aduentu domini. De simplicibus uero festis que similiter in sabbatis occurrunt quomodo uespertinale mutetur officium . require in fine libri post tractatum de ipsis simplicibus festis.

IN omnibus dominicis huius temporis usque ad aduentum domini ad processionem cantatur quodlibet responsorium de trinitate nisi quando duplex festum celebratur. Tunc enim de festo dicitur.

❡ Nonum quoque responsorium ad matutinas de trinitate canitur . nisi quando historia incipitur.

Feria secunda post completum pentecosten . queque pro gaudio dominice resurreccionis . ascensionis . et aduentus spiritus sancti intermissa fuerant recuperantur. Inde enim ad horas fiunt prostraciones . dicuntur eciam preces . nisi in festis ix leccionum . uel in octauis sanctorum . uel in festis que more octauarum aguntur.

❡ Hoc tempore usque ad kalendas octobris propter noccium[t] breuitatem . septem psalmi penitenciales post primam dicuntur. De quibus obseruatur quod non dicuntur nisi in illis diebus quibus ad horas prostracio fit.

❡ In sexta feria hoc tempore ieiunandum est . nisi festum ix leccionum . uel octaue intercurrunt.

AB octauis pentecostes usque ad kalendas augusti ponitur ad legendum . libri regum . et paralipomenon . et cantantur Responsoria . *Deus omnium . preparate corda uestra* . et cetera. Quoniam sicut saul et dauid et alij pro lege sua contra alopholos et goliam pugnauerunt . sic et nos post pentecosten idest postquam recepimus donum sancti spiritus in baptismate pugnare debemus contra vicia et demones. Nam iuxta apostolum non est nobis colluctacio aduersus carnem et sanguinem . sed aduersus principatus potestates . et cetera. Debemus eciam corda nostra preparare ut simus templum spiritus sancti . illi videlicet soli seruientes cuius solius gracia iuxta quod sequitur in illo Responsorio . *Liberabit nos de manibus predictorum inimicorum nostrorum.*

T

A Kalendis augusti usque ad kalendas septembris . legitur et cantatur Salomon . idest liber sapiencie . cum Responsorio *In principio* . et ceteris.

❡ Augustus sextus mensis est calidus et anni medius. In sexta etate qua dominus / uenit debemus propter presenciam eius [fo. 104 *v* sapienter viuere quoniam audita est inter nos illa sapiencia que ex ore altissimi prodijt. Unde et cor hominis concalescit . et in eius meditacione ignis exardescat . quoniam dominus ignem uenit mittere in terram . vnde quia in media etate vbi quisque amplius ab estu uiciorum succenditur magis debet tunc succurrere sapiencia. Ubi sapiencius est cauendum . quanto plus ualet etatis perfectio ad resistendum.

A Kalendis septembris legitur et cantatur Iob usque ad medium eiusdem mensis. A dominica medij septembris ponuntur tobias . Iudith . et esdras . et neemias vsque ad kalendas octobris. Hij sunt qui omnia aduersa pacienter sustinuerunt. Sic et nos debemus in septima etate qua mundus finietur aduersa que occurrunt pro domino tolerare paciencius

D E septembris autem ieiunio constitutum est . ut si kalende septembris in quarta feria eueneri[n]t . aut antea ieiunium in tercia ebdomada celebretur. Et si in quinta aut vi[a] feria . aut sabbato contigerit in quarta ebdomada ieiunandum erit. In decembri uero illud obseruandum erit . ut proximo sabbato ante vigiliam natalis domini celebretur ieiunium . quia si vigilia in sabbato euenerit . simul vigilia et ieiunium celebrare non conuenit.

A kalendis octobris usque ad kalendas nouembris leguntur libri machabeorum . et cantatur responsoria *Adaperiat* . *Ornauerunt* . et cetera. Iste octauus mensis leticiam resurreccionis significat . quia sicut iudei finitis prelijs et templo restituto in ymnis et confessionibus benedicebant dominum . sic et in resurreccionis gloria destructis prelijs diaboli sancti et iusti in domino gaudebunt.

A Prima dominica mensis octobris siue *Adaperiat* incipitur siue non . ad completorium dicitur ymnus . *Saluator mundi domine* . usque ad quadragesimam . a qua dominica usque aduentum . et ab octauis epiphanie usque ad quadragesimam . Sabbatis ad vesperas . dicitur ymnus *Deus creator omnium*. In dominicis ad nocturnum ympnus *Primo dierum* . et in laudibus *Eterne rerum conditor*,

A Kalendis nouembris usque aduentum domini . legitur ezechiel et daniel . et xij . minores prophete . cum Responsorio *Vidi dominum.* Ezechiel vidit iiij^or . animalia idest quatuor euangelistas qui domini natiuitatem passionem resurreccionem ascensionem . et cetera annunciauerunt . mundumque docuerunt. Daniel quoque eum esse uenturum predixit dicens . *Aspiciebam in uisu noctis . et ecce filius hominis uenit.* Similiter et duodecim minores prophete nascituram dominum predixerunt . et ideo ante eius aduentum post supradictos prophetas leguntur / quia ipse est saluator mundi quem [fo. 105 nasciturum de virgine maria predixerunt.

D E hijs autem libris immo de omnibus qui per totum annum ad legendum annotati sunt obseruetur . ut infra statutum terminum quod in ecclesia non poterit legatur in refectorio. Hic uero incipiendorum supradictorum librorum ordo teneatur . ut si kalende mensis . dominica . aut feria secunda . uel tercia . uel iiij^a . intraueri[n]t . liber historie cum Responsorijs . in ipsa dominica incipiatur. Si autem feria quinta . uel vj^a . aut eciam sabbato kalende mensis intrauerit Liber historie et Responsoria usque in sequentem dominicam inchoari differantur.

In vigilia sancti Iohannis baptiste.

I N uigilia sancti iohannis baptiste leguntur lecciones de omelia euangelij eiusdem uigilie . cetera omnia solito more de feria dicuntur.

❡ Quod si dominica fuerit solummodo missa matutinalis fit de uigilia.

In die.

P recursoris domini natiuitas quod venerabiliter recolitur . ex euuangelica autoritate habetur. Angelo zacharie patri eius promittente . quod in natiuitate eius multi gauisuri essent. Ad *Benedictus* antiphona . *Apertum est os zacharie* cantatur usque *et prophetauit dicens* . et tunc . *Benedictus* . incipitur.

❡ Missa matutinalis habetur propria . *Iustus ut palma.* Ad maiorem missam . *Credo in vnum* dicitur.

❡ De hac festiuitate aguntur octaue . idest tocius officij cursus inde persoluitur usque ad festiuitatem apostolorum . eciam in dominica si intercurrat . nisi in festo sanctorum iohannis et pauli. De ipsis enim officium more octauarum agitur in tribus leccionibus. Qua *die*

de octauis sancti iohannis commemoracio fit . et missa matutinalis.
De istis martiribus quando in dominica eorum festiuitas occurrit
totum seruicium fit cum tribus medijs leccionibus de sancto iohanne.

vigilia apostolorum petri et pauli.

IN uigilia sanctorum apostolorum petri et pauli . de sancto leone
papa commemoracio fit ad vesperas et matutinas . et ad primam
missam . que de octauis sancti iohannis post terciam canitur. Missa
de uigilia ad nonam . uel si dominica fuerit post terciam cantatur.
Quando hec uigilia in dominica occurrit de prefato pontifice ad matutinas tres medie lecciones fiunt.

In die.

Gloriosa ista solempnitas quamuis ad beatum petrum propter officij
proprietatem specialiter pertinere uideatur ꞓ sub honore tamen
amborum martirij vtriusque ipsius videlicet petri et coapostoli sui pauli
celebris habetur et venerabiliter colitur.   Nam ut ait sanctus leo papa
et beatus gelasius . vna die uero diuerso tempore . vno in loco vnius
/ tyranni tollerauere sentenciam. Missa matutinalis de [fo. 105 v
sancto iohanne. Ad maiorem missam . *Credo in vnum* dicitur . et
prefacio de apostolis.   Ipsa die vespere communiter de vtrisque apostolis aguntur . absque commemoracione propria de apostolo paulo .
quam quidam post principalem collectam faciunt.

De commemoracione sancti pauli.

CRastina die sub commemoracione beati pauli tocius officij pro-
prietas celebriter persoluitur.   Ad matutinas ante memoriam
de octauis sancti iohannis commemoracio fit de apostolo petro . ad
quam dicitur oracio . *Deus qui beato petro apostolo* . que est in cathedra
eius. Que eciam cum sua secreta et postcommunione ad missam
matutinalem ipsa die dicitur. Ad quam missam officium . epistola .
euuangelium . et cetera dicuntur sicut ad missam pridie.   In maiore
missa . dicitur *Credo in vnum* et prefacio de apostolis.

❡ Ad vesperas prima commemoracio est de subsequenti octauo
die beati iohannis. De quo in crastino totum seruicium agitur cum
commemoracione et tribus medijs leccionibus . et missa matutinali de
octauis apostolorum.

Sequenti die post octauas sancti iohannis officij cursus est de octauis apostolorum. De quibus tres lecciones fiunt. Vel si dominica fuerit nouem lecciones fiunt. Qua die de martyribus processo et martiniano commemoracio fit . et missa matutinalis . et in dominica medie lecciones. Ipsa die de sancto swythuno non fit nisi commemoracio . quia in proximo in eius videlicet translacione ubi et congruencius potest plenaria de eo festiuitas agenda est.

Per octauas apostolorum totus cantus . ymni . capitula . et ad missam epistole . et euuangelia omnia de communi aliorum apostolorum sumuntur. Cotidie ad missam nisi matutinalis sit . prefacio supradicta dicitur . *Et te domine.* Nuncquam enim dicitur prefacio ad missam matutinalem. Oracio *Deus qui hodiernam diem apostolorum* dicitur et ad matutinas et ad vesperas . et ad missam cum sua secreta . et postcommunione

DE translacione sancti martini . nouem lecciones fiunt . medie lecciones de apostolis.

De octauis apostolorum

IN octauo die apostolorum . nouem lecciones fiunt. Euuangelium pronunciatur . *Iussit Ihesus discipulos.* Relique lecciones sunt sicut et per octauas de sermonibus qui proprij de ipsis apostolis habentur. Ad missam ipsius diei totum seruicium est proprium. In qua die dicitur *Credo in vnum.*

DE translacione sancti benedicti nouem lecciones fiunt . quando de eius transitu in quadragesima non fit nisi commemoracio. Alioquin ipsa translacio cum tribus leccionibus recolitur.

Sancte marie magdalene

IN festiuitate sancte marie magdalene officium omne dispositum habetur.

. Iacobi apostoli .

IN natali sancti iacobi / apostoli nouem lecciones fiunt . [fo. 106 medie lecciones de martiribus. De apostolo hoc sicut et de omnibus alijs excepto . mathia . et philippo . et iacobo altero. Quorum festa [festa] infra resurreccionem occurrit . Vigilia agitur . Ad missam *Credo* dicitur . et prefacio.

[1]—[1] Erased.

Ad uincula sancti petri

IN festiuitate sancti petri que dicitur aduincula ix . lecciones.   Ad matutinas antiphone . super psalmos nocturnales . *In omnem terram* . et alie de communi apostolorum . cetera omnia de alia festiuitate. *Credo* dicitur . et prefacio.

Inuencio stephani.

IN inuencione sancti stephani prothomartiris . que cum nouem leccionibus recolitur . Antiphone . Responsoria . et missa omnia sicut in martirio eius.   Hoc tamen in oracione mutatur . *ut discamus et inimicos diligere* . quia eius inuencionem colimus.

De sancto laurencio.

FEstiuitas sancti laurencij martiris cum vigilia solempniter agitur.   De hac festiuitate huiusmodi octaue fiunt quod cotidie usque ad assumpcionem beate marie ad vesperas et ad matutinas et in missa commemoracio fit de ipso martire ͘. et in octauo die commemoracio . et missa matutinalis.

Vigilia assumpcionis sancte marie.

IN uigilia assumpcionis gloriose dei genitricis marie . de sancto [eusebio][1] tres lecciones . et missa matu[tinalis][1] De quo si dominica fuerit si[militer][1] lecciones fiunt . scilicet medie . et commemoracio tantum . quia tunc dominicale officium ad missam matutinalem cantatur.   Maior missa de uigilia dicitur.

❡ Hac die in capitulo quod sicut in uigilia natalis domini honeste debet preparari.   Pronunciante lectore ͵ *Dormicio sancte dei genitricis marie* . Omnes se in terram prosternant . Recordantes et secum pertractantes quanta bona per hanc sanctam uirginem accepimus. Quod scilicet cum propter prime preuaricacionis culpam morti obnoxij essemus . per ipsam nobis omnis gracia uite et ueritatis omnis spes uite et uirtutis redijt.   Que eciam iccirco super choros angelorum ad dexteram patris collocata creditur . Vt pro cotidianis excessibus nostris apud deum fiducialiter interueniat.   Hec tanta tamque ineffabilia beneficia que per eandem gloriosam dominam sibi iam sunt collata . et in fine sperant plenissime conferenda deuota mente recol-

---

[1] Initial letter cut out.

entes eiusque meritis se et eciam sibi familiaritate coniunctos toto affectu commendantes.

Post aliquantum spacium dato signo a prelato surgant . et lector que dimiserat prosequatur. Postea legatur leccio de euuangelio . *Extollens uocem quedam mulier de turba.* In fine uero capituli tam huius diei quam octo subsequencium dicatur psalmus . *Laudate / dominum omnes gentes.* Exinde vigilia cum magno gaudio [fo. 106 *v* celebretur. Siquidem satis congruum est ut statim ex quo tante genitricis gloriosa annunciatur dormicio: quicquid ad afflictionem uel tristiciam pertinet penitus debeat remoueri. Proinde prostracio post ponatur . ¹psalmi familiares intermittantur¹ Tercia . sexta . et nona solummodo de ipsa beata uirgine dicantur . eciam si dominica sit. Ad quas horas antiphone dicuntur . *Quando natus est* . et alie sicut solent dici in sabbatis. Capitula sicut in cotidiana eius commemoracione . cum collecta de vigilia. Ad vesperas. Psalmus . ¹*Laudate pueri. Laudate d[ominum]. o[mnes]. g[entes].* *Lauda anima.* *Laudate do[minum] . q[uoniam]. bonus. Lauda ierusalem.*¹

FEstiuitas hec sicuti uirgo incomparabilis est ceteris virginibus . ita incomparabilis est omnium sanctorum festiuitatibus et admiranda eciam angelicis uirtutibus. Idcirco celebratur ad modum natalis filij eius ihesu christi domini nostri. Nulli quippe dubium quin totum ad gloriam laudis eius pertineat . quicquid genitrici sue impensum fuerit ac solempniter.

❡ Ad matutinas leguntur prime sex lecciones de sermone beati ieronimi quem de ipsa assumpcione edidit. Vltime tres lecciones de omelia sancti patris nostri augustini in euuangelium . *Intrauit ihesus in quoddam castellum*

❡ Ad missam non solum prima die . sed et per subsequentes septem dies cotidie dicitur *Credo in vnum* . et prefacio . *Et te in assumpcione.*

❡ Huius sanctissime celebritatis cunctis fidelibus exoptabile gaudium . per octo dies cum magna ueneracione et deuocione est recolendum. Prima igitur dies in omni cultu celeberrima habeatur. Deinde primi tres dies qui secuntur . et alij tres postremi . similes sunt in ueneracione diebus paschalibus . siue pentecostes . Videlicet singulare beatissime uirginis officium frequentetur.

❡ Intermittantur enim quindecim psalmi . ad matutinas.

¹⸻¹ Roughly erased.

❡ Ad matutinas ad horas quoque psalmi familiares . officium pro defunctis . hijs diebus in conuentu non agatur.

❡ De festis uero que occurrunt . commemoracio tantum fiat et missa matutinalis. Per octauas leguntur lecciones de supradicto sermone sancti ieronimi. Euuangelium non pronunciatur nisi primo die . et octauo . et in dominica si intercurrat . quia tunc ix lecciones fiunt. Octauus dies solempniter recolitur.

Sancti bartholomei apostoli.

I N natali sancti bartholomei apostoli nouem lecciones   medie lecciones de sancto audoeno.

In festo sancti patris nostri augustini episcopi.

[S]¹Olempnitas sancti patris nostri augustini episcopi et doctoris egregij . quod non solum a canonicis / regularibus [fo. 107 quorum pater et uite institutor est . sed eciam ab vniuersis catholice matris ecclesie filijs uenerabiliter recoli debeat . satis omnibus notum est . qui quantum illius salutifera doctrina vnica eiusdem matris ecclesie fides firmata sit diligenter att[endunt]² De quo celestinus papa men[cionem]² faciens dicit se eum pro uita et m[eritis]² suis in sua semper communione habuisse. Cuius eciam scienciam idem papa extollens asserit quod predecessores sui eum inter magistros optimos semper habuerunt . omnes in commune bene de eo senserunt . utpote de viro qui vbique cunctis et amori fuit et honori.

Igitur desiderabile festum tanti patris honorifice recolatur . historia propria cantetur . sicut in libris habetur . diligenter prouideatur . et non in vno tantum sed in octo simul diebus deuotissime recolatur. Octaue enim de hoc festo aguntur . de quibus cotidie plenarium seruicium persoluitur . nisi in festo decollacionis sancti iohannis baptiste . et in festo sancti egidij abbatis . et in dominica si qua infra ipsas octauas occurrit. In ipsa enim dominica oportet cantari historia *Si bona.* Tamen quando tercia dies in dominica euenerit de octauis officij cursus erit . quia et in sequenti dominica historia potest cantari . et aliter festum sancti iohannis nullas vesperas habebit.

❡ Notandum autem quod quando quarta die octauarum in dominica occurrat ipso tantum anno anticipiatur historia *Peto domine* . et cantatur in sequenti dominica . videlicet propter festa que in alijs

---

¹ Çut out.   ² Initial letter cut out.

dominicis occurrunt. In predictis uero festis . et eciam in dominica in qua *Si bona* . incipitur . medie lecciones erunt de octauis. Si uero octauus dies in dominica euenerit . non in ipsa sed in sequenti dominica idest infra octauas natiuitatis sancte marie . historia *Si bona* cantabitur.

nota.

Notandum quod quando dies octauus sancti augustini in sabbato occurrit . plenarium seruicium' de sancto augustino fit . commemoracio de sancto cuthberto de quo seruicium in crastinum erit . de dominica uero commemoracio et missa matutinalis tantum.

❡ Sciendum est quod festum sancti cuthberti remouetur usque in crastinum octauarum sancti augustini . quia de ipsis octauis fiunt plenarie nouem lecciones apud nos. Sed festum sancti cuthberti habebit commemoracionem ad vtrasque vesperas et ad matutinas.

Decollacio̅ sancti iohannis baptiste.

Decollacio sancti iohannis baptiste cum nouem leccionibus recolitur. In qua festiuitate ymni . versus . antiphone . super psalmos / nocturnales cum ipsis psalmis sicut de communi vnius [fo. 107 *v* martiris. Cetera idest Responsoria lecciones . antiphone . ad laudes . et missa propria habentur.

De natiuitate beate marıe.

NAtiuitas gloriose et perpetue uirginis marie honorifice recolitur . quippe quia in eius ortu lumen nobis oriri cepit. Huius festiuitatis seruicium quia satis notum est hoc tantum dicatur . quod primo die et octauo die . dicitur *Credo in vnum* . et prefacio que in assumpcione eius . hoc tantum mutato . *Et te in natiuitate beate marıe* . et cetera.

De octauis totum officium cotidie agitur . eciam si dominica intercurrit . nisi in festo exaltacionis sancte crucis . et quando ut supradictum est octauus dies patris nostri in dominica occurrit . tunc tamen qua die ınfra has octauas historia cantatur . medie lecciones fiunt de octauis . de quibus ın festo sancte crucis non sit nisi commemoracio . post memoriam de martiribus. Per istas octauas dicuntur hore de omnibus sanctis.

[A space of 8 lines here]

U

IN natali sancti mathei apostoli cantatur historia . *In uisione dei.*

Sancti michaelis archangeli.

FEstum sancti michaelis . festiue recolitur.   Sequenti die de sancto ieronimo presbitero nouem lecciones de quo totum officium sicut de abbate.

[K]Alendas octobris . de confessoribus germano et remigio et ceteris tres lecciones fiunt.   Qua die et deinceps septem psalmi penitenciales post matutinas dicuntur.   Ipsa die meridiana postponitur.   Exinde fratres cum opus habuerint cappas sumunt.   De quibus talis est consuetudo . quod omnes simul eas accipiunt . simul deponunt . exceptis illis quibus eas propter aliquam infirmitatem quando voluerint habere concessum est.   Hoc autem ad custodem ordinis pertinet . ut sicut congruum prospexerit magistris puerorum innuat . quatinus pueris cappas suas faciant sumere siue reponere . uel si pueri desunt . Hoc idem ipse custos ordinis iunioribus fratribus debet innuere . quod cum alij viderint similiter faciant.   Ab hac die usque ad natale domini nisi quando ix lecciones fiunt continuum ieiunium obseruetur.   In quibus diebus in claustro locuntur ante terciam.

A Kalendis octobris usque ad festiuitatem omnium sanctorum nona donec refectis seruitoribus non pul-/satur qua [fo. 108 eciam cantata conuentus solito more in refectorium pergit.   A festo uero omnium sanctorum usque ad purificacionem beate marie statim post prandium cantatur nona . quo spacio generaliter post nonam in refectorium non eunt . sed qui habuerit per licenciam bibere uadit.

Translacio sancti patris nostri augustini.

Translacio sancti patris nostri augustini . cum ix . leccionibus celebratur . totum seruicium de alia eius festiuitate assumitur exceptis antiphonis ad *magnificat* . et *Benedictus* . lecciones eciam proprie habentur.

De sancto luca euangelista.

[I]N festo sancti luce euangeliste cantatur historia.   *In uisione dei* . ymni versus psalmi sicut de apostolis.   Ad missam *Credo in vnum* dicitur.   Ad secundas vesperas . antiphona *Iurauit dominus* . et alie.

Apostolorum simonis et iude

De apostolis symone et iuda ix lecciones. Ad missam dicitur *Credo in vnum* . et prefacio.

In vigilia omnium sanctorum.

IN uigilia omnium sanctorum . missa matutinalis dicitur de sancto quintino . de quo ipsa die tres lecciones fiunt. Ad missam de uigilia vna tantum collecta dicitur. Si dominica fuerit . quia maior missa de uigilia cantabitur . ad missam matutinalem officium dominicale dicatur.

In die.

FEstiuitas omnium sanctorum celebriter recolitur. In hac festiuitate . antiphone . Responsoria de singulis sanctorum ordinibus sumuntur.   Ad laudes tamen proprie antiphone habentur. Ad missam dicitur *Credo in vnum*.   Ipsa die post vesperas de festo . vespere in memoria omnium defunctorum solito festiuius aguntur. Primam antiphonam sacerdos ebdomadarius ut mos est inchoat . ceteras omnes duo illi qui priuatis diebus solent eas inchoare. Ad matutinas similiter . psalmi sedendo cantantur. Vna collecta dicitur . s[cilicet]. *Fidelium deus omnium*. Qua finita totum classicum aliquamdiu pulsatur.

De sancto eustachio.

IN crastino primum de sancto eustachio et socijs eius matutine more octauarum dicuntur.   Postea de sancta maria . quibus finitis cum suffragijs sanctorum . matutine pro defunctis dicuntur . ita festiue quia ad lectrinum quod debet poni ad gradus[1] chori . lecciones legantur. Qui legunt aut cantant in tabula ponuntur. Que tamen in capitulo non recitatur . sed tantum in ea quisque considerat quod cantare uel legere debeat. Nonum tantum responsorium a duobus dicitur . quod eciam reincipitur . et interim totum classicum pulsatur.

❡ Finita prima diei . statim preparata processione . cum ministris qui aquam benedictam . crucem . candelabra . et thuribulum ferant . / induto quoque subdiacono diacono et sacerdote [fo. 108 *v* qui missam celebrare debet . exeat conuentus cum psalmo . *Beati inmaculati* . et primo commune cimiterium circueat . qui aquam benedictam portat . circumquaque super tumulos eam aspergat. De

[1] Over erasure.

communi cimiterio transeant ad cimiterium fratrum ibique facta stacione circa sepulturam maiorum psalmos finiant . quibus finitis dicant *Kyriel[eison]* . *Christel[eison]* . *Kyriel[eison]* . *Pater noster.* Deinde sacerdos cum paucis capitularibus precibus dicat hanc oracionem . *Deus venie largitor* . alia[am] oracio[nem] *Deus cuius miseracionem* alia[am] oracio[nem] *Fidelium deus.* In fine *Requiescant in pace.* Postea cum septem psalmis absque *Gloria patri* in chorum redeant . sicque in fine dicto *pater noster* . iterum cum paucis precibus dicatur oracio. ❡ *Absolue quesumus domine* . cum *Requiescant in pace.* Deinde pulsato classico missa pro defunctis festiue celebretur cum vna collecta. *Fidelium deus omnium.* Cantores sint in choro. Diaconus et subdiaconus casulis vtantur . duo gradale canant . tractum cantores. Hac die omnes qui missas cantant excepto ebdomadario . et illo qui pro annuo officio cantat communiter eas pro omnibus defunctis cantare debent cum oracione . *Fidelium deus.* Ceteri fratres psalmis canendis quantum possunt intendere debent.

❡ Hoc officium quando festiuitas omnium sanctorum sabbato occurrit . reseruatur usque ad sequentem secundam feriam . eo modo quo supradictum est agendum. Ad quam diem festum sanctorum martirum eustachij et sociorum eius ex toto similiter differtur.

Sancti martini episcopi.

BEatissimi martini episcopi non solum festiuitas celebriter recolitur . sed eciam usque ad octauum diem cotidie de eo ad vesperas et ad matutinas et ad missam commemoracio agitur . et in octauo die tres lecciones.

De sancto bricio.

DE sancto bricio officium agitur sicut de alijs priuatis festis trium leccionum . excepto quod ad laudes antiphone quinque proprie dicuntur.

De sancto andrea

DE sancto andrea apostolo usque ad octauum diem cotidie ad vesperas et matutinas et ad missam fit commemoracio . et in octauo die . tres lecciones.

DEscripto igitur magna ex parte tocius anni officio . sicut ad generalem cursum eiusdem pertinere videtur . nunc de communitate siue diuersitate festiuitatum earum que obseruancijs tractetur . primum uero que festa a populo feriari debeant annotetur . ex concilio lugdunensi capitulo tercio.

/D Enunciandum est plebibus ut sciant tempora feriandi [fo. 109 idest omnem dominicam a vespera usque ad uesperam . ne iudaismo capiantur. Feriandi uero per annum . Isti sunt dies.

Natalis domini.
Sancti stephani.
Iohannis euuangeliste.
Innocencium.
Circumcisio domini.
Epiphania.
Purificacio beate marie.
Sanctum pascha . cum tota ebdomada.
Rogaciones cum tribus diebus.
Ascensio domini.
Sancta dies pentecostes.
Sancti iohannis baptiste.
Duodecim apostolorum . maxime tamen petri et pauli . qui mundum sua predicacione illuminauerunt.
Sancti laurencij.
Annunciacio dominica.
Assumpcio . et natiuitas beate marie.
Sancti michaelis . et sancti martini.

et ille festiuitates quas singuli episcopi in suis episcopatibus cum populo collaudauerunt celebrandas . que vicinis tantum circa manentibus indicende sunt . non generaliter omnibus.

Relique uero festiuitates per annum non sunt cogende ad feriandum . nec prohibende. Indictum uero ieiunium . quando fuerit denunciatum ab omnibus obseruetur.

[A space of 3 lines here]

De festiuitatibus prime dignitatis.

QUinque sunt festiuitates . que sicut pre ceteris in maiori ueneracione habentur . ita maiori celebracionis apparatu digne videntur. Sunt autem iste. Natalis domini . Pascha . Pentecostes . Assumpcio gloriose et perpetue uirginis marie . Festiuitas loci.

℩ Pridie ante vigilias istarum gloriosarum festiuitatum . monasterium ornari inchoatur . quod totum secundum facultatem loci prout conueniencius potest ornatur. Altaria quoque omnia parantur . sed in vigilia. Et in vigilia Natalis domini . et assumpcionis beáte marie ante terciam. In vigilia uero pasche . uel pentecostes . siue festiuitas loci . post sextam. Ante hec festa mundantur officine . et claustrum. Sedilia refectorij . et capituli . bancalibus operiuntur. Sternitur iunctus siue stramen . uel fenum in hyeme.

ℂ Fratres quoque pridie ante istas vigilias nisi dominica prohibeat raduntur . tunc uero ante . excepta vigilia pasche in qua radi oportet . et vigilia pentecostes . in qua eciam rasura sit . nisi pro aliquo festo nouem leccionum quod in eo occurrerit preueniatur.

ℂ Notandum quod in vigila natalis domini . et assumpcionis beate marie hoc amplius ceteris vigilijs habet . quod quia a capitulo / celebritas inchoat. Ad terciam et sextam vnum de medio- [fo. 109 *v* cribus signis pulsatur. Igitur in qualibet uigilia istarum festiuitatum ante missam . preparatis rite omnibus que intrinsecus siue extrin- secus supra descripta sunt preparanda ante ipsam missam totum classi- cum pulsetur . et ita siue dominica siue non . maior missa de ipsa uigilia celebretur. Vna tantum collecta dicatur. Cantores secun- darij chorum regant . qui et gradale canant . quod post versum rein- cipitur . nisi dominica fuerit.

ℂ Si uero dominica fuerit . alij de choro gradale canant . et cantores *Alleluia . Kyriel*[*eison*] festiue cantetur. Breue tamen . *Sanctus* quoque et *Agnus* dei . festiue dicantur.

ℂ Ad hanc missam sacerdos honorifice induatur. Diaconus sit in dalmatica . et subdiaconus in tunica . totum seruicium festiuo more persoluatur. Submissius tamen quam in crastino cantus inchoetur , quamquam nec nimis alte nec nimis submisse . sed inter utrumque ita semper moderandus ut bene possit cantari. Nec unquam aliquis super alios exclamando cantare presumat. De concordi modulacione beatus augustinus in libro de ciuitate dei ita loquitur. Diuersorum sonorum racionabilis moderatusque concentus . concordi uarietate compactus . bene ordinate ciuitatis insinuat ciuitatem.

In fine misse nullum signum pulsetur. Sed post breue interuallum duo de maioribus sonent ad nonam.

ℂ Ad mensam legatur quicquid ad suscipiendum gaudium tan- tarum solempnitatum magis congrue videtur. De regula uero nostra que per septimanam semel ex precepto legitur . si quid restat legen- dum predie[†] ad cenam . uel ante . uel in quarta feria ante pascha perlegatur. Hinc enim usque ad completas octauas istarum festiuitatum nec in refectorio nec in capitulo legitur . nisi quod ad festa pertineat. Tamen et infra octauas si opus fuerit supradicta regula ad cenam legitur . post quartum scilicet diem . et maxime in sabbato si se oportunitas prebuerit.

De vesperis.

AD vesperas . primum duo de maioribus signis pulsantur . secundo . tercio . et quarto . duo et duo sicut sunt per ordinem maiora ac deinde simul omnia. Inter signa omnia luminaria ecclesie accenduntur . ante singula altaria singula luminaria ponuntur. Duo in cappis chorum regunt. Antiphonas super psalmos distribuunt. Primam antiphonam prelatus incipiat . secundam dominus prior. Ceteras alij sicut sunt in choro maiores. Responsorium cantores canunt. Antiphona ad *Magnificat* ter tota canitur. Prelatus eam primo imponit . / et postremo. Altare maius cum duobus [fo. 110 thuribulis incensatur. Per cetera quoque altaria incensum portatur. *Benedicamus* cantores dicunt.

De matutinis.

IN hijs festis ad matutinas primo totum classicum pulsatur . et remanente classico . duo de minoribus signis sonant . donec conuentus ad ecclesiam occurrat. Inuitatorium quatuor canant. Antiphone . sicut ad vesperas dictum est . a senioribus imponuntur. Qui legunt uel cantant cappis induuntur. Responsoria . excepto tercio . sexto . et nono . a binis fratribus canuntur. Ad tercium uero responsorium tres ponuntur . et ad sextum similiter. Ad nonum quatuor . quod et reincipitur. Per vnumquemque nocturnum . dum tercium responsorium canitur . duo sacerdotes altare incensant . et incensato a prelato conuersis turibula tradunt . qui primo ipsos ac deinde ceteros per ordinem incensant. Ad *Te deum laudamus* . duo de maioribus signis pulsantur . et ad *per singulos dies* omnia. Ad *Benedictus* . antiphona ter dicitur . et altaria sicut ad vesperas incensantur

De prima . iij^a . vi^a . et ix . et de missa.

PRima . tercia . sexta . et nona . cum duobus maioribus signis pulsatur. Per vnamquamque horam tria luminaria ante altare ardunt.[1] Siue dominica sit siue non processio agatur. Secretarius

[1] Struck out.

dum tercia canitur . cappas per chorum distribuit . ante singulos
fratres cum cappa amictum ponens . post terciam omnibus rite paratis
. et cantoribus in choro constitutis ministros[t] quoque ante altare que
portande sunt tenentibus cum precentor cantum qui ad festum pertinet inchoauerit . hoc modo procedunt. Primus qui aquam benedictam portat . Deinde qui crucem . postea ceroferarij . Deinde qui
portat thuribulum . quos sequitur subdiaconus cum textu in tunica .
et diaconus in dalmatica. Post eos incedunt cantores. Deinde pueri
. et reliqui fratres binj et binj sicut est ordo eorum . et post omnes
prelatus. Procedentes uero per claustrum nullam stacionem faciunt
. sed monasterium per maiores ianuas introeunt . et ita facta parua
stacione ante crucifixum donec quod canitur finiatur . cum prelatus
antiphonam uel Responsorium de ipso festo inchoauerit . in chorum
omnes redeunt . postea prelatus pronunciato versiculo . dicat oracionem de festo . sicque pulsatur classicum et missa inchoatur.

℃ Quod si dominica fuerit . primo sit aqua benedicta ab ebdomadario . et altaria et fratres consueto more asperguntur. Deinde dicta
oracione . *Exaudi nos domine sancte pater* . incipit ipse ebdomadarius
terciam . que dum canitur . uadit idem cum aquebaiulo et /   [fo. 110 *v*
subdiacono qui sibi librum defert per officinas et solitas obseruancias
complet. Postea depositis sacris uestibus in chorum horam finiturus
reuertitur. Si uero iubente prelato missam debet canere . tunc in
chorum indutus redit . et in processione post diaconem procedit .
post terciam processio agitur ut supradictum est . qua in chorum
reuersa ɔ pulsato classico officium ad missam primo aliquantulum
submisse imponitur . quod post versum totum canitur. Deinde *Gloria
patri* alcius imponitur . et iterum officium repetitur. *Kyriel*[*eison*] cum
versibus in choro alternatim canitur . *Gloria in excelsis deo* . sacerdoti a
cantore defertur . que sine versibus ab vtroque choro simul decantatur.

℃ Meminerint tam cantores quam ceteri omnes ut totum quod
cantant morose et cum distinctionibus ita concorditer proferant ut
pro dulcedine circumstantes uocem leticie cordis sui in auribus omnipotentis dei effundant. Gradale cantores secundi canunt . adiuncto
tercio de choro cui precentor innuerit. *Alleluia* uero pertinet ad cantores qui in choro sunt priores . qui secum alios duos de maioribus
personis assumuntur. Postea sequencia in choro incipitur . et alternatim spaciose sicut et cetera decantantur[t].

℃ *Sanctus* cum versibus simul omnes canunt. Ad *Agnus dei* . sicut
nec ad *Gloria in excelsis* nunquam versus dicuntur.

IN hijs festis omnes qui missas non canunt ad communionem uadunt . exceptis illis qui aliqua racionabili causa consulto prelato se abstinuerint. Finito *Ite missa est* . paululum omnia signa pulsantur in classicum. De vesperis totum fit sicut de histernis† vesperis dictum est.

De octauis.

Gloriose iste festiuitates octauas habent . que ita solemniter aguntur . quod per octo dies onñia que ad. celebracionem ipsarum festiuitatum non¹ pertinent proponuntur. Ad matutinas enim quindecim psalmi intermittuntur. Hore secundarij non dicuntur . nec psalmi familiares . officium quoque pro defunctis nisi corpus presens sit intermittitur. Tribus diebus qui primum sequuntur officium solempniter agitur . sicut in festis tercie dignitatis . de quibus paulo post dicendum est . excepto quod ad matutinas nisi dominica occurrat . tres tantum lecciones leguntur. In quibus diebus sicut et in omnibus duplicibus festis ad matutinalem missam non nisi vna collecta dicitur . nisi pro aliqua necessitate alie addantur. Relique tres dies celebriter aguntur . quamquam duo et duo signa minime pulsentur. Responsoria dupliciter non cantentur. In choro enim sunt cantores ebdomadarij qui eciam ad vesperas et matutinas paruum *Benedicamus* cantando dicunt . / Signa pulsantur . et ministri altaris indu-   [fo. 111 untur . necnon ad missam *Kyrieleyson* . *Gloria in excelsis.* Gradale . *Alleluia* . et cetera cantantur . sicut et in dominicis.

Ad missam matutinalem dicuntur quinque oraciones . quarum prima est de eo officio vnde missa canitur . cetera uero dicuntur pro familiaribus uel aliquibus necessitatibus.

℃ Non enim est consuetudo ut in hijs diebus in quibus singulare officium agitur . de sanctis in missa non fiat mencio . nisi de quibus ad vesperas et ad matutinas fit commemoracio. De festis qui in hijs octauis occurrunt . in suis locis dictum est.

℃ Notandum tamen de quolibet festo de quo missa matutinalis debet fieri . quod si eandem missam pro alicuius defuncti presencia oportuerit intermitti . Ad maiorem missam inde secunda collecta dicetur . quod cum euenerit ⁊ quia collecte impari numero semper dicuntur . Ad ipsam maiorem missam que collecta tercia debeat addi . in capitulo pro familiaribus uel pro aliquo negocio constituendum est. Octauus dies predictarum festiuitatum sicut vnus de tribus diebus qui primum secuntur dupliciter recolitur.

¹ Interlined above.

X

De octauis.

Octauuas sanctus leo papa instituit. Nam a ueteri consuetudine sanctarum festiuitatum octauus dies celebrari sumpsit inicium . significans Post septimanam huius uite laborem octauariam future beatitudinis requiem . in qua est summa et uera felicitas et uera festiuitas. Item sanctis illis quos magnificencius honoramus duas festiuitates facimus . Prima die natalicij sui et octaua . primi diei festiuitas primam stolam significat . quam a domino perceperunt in animabus beatificati. Octaui diei festiuitas secundam stolam significat . qua sunt in corporibus glorificandi . que futura est in octaua post huius scilicet temporis reuolucionem quod . vij . dierum curriculo euoluitur . ut in octaua felicitas perpetuo mansura teneatur.

De festis secunde dignitatis.

SUnt alie quidem gloriose festiuitates sed tamen superioribus in celebracione aliquantulum inferiores . quorum hec sunt nomina. Epiphania domini . Purificacio beate marie . Annunciacio christi . eiusque gloriosa ascencio . Festiuitas sancti patris nostri augustini . Natiuitas sancte marie . Festiuitas omnium sanctorum . ¹Et sancti iohannis baptiste.¹

❧ Ante hec festa ornatur monasterij presbiterium . chorus . et membra ex utraque parte chori. Altaria quoque omnia parantur. Signa pulsantur . ut supradictum est in precipuis festis.

❧ Accenduntur omnia luminaria que circa maius altare sunt et lumen ante crucifixum. Ad vesperas a duobus chorus regitur. Antiphone super psalmos . sicut in predictis festis a prelato et a senioribus imponuntur. Responsorium cantores canunt . adiuncto tercio . similiter et *Benedicamus* idem dicunt. Ad *Magnificat* . antiphona . ter dicitur . / et sicut ad vesperas ita et ad matutinas tam ad [fo. 111 *v* tercia Responsoria quam ad *Benedictus* . altaria cum duobus turibulis incensantur. Ad matutinas non classicum : sed primum duo de minoribus signis pulsantur . et deinde cetera per ordinem. Ad inuitatorium quatuor ponuntur . E quibus duo in choro remanent . qui primam antiphonam prelato . secundam priori . et ceteris qui in choro sunt seniores distribuunt . omnia Responsoria preter . vj . et nonum . duo et duo canunt . primum rectores chori. Ad sextum tres ponuntur. Ad nonum similiter tres . qui debent esse de maioribus personis .

¹—¹ Over erasure.

quod solum in cappis canitur . et reincipitur. Ultima tantum leccio a prelato incappato legitur . quem ceroferarij quandocunque ad lectrinum cum cappa uadit . cum candelabris debent precedere . per omnes horas duo luminaria accenduntur.

IN hijs festis sicut et in supradictis propter seruicium quod ualde spaciose est agendum . Sacerdotes ad missas priuatas vnam tantam collectam dicant . nisi qui pro defunctis missas cantant. Ipsis enim tres collectas licet dicere. Ad maiorem missam omnes cappis induuntur. Quod si dominica fuerit processio agitur . ut in supradictis festis descripta est. Officium ad missam tercio repetitur. Kyriel[eison]. Sanctus cum uersibus canuntur. Ad gradale tres ponuntur . quod et repetitur. Ad Alleluia similiter. Sequencia canitur. Post missam classicum pulsatur.

In hijs festis fratres generaliter communicantur.

De communione.

Quod in festis sanctorum fratres communicant . exemplum habent illud quod in passione beati laurencij legitur . quia peracta eius martirio fideles qui exequiis eius interfuerant ieiunantes et vigilijs noctis triduo cum multitudine christianorum agentes beato iustino presbitero offerente sacrificium laudis participati sunt omnes . quod in mirum uidetur innuere . ut quibus licet et liberum est in festiuitatibus sanctorum corpori et sanguini christi debeant communicare . et graciam spiritus quam de corpore christi sancti sumpserunt . cum eis fide et imitacione participare.

ℂ Notandum quod qualibet die per ebdomadam aliqua supradictorum festiuitatum occurrat . fratres ut dictum est communicant. Ne tamen propter hoc consuetudinem communicandi in dominica intermittunt . eciam si precedenti sabbato communicati fuerint . nisi per licenciam prelati. Vbi eciam notandum quod semper quando debent communicare . si cui ad communionem accedere liberum non fuerit . debet hoc diacono per signum innuere . videlicet ut sciat quot hostias propter communicandos in calice debet imponere.

ℂ De vltimis vesperis predictarum festiuitatum idem sit quod de primis dictum est.

ℂ In festo autem omnium sanctorum quod inter hec festa annumeratur uariatur hoc quod primam leccionem prelatus legat . / secundam prior . ceteras alij sicut sunt in choro maiores. [fo. 112 Primum responsorium tres sacerdotes de maioribus personis in cappis

canant . quod et reincipitur. Secundum Responsorium prelatus cantat
. cum duobus qui similiter sunt in cappis . cetera duo et duo canunt .
nonum scilicet illi qui chorum regunt. In hac tantum festiuitate non
pronunciatur euuangelium . sed septima leccio ita incipitur . *Christi
uero sacerdotibus.* Octauam leccionem legat vnus de inuenibus.
Ad ix . uero ponitur unus de sacerdotibus.

℣ In festo uero dedicacionis ecclesie . mos est ut tota ecclesia
ornetur . et ipsa die siue dominica sit siue non processio in circuitu
ecclesie ducitur.

℣ In predictis festis excepta ascensione domini processio nisi in
dominicis occurrant non agitur.

De octauis.

Octauas eciam alique istarum festiuitatum habent que celebriter
aguntur . licet non adeo ut supradictum est. Ad matutinas .
u[ero] . quindecim psalmi . hore eciam secundarie . et psalmi familiares
dicuntur. Officium pro defunctis. Signa aliquantulum festiuius quam
in priuatis diebus pulsantur. Ad classicum pulsantur , sex aut quatuor
de minoribus signis. Ad matutinas vna antiphona . super psalmos
nocturnales dicitur . que eciam cotidie mutatur. In laudibus vna
antiphona . que et ad vesperas dicitur. Psalmi ad matutinas quam
ad vesperas qui in prima die.

℣ Quod si dominica fuerit . et de octauis officium agitur . per
singulos nocturnos vna antiphona . super tres psalmos dicitur . et in
laudibus vna antiphona.

℣ In octauo uero die . ix . antiphone . super psalmos nocturnales
et quinque in laudibus dicuntur . et quod de antiphonis,. et psalmis
tam ad matutinas quam ad vesperas hic dictum est . in officio supra-
dictarum octauarum eodem ordine obseruatur. Seruato tamen quod
de octauis pasche suo loco dictum est.

℣ Infra has octauas ad missam sacerdos festiuius quam solet in
priuatis diebus induitur . diaconus dalmatica . et subdiaconus tunica
induitur.

℣ Ad vesperas et ad matutinas et ad missam duo cerei accenduntur.
Ad missam eciam ad euuangelium incensum habetur. Duo gradale
canunt . qui ad illud in dominica prescripti fuerint . *Alleluia* cantores ebdomadarij. *Kyriel*[eison] paruum . et *gloria in excelsis* .
necnon et *Sanctus* et *Agnus dei* festiuius quam in priuatis diebus
canuntur. In fine misse pulsatur vna de schillis paulo maior sicut

Portion of folio 112

CLAUSE IN THE ORDINALE REFERRING TO THE
CHURCH OF THE HOLY CROSS

(Size of the Original)

Portion of folio 8 *v*

AGREEMENT WITH THE CANONS OF CARLISLE

(Size of the Original)

eciam et ad omnes horas quamquam priuatis diebus solet pulsari. In octauo die officium agitur . sicut in vna illarum festiuitatum que communes appellantur . de quibus paulo post dicendum est.

Quia uero ecclesia nostra in honore sancte crucis consecrata est in eius festiuitate que inter supradicta festa annumerata sunt . hoc additur quod tota ecclesia ornatur . quod eciam in festo sancti patris nostri augustinj obseruatur./ [fo. 112 v

Quod maiorem reuerenciam debeamus sanctis illis quorum reliquias habemus . uel quorum nomine dedicatas ecclesias incolimus . sanctus ambrosius insinuat dicens . cum omnium sanctorum martirum fratres deuotissime natalicia celebrare debeamus . precipue eorum solempnitas tota nobis ueneracione curanda est qui in nostris domicilijs proprium sanguinem pro deo fuderunt. Nam licet vniuersi sancti vbique et omnibus prosint . specialiter tamen illi pro nobis interueniunt . qui pro nobis supplicia pertulerunt. Martir enim compatitur non sibi sed ciuibus patitur . sibi enim patitur ad premium . ciuibus ad exemplum . et post pauca . cuncti qui martires deuotissime percolendi sunt . sed specialiter hij uenerandi sunt a nobis quorum ecclesias incolimis et reliquias possidemus. Illi enim nos adiuuant oracionibus et passione . cum hijs eciam familiaritas quedam nobis est . semper enim nobiscum sunt . nobiscum morantur . hoc est et in corpore viuentes nos custodiunt . et de corpore egredientes suscipiunt . hic ne peccati labes absinuat . ibi ne inferni horror inuadat. Nam ideo a maioribus hoc prouisum est . ut sanctorum ossibus nostra corpora sociemus . ut dum illos os tartareum metuit . nos pena non tangat. Item de eadem re quod specialius adiuuemur ab illis sanctis quorum corpora uel reliquias habemus . sanctus leo papa in quodam sermone suo ostendit dicens. Sicut autem inquid et nos experti sumus . et nostri probauere maiores . credimus atque confidimus inter omnes labores istius uite ad optinendam misercordiam dei semper nos specialium patrum nostrorum oracionibus adiuuandos . ut quantum proprijs peccatis deprimimur . tantum apostolicis meritis adiuuemur.

De duplicibus festis

Sunt et alie festiuitates quas tercie dignitates[t] appellamus idest festum sancti stephani. Sancti iohannis euangeliste . Innocencium. Circumcisio domini . et cetera huiusmodi festa sicut continentur in kalendario huius libri.

❡ In hijs festis paratur presbiterium . chorus . altaria . pulsantur signa ut supra. Ad vesperas et matutinas quatuor luminaria ante altare . et cetera que circa sunt accenduntur. Duo chorum regentes . antiphonas . primas ad vesperas inchoant . et ceteras per maiores distribuunt. Ad *magnificat* . et *Benedictus* . antiphona . bis dicitur . prelatus eam primo imponat. Altare principale . et matutinale cum vno thuribulo incensatur. Ad inuitatorium . iiij^or . ponuntur. Antiphone . inchoantur a prelato et senioribus. Singula Responsoria a duobus canuntur.

❡ In hijs festis commemoracio fit de minoribus festis qua simul occurrunt . et missa matutinalis. Quod enim fit in supradictis secunde dignitatis festis nisi in die ascensionis . tunc enim quodlibet festum occurrat . propter excellenciam / ipsius ascensionis nulla eius   [fo. 113 fit mencio . nisi in vltimis vesperis et tunc si tale festum vnde in crastino officium agendum est. Idem obseruatur in supradictis quinque preeipuis festis ut quodlibet festum superueniat . nulla eius commemoracio fiat.

In hijs eciam festis ad missam omnes cappis induuntur. Quod si dominica fuerit . post terciam ad processionem cantatur aliquod responsorium de festo . quo finito . intermissa consueta oracione . *Via sanctorum* . incipitur aliqua antiphona . de sancto loci . et ita in chorum reuertitur. Deinde dicta solita oracione de ipso sancto pulsatur classicum . et missa inchoatur. Officium ante *Gloria patri* . et post *Gloria patri* repetitur. *Kyriel*[*eison*] cum versibus canitur. Gradale non repetitur . nisi in supradictis prime et secunde dignitatis festis. *Alleluia* cantores canunt . quibus si cantori uisum fuerit tercius de choro additur. Sequencia canitur. *Sanctus* sine versibus . festiuum tamen dicitur. Finita missa classicum pulsatur. Ad mensam de festo legitur. Ipsa die ad vesperas antiphone . quinque dicuntur . uel de laudibus uel de alijs sicut in libris habentur. Responsorium quoque dicitur. De quibusdam istarum octaue aguntur . de quibus officium agitur ut supradictum est de festis secunde dignitatis . excepto quod octaua dies simpliciter tantum cum ix leccionibus recolitur.

De festo dedicacionis ecclesie.

FEstum dedicacionis ecclesie inter supradicta secunde dignitatis festa annumeratur. In quo . super quod ibi dictum est hoc additur . quod tota ecclesia ornatur . et per illa altaria que ipsa die consecrata fuerunt lumen ad primas vesperas accenditur . et donec in crastinum post completorium non extinguitur . per cetera quoque altaria ad vesperas et ad matutinas et ad missam ponitur lumen. Insuper eciam si tantus est numerus sacerdotum . per omnia altaria ipso die missa de festo canitur . per circuitum quoque ecclesie si fieri potest processio ducitur . de quo eciam octaue fiunt.

Unaqueque ecclesia illius sancti in cuius honore est consecrata . uel cuius corpus habet . et dedicacionis agitur octauas.

[D]e octauis dedicacionis in libro machabeorum sic legitur . inter cetera . et obtulerunt sacrificium super altare nouum secundum tempus et secundum diem in quo contaminauerunt illud gentes . in ipso renouatum est . et iterum . et fecerunt dedicacionem altaris diebus octo . et obtulerunt holocausta cum leticia . et statuit iudas et fratres eius et vniuersa ecclesia israel . ut agatur dies dedicacionis altaris temporibus suis ab anno in annum per octo dies.

In omnibus supradictis festis prelatus uel cui ipse iniunxerit. Vesperas in vigilia . et matutinas . et missam . et alias vesperas in die tantum dicit . cetera officia ebdomadarius complet. / In [fo. 113 v dominica eciam palmarum . In cena domini . In parasceue . In sabbato sancto pasche . In uigilia penticostes . prelatus debet solummodo missam celebrare.

De festis communibus.

Item sunt festiuitates que communes appellantur . pro eo quod ex parte simpliciter et ex parte dupliciter celebrantur. Idest festum sancti vincencij martiris . Conuersio sancti pauli . et cetera.

℣ In hijs festis parantur presbiterij altaria. In uigilia ad nonam pulsatur vnum de maioribus signis . ad vesperas duo . et ad matutinas primo duo de minoribus signis . et deinde gradatim vnum post vnum . et ad classicum omnia. Ad *Magnificat* . et *Benedictus* altare principale et matutinale incensatur. Si uero in ecclesia altare de sancto vnde festum celebratur habetur . ad illud cum incenso itur. Ante quod eciam ad vesperas et matutinas et ad missam lumen accenditur.

℣ Ante maius altare tria luminaria ardent. Ad inuitatorium tres ponuntur . primum responsorium . et tercium . et sextam . et nonum a duobus dicitur.

℣ Ad *Te deum laudamus* . sonant duo de mediocribus signis . et ad *Per singulos dies* omnia. Duo quoque de mediocribus ad primam . et vnum tantum de maioribus ad terciam . et ad vi . ad nonam. Duo

regunt chorum . qui ad vesperas et ad matutinas primas antiphonas .
super psalmos imponunt . et ceteras maioribus distribuunt. Responsorium ad vesperas et primum ad matutinas ipsi dicunt . qui eciam
Benedicamus cantant. Ad nonum responsorium duo de senioribus
ponuntur.

⁋ Ad missam sacerdos et ministri festiuo more induuntur. Officium
post versum dimidium recantatur . et sic *Gloria patri* incipitur.
Kyriel[*eison*] festiuum sine versibus canitur. Gradale duo canunt.
Alleluia cantores. Sequencia dicitur. In fine misse classicum pulsatur.

⁋ In hijs festis sicut in omnibus festis ix leccionum . missa matutinalis consuetudinaliter de festo dicitur . nisi aliud festum simul
occurrat . de quo ad vesperas et ad matutinas commemoracio fiat.
Tamen quoniam ab octauis pentecostes usque ad aduentum domini
per consuetudinem in sexta feria missa de cruce solet cantari . quando
festum ix leccionum in sexta feria occurrerit . nisi commune uel
duplex sit . missa matutinalis de cruce cantatur. Si tamen aliud
festum non simul occurrat . de quo missa matutinalis debere fieri
scriptum sit . quod cum euenerit ad ipsam missam matutinalem
secunda oracio dicitur de cruce.

De qua eciam in festis communibus que in sexta feria occurrerint
ad missam matutinalem secunda oracio dicitur . et quia de cruce
mencio facta est . dicendum est quod quando in sexta feria missa de
ipsa cruce ad nonam ut solet propter aliquod festum quod ipsa die
occurrerit non potest cantari . pro festo enim trium leccionum si
ipsa die euenerint debet intermitti . / ad ipsam tamen missam [fo. 114
secunda oracio dicitur de cruce. Item infra octauas . uerbi gracia
Iohannis baptiste . uel aliorum sanctorum in sexta feria ad missam
que de octauis cantatur post terciam secunda oracio de cruce dicitur.

⁋ Item in festis que in sabbatis occurrunt . de sancta maria dicitur
missa matutinalis . nisi eadem festa dupliciter agantur . uel duo festa
simul occurrant . tunc uero cantor debet prouidere . ut ipsa ebdomada
aliqua die precedenti de ipsa gloriosa domina nostra missa maior uel
matutinalis dicatur. Nulla enim si fieri potest ebdomada transire
debet . qua de hac beatissima domina ad minus missa in conuentu
non cantetur. De qua eciam aduocata nostra ab octauis pentecostes
. usque ad aduentum domini . et ab octauis epiphanie usque ad septuagesimam omni sabbato plenarium seruicium agitur . eciam si festum
trium leccionum occurrat . nisi more octauarum agi debeat . tamen
in spacio quod inter octauas epiphanie et septuagesimam habetur . res-

ponsoria de psalmis in vno sabbato dicuntur . si tamen aliquid euenerit
in quo non sit festum neque trium neque nonum[t] leccionum. Si autem
generale ieiunium sabbato occurrerit . festum de supradicta domina
nostra intermittitur . nisi quod matutinalis missa de ea ipsa die dicitur
. si tamen per ebdomadam dicta non fuit.

℃ Pro hijs festis communibus . xv . psalmi non intermittuntur.
Venie post lecciones petuntur. Hore secundarie . et suffragia sanctorum solito more dicuntur. „In capitulo uero non *Verba mea* . sed
Laudate dominum dicitur. Ipsa quoque die *Placebo* et *dirige* nisi
corpus presens sit . uel aliquod speciale anniuersarium occurrat intermittitur.

De festis nouem leccionum.

ITem sunt festa que vsualiter nouum[t] leccionum appellantur . idest
festum fabiani et sebastiani . Agnetis . Agathe . et cetera.

℃ In hijs festis ad vesperas et matutinas primo vnum de mediocribus signis . ac deinde per ordinem vnum et vnum pulsatur . postremo exceptis maioribus totum classicum. Ad horas vnum de mediocribus. Ad nonam tantum et primam vnum de maioribus. Ad
vesperas responsorium dicitur. Cantores ebdomadarij sunt in cappis .
et primas antiphonas inchoantes . reliquis mediocribus iniungitur.
Ad vesperas et ad matutinas duo luminaria accenduntur . et sicut ad
vesperas ita et ad matutinas altare maius et minus incensatur. Ad
te deum laudamus . sonant duo de mediocribus signis . et ad *Per singulos dies* totum classicum . exceptis maioribus signis.

℃ In huiusmodi festis et eciam in supradictis que communia
uocantur . ad missam matutinalem commemoraciones fiunt que
priuatis diebus ad maiorem missam solent fieri . scilicet prima de
officio quod canitur . secunda de sancta maria / tercio de   [fo. 114 *v*
sancto augustino . quarta de omnibus sanctis . quinta illa communis .
Omnipotens . *s[empiterne]*. *deus qui viuorum dominaris* . quod si eadem
missa de sancta maria dicitur . quarto loco dicitur oracio pro familiaribus . uel pro aliqua necessitate. Hoc modo per consuetudinem
oraciones dicuntur . tamen cum causa dictauerit adduntur et alie .
numerus tamen septenarius non exceditur in conuentu.

℃ In huiusmodi festis sacerdos honeste ad missam induitur . Diaconus in dalmatica . subdiaconus in tunica. Gradale duo canunt .
Alleluia cantores. Vna collecta dicitur.

℃ In fine misse vna de mediocribus scillis pulsatur. Finita nona .

Y

Placebo dicitur . nisi festum nouem leccionum in crastino occurrat.   Ad
vesperas inter signa . *dirige* dicitur . primum signum pulsatur usque
ad psalmum . *Expectans* . secundum . dum lecciones leguntur . tercium .
Dum psalmus *Te decet* . et *deus deus meus* . quartum . dum *laudate
dominum de celis* . classicum uero uel priuatis diebus ultima duo signa
inchoantur pulsari quando sacerdos finita oracione . *Deus uenie largitor* . dicit *Oremus* . et cessant cum post oracionem *Fidelium deus*
dixerit . *Requiescant in pace.*

❡ Si uero nouem leccionum fieri debent . reseruatur *exultabunt*
usque post cenam . et tunc primum signum ad vesperas pulsatur donec
prime tres lecciones lecte sint . quando autem ieiunij dies est.   Post
cenam graciarum accione reddita statim *Placebo* dicitur . et ante
vesperas inter signa . totum *dirige* . eciam si cum ix . leccionibus
dicendum sit . tunc uero secretarius ad conuocandos fratres in chorum
modicum sonat . vnam de scillis . expectans postea donec septimus
psalmus inchoetur . et tunc primum signum ad vesperas incipit pul-
sare . ultima leccio usque[1] finiatur . qua uice et eciam alijs vicibus
que descripte non sunt . sequencia signa debet moderare . prout congruencius competere perspexerit . quod si pro officio illo classicum
pulsandum est in inicio antequam . *Dirige* incipiatur debet pulsari . tam
diu quousque fratres omnes in chorum conueniant.   Quando uero ita
festiue pro aliquo defuncto officium agendum est . ut lecciones ad lectri-
cum quod ad gradus chori debet poni legantur . pulsato in inicio aliquamdiu classico . totum ante vesperas persoluitur . siue dies ieiunij
sit siue non . et tunc primum signum ad vesperas finita nona leccione
incipit pulsari.

Qualiter in festis sanctorum vespertinale officium mutetur.

SCiendum est quod cum due uel tres festiuitates continuatim
eueniunt . secundum quod dignitates earum expetunt . ad
vesperas mutantur capitula.   Verbi gracia . si hodie est simplex
festiuitas nouem leccionum . et cras futura sit communis . ad vesperas
/ psalmi erunt de presenti festiuitate . capitulum uero et que   [fo. 115
secuntur de communi . idest de subsequenti festo . Habita . s[cilicet].
memoria post primam collectam de hodierna festiuitate.   Similiter
si crastinam communem festiuitatem ꝛ sequiter duplex festiuitas .
ad vesperas mutatur capitulum.   Eadem racione si hodie est duplex

[1] There are marks to show that *usque* should precede *ultima leccio.*

solempnitas . et cras sit futura communis . vespere ex integro de
hodierna die erunt festiuitate . et de crastina fiet tantum commemoracio. Si uero due eiusdem dignitatis solempnitates uel communes
communibus . uel simplices simplicibus occurrunt . communis versus
est quod de precedenti festiuitate psalmi dicuntur . deinde de subsequenti capitulum et cetera que sequuntur . cum antiphona . et oracione
de priori festiuitate post vesperas. Si autem aliquando forte contigerit quatinus tres solempnitates tribus diebus continuatis eueniant
. quarum prima sit communis . et postrema duplex . uel e conuerso .
prima duplex postrema communis ꞏ tercia uero que est media simplex sit festum ix . leccionum . uel aliqua dominica . ipsa simplex uel
dominica non habebit alias vesperas nisi in die suo psalmos usque ad
capitulum . seruato tantum quod in aduentu de quinque precipuis
dominicis dictum est . si in eorum sabbatis communis festiuitas
eueniat . ibi idest in aduentu domini require quid de vesperis siue
communium siue duplicium festiuitatum fieri debeat . que sabbatis
occurrunt.

℩ De simplice autem festo ix . leccionum si sabbato occurrerit .
uespere fient ꞏ habita tantum commemoracione post vesperas de
dominica ꞏ nisi in crastino hystoria debeat inchoari. Tunc enim de
dominica ix . lecciones fient . et de festo commemoracio tantum.

℩ Notandum uero quod in quinque principalibus dominicis quando
de dominica uesperi sabbati fieri debent ꞏ non a capitulo ut a plerisque
solent . si ipsa die aliqua festiuitas ix . leccionum celebrata fuerit inchoantur ꞏ immo semper a principio cum consuetis antiphonis . et
psalmis *Benedictus* et alijs dicuntur . eciam si ipsa die celebrata sit
festiuitas de hijs que communes appellantur.

De festis iij . leccionum . in modum octauarum.

S unt uero festa trium leccionum que more octauarum aguntur .
idest . Elphegi martiris . Georgij martiris . Dunstani . archi-
episcopi . quando in paschali tempore occurrit. S[anctorum] iohannis
et pauli . ypoliti martiris . et S[ancti] iohannis ante portam latinam .
et sancti eustachij et sociorum eius. In hijs festis . Ad matutinas
psalmi nocturnales . ix . cum vna antiphona . dicuntur. Ad laudes
quoque vna antiphona . dicitur . nisi in festis quibus ad laudes antiphone proprie habentur . et omnes quinque cantantur.

℩ Notandum uero de supradictis festis quod quando in dominica

occurrunt siue hystoria / inchoetur siue non medie lecciones [fo. 115 *v*
de ipsis fiunt . excepto festo iohannis et pauli . et festo sancti ypoliti
de quibus cum in dominica eueniunt sicut suis locis dictum est totum
seruicium persoluitur . excepto eciam festo sancti dunstani de quo
cum post penticosten occurrit ix lecciones aguntur.

In hijs festis et signa pulsantur . et ad missam ministri induuntur .
et *Te deum laudamus* dicitur . et cetera explentur sicut supradictum
est in tractatu de octauis festiuitatum. De quibus eciam festis ultime
uespere aguntur . nisi maius festum superueniat.

De priuatis festis trium leccionum

DE priuatis festis trium leccionum que per annum occurrunt . que
priuata festa ideo appellantur . quia seruicium de ipsis cum
seruicio priuatorum dierum idest feriarum mixtum est . vel quia sicut
in priuatis diebus solet cum prostracione agitur . hec sunt festa que
secuntur . idest festum . felicis in pincis . Mauri abbatis . Marcelli
martiris . Prisca virginis . et cetera huiusmodi festa sicut continentur
in kalendario huius libri. Quando autem aliquod de hijs festis trium
leccionum in aliqua feria occurrit . Ad primas vesperas capitulum et
cetera de ipso fiunt. Ad matutinas uero inuitatorium . ymni et
psalmi duodecim cum suis antiphonis . ferialibus de feria in qua festum
illud occurrit dicuntur . versiculi uero lecciones et deinceps cetera
usque ad vesperas de huiusmodi festo aguntur. Secunde vespere de
huiusmodi festo non fiunt.

℣ De quo festo quando in dominica occurrit . commemoracio
tantum fiat . cum medijs leccionibus . et missa matutinali persoluitur
nisi historia debeat inchoari. Tunc enim cum sola memoria . et missa
matutinali dimittitur.

Sciendum est quod in nullo festo per annum nisi in vigilia natalis
domini . et assumpcionis sancte marie . ad primas vesperas
mutatur psalmi . sed dicuntur de feria in qua vigilia euenerit. Ad
secundas uero vesperas sicut ad matutinas semper mutantur.

In festis sancte crucis psalmi dominicales idest. *Dixit dominus* .
et quatuor qui secuntur.

℣ In festis sancte marie psalmi qui solent dici cotidie . *Dixit*
dominus. Confitebor. Beatus uir. De profundis. Memento domine
dauid.

❡ In festis apostolorum. *Dixit dominus. Laudate pueri. Credidi propter. In conuertendo. Domine probasti.*

❡ In natali vnius martiris. *Dixit dominus. Beatus uir. Laudate pueri. Credidi propter. Ad te leuaui.*

❡ In natali plurimorum martirum. *Dixit dominus. Beatus uir. Laudate pueri. Credidi propter. In conuertendo.*

❡ In natali vnius confessoris. *Dixit dominus. Beatus uir. Laudate pueri. Credidi propter. Memento domine dauid.*

❡ In natali plurimorum confessorum. *Dixit | dominus* [fo. 116 *Beatus uir. Laudate pueri. Credidi propter. Sepe expugnauerunt.*

❡ In natale vnius virginis. *Dixit dominus.* [1]*Beatus uir.*[1] *Nisi dominus edificauerit. Domine non est exaltatum. Lauda ierusalem.*

[The rest of fo. 116, and fo. 116 *v* are blank.]

[1]—[1] Erased.

[MANVALE.]

/ *INcipit ordo ad uisitandum infirmum. Quando uisitandus* [fo. 117
    *est : induat se sacerdos alba et stola . sicque fratribus in choro
adunatis . ordinata processione . uidelicet hijs qui aquam benedictam
crucem candelabra thuribulum et oleum infirmorum portent : incipiat
sacerdos septem psalmos . ita.* Parce domine. *Ps[almus.]* Domine ne
in furore. *Cum uero ad infirmum peruenerint : aspergat eum sacerdos
aqua benedicta. Postea finitis psalmis : dicatur tota . a[ntiphona].*
Parce domine parce famulo tuo quem redemisti christe precioso sanguine tuo
ne in eternum irascaris ei. *subiungatur*

    Kyriel[eison.]

    Christel[eison].

    Kyriel[eison].

   Pater noster

[℣.] Et ne nos [inducas in tentacionem].

[℟. Sed libera nos a malo.   Amen.]

[℣.] Saluum fac seruum tuum.

[℟. Deus meus sperantem in te.]

[℣.] Mitte ei domine auxilium de sancto.

[℟. Et de syon tuere eum.]

[℣.] Esto ei domine turris fortitudinis.

[℟. A facie inimici.]

[℣.] Domine exaudi [oracionem meam.]

[℟. Et clamor meus ad te ueniat.]

[℣.] Dominus uobiscum.

[℟. Et cum spiritu tuo.]

Oremus.

DEus qui famulo tuo ezechie ter quinos annos ad uitam donasti .
    ita et famulum tuum a lecto egritudinis tua potencia erigat ad
salutem . per christum dominum nostrum.   Amen.

   174

Oremus.

Respice domine famulum tuum in infirmitate sui corporis laborantem . et animam refoue quam creasti . ut castigacionibus emendatus . continuo se senciat tua medicina saluatum . per christum dominum nostrum. Amen.

Oremus

Deus qui facture tue pio″semper donaris affectu ⁝ inclina aurem tuam supplicacionibus nostris . et famulum ex aduersa ualitudine corporis laborantem placatus respice . et uisita in salutari tuo ac celestis gracie presta medicinam . per christum dominum nostrum. Amen.

DEus qui humano generi et salutis remedium et uite eterne munera contulisti . conserua famulo tuo tuarum dona uirtutum . et concede ut medelam tuam non solum in corpore sed eciam in anima senciat . per christum d[ominum]. n[ostrum].

UIrtutum celestium deus qui ab humanis corporibus omnem languorem et omnem infirmitatem precepti tui potestate depellis ⁝ adesto huic famulo tuo . ut fugatis infirmitatibus et viribus receptis ⁝ nomen sanctum tuum instaurata protinus sanitate benedicat . per christum dominum n[ostrum]. a[men].

Domine sancte pater omnipotens eterne deus qui fragilitatem condicionis nostre infusa uirtutis tue dignacione confirmas . ut salutaribus remedijs pietatis tue corpora nostra et membra u[egeten]tur[1] ⁝ super hunc famulum tuum prop[icius][1] intende . ut omni necessitate corpore infirmitatis exclusa . gracia in eo pristine sanitatis perfecte repararetur[†] . per ch[ristum]. d[ominum]. n[ostrum]. a[men].

Preueniat hunc famulum tuum quesumus domine misericordia tua ut omnes iniquitates eius celeri in/dulgencia deleantur. [fo. 117 *v* Per christum do[minum]. n[ostrum].

oracio

Adesto domine˙ supplicacionibus nostris . ne sit ab hoc famulo tuo clemencie tue longinqua miseracio . sana vulnera eiusque remitte peccata . ut nullis iniquitatibus a te separatus . tibi domino

[1] Initial letter cut out.

deo nostro semper ualeat adherere . per dominum nostrum ihesum christum filium t[uum]. qui tecum [vivit et regnat in unitate spiritus sancti deus per omnia secula seculorum.   Amen].

    Hic infirmus dicat confessionem . et ab omnibus absolutus . omnes absoluat.   Sicque omnes osculetur eum . sacerdote prosequente.

    [℣.] Dominus uobiscum.
    [℟. Et cum spiritu tuo.]

oracio

Domine deus noster qui offensione nostra non uinceris sed satisfactione placaris ⁊ respice quesumus ad hunc famulum tuum qui se tibi grauiter peccasse confitetur.   Tuum est enim absolucionem criminum dare . et ueniam prestare peccantibus ⁊ qui dixisti penitenciam te malle peccatorum quam mortem.   Concede ergo domine huic ut tibi penitencie excubias celebret . et correctis actibus suis . conferri sibi a te sempiterna gaudia gratuletur . per christum dominum nostrum . a[men].

oremus

[A]¹desto domine supplicacionibus nostris . et me qui eciam misericordia tua primus indigeo clementer exaudi . et quem non electione meriti sed dono gracie tue constituisti operis huius ministrum . da fiduciam tui muneris exequendi . et ipse in nostro ministerio quod tue pietatis est operare . per christum dominum nostrum amen.

oremus

Presta quesumus domine huic famulo tuo dignum penitencie fructum . ut ecclesie tue sancte a cuius integritate deuiarat peccando ⁊ admissorum reddatur innoxius ueniam consequendo . per christum . d[ominum]. [nostrum.   Amen.]

oracio

Deus humane generis benignissime conditor et misericordissime reformator . qui hominem inuidia diaboli ab eternitate deiectum vnici filij tui sanguine redemisti ⁊ uiuifica hunc famulum tuum . quem tibi nullatenus mori desideras . et qui non derelinquis deuium ⁊ assume correctum.   Moueant pietatem tuam quesumus domini huius famuli

---

¹ Cut out.

tui lacrimosa suspiria . tu eius medere uulneribus ⁊ tu iacenti manum
porrige salutarem . ne ecclesia tua aliqua sui corporis porcione uastetur
. ne grex tuus detrimentum sustineat . ne de familie tue dampno
inimicus exultet . ne renatum lauacro salutari mors secunda possideat.
Tibi ergo sup[p]lices preces . tibi fletum cordis effundimus . tu parce
confitenti . ut sic in hac mortalitate peccata sua defleat . quatinus
in tremendi iudicij die sentenciam dampnacionis eterne euadat . et
nesciat quod terret in tenebris . quod stridet in flammis . atque ab
erróris uia ad iter reuersus iusticie ⁊ nequaquam uulneribus sancietur
. sed integrum . sit ei atque perpetuum . et quod gracia tua /   [fo. 118
contulit . et quod misericordia reformauit . per eundem dominum
n[ostrum]. ihesum christum fi[lium]. t[uum]. qui tecum [vivit et
regnat in unitate spiritus sancti deus per omnia secula seculorum.
Amen].

Post hec dicat sacerdos
   [℣.] Dominus uobiscum
   [℞. Et cum spiritu tuo,]

       oremus.

O mnipotens sempiterne deus qui per beatum iacobum apostolum
  tuum dixisti . infirmatur quis in uobis inducat presbiteros
ecclesie et orent super eum unguentes eum oleo in nomine domini . et
oracio fidei saluabit infirmum . et alleuabit eum dominus . et si in
peccatis sit dimittentur ei . te suppliciter exoramus . ut hic famulus
tuus per ministerium nostre unccionis et donum tue sancte pietatis
peccatorum suorum ueniam consequi . et ad uitam eternam peruenire
mereatur. Per dominum n[ostrum]. i[hesum]. ch[ristum]. f[ilium].
t[uum]. qui t[ecum]. vi[uit]. et reg[nat]. [in unitate spiritus sancti
deus per omnia secula seculorum.   Amen.]

Finita hac oracione ⁊ incipiat eum inungere dicens per singula
membra.

       Ad oculos.

P er istam unctionem et suam piissimam misericordiam indulgeat tibi
  dominus quicquid peccasti per uisum.

       Ad aures.

P er istam unctionem et suam piissimam misericordiam ⁊ indulgeat
  tibi dominus quicquid [peccasti] per auditum

Ad guttur et ad labia.

Per istam unctionem et suam piissimam misericordiam ⁒ indulgeat tibi dominus quicquid peccasti per guttur et per illicita uerba.

Ad nares

Per istam unctionem et suam piissimam misericordiam ⁒ indulgeat tibi dominus quicquid peccasti per odoratum.

Ad manus.   Si sacerdos fuerit exterius unguantur.
Si non interius.

Per istam unccionem et suam piissimam misericordiam ⁒ indulgeat tibi dominus quicquid peccasti per tactum.

Ad pedes.

Per istam unccionem et suam pijssimam misericordiam ⁒ indulgeat tibi dominus quicquid peccasti per incessum.

Ad pectus.

Per istam unccionem et suam piissimam misericordiam ⁒ indulgeat tibi dominus quicquid peccasti per illicitas cogitaciones.

Subtus umbilicum.

Per istam unccionem et suam pussimam misericordiam ⁒ indulgeat tibi dominus quicquid peccasti per ardorem libidinis.

Quo facto ⁒ lauet sacerdos manus suas . prius eas confricans in cinere uel sapone . et hec lauacio uel in ignem proiciatur . uel ad sacrarium deferatur.   De hinc dicat.

[℣.] Dominus uobiscum.
[R℣. Et cum spiritu tuo.]

Oremus.

Deus misericors . deus clemens . qui secundum multitudinem miseracionum tuarum peccata penitencium deles . et preteritorum criminum culpas uenia remissionis euacuas . respice super hunc famulum tuum et remissionem sibi omnium peccatorum suorum tota

cord[is con]tricione poscentem deprecatus [exaudi.] Renoua in eo
pijssime pater quicquid terrena fragilitate corruptum . uel quicquid
diabolica fraude uiolatum est . et in unitatem corporis ecclesie tue
menbrorum¹ perfecta remissione resti/tue.   Miserere domine [fo. 118 v
gemituum eius . miserere lacrimarum . et non habentem fiduciam nisi
in tua misericordia ꞏ ad sacramentum reconciliacionis admitte . per
christum do[minum]. n[ostrum].

oracio

Maiestatem tuam domine supplices deprecamur . ut huic famulo
tuo longo squalore penitencie macerato . miseracionis tue
ueniam largiri digneris . ut nupciali ueste recepta : ad regalem mensam
unde eiectus fuerat mereatur introire . per dominum nostrum ihesum
christum fi[lium]. t[uum]. qui tecum [uiuit et regnat in unitate
spiritus sancti deus per omnia secula seculorum.   Amen].

Tunc sacerdos offerat ei crucem domini . ut eam adoret . et osculetur.
Postea uadat precedentibus candelabris et thuribulo . et afferat corpus
domini.   Ad cuius reditum ꞏ flectant omnes genua.   Interim os infirmi
lauetur.   Quem sacerdos communicans dicat.

[C]orpus domini nostri ihesu christi . prosit tibi in remissionem
peccatorum et in uitam eternam.   Amen.

Notandum quod infirmus communicatur . eciam si ipsa die man-
ducauit . nisi ante uisitacionem communicatus fuit.   Deinde dicat
sacerdos.

[℣.] Dominus uobiscum.
[℞. Et cum spiritu tuo.]

Oremus.

[O]¹mnipotens et misericors deus qui subuenis in periculis et necessitate laborantibus ꞏ maiestatem tuam exoramus . ut mittere
digneris sanctum angelum tuam . qui famulum tuum in angustijs et
necessitatibus laborantem indesinenter attollat . quo et in presenti
tuum consequatur auxilium ꞏ et eterna remedia comprehendat . per
christum dominum nostrum.

Post hec incipiat benedicciones . astantibus per singulas . amen .
respondentibus.

¹ Cut out.

Dominus noster ihesus christus apud te sit ut te defendat. Amen.

Intra te sit ut te reficiat . amen.
Circa te sit ut te conseruat . amen.
In te sit ut te deducat . amen.
Post te sit ut te adiuuet . amen.
Super te sit ut te benedicat. Qui cum patre et spiritu sancto viuit
et regnat deus per omnia secula seculorum   Amen.

Benedicat te deus pater.   Amen.

Sanet te dei filius . amen.
Illuminet te spiritus sanctus . amen.
Corpus tuum custodiat . amen.
Animam tuam saluet . amen.
Cor tuum irradiet . amen.
Sensum tuum dirigat . amen.
Et ad supernam patriam te perducat ⁚ qui in trinitate perfecta uiuit
et regnat deus per omnia s[e]cula seculorum.   Amen.

Benedicat te deus celi . amen.

Adiuuet te christus filius dei . amen.
Corpus tuum in seruicio suo custodiri et conseruari faciat . amen.
Mentem tuam illuminet . amen.
Sensum tuum custodiat . amen.
Graciam suam ad perfectum anime tue in te augeat . amen.
Ab omni malo te liberet . amen.
Dextera sua te defendat . amen.
Qui sanctos suos semper ad/iuuat ⁚ ipse te adiuuare et   [fo. 119
confortare dignetur . qui uiuit et regnat . deus per . o[mnia].
s[ecula]. s[eculorum].

[B]¹enedicat te deus pater . qui in principio cuncta creauit . amen.

Benedicat te dei filius . qui de supernis sedibus pro nobis saluator
descendit . amen.
Benedicat te spiritus sanctus ⁚ qui in similitudine columbe in flumine
iordanis requieuit in christo . amen.

¹ Cut out.

Ipseque te in trinitate sanctificet ⁒ quem omnes gentes uenturum
expectant ad iudicium . qui uiuit et regnat deus per omnia s[ecula].
s[eculorum]. amen.

*Hijs ita completis ⁒ discedente processione . crux contra faciem
infirmi affixa dimittatur. Remaneant eciam de fratribus ibi . qui in tali
officio amplius probati noscuntur. Qui cum uiderint eum morti appropinquare . extenso ibi cilicio . cinerem in modum crucis desuper spar-
gant . infirmumque de lecto leuantes . super cilicium ponant. Deinde
unus ex ipsis cum tabula in claustrum currens ⁒ acriter et minute eam
percuciat. Quam audientes fratres ⁒ ubicunque fuerint omnes accurrant
cantantes .* Credo in vnum deum. *Tamen si in monasterio aliquam de
principalibus horis dixerint uel missam cantauerint ⁒ audita tabula ⁒
omnes faciant quasi currere uelint . nullus tamen currat nisi precentor
et illi quibus prior uel custos ordinis innuerit ⁒ sed expectantes donec missa
uel principalis hora finiatur ⁒ ad infirmum et ipsi accurrant. Cum uero
illuc conuenerint ⁒ facto de se choro in circuitu morientis ⁒ inchoante
prelato . sacerdote . uel precentore . primo .* Credo in vnum . *simul
omnes semel canant. Deinde dicat sacerdos antiphonam .* Parce domine
parce famulo tuo *Hanc A[ntiphona]⁒ ter sacerdos pronunciet . conuentus eam tociens repetat. Postea incipiat letaniam.*

PAter de celis deus miserere anime famuli tui.
    Fili redemptor mundi deus miserere anime eius.
Spiritus sancte deus miserere anime eius.
Sancta trinitas vnus deus miserere anime eius.
Qui es trinus et vnus uerus deus miserere anime eius.
Sancte sanctorum deus miserere anime eius.
Christe idemque benignus deus miserere anime eius.
Sancte saluator mundi deus miserere anime eius.
Sancta maria intercede pro anima eius.
Sancta dei genitrix int[ercede]. pro anima eius.
Sancta uirgo uirginum int[ercede]. pro anima eius.
Sancte michael . int[ercede]. pro anima eius.
Sancte gabriel . int[ercede]. pro anima eius
Sancte raphael . int[ercede]. pro anima eius.
Omnes sancti angeli et archangeli . intercedite pro anima eius.
Omnes sancti beatorum spirituum ordines . intercedite pro anima eius.
Sancte Iohannes baptista . intercede pro [anima eius]. /   [fo. 119 *v*
Omnes sancti patriarche et prophete . intercedite [pro anima eius].

Sancte Petre.	int[ercede pro anima eius].
Sancte Paule.	int[ercede pro anima eius].
Sancte Andrea.	int[ercede pro anima eius].
Sancte Iacobe.	int[ercede pro anima eius].
Sancte Iohannes.	int[ercede pro anima eius].

Omnes sancti apostoli et euuangeliste . intercedite [pro anima eius].
Omnes sancti discipuli domini . intercedite [pro anima eius].
Omnes sancti innocentes . intercedite pro [anima eius].

Sancte Stephane.	int[ercede pro anima eius].
Sancte Laurenti.	int[ercede pro anima eius].
Sancte Vincenti.	int[ercede pro anima eius].
Sancte Albane.	int[ercede pro anima eius].
Sancte Edmunde.	int[ercede pro anima eius].

Omnes sancti martires   intercedite [pro anima eius].

Sancte Gregorij.	int[ercede pro anima eius].
Sancte Martine.	int[ercede pro anima eius].
Sancte Augustine . ij.	int[ercede pro anima eius].
Sancte Nicholae.	int[ercede pro anima eius].
Sancte Benedicte.	int[ercede pro anima eius].

Omnes sancti confessores . intercedite [pro anima eius].

Sancta maria magdalena.	int[ercede pro anima eius].
Sancta Agatha.	int[ercede pro anima eius].
Sancta Agnes.	int[ercede pro anima eius].
Sancta Cecilia.	int[ercede pro anima eius].
Sancta Lucia.	int[ercede pro anima eius].
Omnes sancte uirgines.	intercedite pro [anima eius].
Omnes sancti . ij.	intercedite pro [anima eius].

Propicius esto parce et dimitte ei omnia peccata sua domine.
Propicius esto dele omnes iniquitates eius domine.
Propicius esto libera et defende animam eius domine.
Ab omni malo . libera animam eius domine.
Ab hoste malo . libera animam eius domine.
A[b omnibus la]¹queis diaboli . libera animam eius [domine.]¹
A peste demonum . libera a[nimam]. eius d[omine].
A timore inimicorum . li[bera]. a[nimam]. eius . d[omine].
Ab insidijs malignancium . libera a[nimam]. eius d[omine].
Ab ira tua . libera . a[nimam]. eius . d[omine].
Per sanctam annunciacionem tuam . li[bera]. a[nimam]. eius . d[omine].

---

¹ Initial letter cut out.

Per sanctam incarnacionem tuam . libera . a[nimam]. eius d[omine].
Per sanctam circuncisionem tuam . li[bera]. a[nimam]. eius d[omine].
Per sanctam apparicionem tuam . li[bera]. a[nimam]. eius d[omine].
Per sanctam baptismum . li[bera]. a[nimam]. e[ius]. domine.
Per sanctam passionem . li[bera animam eius domine].
Per pijssimam [mortem] tuam . li[bera animam eius domine].
Per sanctam descensionem tuam ad inferos . li[bera animam eius
    domine].
Per gloriosam resurreccionem tuam . li[bera animam eius domine].
Per admirabilem ascensionem tuam . libera a[nimam]. eius domine.
Per graciam sancti spiritus paracliti . li[bera animam eius domine].
Per magnitudinem aduentus tui . libera [animam eius domine].
Per ineffabilem potenciam tuam . li[bera animam eius domine].
Per beatissimam genetricem tuam . li[bera animam eius domine].
Per suffragia angelica . li[bera animam eius domine].
Per merita omnium sanctorum . li[bera animam eius domine].
Peccatores . te rogamus audi nos.
Vt animam famuli tui de principibus tenebrarum et de locis penarum
    liberare digneris . te rogamus audi nos.
Vt cuncta eius peccata obliuioni perpetue tradere digneris . te r[ogamus
    audi nos].
Vt omnia uincula peccatorum / eius absoluere digneris . te   [fo. 120
    r[ogamus audi nos].
Vt ei omnes lubrice temeritatis offensas dimittere digneris . te r[ogamus
    audi nos].
Vt delicta iuuentutis eius et ignorancias ne reminiscaris , te r[ogamus
    audi nos].
Vt quicquid uiciorum fallente diabolo contraxit clementer indulgere
    digneris . te r[ogamus audi nos].
Vt ab inferorum cruciatibus eum liberare digneris . te r[ogamus audi
    nos].
Vt tua gracia succurrente mereatur euadere iudicium ulcionis . te
    r[ogamus audi nos].
Vt eum in pacis ac lucis regione constituere digneris . te r[ogamus
    audi nos].
Vt ei placidam et quietam mansionem tribuere digneris . te r[ogamus
    audi nos].
Vt ei quietis beatitudinem et luminis claritatem largiri digneris . te
    r[ogamus audi nos].

Vt ei pacem et societatem in regno tuo cum sanctis et electis tuis
donare digneris [te rogamus audi nos].

Vt ei sanctum et gloriosum ac desiderabilem uultum tuum placabilem
ostendere digneris . te r[ogamus audi nos.]

Vt nos exaudire digneris . te r[ogamus audi nos].

Fili dei . ij . te r[ogamus audi nos].

Agnus dei qui tollis peccata mundi miserere anime eius.

Christe ihesu miserere anime eius.

Agnus dei qui tollis peccata mundi dona ei pacem eternamque felici-
tatem et gloriam sempiternam.

*His dictis . si nec dum finiunt . sed adhuc eius obitus prolongari
uisus fuerit . discedente conuentu ꞉ remaneant de fratribus qui ibi aut
passiones legant . aut psalmos canant. Si uero iam iamque migrare
creditur ꞉ sacerdos ad supradicta subiungat.*

Proficiscere anima christiana de hoc mundo . in nomine dei patris
omnipotentis qui te creauit. In nomine ihesu christi filɉ eius .
qui pro te passus est. In nomine spiritus sancti qui in te effusus est.
In nomine angelorum archangelorum. In nomine thronorum et
dominacionum. In nomine principatuum et potestatum . et omnium
celestium uirtutum. In nomine cherubin et seraphin. In nomine
patriarcharum et prophetarum. In nomine apostolorum et martirum.
In nomine confessorum et episcoporum. In nomine sacerdotum et
leuitarum . et omnium ecclesie catholice graduum. In nomine monachorum et anachoritarum. In nomine uirginum et fidelium uiduarum.
Hodie ut fiat locus tuus in pace ꞉ et habitacio tua in ierusalem celesti.
Suscipe itaque domine seruum tuum in bono. Libera domine animam
serui tui ex omnibus periculis infernorum . et de laqueis penarum .
et ex omnibus tribulacionibus. Libera domine animam serui tui sicut
liberasti enoch et eliam de communi morte mundi. Libera domine
animam serui tui . sicut liberasti loth de sodomis et de flamma ignis.
Libera domine animam serui tui sicut liberasti ysaac de hostia et de
manu patris sue abrahe. Libera domine animam serui tui sicut liberasti moysen de manu pharaonis regis egipciorum. Libera domine
animam serui / tui sicut liberasti iob de passionibus suis. [fo. 120 v
Libera domine animam serui tui sicut liberasti dauid de manu saul
regis . et de manu golie. Libera domine animam serui tui sicut liberasti danielem de lacu leonum. Libera domine animam serui tui sicut
liberasti tres pueros de camino ignis ardentis . et de manu regis iniqui.

Libera domine animam serui tui sicut liberasti susannam de falso
crimine. Libera domine animam serui tui sicut liberasti petrum et
paulum de carceribus. Sic liberare digneris animam serui tui ⁖ et
tecum habitare in bonis celestibus concedas. Qui viuis et regnas deus
per omnia secula seculorum. Amen.

*Si adhuc moram fecerit migrandi discedat ut dictum est conuentus .
retentis ibi de fratribus qui psalmos canendo uel passiones legendo .
diligenter eum custodiant. Qui cum certi fuerint de eius transitu . percussa tabula ut prius . recurrant ut prius .* Credo in vnum *. uenientes
autem illuc ⁖ nichil aliud dicant donec anima exeat . nisi aut sepius* Credo
in vnum *. aut letaniam ut supra descripta est . et* Proficiscere anima
christiana *. uel psalmos si diucius protraxerit obitum . prelato discrecionem
pro tempore gerente . de conuentus ibi retencione siue discessu . qui illuc
semper tabule percussione ut dictum est reuocabitur.*

[The Commendation.]

*Tandem uero egressa anima de corpore ⁖ incipiatur commendacio hoc
modo.*

R[esponsorium].

SUbuenite sancti dei occurrite angeli domini suscipientes animam eius .
offerentes eam in conspectu altissimi.

℣. Suscipiat te christus qui uocauit et in sinum abrahe angeli deducant.
Offerentes [eam in conspectu altissimi].

　　Kyriel[eison].
　　Christel[eison].
　　Kyriel[eison].

Oremus.

TIbi domine commendamus animam famuli tui ut defunctus
seculo tibi uiuat . et que per fragilitatem mundane conuersacionis
peccata admisit . tu uenia misericordissime pietatis absterge . per
eum qui uenturus est iudicare uiuos et mortuos et seculum per ignem.
Amen.

Oracio

Misericordiam tuam domine sancte pater omnipotens eterne deus
pietatis affectu rogare pro alijs cogimur ⁖ qui pro nostris
supplicare peccatis nequaquam sufficimus. Tamen de tua confisi
gratuita pietate et solita benignitate ⁖ clemenciam tuam deposcimus .
ut animam famuli tui ad te reuertentem cum pietate suscipias. Assit

ei angelus testamenti tui michael ⁚ et per manus sanctorum angelorum tuorum . inter sanctos et electos tuos in sinibus abrahe ysaac et iacob patriarcharum tuorum eam collocare digneris . quatinus ̀liberata de principibus tenebrarum et de locis penarum . nullis iam primeue natiuitatis uel ignorancie aut proprie iniqui/tatis seu fragili-   [fo. 121 tatis confundatur erroribus . sed pocius agnoscatur a tuis . et sancte beatitudinis requie perfruatur . atque cum magni iudicij dies aduenerit . inter sanctos et electos tuos resuscitatus glorie manifeste contem-placionis tue perpetuo sacietur . per eum qui uenturus est iudicare uiuos et mortuos et seculum per ignem.   Amen.

[*Antiphona.*]

Suscipiat te christus quı uocauit te et in sinum abrahe angeli te deducant. *Ps*[*almus.*] In exitu israel de egipto.

Oremus

Omnipotens sempiterne deus qui humano corpori animam ad simili-tudinem tuam inspirare dignatus es . dum te iubente puluis in puluerem reuertitur . tu ymaginem ́tuam cum sanctis et electis tuis eternis sedibus precipias sociari . eamque ad te reuertentem de egipti partibus blande leniterque suscipias . et angelos tuos sanctos ei obuiam mittas . uiamque illi iusticie demonstra et portas glorie tue aperi. Repelle quesumus domine ab ea omnes principes tenebrarum . et agnosce fidele depositum quod tuum est.   Suscipe domine creaturam tuam non a dijs alienis creatam sed a te solo deo uiuo et uero . quia non est alius deus preter te . et non est secundum opera tua.   Letifica clementissime deus animam serui tui . et clarifica eam in multitudine misericordie tue.   Ne memineris quesumus iniquitatum eius anti-quarum et ebrietatum quas suscitauit furor maligni desiderij.   Licet enim peccauerit . tamen te non negauit . sed signo fidei insignitus ⁚ te qui omnia et eum inter omnia fecisti fideliter adorauit.   Qui uiuis et reg[nas] deus per o[mnia]. s[ecula]. s[eculorum]. amen.

a[ntiphona]' Chorus angelorum te suscipiat et in sinu abrahe ibi te collocet ut cum lazaro quondam paupere eternam habeas requiem. *Ps*[*almi*] Dilexi quoniam . *vsque*   Ad dominum cum t[ribularer].

Oremus

UIri[t] muneris[t] nouitate perculsi et quodammodo cordibus sauciati ⁚ misericordiam tuam mundi redemptor flebilibus uocibus im-ploramus . ut cari nostri animam ad te qui fons pietatis es reuertentem blande leniterque suscipias et si quas illa ex carnali commoracione contraxit maculas . tu deus solita bonitate clementer deleas . pie indulgeas . obliuioni perpetue tradas . atque hanc laudem tibi cum ceteris reddituram et ad corpus proprium quandoque reuersuram . sanctorum tuorum cetibus aggregari precipias. Qui cum deo patri et spiritu sancto viuis et regnas deus per omnia secula seculorum. Amen.

P̲ater noster.

[℣.] Et ne nos [inducas in temptacionem]

[℟. Sed libera nos a malo. Amen.]

[℣.] Non intres in iudicium cum seruo tuo domine.

[℟. Quia non iustificabitur in conspectu tuo omnis uiuens.]

[℣.] A porta inferi.

[℟. Erue domine animas eorum.]

[℣.] Domine exaudi [oracionem meam].

[℟. Et clamor meus ad te ueniat.]

[℣.] Dominus uobiscum.

[℣. Et cum spiritu tuo.]

oremus [1]

P̲Artem beate resurreccionis obtineat . uitamque eternam habere mereatur in celis . per te ihesu / christe saluator [fo. 121 *v* mundi qui cum patre et spiritu sancto uiuit et regnat deus per omnia secula seculorum.

oremus

D̲eus cui soli competit medicinam prestare post mortem ꞉ presta quesumus ut anima famuli tui terrenis exuta contagijs in tue redempcionis parte numeretur . per christum dominum nostrum. amen.

S̲uscipe domine animam famuli tui reuertentem ad te ꞉ ueste celesti indue eam . et laua eam sancto fonte uite eterne . ut inter gaudentes gaudeat . et inter sapientes sapiat . et inter martires corona consideat . et inter patriarchas et prophetas proficiat . et inter apostolos christum sequi studeat . et inter angelos et archangelos claritatem dei semper uideat . et inter paradisi rutilos lapides gaudium possideat . et inter cherubin noticiam misteriorum dei agnoscat . et inter seraphyn caritatem dei inueniat . et inter uiginti quatuor seniores cantica canticorum audiat . et inter lauantes stolas in fonte luminis

---

[1] In cursive hand in margin.

uestem lauat . et inter pulsantes . depulsans portas apertas celestis
ierusalem reperiat . et inter uidentes deum facie ad faciem uideat . et
inter cantantes canticum nouum cantet . et inter audientes auditum
celestis soni audiat . per eundem d[ominum]. n[ostrum]. i[esum].
ch[ristum]. f[ilium]. t[uum]. [qui tecum uiuit et regnat in vnitate
spiritus sancti deus per omnia secula seculorum. Amen.]

[THE BURIAL OF THE DEAD.]

*C*um hec completa fuerint ⁑ pulsetur ter classicum. Corpus quoque
  ubi lauari debet deferatur. Lotum . more canonico uestiatur.
*Quo in feretro iuxta morem composito ⁑ conuentus illuc cum processione
ueniat. Tunc accedens sacerdos . corpus aqua benedicta aspergat . et
incenset. Deinde roget orare pro eo dicens.*

Pater noster.
[℣.] Et ne nos [inducas in tentacionem.]
[℞. Sed libera nos a malo. Amen.]
[℣.] Non intres in iudicium cum seruo tuo domine.
[℞. Quia non iustificabitur in conspectu tuo omnis uiuens.]
[℣.] A porta inferi.
[℞. Erue domine animas eorum.]
[℣.] Domine exaudi [oracionem meam].
[℞. Et clamor meus ad te ueniat.]
[℣.] Dominus uobiscum.
[℞. Et cum spiritu tuo.]

Oremus.

S uscipe domine animam serui tui quam de ergastulo seculi huius
  uocare dignatus es ⁑ et libera eam de principibus tenebrarum
et de locis penarum . ut absoluta omnium uinculis peccatorum ⁑
quietis ac lucis eterne beat[it]udine perfruatur . et inter sanctos et
electos tuos in resurrectionis gloria resuscitari mereatur. Per christum
dominum nostrum . amen.

Oremus

S uscipe domine seruum tuum in habitaculum eternum ⁑ et da ei requiem
  et regnum ierusalem celeste . et eum in sinibus patriarcharum
tuorum abrahe ysaac et iacob collocare digneris ⁑ ut habeat partem in
prima resurreccione . et inter surgentes surgat . et inter suscipientes
corpora in die resurreccionis corpus suum suscipiat ⁑ / et cum [fo. 122

benedictis ad dexteram dei uenientibus ueniat . et inter possidentes uitam eternam possideat . per christum d[ominum]. nostrum. Amen.

Post hec portetur corpus in ecclesia[†] *. cantore incipiente.*

[*Responsorium.*]

Subuenite sancti dei occurrite angeli domini suscipientes animam eius offerentes eam in conspectu altissimi.

℣. Suscipiat te christus qui uocauit . et in sinum abrahe angeli deducant te. Subuenite.

Statim ut uenire cum corpore ceperint ꞏ pulsetur classicum quousque in loco vbi debet poni reponatur. Cantato Responsorio . cum predicto versu : si opus fuerit subiungatur.

Requiem eternam dona eis domine et lux perpetua luceat eis.

Deinde.

Kyriel[eison].
Christel[eison].
Kyriel[eison],
Pater noster.

[℣.] Et ne nos [inducas in tentationem].
[℟. Sed libera nos a malo. Amen.]
[℣.] Non intres in iudicium [cum seruo tuo domine].
[℟. Quia non iustificabitur in conspectu tuo omnis viuens.]
[℣.] A porta inferi.
[℟. Erue domine animas eorum.]
[℣.] Domine exaudi [oracionem meam].
[℟. Et clamor meus ad te ueniat.]
[℣.] Dominus uobiscum.
[℟. Et cum spiritu tuo.]

❡ Oremus

Deus uenie largitor et humane salutis auctor ꞏ quesumus clemenciam tuam ut animam fratris nostri qui ex hoc seculo transijt . beata maria semper uirgine intercedente cum omnibus sanctis ad perpetue beatitudinis consorcium peruenire concedas . per christum dominum nostrum . amen.

Dehinc qualiter corpus custodiri debeat . et quomodo seruicium circa illud agendum sit . requiratur inter consuetudines.

Cantata uero missa . cum ad sepeliendum portari debet . ordinata processione . sacerdote scilicet abba[†] *et stola cum cappa induto . conuentu quoque cum candelis circumstante . incipiant duo in cappis.*

Kyriel[eison] *conuentu respondente* . Christel[eison] . *ac deinde omni-bus dicentibus* . Kyriel[eison] *Sacerdos subiungat.*

Oremus

NOn intres in iudicium cum seruo tuo domine : quoniam nullus apud te iustificabitur homo nisi per te omnium peccatorum tribuatur remissio. Non ergo eum quesumus iudicialis sentencia premat . quem tibi uera supplicacio fidei christiane commendat . sed gracia tua illi succurrente : mereatur euadere iudicium ulcionis . qui dum viueret insignitus est signaculo trinitatis . in qua uiuis et regnas deus per omnia secula seculorum amen.

Subiungant cantores . R⁊. Qui lazarum . *canentes* . ℣. *eiusdem. Interim sacerdos incensato altari quod ibi est : corpus incenset . faciens desuper cum thuribulo crucem a capite usque ad pedes et per transuersum cereum in manu portans. Cantato Responsorio . dicatur ut prius.* Kyriel[eison].

❧ *Oremus*

Deus cui omnia viuunt et cui non pereunt moriendo corpora nostra sed mutantur in melius : te supplices deprecamur ut quicquid uiciorum tueque uoluntati contrarium anima famuli tui fallente diabolo et propria iniquitate atque fragilitate / contraxit . tu pius   [fo. 122 *v* et misericors abluas indulgendo . eamque suscipe iubeas per manus sanctorum angelorum tuorum : deducendam in sinum patriarcharum tuorum abraham scilicet amici tui . et ysaac electi tui . atque iacob dilecti tui . quo aúfugit et tristicia . fidelium quoque anime felici iocunditate letantur . et in nouissimo magni iudicij die inter sanctos et electos tuos eam facias perpetue glorie percipere porcionem . quam oculus non uidil et auris non audiuit et in cor hominis non ascendit que preparasti diligentibus te . per eum qui uenturus est iudicare uiuos et mortuos et seculum per ignem . amen.

R⁊. Heu michi domine [quia peccaui nimis in uita mea : quid faciam miser ubi fugiam nisi ad te deus meus miserere mei. Dum veneris in nouissimo die].

℣. Anima mea [turbata est ualde sed tu Domine succurre ei.]

Altare incensetur et corpus . vt supra.

Kyriel[eison].
Christel[eison].
Kyri[eleison].

Fac quesumus domine hanc cum seruo tuo misericordiam ut factorum suorum in penis non recipiat uicem qui tuam in uotis tenuit uoluntatem . et quia hic illum uera fides iunxit fidelium turmis . illic eum tua miseracio societ angelicis choris . per eum qui uentuus est iudicare uiuos et mortuos et seculum per ıgnem . amen.

R⁊ Libera me domine [de morte eterna in die illa tremenda quando celi movendi sunt et terra dum ueneris iudicare seculum per ignem].
Ꝟ. Dies illa [dies ire calamitatis et miserie dies magna et amara ualde quando celi mouendi sunt et terra].

Cantato versu . dum iteratur responsorium . incensetur corpus et altare. Deinde roget orare pro eo dicens

Pater noster.
[Ꝟ.] Et ne nos [inducas in tentacionem].
[R⁊. Sed libera nos a malo. Amen.]
[Ꝟ.] Non intres in iud[icium cum seruo tuo domine].
[R⁊. Quia non iustificabitur in conspectu tuo omnis viuens.]
[Ꝟ.] A porta inferi
[R⁊. Erue domine animas eorum.]
[Ꝟ.] Domine exaudi [oracionem meam].
[R⁊. Et clamor meus ad te ueniat.]
[Ꝟ.] Dominus uobiscum.
[R⁊. Et cum spiritu tuo.]

INclina domine aurem tuam ad preces nostras quıbus misericordiam tuam supplices deprecamur . ut animam famuli tui quam de hoc seculo migrare iussisti . in pacis ac lucis regione constituas . et sanctorum tuorum iubeas esse consortem . per christum d[ominum]. n[ostrum].

Post hec incipiente cantore . A[ntiphonam]. In paradisum . exeat primo processio . deinde conuentus per ordinem . et portetur postea corpus defuncti. Quibus de ecclesia egressis . incipiat pulsari classicum. Quod tam diu pulsetur . quousque corpus terra cooperiatur.

anti[phona]. In paradisum deducant te angeli in suum conuentum suscipiant te martires et perducant te in ciuitatem sanctam ierusalem.
P[salmu]s In exitu israel . *usque* Confitemini . *si opus fuerit.*
Donec enim ad tumulum ueniant . P[salmu]s. In exitu ısrael . *debet protrahere . iungendo si opus fuerit .* P[salmu]s. Dilexi quoniam . Ps[almus.] Credidi propter. Ps[almus.] Laudate d[ominum].

Facta uero ıbi a conuentu stacione . sacerdos prope tumulum cum indutis maneat . incipiens cantata supradicta a[ntiphona] . sine oremus.

Pie recordacionis affectu fratris[t] karissimi commemoracionem facimus cari nostri quem dominus de temptacionibus huius seculi assumpsit . obsecrantes misericordiam dei nostri . ut ipse ei tribuere / dignetur placidam et quietam mansionem . et re-   [fo. 123 mittat omnes lubrice temeritatis offensas . ut concessa uenia plene indulgencie . quicquid in hoc seculo proprio uel alieno reatu deliquit totum ineffabili pietate deleat . et abstergat . per eum qui uenturus est iudicare viuos et mortuos et seculum per ignem.

a[ntiphona][']' Aperite illi.
Ps[almus.] Confitemini.
Tunc aperiatur sepulchrum nondum tamen intromittatur.
a[ntiphona]. Aperite illi portas iusticie ingressus in eas confitebor domino hec porta domini iusti intrabunt in eam.

Oremus.

Obsecramus misericordiam tuam omnipotens eterne deus qui hominem ad ymaginem tuam creare dignatus es . ut animam famuli tui . quam hodierna die rebus humanis eximi et ad te accessiri iussisti . blande et misericorditer suscipias . non ei dominentur umbre mortis . nec tegat eam chaos et caligo tenebrarum . sed exuta omnium crimınum labe . in sinu abrahe patriarche collocata . locum lucis et refrigerij se adeptam esse gaudeat . et cum dies iudicij aduenerit . cum sanctis et electis tuis eum resuscitari iubeas . per eum qui uenturus est [iudicare viuos et mortuos et seculum per ignem.   Amen].

a[ntiphona] Ingrediar in locum tabernaculi admirabilis usque ad domum dei.
Ps[almus.] Quemadmodum.

Hic tumulus aqua benedicta aspergatur . et incensetur . sicque in eo corpus collocetur . tamen adhuc differatur cooperiri.   Non dicat[ur].
Oremus.

Oremus fratres karissimi pro spiritu cari nostri quem dominus de laqueo huius seculi liberare dignatus est . cuius corpusculum modo sepulture traditur . ut eum pietas domini in sinu abrahe ysaac et iacob collocare dignetur . ut cum dies iudicij aduenerit ꞏ inter sanctos et electos suos eum in parte dextera collocandum resuscitari faciat . prestante domino nostro ihesu christo . qui cum eo et cum spiritu sancto uiuit et regnat deus . per omnia secula seculorum.

Oremus.

Deus qui iustis supplicacionibus semper presto es . qui pia uota dignaris intueri . qui vniuersorum es conditor et redemptor . omnium quoque remissio peccatorum et tuorum beatitudo sanctorum . da famulo tuo cuius deposicioni hodie officium humanitatis exhibemus cum sanctis ac fidelibus tuis beati muneris porcionem . per eum qui uent[urus est iudicare viuos et mortuos et seculum per ignem. Amen].

> a[ntiphona] Hec requies mea.
> Ps[almus]. Memento domine dauid.

Tunc aspergatur corpus aqua benedicta et incensetur . nondum tamen cooperiatur.

[*Antiphona.*] Hec requies mea in seculum seculi hic habitabo quoniam elegi eam.

Oremus.

Deus uite dator et humanorum corporum reparator . qui te a peccatoribus exorari uoluisti . exaudi preces quas speciali deuocione pro anima famuli tui tibi fundimus [1] humiliter [1] . / ut [fo. 123 *v* liberare eam ab inferorum cruciatibus et collocare inter agmina sanctorum tuorum digneris . ueste quoque celesti et stola immortalitatis indui . et paradisi amenitate confoueri iubeas . per eum qui uenturus est [iudicare viuos et mortuos et seculum per ignem. Amen].

Oremus.

Deus qui humanarum animarum eternus amator es . animam famuli tui quem uera dum in corpore maneret tenuit fides ab omni cruciatu inferorum redde extorrem . ut segregata ab infernalibus claustris . sanctorum tuorum mereatur adunari consorcijs . per eum qui uenturus [est iudicare viuos et mortuos et seculum per ignem. Amen].

Hic sacerdos absoluat eum cunctis audientibus in hijs uerbis.

ABsoluimus te frater uice beati petri apostolorum principis . cui dominus dedit potestatem ligandi atque soluendi . ut in quantum tua expetit accusacio et ad nos pertinet remissio . sit tibi omni-

---

[1] There are marks transposing *humiliter* and *fundimus.*

2 B

potens deus creator tuus uita et salus et omnium peccatorum tuorum
indultor pius . qui uiuit et regnat deus per omnia secula seculorum .
amen.

Hec absolucio in aliquo folio conscripta ꝛ a cunctis sacerdotibus
accepta stola legenda est . sed antea dum supradicti psalmi et oraciones
dicuntur . ut cum ad istum locum uentum fuerit ꝛ a solo sacerdote in
audiencia omnium legatur . sicque super pectus defuncti ponatur . ac
deinde terra operiatur.   Quod si laicus aliquis est de seculo qui sepelitur ꝛ
debet sacerdos antequam ipsam absolucionem legat circumstantes rogare .
ut si cui peccauit dimittat ei et oret pro eo . sicque lecta absolucione .
terram super ipsum ter iacere . cantore incipiente . antiphonam.

De terra plasmasti me et carne induisti me redemptor meus domine resus-
cita eum in nouissimo die.

Ps[*almus.*] Domine probasti me.

A[*ntiphona.*]' Non intres in iudicium cum seruo tuo domine quia non
iustificabitur in conspectu tuo omnis uiuens.

Ps[*almus*] Domine exaudi.

a[*ntiphona*]' Omnis spiritus laudet dominum.

Ps[*almus*] Laudate dominum de celis.

a[*ntiphona*]' Omne quod dat michi pater ad me ueniet et eum qui uenit
ad me non eiciam foras.

Ps[*almus*] Benedictus.

Dum his psalmis canendis conuentus intendit ꞉ sacerdos sequentes
oraciones ministris tantum audientibus dicat . ita ut nec ipse ad conuen-
tum . nec conuentus ad ipsum intendat.

Oremus.

Te domine sancte pater omnipotens eterne deus supplices deprecamur pro spiritu cari nostri quem a uoraginibus huius seculi
accersiri iussisti . ut digneris domine dare ei locum lucidum . locum
refrigerij et quietis. Liceat ei transire portas inferorum et penas
tenebrarum . maneatque in mansionibus sanctorum et in luce
sancta quam olim ·abrahe promisisti et semini eius. Nullam senciat
lesionem spiritus eius . sed cum magnus / dies ille resur- [fo. 124
reccionis ac remuneracionis aduenerit ꝛ resuscitare eum digneris una
cum electis et sanctis tuis. Deleas eius delicta omnia atque peccata
usque in nouissimum quadrantem . tecumque immortalitatis tue uitam
et regnum consequatur eternum . per eum qui uenturus est [iudicare
viuos et mortuos et seculum per ignem. Amen].

oremus

Deus apud quem mortuorum spiritus viuunt . et in quo electorum anime deposito carnis onere plena felicitate letantur . presta supplicantibus nobis ut anima famuli tui que temporali per corpus uisionis huius luminis caruit uisu . eterne illius lucis solacio pociatur. Non eam tormentum mortis attingat . non dolor horrende uisionis afficiat . non penalis timor excruciet . non reorum proxima cathena constringat . sed concessa sibi delictorum omnium uenia . optate quietis consequatur gaudia repromissa . per eum qui uenturus est [iudicare uiuos et mortuos et seculum per ignem. Amen].

Non dicitur Oremus.

Omnipotentis dei misericordiam deprecemur fratres karissimi . cuius iudicio sicut nascimur ita finimur . ut spiritum fratris nostri quem pietas domini de incolatu huius mundi transiri precepit requies eterna suscipiat . et eum resurreccionis gaudijs cum sanctis suis representet . et in sinibus abrahe ysaac et iacob collocare dignetur . prestante domino nostro ihesu christo . qui cum eo uiuit et regnat in vnitate spiritus sancti deus per omnia s[ecula]. s[eculorum]. amen.

Oremus

Tu nobis domine auxilium prestare digneris . tu opem feras et misericordiam largiaris . spiritum eciam famuli tui ac cari nostri uinculis corporalibus liberatum in pace sanctorum tuorum recipias . ut locum penalem et gehenne ignem flammasque tartari in regione viuencium euadat . per eum qui uenturus est [iudicare uiuos et mortuos et seculum per ignem. Amen.]

Oremus.

Temeritatis quidem est domine ut homo hominem mortalis mortalem cinis cinerem tibi domino deo nostro audeat commendare. Sed quia terra suscipit terram et puluis conuertitur in puluerem . donec omnis caro in suam redigatur originem ⁑ inde tuam deus piissime lacrimabiliter quesumus pietatem . ut huius famuli tui animam quam de huius mundi uoragine cenulenta ducis ad patriam abrahe amici tui sinu recipias . et refrigerij rore perfundas. Sit ab estuantis gehenne truci incendio segregatus ⁑ et beate requiei te donante coniunctus.

Et que illi sunt domine digne cruciatibus culpe . tu eas gracia mitissime lenitatis indulge.　Nec peccati recipiat uicem ׃ sed indulgencie tue piam senciat bonitatem.　Cumque finito mundi termino supernum cunctis illuxerit regnum ׃ omnium sanctorum cetibus aggregatus . cum electis dei resurgat in parte / dextera coronand[us] per dominum　[fo. 124 *v* nostrum ihesum christum filium tuum qui uenturus est iudicare viuos et mortuos et seculum per ignem.

Dictis hijs collectis . si iam conuentus finiuit psalmum Benedictus *roget sacerdos orare pro defuncto . dicens.*

Pater noster
[℣.] Et ne nos [inducas in tentacionem].
[℟. Sed libera nos a malo.　Amen.]
[℣.] A porta inferi.
[℟. Erue domine animas eorum.]
[℣.] Domine exaudi [oracionem meam].
[℟. Et clamor meus ad te ueniat.]
[℣.] Dominus uobiscum.
[℟. Et cum spiritu tuo.]

Oremus.

Domine sancte pater omnipotens eterne deus qui vnicum filium tuum dominum nostrum ihesum christum incarnari constituisti . quo uetustum solueret proprio cruore peccatum et vitam redderet mundo . ipso opitulante animam fratris nostri ab ergastulo cenulente materie exemptam ab omnibus piaculis absolue.　Non paciatur insidias occursancium demonum . propter quam misisti ad terras eundem vnicum filium tuum.　Libera et absolue eam ab estuantis incendio gehenne ׃ collocans in paradisi amenitate.　Non senciat pussime pater quod calet in flammis . quod stridet in penis sed magnificencie tue munere preuenta ׃ mereatur euadere iudicium ulcionis . et beate requiei ac lucis eterne felicitate perfrui . prestante eodem domino nostro ihesu christo ׃ qui uenturus est iudicare [viuos et mortuos et seculum per ignem.　Amen].

Non dicitur oremus.

Debitum humane corporis sepeliendi officium fidelium more complentes . deum cui omnia viuunt fideliter deprecemur . ut hoc corpus cari nostri in infirmitate a nobis sepultum in ordine sanctorum suorum resuscitet . et eius spiritum sanctis ac fidelibus aggregari iubeat .

cum quibus in enarrabili gloria et perhenni felicitate perfrui mereatur .
prestante domino nostro ihesu christo . qui cum eo viuit et regnat in
vnitate spiritus sancti per omnia secula seculorum amen.

Hijs ita expletis incipiat cantor pro hijs qui in cimiterio requiescunt .
Ps[almum]. Miserere mei deus. *In fine subiuncto.* Requiem eternam dona
eis domine et lux perpetua luceat eis. *Dicat sacerdos in audiencia omnium.*
Pater noster . *pro animabus omnium quorum corpora in hoc cimiterio*
requiescunt . et pro animabus omnium defunctorum.

> Pater noster.
> [℣.] Et ne nos [inducas in tentacionem.]
> [℞. Sed libera nos a malo . amen.]
> Oremus pro fidelibus defunctis.
> [℣.] Non intres in iudicium cum seruis et ancillis tuis domine.
> [℞. Quia non iustificabitur in conspectu tuo omnis viuens.]
> [℣.] A porta inferi.
> [℞. Erue domine animas eorum.]
> [℣.] Domine exaudi oracionem [meam].
> [℞. Et clamor meus ad te ueniat.]
> [℣.] Dominus uobiscum
> [℞. Et cum spiritu tuo.]

Omnipotens sempiterne deus a[nnue]¹ quesumus precibus nostris
ea que poscimus . et dona omnibus quorum corpora hic et in
cunctis cimiterijs sanctorum requiescunt refrigerij sedem . quietis
beatitudinem . luminis claritatem . et qui peccatorum suorum pondere
pregrauantur . eos supplicacio commendet ecclesie . per dominum
nostrum ihesum christum filium tuum qui tecum viuit et r[egnat] ꝝ
in vni[tate]. s[piritus]. s[ancti]. deus per o[mnia]. s[ecula]. s[eculorum] .
a[men].

Requiescant in pace.

Post hec reuertentes ad ecclesiam ꝝ canant septem psalmos /abs- [fo. 125
que Gloria patri. Cumque in choro uenerint . siue festum sit siue non
conuentu se super formas prosternente ꝝ ministri que portant reponant
Sacerdos quoque acceleret se disuestire . et ad conuentum redeat . finitis
psalmis ꝝ dicatur.

> Requiem eternam dona eis domine . et lux perpetua luceat eis.
> Kyriel[eison].
> Christel[eison].

---

¹ Erased.

Kyriel[eison].
Pater noster.

[℣.] Et ne nos [inducas in tentacionem].
[℞. Sed libera nos a malo. Amen]
[℣.] Non intres in iudicium cum seruo tuo domine.
[℞. Quia non iustificabitur in conspectu tuo omnis viuens.]
[℣.] A porta inferi.
[℞. Erue domine animas eorum.]
[℣.] Domine exaudi [oracionem meam].
[℞. Et clamor meus ad te ueniat]
[℣.] Dominus uobiscum.
[℞. Et cum spiritu tuo.]

Oremus

Satisfaciat tibi domine deus noster pro anima famuli tui fratris nostri . N . beate et gloriose semperque uirginis marie genitricis dei et sanctissimi patris nostri augustini . omniumque santorum tuorum oracio . et presentis familie tue deuota supplicacio . ut peccatorum omnium ueniam quam precamur obtineat . nec eum paciaris cruciari gehennalibus flammis . quem filij tui domini nostri ihesu christi precioso sanguine redemisti . qui tecum et cum spiritu sancto uiuit et regnat deus per omnia s[ecula]. s[eculorum.] [Amen][1]

Anima eius et anime omnium fid[elium de]functorum . requiescant in pac[e. Amen.][1]

Quod si laicus aliquis est de [seculo] sepelitur . ad reditum processsion[is] dicantur quinque psalmi de capitulo [Psalmi] Verba mea et alij. *Quibus addatur* Voce mea . ij . Laudate dominum in sanctis eius. *In fine dicitur.* Requiem eternam dona eis domine . et lux perpetua luceat eis.

Kyriel[eison].
Christel[eison].
Kyriel[eison].
Pater noster.

[℣.] Et ne nos [inducas in tentacionem].
[℞. Sed libera nos a malo. Amen.]
[℣.] Non intres in iudicium cum seruo tuo [domine].
[℞. Quia non iustificabitur in conspectu tuo omnis viuens.]
[℣.] A porta inferi.
[℞. Erue domine animas eorum

---

[1] Initial letter cut out.

[℣.] Domine exaudi [oracionem meam].
[R℣. Et clamor meus ad te ueniat.]
[℣.] Dominus uobiscum.
[R℣. Et cum spiritu tuo.]

Oremus

Absolue quesumus domine animam famuli tui ab omni uinculo delictorum ut in resurreccionis gloria inter sanctos et electos tuos resuscitatus respiret . per christum dominum nostrum amen.

Anime[t] eius et anime omnium defunctorum . requiescant in pace. Amen.

[At the Reception of one brought for Burial from outside]

Quando fratres exeunt cum processione obuiam alicui corpori quod a foris deportatur . dicant Ps[almos]. Miserere mei d[eus]. Deus in nomine tuo. Miserere mei deus miserere mei. *Deinde si opus fuerit incipiant .* Ad dominum cum tribularer clamaui. *Et dicant de reliquis psalmis graduum ut opus fuerit donec ad corpus peruenant. At ubi peruenerint ꞉ faciant stacionem conuersi ad alterutrum. Tunc sacerdos alba et stola et desuper cappa indutus ꞉ accedat et aspergat corpus aqua benedicta et incenset. Deinde moneat . ut oretur pro eo . dicens.*

Pater noster.
[℣.] Et ne nos [inducas in tentacionem].
[R℣. Sed libera nos a malo. Amen.]
[℣.] Non intres in [iudicium cum seruo tuo domine].
[R℣. Quia non iustificabitur in conspectu tuo omnis uiuens.]
[℣.] A porta inferi.
[R℣. Erue domine animas eorum.]
[℣.] Domine ex[audi oracionem meam].
[R℣. Et clamor meus ad te uneiat.]
[℣.] Dominus uobiscum.
[R℣. Et cum spiritu tuo.]

Oremus.

Suscipe domine animam serui tui quam de ergastulo seculi huius uocare dignatus es ꞉ et libera eam de principibus tenebrarum . et de locis penarum . ut absoluta omnium uinculis peccatorum ꞉

quietis ac lucis eterne beati/tudine perfruatur . et inter   [fo. 125 *v.*]
sanctos et electos tuos in resurreccionis gloria resuscitari mereatur .
per christum dominum nostrum . a[men].

Tunc cantor incipiat R[esponsorium] Libera me domine . *et corpus*
in ecclesia deferatur . sonantibus signis donec in loco statuto ponatur ˅
finito Responsorio . dicat sacerdos.

    Pater noster.

[℣.] Et ne nos [inducas in tentacionem].

[R℣. Sed libera nos a malo.   Amen.]

[℣.] Non intres in iudic[io cum seruo tuo domine.]

[R℣. Quia non iustificabitur in conspectu tuo omnis viuens.]

[℣.] A porta inferi.

[R℣. Erue domine animas eorum.]

[℣.] Domine exaudi [oracionem meam.]

[R℣. Et clamor meus ad te ueniat.]

[℣.] Dominus uobiscum.

[R℣. Et cum spiritu tuo.]

Oremus

Suscipe domine seruum tuum . N . in habitaculum eternum . et
   da ei requiem et regnum ierusalem celeste . et eum in sinibus
patriarcharum tuorum abrahe ysaac et iacob collocare digneris ˸ ut
habeat partem in prima resurreccione . et inter surgentes surgat . et
inter suscipientes corpora in die resurreccionis corpus suum suscipiat .
et cum benedictis ad dexteram dei uenientibus ueniat . et inter possidentes uitam eternam possideat . per christum dominum nostrum.
Amen.

Sicque conuentu in chorum reuerso . inchoetur missa.

[AT THE PROCESSION TO THE CEMETERY IN COMMEMORATION
OF SOULS DEPARTED]

In commemoracione animarum ad processionem que fit per cimiterium :
  finito psalmo.   Beati immaculati *dicitur.*

    [℣.] Requiem eternam dona eis domine

    [R℣.] et lux perpetua luceat eis.

        Kyriel[eyson].

        Christel[eyson].

        Kyriel[eyson].

Pater noster.

[℣.] Et ne nos [inducas in tentacionem].
[℟. Sed libera nos a malo. Amen.]
[℣.] Non intres in iudicium cum seruis et ancillis tuis domine.
[℟. Quia non iustificabitur apud te omnis uiuens.]
[℣.] A porta inferi.
[℟. Erue domine animas eorum]
[℣.] Domine exaudi [oracionem meam].
[℟. Et clamor meus ad te ueniat.]
[℣.] Dominus uobiscum.
[℟. Et cum spiritu tuo.

Oremus.

Deus uenie largitor et humane salutis auctor ꞉ quesumus clemenciam tuam . ut nostrarum congregacionum fratres et sorores qui ex hoc seculo transierunt . beata maria semper uirgine intercedente cum omnibus sanctis ad perpetue beatitudinis consorcium peruenire concedas.

Deus cuius miseracione anime fidelium requiescunt ꞉ famulis et famulabus tuis hic et ubique in christo quiescentibus da propicius ueniam peccatorum . ut a cunctis reatibus absoluti tecum sine fine letentur.

[Fid]¹elium deus omnium conditor [et]¹ redemptor ꞉ animabus famulo[rum]¹ famularumque tuarum remissio[nem]¹ cunctorum tribue peccatorum . ut indulgenciam quam semper optauerunt piis supplicacionibus consequantur . per dominum nostrum ihesum christum filium tuum . qui tecum ui[uit]. et reg[nat]. in v[nitate]. s[piritus]. s[ancti]. deus per omnia secula seculorum amen.

/ Requiescant in pace. Amen. [fo. 126

Inde reuersa in chorum processione cum septem psalmis . absque Gloria patri *in fine subiungatur.*

[℣.] Requiem eternam [dona eis domine].
[℟. Et lux perpetua luceat eis.]
Kyriel[eyson].
Christel[eyson].
Kyriel[eyson].

---

¹ Initial letter cut out.

2 c

Pater noster.

[℣.] Et ne nos [inducas in tentacionem].

[℞. Sed libera nos a malo.   Amen.]

[℣.] Oremus pro fidelibus defunctis.

[℞.] Requiescant in pace.

[℣.] Domine exaudi oracionem [meam].

[℞. Et clamor meus ad te ueniat.]

[℣.] Dominus uobiscum.

[℞. Et cum spiritu tuo.]

Oremus.

Absolue quesumus domine animas omnium fidelium defunctorum ab omni uinculo delictorum . ut in resurreccionis gloria inter sanctos et electos tuos resuscitati respirent . per christum dominum nostrum.

A.   M   E   N

[BLESSING OF MEAT AND EGGS.]

Benediccio carnium et ouorum.

DOmine sancte pater omnipotens eterne deus qui per moysen et aaron famulos tuos precepisti filijs israel in tipico paschali immolare agnum prefigurans immolacionem ueri et immaculati agni paschalis ihesu christi filii tui domini nostri te quesumus ut benedicere digneris has agni et diuersorum generum carnes et hec oua ut sint remedium salutare seruis tuis et presta . per inuocacionem sancti nominis tui ut quicunque ex hijs gustauerint . corporis et anime sanitatem et salutem percipiant. Per dominum nostrum ihesum ch[ristum]. f[ilium]. t[uum]. q[ui]. t[ecum]. v[ivit]. et r[egnat]. in v[nitate]. s[piritus]. s[ancti]. deus. per . [omnia secula seculorum. Amen.]

[BLESSING OF BUTTER AND CHEESE.]

Benedictio super butirum et caseum

Domine sancte pater omnipotens eterne deus ihesu filij dei rogamus te ut mittere digneris benediccionem tuam et medicinam celestem et diuinam proteccionem super hoc buturum et caseum . ut proficiat ad salutem et ad proteccionem contra omnes egritudines corporum . et omnium membrorum intus et foris omnibus istud sumentibus . per ch[ristum]. d[ominum].

[A General Blessing.]

Benediccio ad omnia que uolueris.

CReator et conseruator humani generis . dator gracie spiritualis largitor eterne salutis . tu domine mitte tuum spiritum sanctum super hanc creaturam . N . ut armata uirtute celestis defensionis quicunque ex ea gustauerit proficiat illis ad salutem . et tam corporis quam anime sanitatem. Per do[minum]. n[ostrum]. ihesum ch[ristum].

[Blessing of Food and Drink.]

Benediccio super cibum et potum.

Domine sancte pater omnipotens eterne deus qui fecisti celum et terram et omnia que in eis sunt . rogo te et peto in nomine ihesu christi vnigeniti filij tui ut sanctificare digneris et benedicere epulum istum et potum sicut benedixisti epulacionem abrahe ysaac et iacob et sicut benedixisti sex ydrias in chana galilee et in vinum bonum conuerse sunt de aqua . ita conuerte potum istum in suauitatem et hillaritatem seruis tuis qui in fide catholica crediderunt. Per eundem christum . do[minum]. / [fo. 126 *v*]

[For those on a Journey.]

De itinerantibus.

Quando necesse fuerit ut vnus uel duo de fratribus aliquo ire debeant . si festi dies fuerint ⁒ humiliato tantum capite . si uero dies affliccionis ⁒ prostrato toto corpore post canonicas horas benediccionem petentes accipiant ⁒ et cum redierint similiter faciant . in eundo preces.

[℣.] Salum fac seruum tuum.
[℟.] Deus meus sperantem in te.
[℣.] Mitte ei domine auxilium de sancto.
[℟.] Et de sion tuere eum.
[℣.] Nichil proficiat inimicus in eo.
[℟.] Et filius iniquitatis non apponat nocere ei.
Ps[almus]. Beati immaculati in uia quı ambulant in lege et c[etera].
[℣.] Domine exaudi oracionem.
[℟. Et clamor meus ad te ueniat.]
[℣.] Dominus uobiscum.
[℟. Et cum spiritu tuo.]

❡ Oremus.

ADesto domine supplicacionibus nostris . et uiam famuli tui in salutis tue prosperitate dispone . ut inter omnes uie et uite huius uarietates tuo semper protegatur auxilio. Per christum dominum nostrum. Amen.

In redditu. *Benediccio.*

[℣.] Conuertere domine aliquantulum.
[R℈.] Et deprecabilis esto super seruum tuum.
[℣.] Mitte ei domine auxilium de sancto.
[R℈.] Et de sion tuere eum.
Ps[almus]. Ecce quam bonum et quam ıocundum habitare fratres in vnum.
[℣.] Domıne exaudi [oracionem meam].
[R℈. Et clamor meus ad te ueniat.]
[℣.] Dominus uobiscum
[R℈. Et cum spiritu tuo.]

Oremus.

Quesumus domine ut huic famulo tuo quem ad nos redire fecisti . quicquid impediente fragilitate deliquit . tu propiciatus dimittas . per christum dominum nostrum.

[On Saturdays at the Maundy.]

In sabbatis ad mandatum.

[℣.] Dominus uobiscum.
[R℈.] Et cum spiritu tuo.

❡ Oremus.

[A]cciones nostras quesumus domine et aspirando preueni et adiuuando prosequere . ut cuncta nostra operacio . et a te semper incipiat . et per te cepta finiatur . per . christum.

Mandatum nouum do uobis et cetera.
[K]yriel[eyson.]
Christel[eyson].
[K]yriel[eyson].
Pater noster.

[℣.] [E]t ne nos [inducas in tentacionem].
[℟. Sed libera nos a malo. Amen.]
[℣.] Suscepimus deus misericordiam tuam.
[℟.] In medio templi tui.
[℣.] [T]u mandasti mandata tua domine.
[℟.] Custodiri nimis.
[℣.] Tu lauasti pedes discipulorum tuorum.
[℟.] Opera manuum tuarum ne despicias.
[℣.] [D]omine exaudi [oracionem meam].
[℟. Et clamor meus ad te ueniat.]
[℣.] Dominus uobiscum.
[℟. Et cum spiritu tuo]

[*Oremus.*]

Adesto domine officijs nostre seruitutis quia tu pedes lauare dignatus es discipulis tuis . ne despicias opera manuum tuarum que nobis retinenda mandasti . et sicut hic exteriora abluuntur inquinamenta . sic a te omnium nostrum interiora lauentur peccata . quod ipse prestare digneris . qui cum patre et spiritu sancto viuis et regnas deus . per omnia secula seculorum Amen.

/ Kyrieleyson, [fo. 127
Christe eleyson,
Kyrieleyson,
Christe audi nos,
Pater de celis [deus] miserere nobis,
Fili redemptor mundi deus miserere nobis,
Spiritus [sancte] deus miserer[e] nobis
[1]Sancta trinitas vnus deus miserere[1] [nobis]
Sancta maria,
Sancta dei genitrix,
Sancta virgo virginum,
Sancte michael,
Sancte gabriel,
Sancte raphael,
Omnes sancti angeli et archangeli
Omnes sancti beatorum spirituum ordines,
Omnes sancti patriarche et prophete

[1]—[1] Over erasure.

Sancte petre,
Sancte paule,
Sancte andrea,
Sancte iacobe,
Sancte iohannes,
Sancte thoma,
Sancte iacobe,
Sancte philippe,
Sancte matthee,
Sancte bartholomee,
Sancte symon,
Sancte tadee,[†]
Sancte mathia,
Sancte marce,
Sancte luca,
Sancte barnaba,
Omnes sancti apostoli et euangelisti,[†]
Omnes sancti discipuli domini,
Omnes sancti innocentes,
Sancte st[1]ephane[1],
Sancte line,
Sancte clete,
Sancte clemens,
Sancte sexte,[†]
Sancte corneli,
Sancte cypriani
Sancte laurenti
Sancte vincenti,
Sancte georgi,
Sancte fabiani,
Sancte sebastiani,
Sancte dionisi [1]cum sociis tuis[1]
Sancte mauricii cum sociis tuis,
Sancte thoma,
Sancte albane,
Sancte edmunde,
Sancte osualde,
Omnes sancti martires

[1]—[1] Added in same hand.

Sancte siluester,
Sancte gregore,†
Sancte hillari,
Sante martine,
Sancte ambrosi,
Sancte augustine, ii
Sancte nicholae, ✠
¹✠Sancte augustine cum sociis tuis orate¹
Sancte pauline,
Sancte cuthbarte,†
Sancte dunstane,
Sancte swithune,
/ Sancte iuliane,   [fo. 127 *v*
Sancte ieronime,
Sancte benedicte,
Sancte egidee,†
Sancte leonarde,
Omnes sancti confessoris,†
Sancta ²anna²
Sancta maria magdalena,
Sancta felicitas,
Sancta perpetua,
Sancta agatha,
Sancta agnes,
Sancta cecilia,
Sancta lucia,
Sancta scolastica,
Sancta iuliana,
Sancta katarina,
Sancta margareta,
Omnis† sancti† virgines,
Omnis† sancti, ii,
Propicius ³esto parce nobis domine
propicius esto libera nos domine,³
Ab omnie† malo,   l[ibera nos domine]'
Ab incidiis diaboli,   l[ibera nos domine]'
A subitanea et eterna morte,   l[ibera nos domine]'

---

¹—¹ Added in same hand in margin below.   ²—² Over erasure.
³—³ Added in same hand.

A peste superbie,   l[ibera nos domine]'
A carnalibus desideriis   l[ibera nos domine]'
Ab omni immundicia mentis et corporis,   l[ibera nos domine]'
A fulgure et tempestate,   l[ibera nos domine]'
Per passionem tuam   l[ibera nos domine]'
Per gloriosam resurrexcionem tuam   l[ibera nos domine]'
Per admirabilem ascensionem tuam,   l[ibera nos domine]'
Per graciam sancti spiritus paracleti,   l[ibera nos domine]'
In hora mortis ¹succurre nobis domine¹   l[ibera nos domine]'
In die iudicii,   l[ibera nos domine]'
Peccatores te rogamus audi nos,   l[ibera nos domine]'
Ut pacem et concordiam nobis dones,   t[e] r[ogamus audi nos]

Ut sanctam ecclesiam tuam catholicam regere et defensare digneris,
                                             te r[ogamus audi nos]'
Ut domnum² apostolicum et omnes gradus ecclesie in sancta religione
    co[n]seruare digneris,   te, r[ogamus audi nos]'

Ut episcopos et abbates nostros et omnes congregaciones illis com-
    missas in sancta religione conseruare digneris,
                                             te r[ogamus audi nos]'
Ut regi nostro et principibus nostris pacem et ueram concordiam atque
    victoriam donare digneris,   te r[ogamus audi nos]'
Ut cunctum populum christianum precioso sanguine tuo redemptum
    conseruare digneris,   te r[ogamus audi nos]'
Ut miserias pauperum et captiuorum intuere et releuare, dig[neris],
                                             te r[ogamus audi nos]'
Ut locum istum et omnis ⁺ habitantes in eo visitare et consolare dig[neris]
                                             te r[ogamus audi nos]'
Ut obsequium seruitutis nostre racionabile facias,
                                             te r[ogamus audi nos]'
Ut regularibus disciplinis nos instruere digneris,
                                             te r[ogamus audi nos]'
Ut remissionem omnium peccatorum nostrorum nobis donare digneris,
                                             te r[ogamus audi nos]'
Ut omnibus benefactoribus nostris sempiterna bona retribuat,⁺
                                             te r[ogamus audi nos]'
Ut cunctis fidelibus defunctis / requiem eternam donare   [fo. 128
    dig[neris],   [te rogamus audi nos]

¹—¹ Added in same hand.   ² dñs

Ut nos exaudire digneris   te r[ogamus audi nos]'
Fi[li] dei,   te r[ogamus audi nos]' ii,
Agnus dei qui tollis peccata mundi parce nobis nobis† domine,
Agnus dei qui tollis peccata mundi exaudi nos domine,
Agnus dei qui tollis peccata mundi miserere nobis,
        Christe audi nos,
        Kyrieleyson,
        Christe eleyson,
        Kyrieleyson,

      Pater noster,
[℣.] Et ne nos inducas [in tentacionem],
[℟. Sed libera nos a malo. Amen.]
[℣.] Et veniat super nos misericordia tua domine,
[℟.] Salutare tuum da nobis,
[℣.] Memento nostri domine in beneplacito populi tui,
[℟.] Uisita nos [in salutari tuo],
[℣.] Memor esto congregacionis tue,
[℟.] Quam pos[s]edisti [ab initio],
[℣.] Domine saluum fac regem et regnum,
[℟.] Et exaudi nos in die [qua inuocauerimus te],
[℣.] Saluum fac populum tuum domine et benedic hereditate† tua,†
[℟.] Et rege [eos et extolle illos usque in eternum],
[℣.] Fiat pax in virtute tua,
[℟.] Et habundancia in thurribus [tuis],

      Oremus pro benefactoribus nostris,

[℣.] Mitte eis domine [auxilium de sancto],
[℟. Et de syon tuere eos]

      Pro fidelibus defunctis,

[℣.] Requiem eternam [dona eis domine],
[℟. Et lux perpetua luceat eis]
[℣.] Requiescant in pace,
[℟.] Amen,
[℣.] Domine exaudi oracionem meam,
[℟.] Et clamor meus [ad te ueniat],
[℣.] Dominus vobiscum,
[℟. Et cum spiritu tuo]

DEus qui corda fidelium,

DEus cui proprium est miser[e]re semper et parcere suscipe deprecacionem nostram et quos delictorum cathena constringit
miseracio tue pietatis absoluat, Per christum

DEus qui nos a vanitate seculi conuersos ad superne vocacionis
amorem accendis pectoribus nostris purificandis illabere, et
graciam nobis qua in te perseueremus infunde vt proteccionis tui
muniti presidiis quod te donante promisimus, impleamus et nostri
promissionis exacutoris effecti ad ea que perseuerantibus in te dignatus
es promittere pertingamus, Per christum,

[O]Mnipotens sempiterne deus qui facis mirabilia magna solus
pretende super famulos tuos et super cunctas congregaciones
illis commissas spiritum gracie salutaris et ut in ueritate tibi con-
placiant perpetuum eis rorem benedictionis infunde, Per christum

[D]Eus in cuius manu corda sunt regum qui es humilium consolator
et fidelium fortitudo et protector omnium in te sperancium
da regi nostro et regine et omni / populo christiano trium-   [fo. 128 v
phu[m] uirtutis tue scienter excolere vt per te semper reparentur
adueniam,

[P]Retende domine famulis et famulabis[t] tuis dexteram celestis
auxilii ut te toto corde perquirant et que digne postulant
assequantur,

[D]Eus a quo sancta dasiderra,[t]

[A]Domo tua domine quesumus spiritualis[t] nequicie repellantur et
arearum[t1] discedat malignitas tempestatum,

[A]Nimabus quesumus domine famulorum famularumque tuarum
oracio proficiat supplicancium ut eas et a peccatis omnibus
exuas et tue redempcionis facias esse pertisipes,[t]

[D]Eus qui es sanctorum tuorum splendor mirabilis atque lapsorum
subleuator inenarrabilis fac nos famulos tuos sancte dei genitricis semperque virginis marie et omnium scantorum[t] tuorum ubique

---

[1] Read earum.

tueri precidiis[1] nec non familia atque consanguinitate uel confessione
et oracione nobis coniunc[tis ?][1] omni populo christiano cunctis insidiis
fallacis inimici depulsis, concede ad celestem patriam redeunde aditum,
ac defunctorum omnium fidelium sacri baptismatis vnda renatorum,
animabus quiete perfrui sempiterna, Per eundem dominum,

[1] Erased.

[INVENTORY OF VESTMENTS AND ORNAMENTS, 1493]

[fo. 129

[I]stud inuentarium scriptum est xii die octobris anno domini m⁰.cccc⁰ lxxxxiii⁰ omnium iocalium vestimentorum et ornamentorum magni altaris et vestibuli monasterii sancte crucis existencium et permanencium tempore huius scripti.

1 Item in primis . vnum mutatorium nouum panni aurei . videlicet casula . due tunice tres albe vna stola vnum manipulum cum tribus examitis

2 Item vnum mutatorium sateñ blauij coloris superauratum . viȝ vna casula due tunice . due albe . vnum examitum

3 Item mutatorium dict[um] douglass aurei coloris viȝ vna casula due tunice due albe . et duo examita.

4 Item mutatorium dict[um] comitis de marschel panni aurei . viȝ vna casula . due tunice due albe . et vnum examitum.

5 Item mutatorium panni aurei blauij coloris . viȝ vna casula due tunice . vna alba.

6 Item mutatorium de cramaseto panni aurei rubei coloris . viȝ vna casula due tunice tres albe . tria examita . vna stola et vnus manipulus.†

7 Item mutatorium panni aurei albi coloris . viȝ vna casula due tunice tres albe vnum examitum.

8 Item mutatorium valucie blauij coloris viȝ vna casula due tunice tres albe . tria examita due stole et duo manipuli

9 Item mutatorium de cramaseto optimo rubei coloris . viȝ vna casula . due tunice . tres albe tria examita . vna stola . et vnus manipulus
Item de antiquo vna stola et manipulus de sateñ

10 Item mutatorium damaseni glauci[i]¹ coloris viȝ vna casula due tunice tres albe tria examita vna stola et vnus manipulus.

¹ Erased.

212

11 Item mutatorium valucie nigri coloris pro mortuis viȝ vna casula
due tunice . tres albe . tria examita.

12 Item mutatorium sateñ nigri coloris de antiquo pro mortuis viȝ
vna casula due tunice.

13 Item mutatorium de damasco viridis coloris viȝ vna casula due
tunice due albe duo examita et tercium blauij coloris

14 Item pro diebus feriatis vna casula valucie rubei coloris et due
tunice.

Item pro quadragesimali tempore vna casula damaseni albi coloris .
vna stola et vnus manipulus

Item vna alba de puro serico dicta alba sancti thome martiris

[Space of 13 lines]

Item pro maiori altari tria velamina seu offertoria cum tribus frontalibus
et vnum velamen pro gradu super altare pro diebus festiuis.

Item vnum stragulum panni aurei rubei coloris pro magno altari

Item vnum stragulum damaseni rubei coloris subtus altare et aliud
super altare.

Item stragulum valucie nigri coloris pro defunctis et aliud damasceni
plenum armis regalibus

Item duo stragula de camaleto albi coloris pro festis beate marie virginis

Item tres cucine panni aurei pro magno altari et vn[a]¹ de damasco.

[Space of 2 lines]

/ [Space of 11 lines]   [fo. 129 v

Item in primis noua crux de puro auro cum lapidibus preciosis . viȝ
traginta† cum ligno dominice crucis cum capsella corea.

Item antiqua crux argentea cum ligno dominice crucis

Item magna crux argentea cum pede ponderis centum octuaginta
vnciarum cum capsella lignea.

Item crux argentea pro sacramento cum cathena argentea.

Item vna crux de cristallo

Item tres textus argentei deaurati

Item textus de vitro

Item textus eburneus

Item vnum tabernaculum de ebore ²pro altari sancte kat[erine].²

¹ Erased.   ²—² Added afterwards in same hand.

¹Item brachium argenteum sancti augustini cum osse eiusdem et duobus
anulis ponderis¹ octuaginta quatuor vnciarum
Item vna reliquia argentea pro altari sancte katerine cum osse eiusdem
quam fecit dominus iohannes crūʒañe quondam vicarius de vre
ponderis

[Space of 3 lines]

Item decem sunt calices in toto . videlicet
1 Vnus calix aurı purıssımı cum patena ponderis quadraginta sex
vnciarum cum capsella corea
2 Item calix roberti regis
3 Item calix dauid regis
4 Item calix altaris sancte marıe vırgınıs.
5 Item calix altaris sancti andree
6 Item calix altaris sancte caterine virginis
7 Item calix altaris sancte crucis
8 Item calix domini iohannis marschell
9 Item calix domini iohannis weddaill
10 Item alter calix communis . preter calices extra hostia cancel-
11 larie . ²viʒ. calix altaris parochialis . et calix firmarie argenteus
12 non deauratus / et sic sunt duodecim.²

[Space of 8 lines]

Item duo candelabra antiqua argentea
Item quatuor candelabra argentea noua ponderis petre et quatuor lib-
rarum
Item duo candelabra argentea in capelle abbatis parui ponderis.
Item duo candelabra erea . et duo ferrea pro diebus feriatis.

[Space of 3 lines]

/ pro pontificalibus abbatis.   [fo. 130
Item in primis vna mitra cum gemmis preciosis
Item alia mitra damascene albi coloris.
Item duo examita preciosa.
Item baculus pastoralis
Item tres anuli
Item pecten eburneus /cum tela

¹ In slightly larger letters and lighter ink, rather like the Dedication entry in the
Kalendar.
²—² Added afterwards in same hand.

Item cingulum de serico
Item tria pallia de serico ad portandum crucem seu sacramentum

[Space of 6 lines]

Item vnum magnum eukaristiale de argento ponderis centum sexa-
ginta vnciarum et deauratum preter duas campanas cum lapidibus
preciosis
Item magna cuppa de argento pro sacramento.
Item vnum vas argenteum deauratum pro aqua benedicta cum ysopo.
Item duo thuribula argentea cum acerra argentea pro thure.
Item due fiole argentee deaurate pro magno altari.
Me[moran]d[um] quod sunt due fiole argentee pro altari sancte crucis.
Et due fiole argentee pro altari sancte katerine. Et due fiole
argentee cum vno textu argenteo . et ymagine beate virginis de
ebure[t] cum pede argenteo . et fiola vitrea cum oleo beati andree
pro altari sancti andree

[Space of 6 lines]

Sequitur inuentarium capparum.

In primis vna noua cappa panni aurei blauij coloris
Item due cappe panni aurei rubei coloris cum duobus monilibus ar-
genteis deauratis et vnum eorum cum lapidibus preciosis /aliud
sine lapidibus
Item vna cappa de cramaseto deaurata cum lignis aureis cum berillo in
pectore,
Item vna cappa de cramaseto panni aurei habens ceruum cum sancta
cruce in capucio
Item vna cappa de cramaseto interlita cum rosis aureis.
Item vna cappa valucie blauij coloris
Item tres cappe de cramaseto valucie
Item tres cappe damaseni albi coloris
Item tres cappe valucie blauij coloris
Item due cappe purpurei coloris.
Item vna cappa de cameloto cum alia cappa eiusdem coloris.
Item due cappe panni aurei dict[e]' douglass.
Item tres cappe cum pullis aureis
Item tres cappe nigre valucie pro mortuis
Item quatuor cappe damaseni viridis coloris.
Item vna cappa de valucio viridis coloris cum orphragijs de panno aureo

Item vna cappa purpurei coloris ¹cum orphragıjs de valucio nigri coloris pro hamera¹

[fo. 130 v

²Memorandum quod Robertus Abbas monasterij sancte crucis [? decessit a] regno scocie secundo die Septembris . in . Anno domini Mcccclxxxxiiij⁰ ad partes flandrie . et de hınc ad romam. Qui quidem abbas pro reparacione monasterij sancte crucis emit . in . foro haudcopie brugensi [in . . . . ?]landia ista iocalia et reparamenta que in hoc scripto sequuntur . viʒ²

Primo viʒ ad honorem beate virginis marie vnum magnum reparamentum . viʒ a stande . viʒ vna cappa cum casula et duabus tunicis cum tribus albis . tribus amictis et suis paramentis de panno aureo precıoso albi coloris. Et viginti cappas de damasco eciam albi coloris cum orphragijs panni aurei blauij coloris et quibusdam orphragijs valucij nigri coloris . quod quidem reparamentum anglice a stande deliberauit in vestitorio dicti monasterij inter Iocalia et reparamenta dictj monasterıj ımperpetuum remansura.

Item eodem tempore Idem abbas deliberauit ad decorandum magnum altare quatuor cortinas de duplici tartara blauij coloris formatas et perfectatas cum appendicijs suis et ceteris necessarijs

---

[In a contemporary cursive hand on a leaf of thick vellum 'waste.']

Memorandum / vij⁰ septembris anno domını xlvij z[er]is ye erle hartfurd led ane army of xxᵗⁱ M men be land wᵗ viij m̄ be see and yaie intendit for plane conquest quhilk come ye samyn day to hadingstoun and on gladismur wes feildit be ye gouernoʳ of scotland and ye dowglass

[On the *verso* of this leaf is an unfinished table for the 'Histories' in Divine Service in the form of a wheel-like diagram in which the Sunday letters and dates occupy concentric circles, and each series fills a segment of the whole, with the cue of the 'History' at the outside. The hand is the same as that of the Preces (fo. 9) and the Litany (fo. 127). A final leaf of 'waste' is blank except for a few pen trials.]

¹—¹ Perhaps added afterwards, but in same hand.
²—² Erased and almost illegible.

APPENDIX I

A collation of the principal variations in the rubrics of a thirteenth-century breviary for Augustinian use, British Museum, MS. Harl. 5284A, which correspond to the following parts of the Holyrood Ordinale :—

Holyrood.

p. 84, l. 23 to p. 86, l. 5
p. 86, l. 28 ,, p. 87, l. 19
p. 131, l. 7 ,, l. 13
p. 147, l. 27 ,, p. 148, l. 3
p. 148, l. 5 ,, p. 149, l. 14
p. 149, l. 15 ,, p. 149, l. 23
p. 149, l. 31 ,, p. 149, l. 35
p. 150, l. 2 ,, p. 150, l. 10
p. 150, l. 12 ,, p. 150, l. 16
p. 150, l. 18 ,, p. 152, l. 7
p. 152, l. 12 ,, p. 153, l. 5
p. 153, l. 16 ,, p. 153, l. 20
p. 153, l. 22 ,, p. 153, l. 33
p. 154, l. 8 ,, p. 154, l. 22
p. 154, l. 3 ,, p. 154, l. 5
p. 154, l. 32 ,, p. 154, l. 35
p. 155, l. 11 ,, p. 155, l. 20
p. 155, l. 22 ,, p. 155, l. 29
p. 156, l. 22 ,, p. 156, l. 25
p. 156, l. 27 ,, p. 156, l. 29

p. 84, l. 25 *om.* In uigilia . . . dicuntur (l. 27).
,, l. 28 *for* absque . . . indutus (l. 29) *read* honorifice reuestitus cappa indutus preeunte.
,, l. 34 *for* preposito *read* decano.
p. 85, l. 9 *for* versum *Postquam impleti sunt* . tres *read* versum *Hodie beata virgo* quatuor.
,, l. 31 *for* offertorium *read* offerenda.
p. 86, l. 4 *for* mutatur in crastinum *read* non mutatur propter sácramentum dierum purificacionis.
,, l. 5 *add* A purificacione usque ad septuagesimam lxx^{a}m. Si dominica intercurrerit ⁚ cantatur ad processionem R⁊ *Absconde tanquam aurum.* Si simplex festum . ix . leccionum in dominica . lx^e

2 E

occurrerit licet ystoria tunc non incipiatur tamen in crastinum
mutatur. Hac die canonici communic[ent] . non conuersi.
After 2nd Evensong of Candlemas, Harl. 5284 adds :
Hec festiuitas . quando in dominica . lxx . uel . lx . aut quinqua-
gesime occurerit . non mutatur propter sacramentum dierum
purificacionis. Si autem in sabbato ante . lxx . occurrerit ꝛ quia
uespere de festo erunt . *Alleluia* . in ipsis dicatur et eciam in completorio. De . lxx . tunc ad . vesperas commemoracio . tantum fit.
Festum uero sancti blasii mutatur in crastinum.

p. 86, l. 19 *Cf.* Harl. 5284, fo. 13 :
Quando hec festiuitas in dominica euenerit ꝛ mutatur in crastinum
et eciam infra passionem celebratur.

„ l. 23 *Cf.* Harl. 5284, fo. 13 :
Sancti Cuthberti pontificis . omnia sicut in serie unius confessoris
et pontificis. Si infra passionem euenerit ꝛ ix . lecciones . fiant
nisi in ebdomada palmarum . tunc enim tantum memoria . habebit,
et missam matutinalem.

„ l. 31 *after* celebrabitur . *add* In dominica palmarum occurens † differatur
in crastinum.

„ l. 31 *after* precedente *add* sab[bato] ante dominicam qua cantatur . *Isti
sunt dies.*

p. 87, l. 3 to l. 6, *om.*

„ l. 10 *om.* Facta . . . benedicti (l. 14).

„ l. 16 *after* celebrabitur *add* nisi in ebdomada palmarum.   Tunc enim
tantum memoria . et missa . matutinalis . habebit.

„ l. 16 *om.* sancti cuthberti et.

„ l. 18 *Cf.* Harl. 5284, fo. 15 :
De sancto ambrosio . Quando ante dominicam palmarum
euenerit ꝛ totum fiat sicut in serie unius confessoris pontificis et
doctoris descriptum est cum . ix . leccionibus . et si in aliqua
dominicarum euenerit . mutatur in crastinum . ¹preter dominicam
palmarum Tunc enim fit de ea commemoracio . et missa matuti-
nalis¹ paschali tempore . ad vesperas . super . psalmos . a[ntiphona].
Lux perpetua . . .

p. 131, l. 7 to l. 13 *agrees substantially.*

p. 147, l. 32 *om. Iustus ut palma.*

„ l. 37 *for* more . . . leccionibus *read* ix . leccionum agatur.

p. 148, l. 1 *for* de . . . matutinalis *read* medie lecciones . fiunt de octauis
sancti iohannis . et commemoracio . et missa matutinalis.

p. 149, l. 5 *om.* Ipsa . . . agenda est (l. 7).

„ l. 30 *after* martiribus *add* et missa matutinalis.

p. 150, l. 2 *after* lecciones *add* medie de machabeis.

„ l. 22 *om.* Maior . . . dicitur.

p. 151, l. 15 *om.* Ad vesperas . . . *ierusalem* (l. 17).

„ l. 27 *add* siue sancti augustini siue bede presbiteri.   Ad processionem.
R̶ *Felix namque* ꝛ R̶ *O decus* . ad introitum . *Ascendit.* Dominica

¹——¹ Has been erased.

infra octauas ad processionem . R̸ *Felix namque.* Non dicitur
oracio . *Via s[anctorum]* . ad introitum . A[ntiphona] *Ascendit.*
Fratres communicent . et conuersi . ad prandium . leguntur ser-
m[ones] in magno omeliario . albo Primus sermo *Quia profundis-*
sime post hanc sermonem . precedens . que sic incipit *Quociens-*
cunque per octauas euangelium festiue legatur.

p. 152, l. 4 *for* leguntur *read* cotidie tres

„ l. 4 *om.* de supradicto sermone sancti ieronimi.

„ l. 7 *add* et memoria de martyribus et missa matutinalis.

„ l. 30 *om.* Tamen . . . Ḣabebit (l. 32).

p. 153, l. 20 *add* et commemoracio de sancta sabina.

„ l. 23 *after* cepit. *add* Missa matutinalis . de sancto adriano sine
memoria.

„ l. 25 *for* primo die et octauo die . dicitur *read* per octauas cotidie.

„ l. 28 *for* officium *read* seruicium.

„ l. 29 *for* et quando . . . memoriam (l. 33) *read* tunc uero post primam
collectam fit et commemoracio de octauis . deinde.

„ *at end add* In exaltacione sancte . crucis totum seruicium eo ordine
nunc persoluitur . quod † in . inuencione eius dispositum † habetur .
seritata . (s[ciliet] . utroque festo sua proprietate. *Credo* dicitur
et memoria de martyribus et missa matutinalis.

p. 154, l. 3 *after* recolitur . *add* in . qua festiuitate credo non dicitur.

„ l. 8 *after* dicuntur . *add* In octauis sancte marie totum seruicium fiat sicut
in primo die . et memoria ed sancto Nichomede . martire . et
missa matutinalis.

„ l. 17 *for* ix lecciones fiunt *read* duplex festum contigerit.

„ l. 19 *after* terciam *add* Hac die ad maiorem missam . dicitur. *Credo* et
prefacio.

„ l. 22 *before* A festo *add* In octauis sancte marie . uirginis . ymni . A[nti-
phone] . Ꝟ ps[almi] Responsoria . sicut in . i°. die.

„ l. 30 *add* Inuitatorium . et cetera omnia sicut . in . alia eius festiuitate .
excepto . ix°. R̸ *Verbum dei* pro quo dicitur R̸ Miles christi.

p. 155, *for* l. 5 *to* l. 9 *read*:

In . viii°. die dedicacionis ecclesie . s[cilicet] . in uigilia omnium
sanctorum . prima non pulsatur mane . Hac die missa matutinális
de dedicacione dicitur post terciam . ad maius altare . in qua .
secunda oracio erit de sancto quintino . iij . pro Rege. Maior uero
missa de vigilia erit, in qua tantum una collecta dicitur. Si
autem vigilia omnium sanctorum in dominica . euenerit ꞃ missa
matutinalis . de uigilia erit. In qua sicut dictum est superius .
ijᵃ . oracio de sancto quintino . iiijᵃ . pro Rege. Maior [missa]
uero solempniter dicitur de dedicacione.

„ l. 14 *for* Ipsa . . . festo *read* Canonici communicant.

Ab festiuitate dedicacionis usque ad purificacionem beate marie
statim post prandium cantatur nona. Quo spacio generaliter
post nonam in refectorium non eunt . sed qui opus habuerint sicut
et semper debent quando extra horas constitutas bibere uoluerint .

accepta licencia uadunt.   Hac die finitis uesperis de festo.   (*Cf.* p. 154, ll. 22–25).

p. 155, l. 22.   *Prefix* Finitis vesperis de festo ꞉ vespere in memoriam omnium defunctorum aguntur . vna collecta dicitur *Fidelium deus.*   De sancto eustachio ad vesperas nulla memoria fiat.   (*Cf.* p. 155, ll. 30 *et seq.*)

after l. 29 *add* Finita tercia diei . ps[almus] *Beati immaculati* dicatur ꞉ quo finito dicant *Kyrieleison . christeleison . kyrieleison* et *pater noster.* Deinde sacerdos cum paucis capitularibus precibus dicat hanc oracionem *Absolue quesumus domine.*   Ab hac festiuitate usque ad purificacionem beate marie . vij . ps[alm]i penitenciales post matutinas . dicuntur.

APPENDIX II

The following agreements as to memorial services between the Augustinian Canons of Guisborough and the Scottish monasteries of Jedburgh, St. Andrews, and Kelso are among a number of more or less similar agreements with English houses, written in a thirteenth-century hand immediately after the kalendar, in the Guisborough service book at the British Museum, MS. Add. 35,285. They are of the same type as the agreement between Holyrood and Carlisle on p. 19 above.

De Iedeword. [fo. 174

INter nos et Gedewrde canonicos ista est conuencio ꞏ ut pro fratre defuncto unum plenarium seruicium agatur in conuentu. Singuli sacerdotes singulas missas ꞏ ceteri uero singulariter . L . dicant psalmos . in ceteris seruiciis suis seu missis . seu psalmis eum recipientes.

De sancto Andrea in scocia. [fo. 174 v

INter nos et canonicos de sancto Andrea in scocia . hec est conuencio. Cum audierimus obitum alicuius fratris illius loci absoluatur in capitulo . fiatque pro eo plenarium seruicium in conuentu ꞏ et memoria . xxx . diebus . et unusquisque sacerdos unam missam dicat . et alii . l . psalmos qui sciunt et possunt. Et preter hoc commune beneficium domus nostre pro inuicem tam spiritualiter quam corporaliter.

De Kelcou. [fo. 174 v

HEc est conuencio inter nos et monachos de Kelcou . quod unusquisque ad obitum suum unum plenarium seruicium in conuentu habebit . et ab unoquoque sacerdote tres missas . a reliquis inferioris ordinis unum psalterium.

APPEN

SEVENTH ANNUAL REPORT

ETC.

Old Edinburgh Club
1914

Honorary Patrons

THE LORD PROVOST, MAGISTRATES, AND COUNCIL
OF THE CITY OF EDINBURGH.

Honorary President

THE RIGHT HON. THE EARL OF ROSEBERY, K.G., K.T.

Honorary Vice-Presidents

The Right Hon. THE LORD PROVOST OF EDINBURGH.
Sir JAMES BALFOUR PAUL, C.V.O., LL.D., Lyon King of Arms.
Professor P. HUME BROWN, LL.D.
Professor JOHN CHIENE, C.B.

President

WILLIAM MOIR BRYCE.

Vice-Presidents

HIPPOLYTE J. BLANC, R.S.A.
WILLIAM COWAN.
THOMAS ROSS, LL.D.

Honorary Secretary

LEWIS A. MACRITCHIE, 40 Princes Street.

Honorary Treasurer

THOMAS B. WHITSON, C.A., 21 Rutland Street.

Council

Rev. W. BURNETT, B.D., Restalrig Manse, Lismore Crescent.
JOHN B. CLARK, M.A., F.R.S.E., Heriot's Hospital.
GEORGE LORIMER, Durisdeer, Gillsland Road.
ROBERT T. SKINNER, M.A., F.R.S.E., Donaldson's Hospital.
Sir THOMAS HUNTER, LL.D., W.S., City Chambers.
Rev. HENRY PATON, M.A., 184 Mayfield Road.
CHARLES S. ROMANES, C.A., 3 Abbotsford Crescent.
FRANCIS CAIRD INGLIS, Rock House, Calton Hill.
J. CAMERON ROBBIE, 22 York Place.
W. T. OLDRIEVE, F.R.I.B.A., 11 Merchiston Gardens.
Sheriff JOHN C. GUY, 7 Darnaway Street.
WALTER B. BLAIKIE, LL.D., 11 Thistle Street.

Honorary Auditor

JOHN HAMILTON, C.A., 35 Alva Street.

REPORT OF THE SEVENTH ANNUAL MEETING
OF THE OLD EDINBURGH CLUB

THE SEVENTH ANNUAL MEETING OF THE CLUB was held in the Old Council Room, City Chambers, on the afternoon of Thursday, 29th January 1915, at 4 o'clock.

Mr. W. Moir Bryce, President of the Club, presided. There was a good attendance of Members.

Apologies were intimated from the Right Hon. the Earl of Cassillis, Mr. Hippolyte J.· Blanc, Mr. John B. Clark, Mr. F. C. Inglis, and others.

The Secretary submitted the Seventh Annual Report, which is in the following terms :—

The Council beg to submit to the Club the Seventh Annual Report.

A meeting of the Club was held in Dowell's Rooms, 18 George Street, on the evening of Tuesday, 24th February 1914, at 8 P.M.

Mr. W. Moir Bryce, President of the Club, presided. There was a good attendance of Members.

The Secretary read the notice calling the meeting.

Apologies for absence were intimated from the Right Hon. the Earl of Cassillis, Sir Robert Usher, Mr. Charles E. Price, M.P., Col. Gordon Gilmour, Dr. Middleton, Mr. Robert Home, and Mr. William Melven.

The proposed alterations on the Constitution of the Club

2 F

were held as read, a print of same having been issued to each
member.

Mr. William Cowan stated that the matter had arisen out
of a remit to the Council at the Annual Meeting of the Club
on 29th January 1913, and that the principal change proposed on the Constitution was the increase in the number
of members to a limit of 350 instead of 300.   He also
mentioned that the Council had carefully considered as to
the advisability of increasing the membership at more than
one meeting, and had ultimately resolved to recommend
that the membership be increased to 350.   He thereafter
went over and explained the proposed alterations, and in
conclusion moved that the Rules as now printed should be
the Rules of the Club.   Mr. Hippolyte J. Blanc seconded.
Mr. Hugh Carbarns moved as an amendment that the proposed increase in the membership be not agreed to, and Mr.
W. J. Hay seconded.   A discussion followed, and on a vote
being taken only three members supported the amendment.
The motion was declared carried by more than the required
two-thirds majority.

It was agreed that the Associates on the roll as at 31st
December last should have the first opportunity of becoming
members.

On the motion of Dr. W. B. Blaikie, a cordial vote of thanks
was awarded to the Chairman.

In terms of the foregoing resolution, 50 members were
added to the roll, and there still remain 17 names on the list
of applicants waiting admission.

The following meetings were held.

1. Lecture on 'King David's Tower at Edinburgh Castle.'

A meeting of the Club was held in Dowell's Rooms on the
evening of Thursday, 30th April 1914, when a lecture on
' King David's Tower at Edinburgh Castle ' was delivered by

Mr. W. T. Oldrieve, principal Architect, H.M. Office of Works.

Mr. W. Moir Bryce, President of the Club, who occupied the chair, referred to the great work Mr. Oldrieve had done for antiquarian Scotland. In Holyrood, for instance, he said he had quite revived the old building, giving it, if not a new face, at least a new constitution, so that its walls would stand for centuries to come. He had also dug there, and revealed to them the reason why King David first selected the spot as the site for his monastery. He found there the foundations of the old Celtic chapel. They had had many reasons advanced as to the cause of the King's selection of the spot. That was the true cause. He erected it over this little church, which must have been one held in great veneration. Then he had revived the Norman nave at Dunfermline, the roof of Glasgow Cathedral, and their own picturesque and old Castle he had gone over and touched up with a loving hand, interjecting his invaluable cement all over the Half-Moon Battery, so that it would stand for ages to come. Not content with the outward veneer, he had dug underground, and if there was nothing new to be found above, he had certainly found a great deal below.

Mr. Oldrieve's lecture was profusely illustrated with lantern views. Reference is made to Mr. Oldrieve's paper on 'David's Tower at Edinburgh Castle' in Vol. VI. of the Book of the Club.

Dr. W. B. Blaikie, at the close, raised the point as to where the masons came from to build the castles, and where they got the material.

The Chairman said that the building art was not a small art in those days. No sooner had Queen Margaret died than a host of ecclesiastical buildings and castles sprang up. Though Bruce destroyed castles, there must have been in the country and beyond the country —Englishmen, Frenchmen, and Germans—masons ready to do the work for the necessary gold.

Mr. Oldrieve pointed out the existence of masons' guilds at that time, and that these guilds travelled about the country, as the various masons' marks found testified. There was no great difficulty about the material, because there were cases in which they knew the very quarries from which these buildings were erected.

Dr. Ross said Bruce destroyed a certain number of castles, but he also built a good many. He built a large castle at Tarbert, in Argyllshire, of stone, and among the names of the builders were several 'Donalds.' Regarding the travelling masons, some of them were

Scotsmen, a good many of them were Frenchmen. Indeed, there was a whole family called ' French,' undoubtedly French, who built a great many of the churches and castles of Scotland. The West Church of Stirling, he further mentioned, was designed and built by a Stirling man—John Shanks.

Dr. Ross, who moved a vote of thanks to Mr. Oldrieve for his lecture, also recalled his many services, and described his discovery of David's Tower as the most interesting thing that had occurred at the Castle since the discovery of Margaret's Chapel fifty or sixty years ago by Daniel Wilson. That discovery excited a great deal of admiration, but this probably excited more. It was with universal regret that they had come to know that Mr. Oldrieve was about to give up the office which he had adorned so long

Lord GUTHRIE said he wished to emphasise what Dr. Ross had said about Mr. Oldrieve's services to Scotland. His position had been a very important one, but the effect of it really depended on the man. They might have had a mere official, an excellent official, but nothing more. But they had had in Mr. Oldrieve a very unusual combination —a man of thorough knowledge and learning in his own profession, and of a capacity to acquire new information and new learning when it was needed for any particular work. They might have had a man who was no antiquarian, but Mr. Oldrieve had a passion for matters connected with the history of the country. Their difficulty in the past had been to get money out of the Treasury, but Mr. Oldrieve's repeated efforts had met with a success almost incredible in a direction where Lord Rosebery, Mr. Balfour, Sir Henry Campbell-Bannerman, and the Prime Minister had confessed themselves powerless. Glasgow Cathedral roof alone required £13,000, and he did not think any official could have got that money except Mr. Oldrieve. Mr. Oldrieve was not a Scotsman, but he had done what no Scot had done, partly, perhaps, because he was an Englishman, with no axe to grind, and no motive to serve except the desire to do the very best he could for the interests committed to him. He had had the interests both of the antiquarians and the common people at heart, and his judicious tact in dealing with proprietors all over Scotland had a great influence in the transference of valuable historic properties from private hands to the Crown. He hoped that, although Mr. Oldrieve was retiring, they would continue to retain for many years the inestimable benefit of his membership on the Ancient Monuments Commission for the carrying to completion of the great work that was being done by that body for Scotland

Mr. OLDRIEVE briefly returned thanks.

2. VISIT TO SOUTH LEITH.

The first outing for the season took place in delightful weather on Saturday afternoon, 16th May 1914, when the members and friends, eighty in all, met at South Leith, the church and churchyard being the first objects of interest. In the burial-ground are the graves of Adam White, the first Provost of Leith; Hugo Arnot, the historian; Robert Gilfillan, collector of taxes, and writer of ' Oh, why left I my hame ? '; Rev. John Home, author of the tragedy of *Douglas*; and James Balfour, laird of Pilrig, whom Robert Louis Stevenson represents as receiving a visit from his cousin, David Balfour, the hero of *Kidnapped* and *Catriona*. The graveyard seems at first to have been the burial-place for the monks of the adjoining St. Anthony's Monastery. The Earl of Moray has sittings in South Leith Church. That family acquired the confiscated estates of the sixth Earl of Balmerino, who was beheaded on Tower Hill, London, in 1746, for participation in the Rebellion, and the Balmerino pew was granted to the Morays on condition that the Corporation might bring water into Leith from Lochend Loch. The members of the Club crossed the Kirkgate to Trinity House, in which the curios and paintings were examined with interest, particularly Raeburn's portraits of John Hay, George Smith, and Admiral Lord Viscount Duncan. Passing the site of one of the oldest buildings in Leith, now being demolished, the haunted house of the ' green lady,' the party repaired to the former residence of the Balmerino family, which is part of a Roman Catholic school. Mr. David Robertson, S.S.C., Town-Clerk of Leith, and Mr. John Russell, acted as leaders, and the cordial appreciation and thanks of the company were expressed by the President, Mr. Moir Bryce.

3. VISIT TO CRAIGMILLAR CASTLE, THE INCH AND GARDENS.

The second outing of the season took place on Saturday afternoon, 30th May 1914, when, by kind permission of Colonel R. G. Gordon Gilmour, C.B., a visit was paid to Craigmillar Castle, The Inch and gardens. Mr. Thomas Ross, LL.D., acted as guide. From the invasion of Edward I. in 1295 on to about 1357, when David II. was released from captivity, Dr. Ross explained, few castles were erected in Scotland, the country being exhausted with the continual wars. During this period many of the Scottish nobles had been prisoners or hostages in England, where they saw the Norman keeps for the first time. On returning home they adopted these keeps as the models for the new castles, as being better suited for their exhausted means, and henceforward for a generation or two this strong self-contained tower continued to be the type of castle built in Scotland. During the thirteen years of David's life after his return in 1357, he built the tower recently discovered in Edinburgh Castle on this model; and four years before the death of David, Simon Preston, in 1374, purchased the estate of Craigmillar, and built the great tower, placing his arms over the doorway. David's Tower and the Craigmillar Tower are both on the L plan, and very nearly of identical size. Craigmillar stands on the very edge of a precipice, 20 feet high, and at the doorway it is 30 feet high and cut into beneath so as to narrow the pathway, and this cut was originally bridged over with trunks of trees, which could easily be removed in an emergency. There was but one doorway, which could only be reached along this narrow pathway. It led into a small chamber about 8 feet square, from which no intruders could have got out alive. The defences of the entrance show how impregnable such a tower was before the introduction of big guns. The members, having inspected the great hall, Queen

Mary's room, and other apartments of the Castle, then proceeded to The Inch, and walked through the gardens. They also had the privilege of viewing the vaulted dining-room of The Inch.

4. Visit to Corstorphine Church.

The members of the Club, sixty in all, met on Saturday, 27th June 1914, in the pre-Reformation Collegiate Church at Corstorphine, by kind permission of the Rev. James Fergusson. Mr. Hippolyte J. Blanc, R.S.A., one of the members, acted as guide. ' Collegiate ' churches, such as Corstorphine, owed their origin to a movement in the fifteenth century to counter-act the evils of the Benedictine and Augustinian Abbeys, and were formed by grouping the clergy of neighbouring parishes into a college, whereas in more recent times the term ' collegiate ' has been applied to a church with two ministers serving as colleagues. Scotland possessed at one time forty or more Collegiate Churches. Sir Adam Forrester, Lord Provost of Edinburgh, who bought the manor of Corstorphine, built the church in 1380, and it was enlarged in 1429 by his son, the Lord High Chamberlain of Scotland under James I. The tombs of the Forresters stand in the chancel. In a side chapel rests that Douglas whose heart was placed by his dying wish in Whithorn Church, and in the same chapel is an orna-mented slab, dated 1620, and it is noteworthy that the inscrip-tion from Ezekiel about ' the valley which was full of bones, and they were very dry,' had been taken from the authorised version of the Bible, published nine years before. In the east gable of the church is to be seen a shrine, where stood the lamp which burned from sunset to sunrise to lead the unwary traveller along the road which ran by the side of the morass. The thanks of the Club were accorded to Mr. Fergusson and Mr. Blanc by Mr. Moir Bryce, the President.

The Book of the Club for 1914 will consist of two papers by Mr. F. C. Eeles, viz. :—

1. THE HOLYROOD ORDINALE. This will include nearly the whole contents of the large fifteenth-century MS. belonging to Mr. Moir Bryce, viz. : Kalendar, Gospels and Homilies for reading in Chapter, Ordinale for all services throughout the year, Manuale containing the visitation of the sick and other occasional services, Inventory of church goods and ornaments of 1493 and other matter of liturgical interest, edited with a full introduction and notes.

2. THE MANUSCRIPT ADDITIONS FOR SCOTTISH USE IN A SARUM BREVIARY GIVEN TO THE BURGH MUIR CHAPEL BY JOHN CRAWFORD THE FOUNDER. These are a series of entries of Scottish Saints' days in the Kalendar, and are of considerable local interest.

The Treasurer submitted the financial statement, from which it appeared that the balance in hand was £397, 10s. 10d.

The CHAIRMAN, in moving the adoption of the Reports, said : The Book for 1913, which was placed in your hands yesterday, may be accepted as evidence of the continued virility of the Club. In spite of disappointments in two directions, it contains three articles of considerable importance. The first relates to the recent discoveries in the Castle, a work which was carried out with considerable acumen and knowledge by Mr. Oldrieve, and it is to his efforts that the ancient castle of David II., with its walls 60 feet high on the one side and 30 feet on the other, was permanently brought to light after its long entombment of nearly three and a half centuries.

The second article, on the Incorporation of the Skinners of Edinburgh, by Mr. Angus, is one of great interest and importance in the history of the city, and I have no hesitation in characterising his paper as a model both in the matter of research and in the style of writing. I hope that we will obtain from this gentleman some further contributions out of the stores of his knowledge. The third and last article is by the indefatigable Mr. Fairley, who continues his interesting extracts relating to the grim old Tolbooth, which formed so prominent a feature in old Edinburgh life.

As mentioned by the Secretary, the Volume for the year 1914 will be entirely devoted to a liturgical examination by Mr. Francis C. Eeles, our greatest liturgical scholar, of the book, now in my own possession, colloquially known as the Service Book of Holyrood Abbey. So far as I am aware, there is only one other book of a similar nature, that on the Arbuthnot Missal, that has hitherto been printed. You will understand that it demands scholarship and qualifications of a unique character, and I am very proud that my friend Mr. Eeles has agreed to give us some of the fruits of his great learning. The Volume for 1914 will, therefore, form in my opinion a landmark in the series of our publications. At the present moment we are one year in arrear with our Annual Volume, and the Council propose to issue this Book for 1914 in the month of September next. They also propose to issue the Volume for 1915 in the month of January next; so that during the next twelve months two Books will be issued, and our series thereby brought up to date.

For the 1915 Book we are well provided with new and important material.

1. Dr. Blaikie's article on the Defence of Edinburgh in 1745.
2. A paper by Mr. R: K. Hannay, Curator of the Historical Department of the General Register House, on the Foundation of the University of Edinburgh. He has already discussed, elsewhere, the question of education as regards the Universities of St. Andrews and Glasgow. The Edinburgh University was, of course, a post-Reformation establishment, in which different ideas naturally prevailed.
3. The Ancient Church Bells of Edinburgh and its Neighbourhood, by Mr. Eeles, who, I need hardly remind you, is *facile princeps* in this subject.
4. A critical paper, also by Mr. Eeles, on the Breviary belonging to the Chapel of St. John the Baptist at the Sciennes. This Chapel stood behind the buildings on the north side of Braid Place, opposite to the little Jewish cemetery.
5. A further article on the Sculptured Stones of Edinburgh, by Mr. John Geddie—a work of undoubted importance.

2 G

6. A further contribution by Mr. Fairley of the Tolbooth Extracts.

7. Excerpts from the Calendar of Original Documents preserved in the Register House, so far as they relate to Edinburgh and its immediate neighbourhood.

I hope also to contribute an article or two on the Kirk-of-Field and some of the minor religious establishments in the city.

We are fortunate in Edinburgh in possessing vast stores of records relating to mediæval times. The Register House, with its numerous records and publications, the City Munimenta, the Advocates' Library, and that of the University of Edinburgh, afford ready means of research, and I hope to receive assistance in that direction from the individual members of the Club. It may be of interest to state that Miss Borland, daughter of a minister of the Church of Scotland, has recently been engaged in framing a catalogue of the magnificent Manuscripts preserved in the University Library, and that she has been the means of bringing to light a number of historical documents of the utmost importance. I may narrate a few :—

1. An early Celtic Psalter with the Celtic Division of the Psalms, and dated either in the eleventh or twelfth century. It bears the inscription in a sixteenth-century hand, ' Liber magistri Johannis Reyd, Cancellarij Aberdonensis,' and is, therefore, probably of Scottish origin. It is to be remembered that there is no document in Scotland at the present moment of Scottish handwriting written prior to the year 1100.

2. A very important fragment of a fourteenth-century Antiphoner containing part of the Service for St. Columba's day, with the ecclesiastical Plain Chant or Gregorian music. This is the earliest piece of music known to have been written in Scotland.

3. Collection of Theological Treatises belonging to Sweetheart Abbey, with a leaf of a noted Breviary of York Use, of the thirteenth century.

4. Sarum Breviary written about A.D. 1300 for use in England, and afterwards used in Scotland.

5. Noted Breviary of Sarum Use written about the year 1300, for use in England, but afterwards used in Aberdeen. To this

portions of a Chronicle similar to that of Melrose have been added in a fourteenth-century hand, and, in a later, part of the Service for St. Kentigern.

6. Book containing five choir parts of sixteenth-century harmonised music for the Ordinary Mass, and certain Anthems. Said to have belonged to Dunkeld Cathedral, and has some resemblance to the Scone MS. in the Advocates' Library.

7. A number of Books which were formerly in Scottish libraries before the Reformation. One was at Soulseat, and another belonged to Robert Ferguson, Prior of Dunfermline about 1530 ; while others belonged to William Gordon, the last pre-Reformation Bishop of Aberdeen.

8. The printed Breviary above referred to belonging to the Chapel of St. John the Baptist, with notes by the founder of the Chapel.

9. Late fifteenth-century Calendar and Astronomical Tables written for the Cistercian Abbey of Coupar Angus.

10. Book of Hours, fifteenth century, ' according to the use of England,' containing the Hours of St. Ninian, and probably written and illuminated in Scotland. The illuminations include a figure of St. Ninian, and one or two interesting Liturgical pictures.

In England many ladies have devoted themselves, with considerable success, to historical research, and it is a great satisfaction to know that Miss Borland, a native of Dumfriesshire, possesses the erudition and determination to tackle the compilation of such a difficult and learned work. In these notes I have had the assistance of my friend Mr. Eeles.

Mr. MOIR BRYCE moved the re-election of Lord Rosebery as Hon. President, and the Lord Provost of Edinburgh, Sir James Balfour Paul, C.V.O., LL.D., Lyon King of Arms, Professor Hume Brown, LL.D., and Professor John Chiene, C.B., as Hon. Vice-Presidents, and the motion was cordially adopted.

On the motion of Dr. W. B. BLAIKIE, Mr. Moir Bryce was unanimously elected President of the Club.

Mr. Hippolyte J. Blanc, R.S.A., Mr. William Cowan, and Mr. Thomas Ross, LL.D., were appointed Vice-Presidents, with Mr. Lewis A. MacRitchie as Secretary, Mr. Thomas B. Whitson, C.A., as Treasurer, and Mr. John Hamilton, C.A., as Auditor. Mr. Robert Cochrane,

Mr. John M. Rusk, Mr. John Russell, and Mr. James Wilkie were elected members of Council.

A hearty vote of thanks was awarded to Rev. Mr. Burnett, Mr. John B. Clark, Mr. George Lorimer, and Mr. Robert T. Skinner, the retiring members of Council.

Mr. WILLIAM COWAN moved a vote of thanks to Mr. Moir Bryce for presiding.

The meeting then terminated.

Old Edinburgh Club

ABSTRACT OF THE ACCOUNTS OF THE HONORARY TREASURER

For the Year ending 31st December 1914.

CHARGE

I. Funds at close of last Account:—
On Deposit Receipt, . . . £312 10 7
In hands of Honorary Treasurer, . 10 9 2
£322 19 9

Arrs of Subscriptions:—
For year 1912—
1 Associate, . . . £0 2 6
Less written off, . . 0 2 6
£0 0 0

For year 1913—
5 Members at 10s. 6d. . £2 12 6
1 Library, . . 0 10 6
4 Associates at 2s. 6d., £0 10 0
Less written off, 0 10 0
3 3 0
3 3 0
£326 2 9
Less accounts outstanding, . 129 3 10
£196 18 11

II. Subscriptions:—
For year 1914—
350 Members at 10s. 6d., . £183 15 0
Less paid in advance during 1913, 1 1 0
£182 14 0
. £11 11 0
1913, 0 10 6
11 0 6
£1 10 0
1913, 0 2 6
1 7 6
£195 2 0

For year 1915 (in advance)—
3 Member

DISCHARGE

I. Expenses o Meetings, . . .
II. Printing and Stationery, . . .
III. Miscellaneous—Postages, etc., . .
IV. Funds at 31st December 1914:—
On Deposit Receipt, . £384 5 0
In hands of Honorary Treasurer, . 4 10 4
£388 15 4

£0 0 6
1 14
7 0
10 6
7 6
8 5 0
8 15 6

Old Edinburgh Club

LIST OF MEMBERS

1914

ALEXANDER, A., National Bank, 179 High Street.
Alexander, James, 45 Cluny Drive.
Alexander, Miss M. A., 11 Torphichen Street.
Allison, James, 5 Ventnor Terrace.
Anderson, Mrs. Arthur, 31 Bellevue Place.
Anderson, David, Advocate, 12 India Street.
Anderson, Miss Helen Maud, 12 Learmonth Terrace.
Anderson, John, 4 Bruntsfield Terrace.
Anderson, Walter G., 31 Drummond Place.
Angus, William, Record Office, H.M. Register House.
Armitage, Mrs. H. A., The Grange, North Berwick.
Armstrong, John Johnston, Clunie, Broomieknowe.

BAIRD, WILLIAM, J.P., Clydesdale Bank House, Portobello.
Balfour, Prof. Isaac Bayley, Inverleith House.
Barclay, Oswald, 17 Gayfield Square.
Barnett, David, Corporation Museum.
Barrett, J. A. S., M.A., 4 Melville Terrace, West Park Road, Dundee.
Barrie, John A., 114 Viewforth.
Baxendine, Andrew, 10 M'Laren Road.
Baxter, David, M.A., Elmhurst, Cramond Bridge.
Bell, Mackenzie, 11 Buckingham Gate, London, S.W.
Berry, Robert, 19 Kilmaurs Terrace.
Beveridge, Erskine, St. Leonard's Hill, Dunfermline.
Birnie, George R., 67 Trinity Road.
Blaikie, Walter Biggar, LL.D., 11 Thistle Street.
Blanc, Hippolyte J., R.S.A., 25 Rutland Square.   (*Vice-President.*)
Bolton, James B., C.A., 12 Blinkbonny Crescent, Blackhall.
Bonar, Horatius, W.S., 3 St. Margaret's Road.
Bonnar, William, 51 Braid Avenue.
Borthwick, A. E., 9 Blantyre Terrace.
Boyes, John, 40 Glendevon Place.
Brims, William, J.P., 7 Merchiston Place.

Brotherston, G. M., 23 Jeffrey Street.
Brown, Charles, 9 Bernard Terrace.
Brown, Mrs. David, Willowbrae House, Willowbrae Road.
Brown, Prof. G. Baldwin, 25 Coates Gardens.
Brown, James R., 46 Inverleith Place.
Brown, Miss Joan, 17 Gilmour Road.
Brown, Prof. P. Hume, LL.D., 20 Corrennie Gardens.   (*Hon. Vice-President.*)
Bruce, Alexander, Clyne House, Pollokshields.
Bruce, James, W.S., 59 Great King Street.
Bryce, P. Ross, F.S.A.Scot., 1 Lady Road.
Bryce, William, 54 Lothian Street.
Bryce, Wm. Moir, F.S.A.Scot., Dunedin, Blackford Road.   (*Pres.*)
Burnett, Rev. W., B.D., Restalrig Manse, Lismore Crescent.

CALDERWOOD, Rev. R. S., F.R.S.E., Cambuslang.
Cameron, James M., 26 Melville Terrace.
Campbell, A. H., Burgh Engineer, Parliament Square.
Campbell, J. D. B., The University Club, Princes Street.
Carbarns, Hugh, 25 Braidburn Crescent.
Cargill, Alexander, J.P., 18 Wester Coates Gardens.
Carmichael, James T., Viewfield, Duddingston Park.
Carmichael, The Right Hon. Lord, of Skirling, K.C.M.G., Malleny House, Balerno.
Carmichael, Thomas, S.S.C., 2 Strathearn Place.
Carter, W. Allan, 32 Great King Street.
Cassillis, Right Hon. The Earl of, Culzean Castle, Maybole.
Chambers, C. E. S., 44 Drumsheugh Gardens.
Chiene, John, C.B., Aithernie, Davidson's Mains.   (*Hon. Vice-Pres.*)
Chrystal, F. M., 5 Lauriston Park.
Chrystal, Robert Neil, Entomological Branch, Berks Building, Ottawa.
Clark, Alexander, Keeper, Register of Deeds, Register House.
Clark, John B., M.A., F.R.S.E., Heriot's Hospital.
Clarkson, James Copland, 20 Forth Street.
Cochrane, Robert, 4 Mardale Crescent.
Cockburn, Harry A., 37 Royal Avenue, Chelsea, S.W.
Cooper, W. Ross, M.A., 94 George Street.
Cormack, D. S., 19 Dalziel Place, London Road.
Cossar, Mrs. Isabella, Southview, Murrayfield.

Couper, Rev. W. J., M.A., 26 Circus Drive, Glasgow.
Cowan, John James, Westerlea, Murrayfield.
Cowan, William, 47 Braid Avenue. (*Vice-President.*)
Craig, Sterling, M.A., 130 Princes Street.
Cranston, Col. Sir Robert, K.C.V.O., V.D., 54 Craigmillar Park.
Crawford, Donald, M.A., K.C., 35 Chester Street.
Crawford, George, 60 Marchmont Road.
Croal, Miss Caroline H., 14 Eyre Crescent.
Cullen, W. L., 7 Howard Street.
Cumming, David, 32 St. Alban's Road.
Cunningham, J. H., 2 Ravelston Place.
Cuthbertson, David, 9 Melville Terrace.

Dalgleish, John J. (of Westgrange), Brankston Grange, Alloa.
Dalrymple, Hon. Hew, Lochinch, Castle Kennedy, Wigtownshire.
Darling, Alexander, J.P., 23 South Oswald Road.
Davidson, Miss Agnes, Cherry Grove, Juniper Green.
Davidson, James, Cherry Grove, Juniper Green.
Dawson, A. B., 33 Royal Terrace.
Deas, John W., S.S.C., 63 Frederick Street.
Dick, Thomas, S.S.C., 71 East Trinity Road, Leith.
Dobbie, Joseph, S.S.C., 26 Charlotte Square.
Dobie, W. Fraser, St. Catherine's, Liberton.
Donald, A. Graham, M.A., F.F.A., 5 Craighouse Terrace.
Dott, Miss Margaret S., 215 Bruntsfield Place.
Douglas, Alex. M'Laren, 26 Lauriston Gardens.
Douglas, John, 6 St. Mary's Grove, Barnes Common, London, S.W.
Douglas, William A., Glenosmond, 7 Wester Coates Avenue.
Doull, John, Argyle Brewery, Chambers Street.
Dow, James, 53 Princes Street.
Drummond, W. J. A., C.A., 37 George Street.

Elliot, Andrew, 17 Princes Street.
Elliot, Lieut.-Colonel The Hon. Fitzwilliam, 16 Royal Terrace.
Elliot, Stuart Douglas, S.S.C., 40 Princes Street.
Erskine, Henry, 27 Frederick Street.
Ewing, James L., Derreen, Murrayfield Drive

Fairley, John A., 3 Barnton Gardens, Barnton Gate.
Ferguson, James Haig, M.D., 7 Coates Crescent.

Ferguson, Mrs. Haig, 7 Coates Crescent.
Ferguson, Miss Jessie, The Lodge, Forbes Road.
Findlay, James, 11 Morningside Gardens.
Finlay, Rev. W. Russell, Ribblesdale, Dorking, Surrey.
Flint, James, 12 Comiston Terrace.
Forbes, Miss Mabel C., 4 Grosvenor Crescent.
Forrest, John L., 19 Warrender Park Crescent.
Fortune, R., S.S.C., 35 Mansionhouse Road.
Fox, Charles Henry, M.D., 35 Heriot Row.
Fraser, Dr. John, 3 Darnaway Street.

Garven, James, Pinkie Pans, Musselburgh.
Geddie, John, 16 Ann Street.
Gibb, James A. T., I.S.O., 8 Dalkeith Street, Portobello.
Gibson-Craig, Sir Archibald C., Bart., of Riccarton, Hermiston.
Gibson, James T., W.S., 14 Regent Terrace.
Gibson, Thomas, 7 Glengyle Terrace.
Gilbert, W. M., *Scotsman* Office, North Bridge.
Giles, Arthur, F.R.S.G.S., 191 Bruntsfield Place.
Gilmour, Col. R. Gordon, of Craigmillar, The Inch, Liberton.
Good, Mrs., Braefoot, Liberton.
Goudie, Gilbert, 31 Great King Street.
Graham, R. D., F.R.S.E., 12 Strathearn Road.
Graham, William, Union Bank, George Street.
Grant, Dr. Hope, Invicta House, Sheerness.
Grant, John, 39 George Square.
Grant, John H., 41 St. Andrew Square.
Gray, James, 29 Polwarth Gardens.
Gray, Robert Collie, S.S.C., 10 Hermitage Drive.
Gray, W. Forbes, 8 Mansionhouse Road.
Green, Charles E., 4 St. Giles Street.
Greig, Thomas B., Woodridge, Dalkeith.
Grierson, Andrew, 29 Mayfield Road.
Guthrie, Hon. Lord, 13 Royal Circus.
Guy, John C., Sheriff-Substitute, 7 Darnaway Street.

Hamilton, John, C.A., 35 Alva Street. (*Hon. Auditor.*)
Hardie, J. P., 15 Rothesay Place.
Hardie, R. S. L, Ashley, Ratho.
Harrison, John, Rockville, 3 Napier Road.

Hay, William J., John Knox's House, High Street.
Hewat, Archd., F.F.A., F.R.S.E., 13 Eton Terrace.
Hogben, John, 9 Duddingston Crescent, Portobello.
Home, Robert, 64 Frederick Street.
Hope, Thomas, 129 Paynes Road, Southampton.
Hunter, Andrew, 48 Garscube Terrace.
Hunter, Sir Thomas, W.S., LL.D., Town Clerk, City Chambers.
Hutcheson, Alexander, M.A., 4 Denham Green Avenue

Inglis, E. O., 27 India Street.
Inglis, Francis Caird, F.S.A.Scot., Rock House, Calton Hill.
Inglis, George, 1 Rillbank Terrace.
Inglis, John, 8 Wellington Street.
Inglis, Joseph, W.S., 110 George Street.
Inglis, Miss Margaret J., 39 Bruntsfield Place.
Ingram, Alexander, 12 Bright's Crescent.
Ingram, Hugh S., 53 Trinity Road.
Inman, William, 11 Newbattle Terrace.

Jack, Thomas Chater, 18 Corrennie Gardens.
Jameson, James H., W.S., 16 Coates Crescent.
Jamieson, James H., 12 Sciennes Gardens.
Johnston, George Harvey, 22 Garscube Terrace.
Johnstone, David, 75 Hanover Street.
Joss, John, 7 Wellington Street.

Kay, John Telfer, 10 Granton Road.
Kelly, John G., 3 Whitehouse Loan.
Kemp, Alexander, 227 Dalkeith Road.
Kerr, Rev. John, M.A., The Manse, Dirleton.
King, John A., 35 Morningside Park.
King, Miss Margaret P., Osborne Nursery House, Murrayfield.
Kippen, John, M.A., Royal High School, Regent Road.

Langwill, H. G., M.D., F.R.C.P.E., 4 Hermitage Place, Leith.
Latimer, George Brown, 143-7 Lothian Road.
Laurie, Principal A. P., Heriot Watt College.
Learmont, James, 47 Polwarth Gardens.
Leckie, John, Brookfield, 19 South Oswald Road.
Lee, George A. J., W.S., Depute-Keeper of Records, Register House.

Lessels, Henry, C.A., 37 George Street.
Lindsay, William, 18 South St. Andrew Street.
Logan, John Douglas, 1 George Square.
Lorimer, George, Durisdeer, Gillsland Road.
Lowe, D. F., LL.D., 19 George Square.
Lyle, James, Waverley, Queen's Crescent.

MACAULAY, Mrs., 4 Grosvenor Street.
Macdonald, Wm. Rae, F.F.A., Neidpath, Wester Coates Avenue.
Macfarlane, W. W., 10 Tipperlinn Road.
Macfarlane-Grieve, W. A., M.A., J.P., of Penchrise and Edenhall,
    Impington Park, Cambridgeshire.
M'Guffie, John, 10 Ardoch Street, Possilpark, Glasgow.
MacIntosh, Mrs. Mary Hay, 23a Dick Place.
Mackay, James F., W.S., Whitehouse, Cramond Bridge.
Mackay, John, S.S.C., 37 York Place.
Mackay, L. M., 13 Windsor Street.
Mackay, William, Solicitor, Inverness.
Mackay, William, M.A., 3 Danube Street.
Mackie, George, 6 Carlton Terrace.
Mackie, Jeffrey, Corraith, Symington, by Kilmarnock.
M'Kelvie, Alex., C.A., 26 Mortonhall Road.
M'Kenzie, James, 201 Morningside Road.
M'Lean, Miss, 19 Coates Crescent.
M'Lean, Miss Frances A., 19 Coates Crescent.
M'Leod, Alex. N., c/o Jeffrey, 4 Bruntsfield Terrace.
MacLeod, John Lorne, S.S.C., 25 Albany Street.
M'Leod, Neil, 81 Harrison Road.
Macphail, J. R. N., 17 Royal Circus.
MacRitchie, Lewis A., 40 Princes Street.   (*Hon. Secretary.*)
M'Taggart, John, 12 Meadow Place.
Maltman, A. J., 61 Brunswick Street.
Manson, James A., 4 Cornwall Avenue, Church End, Finchley,
    London.
Manson, William, 18 Esslemont Road.
Mears, Frank C., 4 Forres Street.
Melles, J. W., of Gruline, Aros, Isle of Mull.
Melven, William, M.A., 7 Jedburgh Gardens, Kelvinside, Glasgow.
Menzies, John R., 3 Grosvenor Crescent.
Middleton, Miss Harriet A., Manorhead, Stow.

Middleton, James Aitken, M.D., Manorhead, Stow.
Mill, Alex., 9 Dalhousie Terrace.
Millar, Sheriff James G., 5 Park Circus, Glasgow, W.
Milne, Archibald, M.A., 108 Comiston Drive.
Minto, John, M.A., 83 Comiston Drive.
Mitchell, Charles, C.E., 23 Hill Street.
Mitchell, William, M.A., LL.B., 17 Great King Street.
Mitchell-Thomson, Sir M., Bart., 6 Charlotte Square.
Morris, George, 339 High Street.
Moscrip, James, Parsonsgreen House, Meadowbank.
Muir, Miss Elizabeth S., 1 West Coates.
Murdoch, James C., M.A., 13 Albert Terrace, Musselburgh.
Murdoch, Mrs., St. Kilda, York Road, Trinity.
Murray, Alfred A., W.S., 75 Queen Street.
Murray, Andrew E., W.S., 43 Castle Street.
Murray, Capt. The Hon. Lord James Steuart, Blair Castle, Blair
    Atholl.
Murray, John C., 18 Lennox Street.

NAISMITH, Mrs. MARY A., 2 Ramsay Gardens.
Napier, Theodore, F.S.A.Scot., Balmanno, 7 West Castle Road.
Nicolson, Andrew, S.S.C., 6 Duke Street.

OGILVIE, Rev. J. N., D.D., 13 Dryden Place.
Oldrieve, W. T., F.R.I.B.A., F.S.A.Scot., 11 Merchiston Gardens.
Oliver, James, 54 East Claremont Street.
Orrock, Alexander, 16 Dalrymple Crescent.

PATON, Rev. HENRY, M.A., Airtnoch, 184 Mayfield Road.
Paton, Henry Macleod, 22 West Savile Terrace.
Paton, Robert, City Chamberlain, City Chambers.
Paul, Sir James Balfour, C.V.O., LL.D., 30 Heriot Row. (*Hon. Vice-
    President.*)
Peddie, Miss Barbara, Ard-Coille, Blair Atholl.
Petrie, James A., 31 Rosslyn Crescent.
Plummer, W. R., 8 Huntly Street.
Price, Charles E., M.P., 10 Atholl Crescent.
Proudfoot, George, 68 Spottiswoode Street.
Pursell, James, Elmhurst, Cramond Bridge.

Ramsay, James S., 40 India Street.
Rankine, Thomas, 56 Craigmillar Park.
Reid, Alan, The Loaning, Merchiston Bank Gardens.
Reid, John, 46 Strathearn Road.
Reid, Mrs., Lauriston Castle, Midlothian.
Richardson, Ralph, W.S., 2 Parliament Square.
Robbie, J. Cameron, 22 York Place.
Robertson, David, LL.B., S.S.C., Town Clerk's Office, Leith.
Robertson, William, 10 Atholl Place.
Romanes, Charles S., C.A., 3 Abbotsford Crescent.
Rosebery, The Right Hon. The Earl of, K.G., K.T., Dalmeny House.
    (*Honorary President.*)
Ross, Thomas, LL.D., 14 Saxe-Coburg Place.   (*Vice-President.*)
Rusk, J. M., S.S.C., 14 Whitehouse Loan.
Russell, John, 323 Leith Walk.
Rutherford, R. S., 36 Garscube Terrace.

Salvesen, Miss Dorothy, Dean Park House.
Sanderson, Arthur, 11 Quality Street, Leith.
Sanderson, Miss Cecilia, 14 Rothesay Place.
Sanderson, Kenneth, W.S., 5 Abercromby Place.
Sands, William, 37 George Street.
Scott, John, W.S., 13 Hill Street.
Scougal, A. E., LL.D., 1 Wester Coates Avenue.
Seton, Col. A. D., B.Sc., of Mounie, New Club, Princes Street.
Shennan, James W., Hermitage, Wardie Crescent.
Sime, David, 27 Dundas Street.
Simpson, R. R., W.S., 10 Albyn Place.
Sinclair, Mrs. Isabella G., 18 Craigmillar Park.
Sinton, James, Hassendean, Eastfield, Joppa.
Skinner, Robert T., M.A., F.R.S.E., Donaldson's Hospital.
Smail, Adam, 96 Spottiswoode Street.
Smart, John, W.S., 34 Drummond Place.
Smith, George, M.A., Merchiston Castle.
Smith, J. C., 91 Lothian Road.
Smith, J. Shanklie, Heriot Hill House, Canonmills.
Smith, John, 1 Eastgate, Peebles.
Smith, John, 2 Melville Street.
Smith, Malcolm, J.P., Provost of Leith, Clifton Lodge, Trinity.
Steedman, James, 72 Morningside Drive.

Stephen, William A., M.A., M.D., Loftus-in-Cleveland, Yorkshire.
Steuart, James, W.S., 25 Rutland Street.
Stewart, Ian C. L., W.S., 28 India Street.
Stewart, John, 88 George Street.
Sturrock, George L., S.S.C., 76 George Street.
Sturrock, John, 8 Trinity Crescent, Leith.
Sturrock, Rev. John, 10 Glengyle Terrace.
Sutherland, Mrs., Belvedère, Duddingston Park.
Sutherland, James B., S.S.C., 10 Royal Terrace.
Sym, Dr. W. G., 12 Alva Street.
Sym, W. Melville, C.A., 49 Castle Street.

Thin, George T., 7 Mayfield Terrace.
Thin, James, 22 Lauder Road.
Thin, James Hay, 2 Chalmers Crescent.
Thin, Robert, M.D., 25 Abercromby Place.
Thomson, Miss Alice, 23 Wester Coates Avenue.
Thomson, J. Gordon, 54 Castle Street.
Thomson, J. W., 36 Buckingham Terrace.
Thomson, James W., Clydesdale Bank, George Street.
Thomson, Spencer C., 10 Eglinton Crescent.
Thomson, T. S., 18 Rothesay Place.
Thomson, William, W.S., 19 Merchiston Avenue.
Tocher, J. F., 8 Forrest Road, Aberdeen.
Tod, Henry, W.S., 45 Castle Street.
Turnbull, George, Dunclutha, Wardie Road.
Turnbull, G. Barbour, 43 George Street.
Turnbull, William James, 16 Grange Terrace.
Turner, Mrs. J. S., 5 Gladstone Park Gardens, Cricklewood,
    London, N.W.

Usher, Sir Robert, Bart., Wells, Hawick.

Voge, Mrs., 4 Cluny Avenue.

Waddell, James, Solicitor, 47 Queen Street.
Walker, Alexander, J.P., 1 Tipperlinn Road.
Walker, W. Glassford, C.A., 39 George Street.
Walkinshaw, Miss Jean Inglis, 11 Scotland Street.
Wallace, A. D., Woodbine, Colinton.

Wallace, Miss Katherine, 37 Coates Gardens.
Watherston, John, 8 Wester Coates Gardens.
Watson, Charles B. Boog, 1 Napier Road.
Watson, John, F.R.I.B.A., 27 Rutland Street.
Watson, Walter T., Advocate, 60 Great King Street.
Watson, Hon. William, 8 Heriot Row.
Watt, Rev. Lachlan MacLean, B.D., 7 Royal Circus.
White, William K., 123 High Street.
Whitson, Thomas B., C.A., 21 Rutland Street. (*Hon. Treasurer.*)
Wilkie, James, S.S.C., 108 George Street.
Williamson, Rev. Andrew Wallace, D.D., 44 Palmerston Place.
Williamson, George, 178 High Street.
Williamson, J. A., Holmwood, Corstorphine.
Wilson, Alexander, 22 Netherby Road.
Wilson, William M., St. Helen's, West Coates.
Wilson, William Scott, 94 Craighouse Road.
Wood, G. M., W.S., 19 Alva Street.
Wood, Dr. Russell E., 9 Darnaway Street.
Wright, G. Victor, 18 Cadzow Place.
Wright, James, 105 Warrender Park Road.
Wright, Johnstone Christie, Northfield, Colinton.

Young, Dr. James, 2 Randolph Place.
Young, Thomas, M.A., 106 Comiston Drive.
Young, William, Donaldson's Hospital.
Yule, Miss A. F., Tarradale House, Muir of Ord, Ross-shire.

ASSOCIATES

Carmichael, Mrs. J. T., Viewfield, Duddingston Park.
Durham, Mrs., Pitkerro, Milton Road, Joppa.
Geddes, Professor Patrick, Outlook Tower, Castlehill.
Gibson, Miss, 51 Lothian Road.
Gibson, Miss, 14 Regent Terrace.
King, David, Osborne Nursery House, Murrayfield.
King, Miss Lottie A., Osborne Nursery House, Murrayfield.
Middleton, Miss J. G., Manorhead, Stow.
Sinclair, John, St. Ann's, Queen's Crescent.

LIBRARIES

Aberdeen Public Library.
Aberdeen University Library.
Antiquaries, Society of, Edinburgh.
Bodleian Library, Oxford.
Church of Scotland Library, Castlehill, Edinburgh.
Edinburgh Architectural Association
Edinburgh Public Library.
Edinburgh University Library.
Episcopal Church Theological College, Edinburgh.
Episcopal Theological College Library, Aberdeen.
Harvard University Library, Cambridge, Mass.
John Rylands Library, Manchester
Library of Congress, Washington, D.C., U.S.A.
Mitchell Library, Glasgow.
New Club, Edinburgh.
New College Library, Mound Place, Edinburgh.
Philosophical Institution, Edinburgh.
Reform Club, Pall Mall, London, S.W.
Signet Library, Edinburgh.
Solicitors before the Supreme Court, Society of, Edinburgh.
Speculative Society, Edinburgh.
Toronto Public Library, Canada.
University Club, Edinburgh.

Old Edinburgh Club
1915

Honorary Patrons
THE LORD PROVOST, MAGISTRATES, AND COUNCIL
OF THE CITY OF EDINBURGH.

Honorary President
THE RIGHT HON. THE EARL OF ROSEBERY, K.G., K.T.

Honorary Vice-Presidents
The Right Hon. THE LORD PROVOST OF EDINBURGH.
Sir JAMES BALFOUR PAUL, C.V.O., LL.D., Lyon King of Arms.
Professor P. HUME BROWN, LL.D.
Professor JOHN CHIENE, C.B.

President
WILLIAM MOIR BRYCE.

Vice-Presidents
HIPPOLYTE J. BLANC, R.S.A.
WILLIAM COWAN.
THOMAS ROSS, LL.D.

Honorary Secretary
LEWIS A. MACRITCHIE, 40 Princes Street.

Honorary Treasurer
THOMAS B. WHITSON, C.A., 21 Rutland Street.

Council
Sir THOMAS HUNTER, LL.D., W.S., City Chambers.
Rev. HENRY PATON, M.A., 184 Mayfield Road.
CHARLES S. ROMANES, C.A., 3 Abbotsford Crescent.
FRANCIS CAIRD INGLIS, Rock House, Calton Hill.
J. CAMERON ROBBIE, 22 York Place.
W. T. OLDRIEVE, F.R.I.B.A., 11 Merchiston Gardens.
Sheriff JOHN C. GUY, 7 Darnaway Street.
WALTER B. BLAIKIE, LL.D., 11 Thistle Street.
ROBERT COCHRANE, 4 Mardale Crescent.
JOHN M. RUSK, S.S.C., 2 York Place.
JOHN RUSSELL, 323 Leith Walk.
JAMES WILKIE, S.S.C., 108 George Street.

Honorary Auditor
JOHN HAMILTON, C.A., 35 Alva Street.

CONSTITUTION

I. The name of the Club shall be the 'Old Edinburgh Club.'

II. The objects of the Club shall be the collection and authentication of oral and written statements or documentary evidence relating to Edinburgh; the gathering of existing traditions, legends, and historical data; and the selecting and printing of material desirable for future reference.

III. The membership of the Club shall be limited to three hundred and fifty. Applications for membership must be sent to the Secretary in writing, countersigned by a proposer and a seconder who are Members of the Club. The admission of Members shall be in the hands of the Council, who shall have full discretionary power in filling up vacancies in the membership as these occur.

Note.—By its original Constitution the Club consisted of Members and Associates. The Associates on the Roll for 1913 shall be continued as such if they so desire, paying a subscription of 2s. 6d. on 1st January yearly, but in future no addition shall be made to their number. These Associates have no vote or voice in the management of the affairs of the Club, but shall be entitled to free admission to the meetings and to take part in the discussion of any subject under investigation.

IV. The annual subscription shall be 10s. 6d., payable in advance on 1st January. Any Member whose subscription is not paid within four months from that date may be struck off the Roll by the Council.

V. The affairs of the Club shall be managed by a Council, consisting of the President, three Vice-Presidents, Secretary, Treasurer, and twelve Members. The Office-bearers shall be elected annually. Four of the Members of Council shall retire annually in rotation, and shall not be eligible for re-election for one year. The Council shall have power to fill up any vacancy in their number arising during the year, to make bye-laws, and to appoint Sub-Committees for special purposes. Representatives to such Committees may be appointed from the general body of Members. At meetings of the Club nine shall be a quorum, and at meetings of the Council seven.

VI. The Secretary shall keep proper minutes of the business and transactions, conduct official correspondence, have custody of, and be responsible for, all books, manuscripts, and other property placed in his charge, and shall submit an Annual Report of the proceedings of the Club.

VII. The Treasurer shall keep the Accounts of the Club, receive all moneys, collect subscriptions, pay accounts after these have been passed by the Council, and shall present annually a duly audited statement relative thereto.

VIII. The Annual Meeting of the Club shall be held in January, at which the reports by the Secretary and the Treasurer shall be read and considered, the Council and the Auditor for the ensuing year elected, and any other competent business transacted.

IX. The Council shall hold stated meetings in April and October, and shall arrange for such meetings throughout the year as they think expedient, and shall regulate all matters relative to the transactions and publications of the Club. Papers accepted by the Council for publication shall become the property of the Club.

X. Members shall receive one copy of each of the works published by or on behalf of the Club as issued, but these shall not be supplied to any Member whose subscription is in arrear. Contributors shall receive twenty copies of their communications. The Council shall have discretionary powers to provide additional copies for review, presentation, and supply to approved public bodies or societies.

XI. In the event of the membership falling to twelve or under, the Council shall consider the advisability of winding up the Club, and shall take a vote thereon of each Member whose subscription is not in arrear. Should the vote, which shall be in writing, determine that the Club be dissolved, the Council shall discharge debts due by the Club, and shall then deposit in trust, with some recognised public institution or corporate body, any residue of funds or other properties, including literary, artistic, and other material collected by the Club, for preservation, in order that the same may be available to students of local history in all time coming.

XII. No alteration of this Constitution shall be made except at the Annual Meeting of the Club. Notice of any proposed alteration must be given in writing to the Secretary, who shall intimate the same by circular to each member not less than seven days prior to the meeting. No alteration shall be made unless supported by two-thirds of the Members present at the meeting.

CONTENTS OF PREVIOUS VOLUMES

VII. The Treasurer shall keep the Accounts of the Club, receive all moneys, collect subscriptions, pay accounts after these have been passed by the Council, and shall present annually a duly audited statement relative thereto.

VIII. The Annual Meeting of the Club shall be held in January, at which the reports by the Secretary and the Treasurer shall be read and considered, the Council and the Auditor for the ensuing year elected, and any other competent business transacted.

IX. The Council shall hold stated meetings in April and October, and shall arrange for such meetings throughout the year as they think expedient, and shall regulate all matters relative to the transactions and publications of the Club. Papers accepted by the Council for publication shall become the property of the Club.

X. Members shall receive one copy of each of the works published by or on behalf of the Club as issued, but these shall not be supplied to any Member whose subscription is in arrear. Contributors shall receive twenty copies of their communications. The Council shall have discretionary powers to provide additional copies for review, presentation, and supply to approved public bodies or societies.

XI. In the event of the membership falling to twelve or under, the Council shall consider the advisability of winding up the Club, and shall take a vote thereon of each Member whose subscription is not in arrear. Should the vote, which shall be in writing, determine that the Club be dissolved, the Council shall discharge debts due by the Club, and shall then deposit in trust, with some recognised public institution or corporate body, any residue of funds or other properties, including literary, artistic, and other material collected by the Club, for preservation, in order that the same may be available to students of local history in all time coming.

XII. No alteration of this Constitution shall be made except at the Annual Meeting of the Club. Notice of any proposed alteration must be given in writing to the Secretary, who shall intimate the same by circular to each member not less than seven days prior to the meeting. No alteration shall be made unless supported by two-thirds of the Members present at the meeting.

CONTENTS OF PREVIOUS VOLUMES

Lightning Source UK Ltd.
Milton Keynes UK
UKOW06f1948190617

303701UK00012B/1313/P